许昌学院魏晋文化研究中心
许昌颍川文化研究中心
系列学术成果

唐代赦宥制度研究

邵志国◎著

人民出版社

目　录

绪　论

赦宥最初产生于商周时代，其产生根源是“三赦”“三宥”，以之来弥补法律的不足。后来经过长期的发展和演变，赦宥的内涵和外延都已经发生了很大的变化，有些变化甚至是根本性的。它已经超越原有的单纯的“五刑之疑有宥，五罚之疑有赦”的法律范畴，成为涵盖政治、社会、礼法、律令、文化、思想的一种重要的封建制度和文化。依附于封建社会并同其有着本质上的联系。

以政治而言，赦宥同中央朝廷、地方政府，皇帝、大臣，包括另一个特殊的群体——流人都有着密切的关系。它的政治功能和影响凸显无遗。而在经济上，从经济立法到国家财政运转，也在一定程度上受到赦宥的影响。社会文化上，赦宥的影响可以通过文人和诗歌以及关于赦宥文化的传说得到体现。

同时，赦宥还是一个重要的法律问题，其本质和表征都很特殊，它从法律产生伊始就和法律本身纠缠在一起，处于不断的矛盾、冲突、协调之中。它的存在既有其特殊性，又和法律有着千丝万缕的联系，影响着从法律条文的制定到刑法举措的贯彻实施。而它和法律的特殊关系又衍生了很多独特的问题，如十恶不赦、八议、血亲复仇等等。所以，在研究中国古代法制史的时候，赦宥也是个不能回避的问题。

因此，作为一个跨学科的特殊问题，赦宥既是法学界讨论比较激烈的一个问题，更是史学界需要关注和解决的一个综合性问题。在文献上，它有着大量的源远流长的历史记载。在人们的视野里，它引起过从古至今无数政客、学者或言或著的关注。

本书在吸收前人研究成果的基础上，对于唐代的赦宥制度进行了全面的考察。从赦宥制度本身的产生、发展，到内涵和本质等，逐一梳理剖析。力图在占有史料的基础上，兼吸收前人成果，兼拨乱反正，辨伪存真，重新审视赦宥的定义和发展渊源。对于赦宥制度本身应该涵盖的问题，从类型的区分到仪式的考证还原到赦令的具体实施，进行研究。此外，从政治、经济、文化、法律等几个方面，对赦宥制度进行综合的考察，也是构建完整赦宥制度必需的工作。

知道了“what”，更应该明白“why”。赦宥制度能够经历春秋战国、秦汉、魏晋至隋唐，并在唐之后继续存在发展，甚至直至今天在世界很多国家和社会都还存在赦宥制度。赦宥制度本身为何具有如此强的生命力？这就是赦宥制度存在和延续的原因。赦宥具有的弥补法律漏洞的强大功能是其存续的一个重要原因。除此之外，赦宥在政治上所具有的其他种种为统治阶级所用的功用也是赦宥制度存在的一个合理性解释。在思想理论层面，赦宥产生的根源更和儒家、法家、阴阳家等学派的思想相交融。

赦宥自产生伊始就引发了持久而激烈的争论，从政客到学士无不置喙其中。诸多辩论的焦点就在于赦宥本身利弊的二重性。站在现代社会，借助现代的方法论，以现代的眼光重新审视检讨这些观点，对当今的社会也不无裨益。

囿于本人的学识和本书的篇幅，对于赦宥问题的考察肯定还有更多可待开拓的领域，这片领域并不会因为本书的出现而结束，相反，会变得更加广阔和清晰。

一、研究意义

本书的研究对象是唐代赦宥制度。赦宥的定义是：由皇帝或者国家权力机关决定并发布赦令宣告，对一般或特殊的罪犯免除刑罚的全部或一部分或者免除罪名不予追究的一种政治法律行为。

《唐律疏议》对于“赦”和“宥”都有明确的定义和解释。赦宥制度作为法典的组成部分，至唐代已经初步定型。《唐律疏议》中的定义是狭义上赦宥的定义，这个定义仅仅局限于它在唐代的法律意义。而实际上，赦宥在古代社会经过长期的演变，内涵和外延都已经发生了很大的变化，[①] 有些变化甚至是根本性的。它已经超越简单的法律范畴，成为涵盖政治、社会、礼法、律令、文化、思想的一种重要的封建制度和文化。赦宥已经成为一种依附于封建社会并与之有着本质的联系的重要制度。

所以，赦宥既是法学界讨论比较激烈的一个法律问题，更是史学界需要关注和解决的一个综合性问题。对这个跨学科的交叉问题的研究，相信会有益于推动制度史研究领域的拓展，也有利于推动法学，尤其是刑法学的学科建设和进步。

由于赦宥问题本身具有的这种双重性，使得问题本身以及对它的研究具有了多重意义。下面分开阐述。

首先是在历史学领域，一直以来，赦宥就很受重视。这表现在两方面，第一，大量的源远流长的历史记载。第二，从古至今无数学者的或言或著的关注。

《尚书·舜典》："象以典刑，流宥五刑，鞭作官刑，扑作教刑，金作赎刑。眚灾肆赦，怙终贼刑。钦哉，钦哉，惟刑之恤哉！"[②]

《尚书·吕刑》："五刑之疑有宥，五罚之疑有赦，其审克之"。[③]

最早见于史书的赦宥行为是《春秋》："庄公二十二年，春，正月，肆大眚。"啖助说："肆者，放也，眚者，过也"。[④]

可见我国春秋时期已经确定地存在赦宥，之后，历经汉唐宋明清历代施行不辍。在历代史书中，特别是刑法志里都有关于赦宥实施的记载。除了如前所述，《初学记》《艺文类聚》《文苑英华》《册府元龟》等文献中都有专门的篇章涉及赦宥。翻开二十四史，有关赦宥的记录也俯拾皆是。丰富的文献记录自然给我们研究赦宥问题提供了极大的方便，同时也说明赦宥本身在中国古代的影响，赦宥问题以其在中国古代社会特殊的意义吸引了众多关注的

① 赵克生的《中国古代赦免制度的演变及其影响》（《淮南师范学院学报》2001 年第 1 期）：赦免内容的不断扩展，也就是它的触角在我国古代社会各领域的不断伸张，反映了赦免担任的作用愈来愈重要，同时也说明：把赦免仅仅定义为一种减轻或免除刑罚的司法制度，是欠妥当的。

② （唐）孔颖达：《尚书正义》卷 3《舜典》，北京大学出版社 2000 年版，第 77—78 页。

③ （唐）孔颖达：《尚书正义》卷 19《吕刑》，北京大学出版社 2000 年版，第 642 页。

④ （唐）孔颖达：《春秋左传正义》卷 10《庄公》，北京大学出版社 2000 年版，第 304 页。

目光，有多人曾针对赦宥问题有过或深或浅的论述。

管仲在论及赦宥的危害时说："凡赦者，小利而大害者也，故久而不胜其祸。毋赦者，小害而大利者也，故久而不胜其福。故赦者，奔马之委辔；毋赦者，痤睢之矿石也。……惠者，多赦者也，先易而后难，久而不胜其祸。法者，先难而后易，久而不胜其福。故惠者，民之仇雠也；法者，民之父母也。太上以制制度，其次失而能追之，虽有过，亦不甚矣。"[①] 三国时孟光因赦宥过多而斥责蜀国权臣费祎："夫赦者，偏枯之物，非明世所宜有也，衰弊穷极，必不得已，然后乃可权而行之耳。"批评"赦宥"是"上犯天时，下违人理"[②]。后晋左散骑常侍张允在天福三年二月曾进《驳赦论》来指责滥行大赦的行为。[③]

清代沈家本先生在《历代刑法考》中也列出专门篇章论述赦宥。大量的关于赦宥的记载和著述充分说明了赦宥问题本身的重要性。这体现在：就单纯的史学研究领域来讲，赦宥涉及面很广，宏观角度它涉及封建政治和行政决策、经济、文化、法律、礼制、思想等，具体上它又牵扯到皇权、诏书体制、量移制度、流人、藩镇、狱政等等，正如《剑桥中国隋唐史》中所指出："大赦令是一种被人们忽视的史料，对它们的广泛研究会引起人们的很大兴趣，因为它们经常包含总的政策声明和国家形势的总结，以及一些关于特殊豁免、大赦和对贵族、各级官吏、平民百姓——有时也对某些个人——的提升和发放俸禄情况的内容。"[④]

对于赦宥的考察可以帮助我们在不同程度上弄清封建社会的政治结构和运行机制以及很多具体的制度问题。下面举例说明。

首先，赦宥和政治有着密切的关系。赦宥的实施往往都带有一定的政治目的。或是为了缓和社会矛盾，或是为了安抚叛敌，或是为了调整统治政策，因为皇帝颁布的赦书内容十分广泛，经常会包括很多政府的行政命令和措施。

① （春秋·齐）管仲撰，黎翔凤校注：《管子校注》卷6《法法》，中华书局2004年版，第297—298页。

② （晋）陈寿：《三国志》卷42《蜀志·孟光传》，中华书局1959年版，第1023页。

③ （宋）王溥：《五代会要》卷9《论赦宥》，上海古籍出版社1978年版，第155页。

④ ［英］崔瑞德编，中国社会科学出版社、西方汉学研究课题组译：《剑桥中国隋唐史》，中国社会科学出版社1990年版，第569页。

如咸通七年大赦，赦书共约三千二百一十个字，而真正与刑狱有关，言及大赦的仅一百五十余字。余皆为其他内容，涉及军事、招降纳叛、封赏将士，慰问安存将士家属、蠲免部分州县税役、收伏蛮酋、征收税钱、赈灾、对流官的处置、选贤任能、赐爵封赏、宗籍编户、军防等等。[①] 在这种意义上，赦宥实际上已经成为一种政治手段。

赦宥的实施影响着无数人特别是被流贬官员的命运。此外，在唐朝中后期，赦宥的内容也在很大程度上影响着中央和藩镇的关系。政府对于藩镇的政策往往通过赦书来发布实施。所以，赦宥在这个意义上已经不单单是一个法律问题，而是政府的一种政治行为。

其次，赦宥的贯彻实施，是一个复杂的过程。包含了从中央到地方，从行政到司法、狱政，包括赦宥的决策过程，赦书的起草、抄写、颁布、送递、公布，赦宥在中央和地方举行的仪式，具体的减免罪刑、罪量，现囚的释放，流人的量移等，其中牵动着诸多的部门和机制。通过对赦宥问题的研究，可以解释中央和地方的互动关系，封建国家机构的运作情况等。

另外，赦宥的存在延续不可避免地对封建社会的礼制产生了影响。赦宥在其长期的发展过程中，逐渐形成了一定的颁布实施礼仪。首先就是大赦的仪式。政府颁布大赦令时，在中央和地方都会举行一定的仪式，这在《唐六典》和两“唐书”中都有部分记载。赦书到地方后，官员迎接、颁布赦令也要依一定的仪式。关于这点，《开元礼》作了较为详尽的规定。至宋代，赦宥亦被列为礼的一种。唐代官员的服饰制度也受到赦宥的影响。[②] 此外，每当皇帝下令大赦，大臣要上贺赦表，而皇帝的御用学士要作答贺赦表。

在法学领域，赦宥也是一个备受关注的特殊问题，而以唐为断代来展开对这个问题的研究也是有着历史原因的。隋唐法律兼采南北朝法制的精华，形成一种与秦、汉帝国有联系又有不同的新的封建法制，具备了封建盛世下统一大帝国的立法规模，是一种集大成式的、成熟的封建法律制度，是当时世界上极富特色的法律体系，成为东亚各国争相研究、学习的对象。这一点

① （宋）宋敏求：《唐大诏令集》卷 86《咸通七年大赦》，商务印书馆 1959 年版，第 488 页。

② 李怡博士在《唐代官员礼服研究》一文中专门对大赦赐服进行了论述。（北京师范大学 2004 年博士学位论文。）

奠定了唐律在法制史研究上的重要地位，学者们在对世界特别是东亚地区的法律做研究时不能不追溯它的历史根源，同唐律做比较研究。同时由于法律本身的传承性和唐律本身的高度发达和完备，之后的宋文明清各代修律在很大程度上受到唐律的深刻影响，这使得唐律在中国古代法律的沿袭过程中也具有重要的地位，因此，研究中国封建社会各代的法学，也不得不追根溯源，从唐律上寻找解释。

而赦宥作为一个极其特殊的法律问题，自从法律产生伊始就和法律本身纠缠在一起，处于不断的矛盾、冲突、协调之中。因为，法作为由国家制定和认可的行为规范，目的是调整各种阶级和社会关系，维护社会规范和秩序。法在本质上要求权威，它的价值之一就是秩序。即法终极目标的实现在根本上要求赋予法最高的权威，法的实施要求遵守严格公正的程序。但是，赦宥恰恰在表面上与法的权威性和程序性相冲突，它的存在既有其特殊性，又和法律有着千丝万缕的联系，影响着从法律条文的制定到刑法举措的贯彻实施。而它和法律的特殊关系又衍生了很多独特的问题。所以，在研究中国古代法制史的时候，赦宥是个不能回避的问题，几乎所有的法制史专著中都有一定的篇幅涉及赦宥。下面展开论述和赦宥密切相关的几个法律问题。

首先，皇帝宣布赦宥时，在赦书中往往对所要赦免的对象、地域、罪名种类作出规定，通过减、免罪名、罪量等方式，对正在执行的刑罚加以改变，而这种改变并没有严格意义上法律的依据，但是统治者通过立法的形式，把这些改变的理由融入法律中去，变成条文加以固定。在《唐律疏议》中，有大量的类似的规定，就是赦宥和法律糅合的结果，从中可以看出赦宥对于法律的影响。

丰富的史料记载给我们的研究提供了极大的便利，对于赦免的期限、自首问题以及如何减、免罪名、罪量，我们可以以《唐律疏议》为主要材料进行分析，结合赦宥的实际例子和赦书中的相关记载，弄清这些问题，有助于我们对《唐律疏议》和唐律做深入研究，从另一个角度推进法制史的研究。

另外，赦宥本身还有很多值得我们研究和分析的纯粹的法律问题。像诉讼的时效、刑罚的种类，假释、缓刑、减刑制度以及赦宥的法律效力：时间效力和地域效力等。除此之外，和赦宥相关的其他问题，如十恶不赦、八议、赎罪、血亲复仇、量移制度等，都是法学领域比较重要的问题。

正如中国政法大学苗鸣宇博士在其博士论文中指出的：唐代作为中国封建法制最为发达的一个时代，在赦免法律化方面所取得的成就是以后各封建政权所无法企及的。由于唐代的法制为后来的宋、明，甚至还包括少数民族建立的辽、金等政权所争相效仿，因而唐代的赦免制度极大地影响了其后各封建政权的赦免制度。

因此，在法学的领域把赦宥作为一个特殊法律问题进行探讨，是必要的。

二、研究目的

本书在查阅资料、参考吸收前人研究成果的基础上，力争弥补不足，矫改弊误，推进研究，勾勒赦宥制度全貌，并分析其原因和利弊，是为本书的研究目的。

矫改弊误。不可否认，前人在赦宥问题上做出的研究不乏开创之功，但是也存在着很多值得商榷、应该改正的问题。这些问题，有些是明显有误的，有些则是失之偏颇。

在对赦宥问题的认识上，甚至是古人也存在误解。如韩愈诗："昨日州前捶大鼓，嗣皇继圣登夔皋。赦书一日行万里，罪从大辟皆除死。"① 这是牵扯到赦书期程的问题，或许诗人使用了夸张的文学手法，但是关于赦书的送递期程，唐代有明确的规定："赦书日行五百里，布告遐迩，咸使闻知，主者施行。"②

在已有的对赦宥的研究中也存在着类似的错误。有学者认为："常赦所不原，唐宋律文均不见有此规定。唯明律《名例律》中始见。"③ 认为明代开始出现了"常赦所不原"。

这一点是明显错误的。因为，"常赦所不原"唐已有之，只要查阅《唐律

① （唐）韩愈撰，屈守元、常思春主编：《韩愈全集校注·八月十五夜赠张功曹》，四川大学出版社1996年版，第195—196页。

② （宋）宋敏求：《唐大诏令集》卷66《后土赦书》，商务印书馆1959年版，第374页。

③ 沈厚铎：《试析中国古代的赦》，《中外法学》1998年第2期。

疏议》就可以找到证据："其常赦所不免者，依常律。"下面注曰："其常赦所不免者，谓虽会赦，犹处死及流，若除名，免所居官及移乡者。"疏曰："即：犯恶逆，仍处死，反、逆及杀从父兄姊、小功尊属，选畜蛊毒，仍流；十恶，故杀人、反逆缘坐，狱成者，犹除名；监守内奸、盗、略人，受财枉法，狱成会赦，免所居官；杀人应死，会赦移乡等是。"①

另外，对于"德音"问题，也是众说纷纭，但多不够准确。《辞海》解释"德音"为："诏书的一种，唐宋时，诏敕之外，别有一种恩诏，下达平民，谓之德音。"②

有作者在文中对此加按认为德音不是诏书的一种，"本属州制常语，固与诏书种类无预也。"③

赵克生在《中国古代赦免制度的演变及其影响》中解释为：德音为赦之一种，始于唐，大盛于宋。乃赦之小者。④

实际上这是由于对古代大赦实质不了解而产生的误解，只要结合赦宥的具体例子和《唐大诏令集》中各种赦书内容，就可以知道德音是用白麻纸书写、以制书的形式颁布的大赦令，也就是赦宥的诏书或制书，也指代赦宥。

此外，还有很多其他类似的问题，将在本书中详细加以辨别商榷。

弥补不足。对赦宥的研究，还存在很多明显的不足。

关于赦宥的仪式和程序，史书中只有比较零碎的记载，后人似无论及，本书力图通过对前代材料的发掘，对唐朝的赦宥仪式做粗线条的勾勒，尤其通过宋代的史料记载来对其作进一步的印证，以还原唐代赦宥的完整仪式，同时阐发封建社会礼制的形成过程和背景及具体实施情况。

赦宥的实施，特别是在地方州县的具体贯彻执行，也是一个复杂的问题，牵扯到唐代的中央和地方的官制，行政、司法机构的运作，本书把它作为一个问题提出，希望通过具体的研究把它彻底厘清。而赦书的格式及颁布以及赦文问题，则与唐代的诏令制度和文书格式关系密切，日本学者已经对这个

---

① （唐）长孙无忌：《唐律疏议》卷30《赦前断罪不当》，中华书局1983年版，第567页。

② 夏征农、陈至立主编：《辞海》，上海辞书出版社2011年版，第821页。

③ 吕友仁：《古代刑制、曲赦、德音小辨》，《河南大学学报》1984年第4期。

④ 赵克生：《中国古代赦免制度的演变及其影响》，《淮南师范学院学报》2001年第1期。

问题作了深入的探讨，但亦存在可商榷的地方，有必要加以说明。

赦宥存在和延续也是多种因素综合作用的结果。包括君主个人因素、社会思想根源和历史现实原因等，正是这诸多的复杂因素才使得赦宥这个封建社会特殊的政治和法律现象得以产生和延续，深入分析这些因素，可以帮助我们理解赦宥的形成过程，以及它存在的合理性，并进一步窥见某些历史时期不寻常的社会现实和背景。

还有前文已经提到的和赦宥相关的问题，如赦宥和封建政治、行政决策、法律、礼制、思想的关系，和流人、藩镇、狱政的关系，诏书体制、量移制度，等等，都是前人涉及很少或者是没有论及的，本书都列为研究的对象。

此外，对赦宥利弊的讨论也在史书中多有记载，众说纷纭，未有定论，这是因为，在不同的历史时期和不同的朝代，各种人士囿于其阶级立场的不同，因而对赦宥的利弊，各执己见，形成了不同的看法，这些讨论虽然有其阶级和历史局限性，但仍值得分析，因为它也从一个侧面反映了当时赦宥所引起的种种观念上的冲突，并且本书也想在对这些讨论作简单回顾之外，结合赦宥形成的种种原因，对赦宥的利弊及前人的观点做出客观的判断。

拓展领域。前人的研究给以后的研究奠定了基础，同时也圈定了一定的范围。在利用前人成果的基础上，除了深入研究，弥补原有的不足外，还可以在研究的视角和领域上有所拓展。

新的史学提倡新的角度和深的层次。对赦宥问题的研究亦应如此，除了建设制度史，还应转换视角，全面研究，以推动交叉学科研究。

已有对赦宥的研究多是从法律史的角度进行的，如《中国法律思想史》《中国法制史》等诸多的法律史专著，沈厚铎的《试析中国古代的赦》，侧重于从法律的角度探讨跟赦宥有关的法律问题。

由于真正从历史角度对赦宥进行的研究远远不够深入和广泛，导致对这一制度的研究缺乏科学性和完整性，以致跟赦宥有关的许多方面的问题都呈现出空白，需要进行建设性的构架。这一特点会在本书的几个章节中体现出来。比如：赦宥和政治、赦宥和经济、赦宥和文化、赦宥和少数民族等。

结合现实，发挥史学的史鉴功能。这也是本书想尽力达到的一个目标。

在法律领域内的研究存在一个弱项，那就是古今结合的纵向研究。唐律产生以来迄今，出现过无数专攻唐律的学者，而且留下了极其丰富的研究成果。但是过去研究唐律有一个共同的特点，就是大都从唐律本身去研究唐律，很少进行纵向的比较研究。虽然清人薛允升撰写过《唐明律合编》一书，把唐律与明律进行比较，揭示了它们之间的差别，但这终究是两种相同的法律制度的比较研究。钱大群、夏锦文先生取唐律与我国现行社会主义刑法进行比较研究，可以说是中国法制史研究中的另一个有益尝试，对于追溯我国现行刑法的渊源，弘扬古代的法律文化，总结历史经验以搞好当前的法制建设，无疑都具有重要的学术价值和实践意义。[①] 对于赦宥问题的研究自然也应该沿用这个方法进行下去。

三、研究现状

赦宥问题自产生以来，在前人和后人的努力下，形成了一个壮阔的研究领域，相关的记载和论述蔚为大观，十分丰富。下面按照记载、讨论、专著、专著中的篇章、论文几个方面进行分类、概括，当然这里只是通过分类来大概说明赦宥的研究情况，因此不可能全面罗列。其中，记载主要是指有相关记载的史料。论述主要是指古人，尤其是各个朝代的文人大臣对于赦宥的论述。专著是专门研究赦宥的今人著作。专著中的篇章主要是众多中国法制史专著中提及赦宥的篇章。论文是今人从各方面研究赦宥问题的精华。

记载

前文已经稍有提及。自赦宥产生以来，由于它对封建社会政治、法律各方面的影响，所以在史书中留有一定的记载。从《书经》《春秋》《史记》到《清史稿》都有记载。在正史之外的类书如《初学记》《艺文类聚》《册府元龟》《文苑英华》以及《文献通考》等政书中也有相对集中的记载：《册府元龟》帝王部（赦宥）卷八十二至卷八十八，全是有关赦宥的。《文苑英华》有近二十卷记录了赦宥诏书。在《唐大诏令集》中宋敏求集合整理了大量的关于赦宥的各种诏书，是研究唐代赦宥制度的重要资料。此外后出的《唐大

① 钱大群、夏锦文：《唐律与中国现行刑法比较论》，江苏人民出版社 1991 年版。

诏令集补编》也有一定的参考性。《文献通考》从卷一七一到卷一七三，用三卷记述、讨论赦宥。

各种会要体史书：如《秦会要》《西汉会要》《东汉会要》《三国会要》《唐会要》等也有相关记载。在各种会要中记载的主要是各个朝代各个皇帝在位期间颁布赦宥的具体情况，如《西汉会要》卷六三刑法三记载大赦为：高帝二年正月大赦。六月立太子赦罪人。五年六月都长安，大赦天下。诸如此类。后人对古代赦宥所作的各种统计多是据此而来。但是此类史料多是根据正史而来，因此史料价值显得不高。

丘汉平编著的《历代刑法志》集合了历代正史中关于刑法的部分，也包含关于赦宥的记载，有一定参考价值。

此外，在《全唐文》《全唐诗》中也有关于赦宥的诏书、诗词等各种文体，也是研究赦宥的参考文献。

讨论

古人对于赦宥的讨论主要是聚焦在赦宥的利弊作用上，是特色也是局限。古人对于赦宥的关注和论述有其阶级和历史局限性，但仍值得分析，因为它也从一个侧面反映了当时赦宥所引起的种种观念上的冲突。

讨论赦宥的著名人物主要有管仲、匡衡、王符、唐太宗、白居易、陆贽、王安石、朱熹、马端临等。这些人的对赦宥的看法主要集中在各人的文集或者传记中。此外在其他正史中也有零星记载。《文献通考》、沈家本先生的《历代刑法考》、杨鸿烈的《中国法律思想史》中都列举了历朝历代涉及讨论赦宥的人物及其言论，也可作为参阅。

王国维《观堂集林》别集一中有《释赦》篇。

专著

囿于资料和问题本身涵盖的范围的局限，针对赦宥问题所做的研究虽然已经初具规模，但以专著形式出现的不是很多。和赦宥相关的专著有徐式圭的《中国大赦考》（商务印书馆 1934 年版）、陈俊强的《魏晋南朝恩赦制度的探讨》（台北文史哲出版社 1998 年版）。前者可谓赦宥现代研究的鼻祖之一。其专著对于赦宥制度的研究起到了披荆斩棘的作用，其提出问题的意义更在所解决问题的意义之上，多为后来人所参考，现今研究成果的丰富其与力多焉。陈著共五章，叙述了赦宥制度的源流，恩赦的效力和作用，并结合政治详细地考察了魏晋南朝各个政权的赦宥。在最后一章的总结中更是制作了魏晋南朝各个政权的赦宥情况表格。陈著的优点是把每次赦宥都放在当时的政治环境中去考察，很多论点颇为精辟和深刻，遗憾的是不够全面，与政治牵涉太广，存在有待商榷之处。

专著中的篇章

关于赦宥研究，相对专业的成果主要体现在各类专著，尤其是法律史专著中的各个篇章中。其中首推杨鸿烈先生的《中国法律思想史》和清代沈家本先生的《历代刑法考》。后人研究多得益于此。

杨鸿烈先生的《中国法律思想史》中“赦罪当否问题”一章主要记述分析了古代所有关于赦宥利弊讨论的人士和观点，比较全面，但是仅针对赦宥利弊的讨论和理论根据，是为美中不足，且记载多于论述，论述又囿于封建政治的局限。

沈家本先生的《历代刑法考》中收集了迄今为止关于赦宥问题最为全面和翔实的资料。共有赦考十二卷，分为：

原赦，主要从理论根源探讨了赦宥产生的原因，作者引用《易经》《周礼》《尚书·舜典》等先秦史料中关于赦宥的阐述，来说明赦宥发生的原因。

述赦，列举了古代颁布大赦的几种情况，包括践祚、改元、立后、建储等，作者还依照史书本来的记载把赦宥分为减等、特赦、曲赦、别赦、大赦，每个类别都尽可能地记载各朝各代大赦的例子，基本上没有遗漏。

卷十提到赦仪，按年代顺序排列了作者所接触到的所有关于赦宥举行仪式的记载。

卷十一论赦，集中记载了从古至今学者们对于赦宥的论述，主要是对赦宥利弊的争论。沈家本先生的赦考十二卷多记述而少论述，在资料的收集整理上面用力甚多，多为后人研究所引用。

此外，钱大群在《唐律研究》以及和夏锦文合著的《唐律与中国现行宪法比较》（江苏人民出版社 1991 年版）中都对赦宥有所论述。从法学的角度阐述了赦宥的种类、赦免的内容、赦免的法定要求。郭东旭的《宋朝法律史论》（河北大学出版社 2001 年版）中“论宋代赦降制度”一章分析了宋代赦降的种类、数量和名目。

再看其他的部分专著和主要观点。《中国法律史论稿》(饶鑫贤著，法律出版社 1999 年版）在论及赦宥认为：“大赦的制度，始行于秦代末年。历代沿用，只是赦令有多有少而已。”

洪丕谟的《法苑谈往》(上海书店出版社 1991 年版）认为“赦”就是赦免或减轻罪犯刑罚的意思，所以通常又称“赦”为“赦免”。认为我国赦免起源很早。春秋时期由于诸侯割据，因此所赦范围仅限于各诸侯国的“赦罪人”或“大赦罪人”而已，至于大规模的“大赦天下”，是从秦二世二年（公元前 208 年）才开始的。汉高祖建国之初，在他即位的十二年间，赦宥频繁。自此之后，赦就逐渐形成定制了。

陈顾远的《中国法制史》(中国书店 1988 年版）第 319 页“赦典”记载了历代文人对于赦宥的评论。简单列举历代大赦的事例，认为后世大赦之始，见于秦二世二年。还论述了赦的内容：十恶以及唐律中部分关于赦的规定。整体来说较为简单，把虑囚、录囚都归于大赦。

在专门或非专门的各种辞书和辞典中也有条文涉及，如：

(1)《法学词典》(上海辞书出版社 1989 年版）

第 771 页：“恤刑”是慎重用刑，认为是儒家思想中刑罚制度的中心原则，并说唐明清律体现恤刑者，主要为慎杀、戒斩、减少死罪等。至于审判中的虑囚、复奏等亦同此精神。

第 822 页：“恩赦”是中国封建帝王以赐恩为名赦免犯人。如践祚、改元、立皇后、建储等非常庆典时进行的赦免。常赦指寻常的或按照常例进行的赦免，一般限制较严。

第 892 页：“赦”免除或减轻罪犯的刑罚。认为秦二世二年（前 208 年）秦曾大赦天下，汉以后形成定制。把赦分为以下几类：1. 大赦：不问犯罪大小轻重，概予赦免，但历代均有例外。2. 曲赦：亦称特赦，局部地区的赦宥。3. 别赦：因特殊原因而赦免，如汉高祖赦田横，明清分恩赦、常赦两种，有时恩赦又有大赦、特赦之分。“赦书”，亦称德音，中国古代赦免罪犯的文书。

(2）高潮、马建石主编的《中国古代法学辞典》(南开大学出版社 1989 年版）

会虑：特赦的一种，根据皇帝的特别旨意减免刑罚。

郊赦：天子南郊祭天之后就实行的大赦，所以叫郊赦。《初学记》记载始于晋惠帝元康六年（公元296年）

量移：唐制，官吏获罪被贬到远方，遇赦，则改置在近地，叫量移。

录囚：也叫虑囚。封建君主或者官吏查阅囚犯案卷或者直接向囚犯讯问决狱情况，平反冤狱或督办久系未决案的制度。并举《后汉书》卷十为例。

（3）木村龟二主编，顾肖荣、郑树周等译校《刑法学词典》（上海翻译出版公司1991年版）

该书列有：恩赦、大赦、特赦、减刑、复权、手续等条目。

此外，还有更多的法制史专著或者教材中都曾经或多或少对赦宥有所提及或论述，不再赘述。

论文

对于赦宥问题的研究，今人论述显然更为深入和全面。这一点，可以通过已发表或未发表的相关论文得知。

吴刚的《中国古代赦宥制度的历史考察》（《中南政法学院学报》1988年第3期）一文简单叙述了赦宥的发展，分析了它的弊端，同时认为赦宥所发挥的两个作用使它的存在成为一种必然：一是赦宥可以宣扬皇权，粉饰太平。二是赦宥可以缓和阶级矛盾，欺骗劳动人民。稍显深入，可惜并没有继续展开，给人只见冰山一角的遗憾。

吴刚的另一论述《中国古代非赦思想述评》（《中南政法学院学报》1991年第2期）主要评述了中国古代非赦思想的根源、分类和价值，遗憾之处也在于不够深入。

董念清的《论中国古代的赦免制度》（《兰州大学学报》（社科版）1996年第3期）注重于从制度的发展来分析，认为创立之初的赦免，与后代所谓的赦免，有着很大的不同。文章初步探讨了赦宥的变化、赦免与古代治乱的关系、实行赦免的利弊三个问题。并得出结论：赦免是反映政治统治的晴雨表。政治清明，社会稳定，经济发展，人民安居乐业，赦免则相应较少；反之，赦免较多。

沈厚铎的《试析中国古代的赦》（《中外法学》1998年第2期）认为：赦

在中国封建时代，是体现皇权的重要标志。所有赦令概出于帝王，其他任何人都不可能颁布赦令。帝王颁布各种赦令，出于各种不同的原因，都是要达到笼络人心以巩固其统治地位的目的，所以赦也是帝王们的一种政治手段。他认为汉代是我国历史上最早正式设赦的朝代，也是帝王把赦作为自己的政治手段的开始。

赵克生的《权变与策略：中国古代赦免制度的功能透视》（《阜阳师范学院学报》（社科版）2000 年第 4 期）提出赦免制度在中国古代具有的种种社会功能，这种功能是赦免制度长期存在的最主要原因。权变与策略具体体现在：感化、安抚、儆戒、除旧布新。

吴文翰的《正当防卫、紧急避险和"眚灾肆赦"》（《西北师院学报》（社科版）1984 年第 1 期）把正当防卫、紧急避险和赦宥并列做研究给人以新的视角和启示。

樊崇义的《我国不起诉制度的产生和发展》（《中国政法大学学报：政法论坛》2000 年第 3 期）从现代法制研究的视角，把赦宥作为我国古代的不起诉制度，并分析了它的根源和演变情况。

首都师范大学田红玉的硕士毕业论文相对更为专门，题目为《唐代大赦研究》，研究对象是唐代的赦宥制度。主要分析了唐代大赦赦书的规格和颁布程序，文书的运作和颁布仪式等。该论文整理了唐代的赦文，进行了文献方面的统计和分析，研究了赦文内容的变化、颁布赦宥的背景和效果等。最后结合时政和赦宥的执行情况，分析了唐代大赦的意义和影响。文章的结尾部分，统计了整个唐代的赦宥情况，制作了详细表格，记载了唐代从武德元年（公元 618 年）到天祐元年（公元 904 年）296 年间所有赦宥的赦名、材料出处、赦由、地点等等，可谓着力甚巨，为后来者提供了不少便利。

另外，对赦宥引发的相关问题研究也有成果。张艳云的《唐代量移制度考述》（《中国史研究》2001 年第 4 期）从赦宥的影响和相关法律规定上考察了唐代量移制度。

王立的《宽纵复仇与恩赦：再论法与中国古代复仇文学》（《中央政法管理干部学院学报》1995 年第 4 期）论述了赦宥对中国古代文学的影响。

张宇的《从〈乾符二年南郊赦〉看唐后期对逋悬欠负的追征和免放》

(《武汉大学学报》(人文科学版)2001年第2期)以个案的方式分析了赦宥和唐代赋税制度的关系。

而在诸多研究中，更显深入或者和前沿的有：

武汉大学中国三至九世纪研究所魏斌的《论唐代大赦职能的“差遣化”》(“中国三至九世纪历史发展暨唐宋社会变迁”国际学术研讨会论文)以及《晚唐大赦申禁职能研究》(博士学位论文，2004年5月，前者是后者的部分篇章)。其主要论点和禹成旼女士的有互相参考之处，认为大赦的职能在唐代发生了变化，唐以前大赦的主要功能一直都是推恩。作者认为这一变化代表着唐代王言系统中出现的差遣化倾向。这种唐代大赦职能的差遣化对于政治和行政运作以及法律秩序等方面都产生了很切实的影响。

刘令舆的《中国大赦制度》(台北“中国法制史学会”编，成文出版社1981年版)对中国古代大赦制度进行了综合考察。把中国古代大赦分为：中国大赦之发轫——原始形态；前后汉形成期；魏晋南北朝之修正期；隋唐之完备期；大赦之继承期。书中分析了两汉大赦的原因(如践祚、改元、立后等，实际上就是每次具体赦宥的场合)以及赦宥思想的基本脉络。

此外还有韩国的禹成旼女士的几篇文章：《试论唐代赦文的变化及意义》(《北京理工大学学报》2004年第3期)、《从〈改元光宅诏〉的结构与性质来看唐代赦文的变化》(中国唐史学会第九届年会论文，2004年4月)、《唐代赦文研究》(北京大学2002年博士学位论文)。其主要观点是：武则天时期，出现了一个特殊的诏书就是《改元光宅诏》，这虽然也包括大赦的内容，但不是传统的一般的大赦诏。一般的大赦诏赦免的位置在前面，而此书中却是在结尾的部分，而前面都是可以单独发布的诏书的集合。作者认为唐代赦文的变化经历：在武则天时期为萌芽阶段，开元十一年到天宝年间为逐渐发展的第二阶段，唐后期为高度发展的第三阶段。唐代赦文变化的意义是赦文不仅在司法上起作用，而且在立法上也起作用，这是唐代赦文的特点。

作者以赦文为研究对象和切入点，探讨了唐代赦文的变化过程及其意义，见微知著。

国外研究

唐代的法律制度，从20世纪初就成为国外学者关注的问题，尤其是日本学者从史料收集考证到多层面的讨论，成果颇丰。但是具体到赦宥，笔者查阅了《战后日本研究中国历史动态》（三秦出版社1996年版），此书记录了1957年和此前的，后延至1977年的论文，没有检索到和赦宥相关的论文。之后，就赦宥制度进行专门研究的有泷川政次郎、仁井田陞、根本诚等数人，其中，尚有很多问题没有展开讨论。

相关赦宥的论文有：

根本诚的《唐代的大赦》（《早稻田大学大学院文学研究科纪要》六号，1960年）对唐代的全部赦文进行了统计，并加以分类，对赦文的思想和赦文用语进行了初步的研究。

中村裕一的《关于唐代的制书式》（《日本中青年学者论中国史》六朝隋唐卷，原载《史学杂志》第九十一编第九号，1982年）主要深入分析了唐代的制书格式，其中也涉及赦书的格式。

另外，还有美国马伯良著、囿志宏摘译的《大赦与中国古代的司法》，从司法和诉讼的角度分析，认为周期性的大赦是平衡法律系统的矛盾的一种手段。

从以上所有的关于赦宥的研究中，我们可以总结出以下几点：

关于古代赦宥制度的研究在史学领域来说，还存在很多需要努力的地方，还有一定空白和缺憾。

首先，传统典籍多有类似甚至的雷同的地方，如：《通典》《初学记》《艺文类聚》都列举了赦宥发生的根源：皇帝登基、祭祀等，都集中记录了各个朝代文人学士对于赦宥利弊的言论，多事实记载而少分析。

其次，赦宥更多的是作为一个单独的法律问题被各类法制史专著、教材等提及，研究成果也都主要集中在赦宥的分类上：大赦、特赦、曲赦等，还有关于赦宥的有限的法律规定。

前人对赦宥制度的研究成果多表现为专著中的某一篇章，而很少是专题研究。截取某一历史断代进行切入研究的更少。

已有对赦宥的研究多是从法律史的角度进行的，侧重于从法律的角度探讨跟赦宥有关的法律问题。在这些叙述性的论述中国古代法律发展的法律史著作中，赦宥问题在结构上占有的重要性远远不够，仅被作为一个次要问题顺便提及。

由于真正从历史角度对赦宥进行的研究远远不够深入和广泛，使对这一制度的研究缺乏完善性和完整性，以致跟赦宥有关的许多方面的问题都呈现出空白，需要进行建设性的构架。

已有的文章在利用前人成果方面做得很好，如在赦宥的分类上，像钱大群、夏锦文的《唐律与中国现行宪法比较》、吴刚的《中国古代赦宥制度的历史考察》，但仍有不足。比如，对于赦宥的几个种类虽已基本界定，但仍不够准确和细致，仍过于简单，且没有实例佐证，因而就显得缺乏说服力，不能准确说明问题。缺乏具体个案的分析会导致研究的泛化和不够细致化，以至于很难描述此种制度的某些细节，也难以和具体的社会、历史现实结合进行深层次的分析和探讨。

此外，对赦宥利弊的讨论也与几部常见史书的列举有雷同之嫌，并且在深入剖析上则做得远远不够或者说是很少。如杨鸿烈先生的《中国法律思想史》中的相关部分，基本上是《艺文类聚》《文献通考》《初学记》等几部史料的摘编汇总，虽多收集之劳，却少分析之功，而参考利用杨先生著作的则更是大有人在。

即使在对赦宥的法律规定方面的研究上，也还存在很多需要继续探讨的问题：如在赦免的罪名种类规定上，减罪与免罪是否一样？减罪是否算是赦宥？都存在不同的说法。吕友仁在《古代刑制大赦、曲赦、德音小辨》（《河南大学学报》（哲社版）1984 年第 4 期）中认为：“大赦只有免罪而没有减罪，曰减罪则即非赦，史书中偶尔也会发现把减刑书为‘赦’的，盖执笔人或昧于刑制，不足为训。”

钱大群和夏锦文在所著的《唐律与中国现行宪法比较》中则认为赦宥在赦免的罪名上有不同的规定，包括减罪。

笔者同意后一种看法，这一点从《唐律疏议》中相关法律规定上可以明显得看出来。关于此点的争论实际上是赦宥在法律上的分类问题，至于其他有关赦宥的法律问题，则同样论及不多。其实《唐律疏议》中就有很多有关赦宥的法律规定，这在本书中将有所涉及。

而在前面所列举的几篇比较前沿的论文中，笔者也认为还存在需要继续努力的地方，这一点将在书中作进一步的商榷和探讨。

对唐代赦宥制度作全面的综合考察，是一个艰巨的任务，以笔者的学识及修养，难免顾此失彼，深与全是矛盾统一的，鱼与熊掌不可兼得，能够为唐代或者整个古代赦宥制度研究提供一点借鉴和参考，是笔者的宗旨，这也是本书的价值和目的所在。

四、研究思路与方法

1. 综合研究法，综合各种史料，排比，归纳，得出结论。本书在充分重视利用前人研究成果的基础上，更注重对原始史料的重新分析和梳理，以及对新的史料的挖掘和分析。

2. 专题研究法，分专题研究，对赦宥分专题，从几个方面进行展开论述，每个问题都可以单独成篇，而整篇文章按照自身内在的逻辑结构结合在一起。在史料运用的同时，注意史料的辨析和排比，更注意理论的探讨。

3. 个案研究法。宏观的专题研究结合具体，典型的个案分析。个案式的剖析可以弥补宏观研究所不能达到的某些效果，通过抽取具有代表性的个案分析，帮助更清楚地窥见所论述的问题。

4. 列表归纳法。本书将某些类似的需要辨别的名称以表格的形式进行表述，可以做到一目了然。另外，对一些需要用到的数据也通过表格进行处理，更能形象地说明问题。

5. 比较研究法。对古今中外相似的问题进行纵横比较，一方面找出异同，归纳特点；另一方面，古为今用，充分发挥史学的镜鉴功能，为现代法制建设服务。这也是本书的意义所在。

6. 交叉研究法。这是由本书的主题所决定的。本书论述的问题本身就是一个跨学科的复杂问题，问题本身的双重性使得交叉研究成为必然。赦宥本身既是一个史学问题，在法学界也是一个重点研究对象。

五、本书致力于创新

前人的研究成果是本书研究的基础，而前人研究的空白和不足也给本书提供了继续深入研究的空间。

因此，本书的研究目的是弥补前人的不足，并在前人的基础上力争创新。本书着重研究并致力创新的有如下几点：

首先是关于赦宥的一些具体问题，包括赦书、前后朝赦书的变化及其含义、赦书格式、赦宥称谓辨别等。

其次，赦宥的仪式及实施也是一个必须理清的问题。包括赦宥在京城的仪式、在地方的仪式。这点在《唐六典》和两“唐书”中都有部分零星记载，而前人都没有涉及。但是根据已有的资料，对赦宥仪式进行还原是有可能的。关于赦宥在京城的仪式，有案可稽。赦书到地方后，官员迎接颁布赦令也要依一定的仪式。关于这一点，《开元礼》作了较为详尽的规定。本书力图通过对前代材料的发掘，对唐朝的赦宥仪式作粗线条的勾勒，并通过宋代的史料记载来对其作进一步的印证。

皇帝颁布大赦令后，京城和地方的大臣都要上贺赦表，朝廷也要作答贺赦表以作答。这一点也是前人不曾注意的。

赦宥研究另一个被忽略的重要方面就是赦宥产生和延续的原因。这是很有意义的一个问题，需要花大力气继续深入挖掘和分析研究。历代的大赦均有发布施行的场合与背景，《文献通考》列举有始受命、改年号、获珍禽、河水清、刻章玺、立皇后、建太子、生皇孙、平叛乱、遇灾异、有疾病、郊祀天地、行大典礼等。而这些经常被人所误解成赦宥发生的原因，其实这只是一种表面现象，而非其本质原因和真正原因。作为一种存在和延续上千年的特殊现象，赦宥的产生和延续实际上是有着复杂的历史原因的。

赵克生的《权变与策略：中国古代赦免制度的功能透视》提出赦免制度在中国古代具有特定的社会功能，有感化、安抚、儆戒、除旧布新等，并把这种功能看作是赦免制度长期存在的最主要原因。赵克生先生的看法已窥一斑，但未及其余。本书主要从赦宥的理论根源、赦宥发生的现实原因与思想原因几个方面进行分析，认为赦宥存续的原因可以从以下几个具体方面着手分析：远古理论根源和传统影响、德主刑辅理论、政治和军事需要、农业生产的要求、皇权、皇帝的心理作用、天人合一和封建迷信、礼教和人情、佛教的影响等。

本书的第二章“赦宥和唐代政治”也是本书的重点。这是因为关于赦宥和政治的关系，前人或者不曾谈及，或者涉及甚少甚浅。但是实际上两者的关系是非常密切的，也非常复杂，如皇帝和赦宥、藩镇和赦宥、赦宥和少数民族的关系等，都值得我们深入地分析。从政治的角度对赦宥加以研究，更能从本质上把握赦宥，并理清很多问题。

最后，结合现实，发挥史学的史鉴功能，是本书所做的另一个大胆的尝试，也是本书致力达成的目标。虽然目标和效果之间可能会存在一定的差异，但是笔者认为无论是从方法上还是从资料上，把赦宥和历史、现实相结合进行研究都是有可能的。因为，赦宥自产生以来，至近现代乃至当代，仍然存在于世界大多数国家，并实行不辍。

第一章　赦宥的相关制度及问题

本书研究的对象是唐代的赦宥制度①，在开篇之前，必须要弄清楚的一个问题就是：什么是赦宥？

第一节　赦宥的定义及渊源

对于赦宥，自古至今，史料中有大量的文献记载，特别是先秦文献中，对赦和宥注疏解传甚多，基于这些资料，前人学者对赦宥作过多种不同的阐释，下过很多定义。

《说文》解释："赦，置也。"置此处为释放的意思。沈家本也引用了此说对赦进行解释，他在《历代刑法考》中加按说："《尔雅·释诂》：'赦，舍也。'郭注：舍，放置也。《三仓》：赦，舍也。与《周礼》郑注合。《说文》：'赦，置也。'其义亦同，谓有罪者放置之也。"

吴刚在《中国古代赦宥制度的历史考察》一文中认为："赦宥就是指免除

① 本书关注的对象是唐代的赦宥制度，出于研究的需要，对赦宥的历史做全面的考察和历史性的回顾，因此，会对唐代以前有所涉及或者赘述。由于篇幅和个人能力原因，书中不涉及国外赦宥的发展和研究。对于国外赦宥的研究，有学者涉猎，于志刚的《刑罚消灭制度研究》认为：欧美有关赦免制度的最早记载，巴比伦王颁布的类似大赦的免责诏书，免除犯人的民事和刑事责任。还有公元前403年古希腊AHRASYBULUS所颁布的赦免法令。但当时大赦的对象，并不及于普通公众，而是针对政治对立方而实施的，是限于"反抗国家之暴民与政客"。（参见蔡墩铭《唐律与近世刑事立法之比较研究》，1968年版，第319—320页。）

或减轻罪犯的罪责或刑罚。”[①] 洪丕谟也认为“赦”就是赦免或减轻罪犯刑罚的意思，所以通常又称“赦”为“赦免”。[②] 这个定义道出了赦宥的基本功能，但是并不完整。

《辞海》中的定义：赦——中国古代指免除或减轻犯人的罪责或刑罚。汉以后成定制，赦宥频繁，名目有大赦、曲赦、特赦、郊赦（分为恩赦和常赦）。[③]

宥——宽宥，赦罪。《易·解》：“君子以赦过宥罪。”《尚书·舜典》：“流宥五刑。”传：“宥，宽也。”《广雅·释言》：“宥，赦也。”[④]

赦宥之事在我国古代起源很早，也留下了极为丰富的史料记载，因此我们不妨看看史料文献中的疏解。《易·解卦》：“象曰，雷雨作，解。君子以赦过宥罪”。疏：“赦谓放免，过谓误失，宥谓宽宥，罪谓故犯。过轻则赦，罪重则宥，皆解缓之义也。”程传：“天地解散而成雷雨，故雷雨作而为解也。赦，释之也。宥，宽之。过失则赦之可也，罪恶而赦之则非义也，故宽之而已。”[⑤] 对赦释义谓放免，宥释义谓宽宥。

综合以上，我们可以暂时把赦宥定义为：免除或者减轻特定对象的特定的罪行或者过失。赦是豁免的意思，宥是宽大缓和的意思。

但是，这个定义是否就准确呢？是否就符合赦宥的发展历史呢？再看唐代《唐律疏议》对于赦宥所作的定义。

《唐律疏议》中定义“赦”为：“《周礼》有三赦之文，一赦老耄，一赦幼弱，一赦戆愚。谓此三等之人，识见浅劣，故赦放其罪。今之赦也，罪恶之重已下，笞十之轻，率皆原宥，即名为赦。”[⑥] 依旧是引用先秦文献，进行解释。

解释“宥”的意思是：“放也，宽也。谓犯法者未入死刑，又过徒刑，遂流于远。虑其性恶，染坏正俗，故流放远恶之处；欲使生活，以流放之法，

① 吴刚：《中国古代赦宥制度的历史考察》，《中南政法学院学报》1988年第3期。
② 洪丕谟：《法苑谈往》，上海书店出版社1991年版，第209页。
③ 夏征农、陈至立主编：《辞海》，上海辞书出版社2010年版，第3451页。
④ 李伟民：《法学辞源》，黑龙江人民出版社2002年版，第2547页。
⑤ （清）沈家本：《历代刑法考》，中华书局1985年版，第521页。
⑥ （唐）长孙无忌：《唐律疏议》附《唐律释文》卷2《名例》，中华书局1993年版，第624页。

宽从五刑也。王肃云，谓君不忍刑杀，宥之以远方。然此是据状合刑，而缘差可恕，全赦则太轻，致刑则太重，不忍依例刑杀，故完全其体，宥之远方。应刑不刑，是宽纵之心也”。①

《唐律疏议》中的定义实际上是狭义上赦宥的定义，这个定义仅仅局限于它在唐代的法律意义，是从纯粹的法律条文上对赦宥进行的法律解释。而实际上，赦宥在古代社会经过长期的演变，内涵和外延都已经发生了很大的变化②，有些变化甚至是根本性的。它已经超越简单的法律范畴，成为涵盖政治、社会、礼法、律令、文化、思想的一种重要的封建制度和文化。因此，对于赦宥，我们要想获得一个科学的定义，准确把握它的实质，就必须追根溯源，进行历史性的回顾和考察，以便理清与赦宥相关的诸多问题，更加全面地考察。③

下面探讨一下赦宥的渊源。关于赦宥的最早起源，也是众说纷纭，马端临说："今观管仲所言及陶朱公之事，则知春秋、战国时已有大赦之法。"④《文献通考》的作者马端临认为春秋战国时已有赦宥之事。

现代学者主要有以下几种观点：

蔡枢衡在《中国刑法史》中认为赦宥可能源自于商代甚至夏代，甚至可能上溯到尧舜时代。⑤

赵克生认为：伴随着早期国家的形成，赦或赦免产生于上古三代。⑥

钱大群认为：中国周代就有了赦宥制度。⑦

台湾学者陈顾远认为，真正的赦宥即大赦制度“见于秦二世二年，盖欲

① （唐）长孙无忌：《唐律疏议》附《唐律释文》卷1《名例》，中华书局1993年版，第618页。

② 赵克生的《中国古代赦免制度的演变及其影响》（《淮南师范学院学报》2001年第1期）：赦内容的不断扩展，也就是它的触角在我国古代社会各领域的不断伸张，反映了赦免担任的作用愈来愈重要，同时也说明：把赦免仅仅定义为一种减轻或免除刑罚的司法制度，是欠妥当的。

③ 于志刚在《刑罚消灭制度研究》一书中认为：赦免制度在中外的历史都可谓源远流长，最早是作为君权的一个重要组成部分出现的。对于赦免制度的历史沿革加以粗略回顾，有利于准确把握赦免制度的许多本质问题。（法律出版社2002年版，第444页。）

④ （元）马端临：《文献通考》卷171下《刑考十下》，中华书局1986年版，第1485页。

⑤ 蔡枢衡：《中国刑法史》，广西人民出版社1983年版，第185页。

⑥ 赵克生：《中国古代赦免制度的演变及其影响》，《淮南师范学院学报》2001年第1期。

⑦ 钱大群、夏锦文：《唐律与中国现行刑法比较论》，江苏人民出版社1991年版。

用郦山徒以击周章也”①。

洪丕谟认为我国赦免起源很早。春秋时期，由于诸侯割据，因此所赦范围仅限于各诸侯国的“赦罪人”或“大赦罪人”而已，至于大规模的“大赦天下”，是从秦二世二年（公元前208年）才开始的。汉高祖建国之初，在他即位的十二年间，赦宥频繁，竟达九次之多。自此之后，赦就逐渐形成定制了。②

沈厚铎《试析中国古代的赦》(《中外法学》1998年第2期）认为：汉代是我国历史上最早正式设赦的朝代。③

总的来看，赦宥在中国古代早已有之，而且源远流长，可以肯定的观点是，在尧舜时期，赦宥已经肇始，已经有赦宥的做法和记载。其次，先秦以前的赦宥，含义很狭窄，其性质和特点主要是三种：一是赦宥小的过失性犯罪；二赦宥无刑事或民事行为能力的人犯罪；三是案件本身有疑问或自然灾害所造成的意外事件。④

对于赦宥含义的古今差别，明代法学家邱浚在总结历代大赦制度时说：“夫帝舜之世所谓赦者，盖因所犯之罪，或出于过误，或出于不行，非其本心固欲为是事也。”而且此时的赦也是“盖就一人一事而言耳，非若后世概为一札，并凡天下罪人，不问其过误故犯，一切除之也”⑤。

看来，由于赦宥自身的延衍、改变致使赦宥的含义在不同历史时期有着极大的差异，这也就导致学者们对于赦宥产生不同的理解和判断，也进一步导致了在赦宥渊源问题上的分歧。

沈家本在分析赦宥时指出：以前赦宥的只限于小过失为误，而这次是合

① 陈顾远：《中国法制史》，中国书店1988年版，第320页。

② 洪丕谟：《法苑谈往》，上海书店出版社1991年版，第209页。

③ 沈厚铎：《试析中国古代的赦》，《中外法学》1998年第2期。

④（元）马端临《文献通考》卷171下《刑考十下》：“唐虞三代之所谓赦者，或以其情之可矜，或以其事之可疑，或以其在三赦、三宥、八议之列，然后赦之。”（中华书局1986年版，第1485页。）按：这是对先秦以前赦宥的总结。赦宥的发展也经历了前后历史时期的变化，本身发生了很大的变化，对此，马端临也略有指出，他说唐虞三代的赦宥之法“盖临时随事而为之斟酌，所谓议事以制者也。”是临时随事而为，并没有形成固定的惯例，也没有严格的制度或者规定，“至后世乃有大赦之法，不问情之浅深，罪之轻重，凡所犯在赦前则杀人者不死，伤人者不刑，盗贼及作奸犯科者不诘。”

⑤（明）邱浚：《大学衍义》卷109《慎刑宪·慎眚灾之赦》，京华出版社1999年版，第938页。

并大过皆赦；以前赦令不过行于一人一邑，而这次却是在一国范围内行之。“唐虞即有肆赦之法，春秋亦有肆眚之事，但于一人一邑兴致，举一国而肆之，非法也，故书以讥之。实开后世君主肆赦之先河。”并说：“后世有姑息为政，数行恩宥，惠奸宄，贼良民，而其弊益滋，盖源于此。”[①]

从以上《春秋》记载及管子之语，可以证明春秋时赦宥也已经存在，而且实行的次数不在少数，否则管子也不会对其利害进行剖析。对此，沈家本进一步引用典故[②]，说：“今观管仲所言及陶朱公之事，则知春秋战国时已有大赦之法。”

而且春秋时期，赦宥的做法在各诸侯国都已有之。[③] 规模更为大，或者说意义更严格的一次大赦是在秦朝：“二世皇帝二年冬，陈涉所遣周章等将西至戏，兵数十万。二世大惊，与群臣谋曰，‘奈何?’少府章邯曰：‘盗已至，众强，今发近县不及矣。郦山徒多，请赦之，授兵以击之’，二世乃大赦天下”。[④] 这次大赦，也是赦宥发展的一个新阶段。这次大赦之前，秦国也有数次赦宥，秦始皇之前的诸王，如昭襄王、孝文王、庄襄王都曾经颁布过赦令。“孝文王元年，赦罪人，修先王功臣，褒厚亲戚。”“庄襄王元年，大赦罪人，修先王功臣，施德厚骨肉而布惠于民。”[⑤] 但是，我国台湾学者陈顾远认为，真正意义上的赦宥应该是全国性的，但在秦以前，并没有统一的国家，所以都不能称为赦宥，他根据这条材料，断定真正的赦宥即大赦制度应该是开始于此。

另外我们发现，在秦律残篇《法律问答》中就已经有关于赦宥的法律条文规定了：“或以赦前盗千钱，赦后尽用之而得，论何也？毋论。”[⑥] 此外，

---

① （清）沈家本：《历代刑法考·赦一》，中华书局 1985 年版，第 525 页。

② （元）马端临《文献通考》卷 171 下《刑考十下》载：楚国陶朱公的次子因为杀人而被缉捕入狱。陶朱公派他的长子给楚王的近臣庄生行贿。庄生去进见楚王，劝说楚施德政，于是楚王准备发布赦令。（中华书局 1986 年版，第 1485 页。）

③ 孙楷著，徐复订补：《秦会要订补·刑法下》言赦下注：行赦施惠见越世家，则春秋之世，既有此事。秦孝文、庄襄之赦，为即位行赦之权兴，昭襄赦罪人迁河东，迁穰等，皆有为而赦者，与施惠者自异。可见，各诸侯国都已有赦宥之事。（中华书局 1959 年版，第 347 页。）

④ （汉）司马迁：《史记》卷 6《秦始皇本纪》，中华书局 1959 年版，第 270 页。

⑤ （汉）司马迁：《史记》卷 5《秦本纪》，中华书局 1959 年版，第 219 页。

⑥ 《睡虎地秦墓竹简》，北京文物出版社 1978 年版，第 167 页。

在其中还有多次提到赦宥的相关规定：如盗贼被斩左趾而为城旦的，可以被赦免为庶人。[①] 赦宥后逃往，赦期过后被捕的要重新论处。“会赦未论，又亡，赦期已尽六月而得，当耐。”[②] 由此推断，秦代赦宥的实施可能已经经常化，所以才会通过法律来规定赦宥的具体操作和执行。

纵观史书可知，汉代实行大赦的次数最多，仅蜀汉后主在位 41 年，就曾实行大赦 13 次，而且范围几乎毫无限制。不仅赦宥的次数越来越多，而且，赦宥发展至汉代还出现了一些新的特点。

首先就是赦宥名目的增多。先秦以前的赦宥，无非是三宥三赦：宥不识、过失、遗忘；赦幼弱、老耄、蠢愚。到汉代，各种各样的赦宥开始出现，始受命、改年号、获珍禽奇兽、河水清、刻章玺、立皇后或太子、平叛乱、开境土、遇自然灾害、有疾病、郊社天地、行大典礼，朝廷都会大行赦宥。[③]

其次，赦宥逐渐形成定制。基本上每个皇帝登基都要实行大赦，其他如改年号、立皇后、立太子、郊社天地、行大典礼等，也会有赦宥之事。据史料统计可知，汉代基本每个皇帝在位期间都曾举行过赦宥，最少的文帝在位二十三年，只有四次赦宥，最多的是灵帝，在位二十二年，却赦宥二十次。和汉以前相比，赦宥的频繁程度甚矣。

汉代赦宥的范围和之前相比，已经有了本质的区别。众所周知，先秦赦宥大多是针对一人一事。而此时，从赦宥的地域范围上来讲，是全国性的，赦宥的效力遍布全国。从赦免的人群和罪名上，由特定的人到普遍性的全国范围内的罪犯，由过失犯罪和小的罪过到不加限制的一概而赦。如汉高祖九年正月的赦令，诏曰：“丙寅前有罪殊死以下皆赦之。”规定只要是所犯罪够不上殊死的统统予以赦免。孝惠四年三月甲子，“皇帝冠，大赦天下。”[④] 这次的大赦，更是毫无限制，应该是一切罪刑，率皆原宥了。

赦宥的种类也逐渐繁多。先秦一人一事的赦宥至此演变为特赦，其他如

---

① 《睡虎地秦墓竹简》，北京文物出版社 1978 年版，第 205 页。

② 《睡虎地秦墓竹简》，北京文物出版社 1978 年版，第 216 页。

③ 关于汉代赦宥名目更为详细和全面的资料和统计，见沈家本先生的《历代刑法考·赦二》。马端临《文献通考》卷 17 也有总结。本书后面将列举史料，并详细的展开论述，并和唐代的赦宥做对比研究。

④ （宋）王钦若：《册府元龟》卷 82《帝王部·赦宥一》，凤凰出版社 2006 年版，第 893 页。

全国性的大赦、赦徒、别赦、针对特定行政或地理区域的曲赦都开始出现。随着赦宥的经常化和制度化，朝廷颁布赦令时开始举行一定的仪式，关于汉代赦宥的仪式，史书中也略有记载①，这也是赦宥在汉代的一个发展。

至唐代，赦宥问题的各个方面进一步制度化，而赦宥制度本身也更加完善。本书之所以在对中国古代赦宥问题的研究中截取唐为断代切入、展开，原因就在于唐代赦宥制度的完善性和代表性，以及它在前后发展过程中的重要性。

到了唐代，对于大赦的限制在制度上已经较为完善，包括常赦不免者不赦，会赦后应首蔽匿者不赦；流配在道故违程期者不赦；闻知有恩赦而故犯者不赦等。此种完善只是赦宥制度在法律上的完善。我们检索现存的《唐律疏议》条文，可以看到大量和赦宥相关的法令和条文，从赦书抄写的时间限制到关于赦前断罪不当的处理，从特定犯罪赦后不自首的处理到流放犯在半途遇到赦免的处理等，很多细节性问题都有明确的规定。由此可以看出，赦宥发展至唐代已经相当的成熟和完善，种种制度的细节，以体现国家意志的法律的形式固定下来。这是赦宥制度化的一个重要标志。

此外，唐代更是赦宥发展的一个重要的阶段。中国政法大学苗鸣宇博士在其专著中指出：唐代作为中国封建法制最为发达的一个时代，在赦免法律化方面所取得的成就是以后各封建政权所无法企及的。由于唐代的法制为后来的宋、明，甚至还包括少数民族建立的辽、金等政权所争相效仿，因而唐代的赦免制度极大地影响了其后各封建政权的赦免制度。

除此之外，考察唐代赦宥，我们还可以总结出以下几个方面：

赦宥的仪式上，更加烦琐和复杂，也更加完善。《唐书》《唐六典》《封氏闻见记》《大唐开元礼》中有较为详尽的记载。赦宥的仪式的逐渐烦琐和正规，也说明赦宥更加受到重视，在社会生活和政治生活中占有的地位也越来越重要。

在赦宥的种类区分、罪行划定和量刑分析上，唐代的区分和界限更加清

① （唐）徐坚《初学记》卷22《政理部》引《汉旧仪》："命下，丞相御史复奏可，分遣丞相御史乘传驾行郡国，解囚徒，布诏书，郡国各分遣吏传厩车马，行属县，解囚徒"，即是。（中华书局1980年版，第469页。）

晰明显。这是由于赦宥实行得越来越频繁所导致，同时是唐代社会进步和形势发展的结果。丰富的史料给我们研究赦宥、甄别赦宥的种类、罪行和量刑划定提供了便利。

赦宥和政治结合的越来越紧密，更加工具化和手段化。赦宥的作用和功能在外延增大，对当时的政治、军事、经济、社会生活影响也越来越大。特别是到唐代中后期，赦宥频频被中央政府作为一种军事和政治手段，用来瓦解敌人、拉拢人心，调节中央和藩镇的关系。

以上是赦宥自产生到发展至唐代的一些情况，将在后文做深入研究。至此，我们可以依据赦宥产生之初的原意，参照文献中的注疏，并结合唐代的具体情况，给赦宥下一个定义：

赦宥，由皇帝或者国家权力机关决定并发布赦令宣告，对一般或特殊的罪犯免除刑罚的全部或一部分或者免除罪名不予追究的一种政治法律制度。

这里说制度，是因为赦宥经过长期的发展演变，已经形成了一套比较稳定和完善的规定和特点，如：赦宥本身的种类，赦宥的定期施行，赦宥的仪式，赦宥法律上的条文规定等，构成了完整的赦宥制度。

但是，我们不排斥赦宥作为皇帝单独行为的个别现象。在史料中我们可以发现大量的并不是全国性的或者制度性的赦宥，有很多是偶然的和随机的，由皇帝或者是官员一个人决定，针对特定的一个人或者是几个人颁布，在这种情况下，这种赦宥并不按照常规的制度规定实施进行，甚至只是口头颁布，连制书都没有，更不用说是仪式，这种情况下的赦宥，实际上就是封建社会内部个别统治者的个人行为。

第二节　赦宥的名目和场合区分

赦宥名目的日渐繁多是中国古代社会赦宥发展的一个趋势和显著特点，到汉代的逢登基、建储、封后、灾异即赦，一方面说明赦宥的实行越来越频繁，同时也说明赦宥逐渐在封建社会的政治生活中凸显出来，慢慢地与封建礼仪和制度结合并融入其中，并被提升到一定的高度。

赦宥名目的繁多是赦宥自身发展的需要，也是封建社会发展的需要。因为，在任何社会、任何时候，法律和现实之间总会有一定的差距，“文字形式上的刑法和司法运作中的刑法常常存在着落差”①，条文化的法律在被实践和执行的过程中可能会遇到很多难题，某些难题只能通过法律之外的手段来解决。这里，赦宥实际上就发挥了一种均衡和调节的功能，化解法律和现实的矛盾，填补法律的真空，消融条文化的法律在实际执行中产生的尴尬与摩擦。正是由于这个根本性的原因，使得赦宥自产生至今天，存续不绝。

此外，赦宥作为一种灵活与变通的策略，和刑罚一样，本质上都是为统治阶级服务的工具，作为两种不同的手段，被君主用来恩威并使，来维护封建社会秩序。在这里，赦宥发挥着单纯的刑罚所起不到的作用——拉拢民众，收买人心，显示皇恩浩荡，缓和阶级矛盾。

由于以上原因，使得赦宥的存在必不可少，由原先的偶尔为之到后来的形成定制，逐渐成为封建社会礼仪、法律、政治的一部分，在史书中出现的次数越来越多。赦宥本身的发展，也必然会导致它内涵的外延的泛化和种类的繁多。因为，随着社会的发展，社会生活的丰富和封建政治的复杂化，原先简单的三赦三宥，或者眚灾肆赦，已经不能满足统治者的需要，② 所以，主观上统治者势必要寻找，客观上也势必会产生新的名目来迎合这种需要，以达到这种目的。

在封建社会，皇帝拥有至高无上的权力，自然也包括赦宥的权力。除了按照惯例或定制，在固定的场合如祭祀、即位、册封等颁布赦宥外，皇帝往往根据自己的喜好滥施大赦，捏造出种种的名目和借口，来实行定制之外的赦宥。如：唐长寿元年（692 年），武则天以自己“齿落更生”为由下令改

① 肖介清：《刑法真空与泛化研究》，载《刑法学研究新视野》，中国人民公安大学出版社 1995 年版，第 81 页。

② （宋）欧阳修等《新唐书》卷 114《崔融传附崔慎由传》：“初，宣宗饵长年药，病渴且中躁，而国嗣未立。帝对宰相欲肆赦，患无其端。慎由曰：‘太子，天下本。若立之，赦为有名。’”（中华书局 1975 年版，第 4199 页。）

元，并大赦天下。[①] 赦宥如此随意，理由如此荒唐，这恐怕也是赦宥名目增多的一个原因。

赦宥自汉代逐渐固定化制度化之后，历代统治者颁布赦宥均在特定的场合进行，有着特定的背景。一般来说，皇帝在登基之始都要发布大赦令，这是随着赦宥的制度化而制度化的。除此之外，还有很多其他的场合，《初学记》列举的是：疾病、云出风来、动钥鸣条、大恩小惠、躬耕、亲政、东狩、南郊等。[②] 《文献通考》列举有：始受命、改年号、获珍禽、河水清、刻章玺、立皇后、建太子、生皇孙、平叛乱、遇灾异、有疾病、郊祀天地、行大典礼等。[③]

在这些场合和背景下，为了展示皇帝的权力和恩泽，或者是为了普天同庆，咸与维新，或者为了其他的目的，往往颁布赦令，行赦宥之事，这也成为封建社会的定制。

从最初简单的三赦三宥和眚灾肆赦，至后来的逢事即赦，中间有一个发展的过程，赦宥名目的出现也不是一蹴而就的，借助史料记载，我们可以约略知道这些名目的来龙去脉。下面主要以汉代记载为主，参照沈家本先生的考证，来进行探讨。有的可以肯定沈家本先生的观点，即所列材料是关于该名目的最早记载，可以说是该名目的起源。有些则不尽然，需要商榷。

皇帝即位赦，也就是践阼赦。沈家本先生认为，先秦以前并无此例，秦始皇登基时也没有因此大赦。至汉初，汉高祖刘邦于汉五年十二月破楚，春正月，以天下事毕，赦天下。到二月甲午即皇帝位，没有赦宥。二十四年四月甲辰，高祖崩，丁未发丧，大赦天下。到五月丙寅，惠帝即位，也没有大赦。所以，沈家本断定，“汉初尚无践阼赦也。”[④]

但是，孙楷在《秦会要订补》“赦”目下面的注云：“行赦施惠见《越世

---

① （宋）司马光：《资治通鉴》卷205《唐纪二十一》，则天后长寿元年，中华书局1956年版，第6487。

② （唐）徐坚：《初学记》卷20《政理部·赦》，中华书局1980年版，第1469—1471页。

③ （元）马端临：《文献通考》卷171下《刑十下》、卷172《刑十一》，中华书局1986年版，第1485—1495页。

④ （清）沈家本：《历代刑法考·赦二》，中华书局1985年版，第529页。

家》，则春秋之世，既有此事。秦孝文、庄襄之赦，为即位行赦之权兴。"①认为即位赦在春秋时期已经有了。

陈俊强先生认为春秋战国时期的晋悼公即位之初颁布的赦令——"宥罪戾"就是即位肆赦，"可谓后世即位大赦之滥觞。"②

笔者认为，即位赦此时或已有之，但是规模较小，且同后世意义上的大赦不同，所以多不为人注意。

检索史书可知，第一次明确在皇帝的即位诏书中明令赦宥，是在孝文帝即位诏书："制诏丞相、太尉、御史大夫：间者诸吕用事擅权，谋为大逆，欲危刘氏宗庙，赖将、相、列侯、宗室、大臣诛之，皆伏其辜。朕初即位，其赦天下，赐民爵一级，女子百户牛、酒，酺五日。"③ 沈家本认为："践阼赦当始于此。"④

沈家本在分析汉代的即位赦时指出："赦非古法，汉初高、景、武三帝皆无赦，惠帝但恩及于亲贵老小，未大赦。其有赦者，必有故。文以自代来，昭以霍光秉政，宣以曾孙入嗣，大统皆事出非常，赦以靖人心也。元、成以后，踵而行之，东京亦承其制。"⑤ 认为即位赦的起源有其特殊原因，即汉文、昭、宣诸帝因为皇位得来与正统不合，为掩人口实，收买安抚人心，所以即位时进行赦宥。从元帝、成帝后，都因袭这种做法，到东汉时成为定制。

改元赦。⑥ 历史上第一次因改元而赦是汉景帝七年（公元前149年）改称"中元年"，夏四月赦天下。中元六年又改称"元年"，史称"后元"，三月赦天下。景帝两次改元，两次设赦，是改元赦的开始。登基改年号又大赦的是

---

① 孙楷著，徐复订补：《秦会要订补·刑法下》，中华书局1959年版，第347页。

② 陈俊强：《魏晋南朝恩赦制度的探讨》，台北文史哲出版社1998年版，第15页。

③（汉）班固：《汉书》卷4《文帝纪》，中华书局1962年版，第108页。

④（清）沈家本：《历代刑法考·赦二》，中华书局1985年版，第530页。

⑤（清）沈家本：《历代刑法考·赦二》，中华书局1985年版，第534页。

⑥ 对于年号问题，池田温在《日本和中国年号制度的比较》中论述颇精，并认为："改元中有四成以上是因皇帝的更替，即向天下表明当权者的登场；除此之外的改元，也可以看作是将连续的时间加以隔断以表明将给世界带来新的面貌。因而改元一般伴有大赦、处罚的减免和逋欠的蠲免、官员的升迁及赏赐物品，由此可见，改元不仅仅限于使天下气氛焕然一新，而且应该是施恩泽及于全体官员以至庶民的制度。"（刘俊文、池田温主编：《中日文化交流大系——法制卷》，浙江人民出版社1996年版，第252—253页。）

汉武帝。武帝初登大宝，是景帝后元三年，次年改称“建元”元年，“春二月，赦天下。”

立后。关于立后赦的最早的一条材料是汉武帝时期，“元朔元年春三月甲子，立皇后卫兵。诏曰：‘朕闻天地不变，不成施化；阴阳不变，物不畅茂。《易》曰‘通其变，使民不倦’。《诗》云‘九变复贯，知言之选’。朕嘉唐、虞而乐殷、周，据旧以鉴新。其赦天下，与民更始。诸逋贷及辞讼在孝景后三年以前，皆勿听治。”① 沈家本对此的看法是：“此年之赦，系于立后之下，立后之赦当始于是，惟其文云‘与民更始’，似是改元致意，今两系之。”②笔者认为，既然立皇后和发诏书两个事件在史料记载上紧密相连，可以认为此诏书即是册立皇后的系列诏书之一，这次大赦也可以看作是立后赦。

更为明显的单独为立后而赦宥，是汉昭帝始元四年，这一年三月立上官氏为后，“赦天下”。③

沈家本加的按语又说：“东京自建武十七年阴后之立未赦，其后诸帝皆不赦，岂《汉旧仪》所言乃西京之制欤？抑范《纪》有缺文欤？”④

立后之赦自产生后，终东汉一代再没有实行过，所以沈家本怀疑《汉旧仪》所记载的是西汉的做法和制度。

建储。即立太子。《高帝纪》：二年六月壬午，立太子，赦罪人。建储之赦始于此。

大丧。《高帝纪》：十年秋七月癸卯，太上皇崩，葬万年。赦栎阳囚死罪以下。这是较早的关于皇帝驾崩，朝廷进行赦宥的记载。《平帝纪》元始五年冬十二月丙午，帝崩于未央宫，大赦天下。这次可能是真正的皇帝大丧行赦宥。

帝冠。《惠帝纪》：四年三月甲子，皇帝冠，赦天下。

郊赦。《文帝纪》：十五年夏四月，上幸雍，始郊见五帝，赦天下。沈家

① （汉）班固：《汉书》卷 6《武帝纪》，中华书局 1962 年版。

② （清）沈家本：《历代刑法考 · 赦二》，中华书局 1985 年版，第 541 页。

③ （宋）司马光：《资治通鉴》卷 23《汉纪十五》，昭帝始元四年三月，中华书局 1956 年版，第 754 页。

④ （清）沈家本：《历代刑法考 · 赦二》，中华书局 1985 年版，第 541 页。

本评论说：这是由于文帝被大臣的邪说迷惑，才有此举。到了宋代的时候，“凡郊必赦”成为定制，“惑之甚者矣。”①

祀明堂。《明帝纪》：永平二年春正月辛未，宗祀光武皇帝于明堂，诏书曰：“朕以暗陋，奉承大业，亲执圭璧，恭祀天地。仰惟先帝受命中兴，拨乱反正，以宁天下，封泰山，建明堂，立辟雍，起灵台，恢弘大道，被之八极，故‘君子坦荡荡，小人长戚戚’。其令天下自殊死已下，谋反大逆，皆赦除之。百僚师尹，其勉修厥职，顺行时令，敬若昊天，以绥兆人。”② 是为祀明堂大赦。

临雍。《明帝纪》载：八年丙子，临辟雍，养三老、五更。礼毕，诏三公募郡国中都官死罪系囚，减罪一等，勿笞，诣度辽将军营，屯朔方、五原之边县；妻子自随，便占著边县；父母同产欲相代者，恣听之。其大逆无道殊死者，一切募下蚕室。亡命者令赎罪各有差。凡徙者，赐弓弩衣粮。③ 也是赦宥。

封禅。《武帝纪》：元封五年春三月，还至泰山，增封。四月，诏曰：“朕巡荆、扬、辑江、淮物，会大海气，以合泰山。上天见象，增修封禅。其赦天下。所幸县毋出今年租赋，赐鳏、寡、孤、独帛，贫穷者粟。”还幸甘泉，郊泰畤。

祠后土。《武帝纪》：元封四年春三月，祠后土。诏曰：“朕躬祭后土地祇，见光集于灵坛，一夜三烛。幸中都宫，殿上见光。其赦汾阴、夏阳、中都死罪以下，赐三县及杨氏皆无出今年租赋。”④

立庙。《光武帝纪》：建武三年春正月辛巳，立皇考南顿君以上四庙。壬午，大赦天下。

巡狩。《光武帝纪》：二年冬十月，行幸雍，祠五畤。春，幸缑氏，遂至东莱。夏四月，还祠泰山。至瓠子，临决河，命从臣将军以下皆负薪塞河堤，

① （清）沈家本：《历代刑法考·赦二》，中华书局1985年版，第546页。
② （南朝·宋）范晔：《后汉书》卷2《显宗孝明帝纪》，中华书局1965年版，第100页。
③ （南朝·宋）范晔：《后汉书》卷2《显宗孝明帝纪》，中华书局1965年版，第111页。
④ （汉）班固：《汉书》卷6《武帝纪》，中华书局1962年版，第195页。

作《瓠子之歌》。赦所过徙，赐孤、独、高年米，人四石。[①] 实际上是对个别地区的赦宥，是曲赦的一种。这在远古已有先例：《周礼》记“国君过市，则刑人赦”。[②]

徙宫。《昭帝纪》：元凤二年夏四月，“上自建章宫徙未央宫，大置酒。赐郎从官帛，及宗室子钱，人二十万。吏民献牛酒者赐帛，人一匹。”六月，赦天下。作为建筑物的宫殿也和赦宥联系到一起，到唐代，发展成宫殿修建完成之日也有赦宥。[③]

定都。《高帝纪》：五年，戍卒娄敬求见，说上曰：“陛下取天下与周异，而都雒阳，不便，不如入关，据秦之固。”上以问张良，良因劝上。是日，车驾西都长安。拜娄敬为奉春君，赐姓刘氏。六月壬辰，大赦天下。[④]

从军。最早的记录，就是秦二世赦骊山徒以击陈涉军。发展至汉代，《高帝纪》：十一年秋七月，淮南王布反。上赦天下死罪以下，皆令从军；征诸侯兵，上自将以击布。[⑤] 和秦代做法相似，除此之外，汉代还出现了新的情况——在和平时期赦宥罪犯囚徒，戍边屯营，充实边防。

《明帝纪》：永平八年冬十月，诏三公募郡国中都官死罪系囚，减罪一等，勿笞，诣度辽将军营，屯朔方、五原之边县；妻子自随，便占著边县；父母同产欲相代者，恣听之。凡徙者，赐弓弩衣粮。[⑥] 允许妻子自随，徙者还赐给弓弩衣粮，很明显是为了实边。

还有十六年九月丁卯，诏令郡国中都官死罪系囚减死罪一等，勿笞，诣军营，屯朔方、敦煌；妻子自随，父母同产欲求从者，恣听之；女子嫁为人妻，勿与俱。谋反大逆无道不用此书。也是类似情况。

章帝建初七年九月，诏“天下系囚减死一等，勿笞，诣边戍；妻子自随，占著所在；父母同产欲相从者，恣听之；有不到者，皆以乏军兴论”[⑦]。

---

① （汉）班固：《汉书》卷6《武帝纪》，中华书局1962年版，第193页。
② （唐）徐坚：《初学记》卷20《理政部》引，中华书局1962年版，第469页。
③ （汉）班固：《汉书》卷7《昭帝纪》，中华书局1962年版，第228页。
④ （汉）班固：《汉书》卷1下《高帝纪下》，中华书局1962年版，第58页。
⑤ （汉）班固：《汉书》卷1下《高帝纪下》，中华书局1962年版，第73页。
⑥ （南朝·宋）范晔：《后汉书》卷2《显宗孝明帝纪》，中华书局1965年版，第111页。
⑦ （南朝·宋）范晔：《后汉书》卷3《肃宗孝章帝纪》，中华书局1965年版，第143页。

看来，在汉代赦宥囚徒，让其家属随军实边已经成为一种制度。

再看戍边的情况。章和元年夏四月丙子，令郡国中都官系囚减死一等，诣金城戍。七月诏死罪囚犯法在丙子赦前而后捕系者，皆减死，勿笞，诣金城戍。九月壬子，诏"郡国中都官系囚减死罪一等，诣金城戍"①。几次戍边都是在金城，这和当时的边境军事形势有着密切的关系。此后，和帝、安帝、顺帝时都有赦宥系囚戍边实边的做法。

年丰。明帝永平十年夏四月戊子，诏曰："昔岁五谷登衍，今兹蚕麦善收，其大赦天下。方盛夏长养之时，荡涤宿恶，以报农功。百姓勉务桑稼，以备灾害。吏敬厥职，无令愆堕。"②

祥瑞。武帝元封二年六月，诏曰："甘泉宫内中产芝，九茎连叶。上帝博临，不异下房，赐朕弘休。其赦天下，赐云阳都百户牛、酒。"作《芝房之歌》。境内出现祥瑞，往往都是皇帝修身树德，实行"仁政"，感动了上天，所以上天降下各种祥瑞，以示褒奖，此时，统治者为了炫耀宣传，粉饰太平，往往会颁布赦宥。宣帝在位期间共赦宥十次，其中为祥瑞赦宥六次。对此，沈家本略作评论：说宣帝"盖自即位之始，即以凤集赦天下，而天下喻其风指，此祥瑞之所以史不绝书也。大赦非善政，况以祥瑞而赦"③。

灾异。按沈家本所引用的材料：文帝后四年夏四月丙寅晦，日有蚀之。"五月，赦天下。兔官奴婢为庶人。行幸雍。"④ 但是，我们可是看出，四月出现的天象异常，到五月才赦天下。两者之间是否有必然的联系或者说是因果关系呢？

再看下面这条史料，就比较明显了。宣帝本始四年夏四月壬寅，郡国四十九地震，或山崩水出。诏曰："盖灾异者，天地之戒也。朕承洪业，奉宗庙，托于士民之上，未能和群生。乃者地震北海、琅邪，坏祖宗庙，朕甚惧焉。丞相、御史其与列侯、中二千石博问经学之士，有以应变，辅朕之不逮，毋有所讳。令三辅、太常、内郡国举贤良方正各一人。律令有可蠲除以安百

① （南朝·宋）范晔：《后汉书》卷3《肃宗孝章帝纪》，中华书局1965年版，第158页。
② （南朝·宋）范晔：《后汉书》卷2《显宗孝明帝纪》，中华书局1965年版，第113页。
③ （清）沈家本：《历代刑法考·赦二》，中华书局1985年版，第557页。
④ （汉）班固：《汉书》卷4《文帝纪》，中华书局1962年版，第130页。

姓，条奏。被地震坏败甚者，勿收租赋。”随后，“大赦天下。上以宗庙堕，素服，避正殿五日。①——是专门因自然灾害而下诏书进行赦宥。

元帝初元二年三月，诏曰：“盖闻贤圣在位，阴阳和，风雨时，日月光，星辰静，黎庶康宁，考终厥命。今朕恭承天地，托于公侯之上，明不能烛，德不能绥，灾异并臻，连年不息。乃二月戊午，地震于陇西郡，毁落太上皇庙殿壁木饰，坏败豲道县城郭官寺及民室屋，压杀人众。山崩地裂，水泉涌出。天惟降灾，震惊朕师。治有大亏，咎至于斯。夙夜兢兢，不通大变，深惟郁悼，未知其序。间者岁数不登，元元困乏，不胜饥寒，以陷刑辟，朕甚闵之。郡国被地动灾甚者，无出租赋。赦天下。有可蠲除、减省以便万姓者，条奏，毋有所讳。丞相、御史、中二千石举茂材异等、直言极谏之士，朕将亲览焉。”② 道出了灾异而赦的部分原因。一是统治者的迷信，天人合一思想的影响，认为灾异的出现是由于自己德行不够，或者政治不清，导致天地不调，阴阳不和，所以上天降下征兆示警惩罚，因此，为了消除灾愆，修德禳祸，才施行赦宥。二是实际的需要。由于自然灾害造成犯罪率的突然上升，为了稳定社会秩序，维护封建统治，避免导致更大的社会动荡和非常之时，非常之事，需要以非常之法对之，不能再按照现有的法律对犯罪行为一意追究，所以实行赦宥。因灾异而赦在两汉屡见不鲜。对此，沈家本特别注意，说：“遇灾而赦，班、范两《纪》有明著者，有不明著者。遇灾之年有赦降之事，必非无故。桓、灵二纪灾异频仍，史不绝书，赦降之事亦不绝书，是否相因，无他佐证。今凡遇灾之年而有赦降之事，别无他故，可考者悉汇于此，以备参考，而世运之盛衰亦籍以考见焉。”③

哀帝元寿元年春正月辛丑朔，日有蚀之。诏曰：“朕获保宗庙，不明不敏，宿夜忧劳，未皇宁息。惟阴阳不调，元元不赡，未睹厥咎。娄敕公卿，庶几有望。至今有司执法，未得其中，或上暴虐，假势获名，温良宽柔，陷于亡灭。是故残贼弥长，和睦日衰，百姓愁怨，靡所错躬。乃正月朔，日有蚀之，厥咎不远，在余一人。公卿大夫其各悉心勉帅百寮，敦任仁人，黜远

① （汉）班固：《汉书》卷8《宣帝纪》，中华书局1962年版，第245页。
② （汉）班固：《汉书》卷9《元帝纪》，中华书局1962年版，第281页。
③ （清）沈家本：《历代刑法考·赦二》，中华书局1985年版，第564页。

残贼，期于安民。陈朕之过失，无有所讳。其与将军、列侯、中二千石举贤良方正能直言者各一人。大赦天下。”①

劝农。文帝二年春正月丁亥，诏曰：“夫农，天下之本也，其开籍田，朕亲率耕，以给宗庙粢盛。民谪作县官及贷种食未入、入未备者，皆赦之。”②

饮酎。和帝永平八年八月辛酉，饮酎。诏郡国中都官系囚减死一等，诣敦煌戍。其犯大逆，募下蚕室；其女子宫。自死罪已下，至司寇及亡命者入赎，各有差。③

遇乱。汉末，义军起，天下乱，统治者为了拉拢党人，缓和矛盾，共同对付农民起义军，而有针对性地实行赦宥。灵帝中平元年三月壬子，赦天下党人，还诸徙者；唯张角不赦。

以上是汉代的赦宥，至唐代，赦宥的名目表现得更加明显，有的就直接书写在大赦令或者是赦书的标题之中。像《帝王·即位赦》《册太子赦》《亲祀明堂赦》等，直接道出了赦宥实行的背景和名目。本书结合《唐大诏令集》，按照唐代赦宥实施的场合予以分类，表中没有做完全的统计，每种情况仅举几例，以作参考。谨列表1－1：

表1－1　赦宥的名目

赦宥的场合和背景	于《唐大诏令集》出处	补充情况
1. 改元	卷3《帝王·改元》上 卷4《帝王·改元》中 卷5《帝王·改元》下	
2. 即位	卷2《帝王·即位赦》上 卷3《帝王·即位赦》下	几乎每个皇帝即位都要发布赦令，已沿袭成定制
3. 册尊号	卷9《帝王·册尊号赦》上 卷10《帝王·册尊号赦》下	
4. 疾愈	卷10《帝王·痊复》《大和八年疾愈德音》	又：则天后久视元年（700年）五月。“太后使洪州僧胡超合长生药，三年而成，所费巨万。太后服之，疾小瘳。癸丑，赦天下，改元久视”④

① （汉）班固：《汉书》卷11《哀帝纪》，中华书局1962年版，第344页。

② （汉）班固：《汉书》卷4《文帝纪》，中华书局1962年版，第117页。

③ （南朝·宋）范晔：《后汉书》卷4《孝和纪》，中华书局1965年版，第182页。

④ （宋）司马光：《资治通鉴》卷206《唐纪二十二》，则天后久视元年五月，中华书局1956年版，第6545页。

续表

赦宥的场合和背景	于《唐大诏令集》出处	补充情况
5. 册太子	卷29《皇太子》《册太子赦》	另：《孝敬皇帝弘传》显庆元年，立为皇太子，大赦改元
6. 郊祭①	卷68《典礼·南郊二》、卷69《典礼·南郊三》、卷70《典礼·南郊四》、卷71《典礼·南郊五》、卷72《典礼·南郊六》、卷73《典礼·北郊》《典礼·东郊》	
7. 籍田	卷74《典礼·籍田》《籍田赦书》	开元二十三年正月
8. 祀明堂	卷73《典礼·明堂》	《亲祀明堂赦》
9. 封禅	卷66《典礼·封禅》	《东封赦书》
10. 祭礼	卷74《典礼·九宫贵神》	《亲祭九宫坛大赦天下制》
11. 谒太庙	卷75《典礼·亲享》《谒太庙赦》	《明皇即位谒太庙赦》
12. 加谥号或上尊号	卷78《典礼·赦》	《加祖宗谥号赦》，上尊号的情况武则天朝极多
13. 巡幸	卷79《典礼·巡幸》	《巡幸岐陇二州曲赦》
14. 恩宥	卷83—86《政事·恩宥》1、2、3、4	
15. 战事	卷115—117《政事·慰抚》上、中、下；卷118《政事·招谕》；卷119—120《政事·讨伐》上、下；卷121—122《政事·舍雪》上、下；卷123—125《政事·平乱》上、中、下	
16. 修建宫成	卷108《政事·营缮》②	《玉华宫成曲赦宜君县制》《大明宫成赦免囚徒制》

① （唐）房玄龄等：《晋书》卷76《王廙传附彬子彪之传》："（穆帝）时当南郊，简文帝为抚军，执政，访彪之应有赦不。答曰：'中兴以来，郊祀往往有赦，愚意尝谓非宜。何者？黎庶不达其意，将谓效祀必赦，至此时，凶愚之辈复生心于侥幸矣。'遂从之。"（中华书局1974年版，第2007页。）由此看来，似乎晋代经常因郊祀而赦。而发展至宋代，郊祀而赦成为定制，三年实行一次，在本书后面有所论述。

② （宋）司马光：《资治通鉴》卷205《唐纪二十一》，则天后万岁通天元年，以万岁通天宫成而大赦天下。（中华书局1956年版，第6505页。）

续表

赦宥的场合和背景	于《唐大诏令集》出处	补充情况
17. 谒皇陵①	卷77《典礼·谒五陵赦》	《亲谒陵曲赦醴县德音》
18. 婚嫁		以安乐公主适武延秀而大赦天下②
19. 祥瑞		则天垂拱二年十月，有山出于新丰，改新丰为庆山，大赦③
20. 祀后土	卷66《典礼·后土》	《后土赦书》
21. 受俘		十一月，上御则天门楼，受百济俘……赦天下④
22. 纳妃		十三年，改名鸿，纳妃薛氏，礼毕，曲赦京城之内，侍讲潘肃等并加级改职，中书令萧嵩亲迎，特封徐国公⑤

关于赦宥的名目，还有两个方面需要加以注意和辨别：一是赦宥的原因和名目之间的关系。

前文已经论述，汉以后至封建社会结束，统治者颁布赦宥时一般都会借助或依附于一定的名目，或者是登基、立皇后、改年号、建储等；或者是在特定的场合下，如郊祀天地、行大典礼；或者在特定背景下，如遇到天灾人祸，或者灾异瑞祥等。以往的观点，认为这些就是赦宥的起源或原因⑥，其实这只是表面的原因。实际上，赦宥的产生、延续和施行是有着深刻的社会历史原因的，包含着各种思想理论根源和现实因素。后文将单独列出篇章，专

① 关于谒陵大赦，陈俊强《魏晋南朝恩赦制度的探讨》（台北，文史哲出版社1998年版）认为是孝文帝首创。此外，还有许多其他赦宥的场合和背景，无法一一考据。如陈俊强先生认为，孝武帝于大明五年（461年）另创讲武、七年创春蒐大赦等等。

② （宋）司马光：《资治通鉴》卷209《唐纪二十五》，中宗景龙二年，中华书局1956年版，第669页。

③ （宋）欧阳修等：《新唐书》卷4《则天皇后本纪》，中华书局1975年版，第85页。

④ （宋）司马光：《资治通鉴》卷200《唐纪十六》，高宗龙朔元年，中华书局1956年版，第6322页。

⑤ （后晋）刘昫等：《旧唐书》卷107《庶人李瑛传》，中华书局1975年版，第3258—3259页。

⑥ 沈厚铎《试析中国古代的赦》（《中外法学》1998年第2期）认为：“汉代开始，赦必有引因。汉代赦因大体有践阼、改元、立后、建储、后临朝、大丧、帝冠、郊、祀明堂、临雍、封禅、立庙、巡狩、徙宫、定都、从军、克捷、年丰、祥瑞、灾异、劭农、饮酎、遇乱等二十余种。”就是这种观点。

门分析赦宥产生的原因。

另外需要注意的就是赦宥的名目和赦宥的种类之间的关系。对于赦宥的分类，有多种方法，其中就包括按名目进行区别，但是这种分类意义不大，学者们更多的是倾向于赦宥法律意义上的分类，这和史书记载中的分类也是契合的。

第三节　赦宥的分类

赦宥的分类，是赦宥制度的重要内容，也是古今很多学者关注的一个重要问题。

封建社会的赦宥实际上是皇权凌驾于一切包括法律之上的一种表现，赦宥的权力是紧紧掌握在皇帝手中的，在皇权大于一切的背景之下，赦宥的对象、种类、地域范围和量罪程度等都由皇帝一人决定，因而表现出一定的随意性和多样性。

关于赦宥的记载，史书中出现的主要名词有：大赦、特赦、减等、曲赦、赦徒、别赦几种。我们先列举史书中包含以上名词的史料，然后再对各类赦宥进行定义、分析。

先看大赦，在以上名词中，大赦出现的最早，延续的时间最长，出现的次数也最为频繁。在秦二世大赦之前，战国七雄之中的秦国和赵国都已经有大赦的先例。

秦国：庄襄王元年，“大赦罪人，修先王功臣，施德厚骨肉而布惠于民。”①

赵国：惠王三年，“还归，行赏，大赦，置酒酺五日，封长子章为代安

① （汉）司马迁：《史记》卷5《秦本纪》，中华书局1959年版，第219页。

阳君。”①

减等。减等的做法在汉代已有之。惠帝十二年五月丙寅，太子即皇帝位。上造以上及内外公孙、耳孙有罪当刑及当为城旦舂者，皆耐为鬼薪、白粲；民年七十以上若不满十岁有罪当刑者，皆完之。② 有罪当刑和应该为城旦舂者，都减等为鬼薪、白粲。

景帝中元四年秋，“赦徒作阳陵者，死罪欲腐者，许之。”③ 死罪减为宫刑，实际上还是赦宥。沈家本按：死罪降而为宫亦减等也，是减等之法汉初已行之，第史不多见耳。以上实际上都是减等的做法，而“减等”作为专有名词出现史书中，是在光武帝建武二十二年，九月戊辰，地震裂，制诏“其死罪系囚在戊辰以前，减死罪一等。”④ 沈家本认为，自此以后，减等之法成为定制，“东京遂奉为成法矣。”⑤

发展至唐代，减等之法为之一变。《旧唐书·王缙传》记：“王缙字夏卿，河中人也。禄山之乱，选为太原少尹，与李光弼同守太原，功效谋略，众所推先，加宪部侍郎，兼本官。时兄维陷贼，受伪署，贼平，维付吏议，缙请以己官赎维之罪，特为减等。”⑥ 在量刑的时候，可能采用了八议之法，所以减轻了处罚，“特为减等。”

《旧唐书·李华传》：“禄山陷京师，玄宗出幸，华扈从不及，陷贼，伪署为凤阁舍人。收城后，三司类例减等，从轻贬官，遂废于家，卒。”⑦ 从史料中可以隐约看出，唐代的时候，减等似乎已经成为一种制度或者惯例，所以说“三司类例减等”，有关部门在处理类似的事情时，有定法可循。这也是减等在唐代的一个发展。

特赦。对于特赦，沈家本先生的观点认为：有有事而赦者，有无事而赦者。无事而赦皆特赦也。认为无事之赦，即没有原因或者是没有名目的赦宥

---

① （汉）司马迁：《史记》卷43《赵世家》，中华书局1959年版，第1813页。
② （汉）班固：《汉书》卷2《惠帝纪》，中华书局1962年版，第85页。
③ （汉）班固：《汉书》卷5《景帝纪》，中华书局1962年版，第147页。
④ （南朝·宋）范晔：《后汉书》卷1《光武纪》，中华书局1965年版，第74页。
⑤ （清）沈家本：《历代刑法考·赦三》，中华书局1985年版，第570页。
⑥ （后晋）刘昫等：《旧唐书》卷118《王缙传》，中华书局1975年版，第3416页。
⑦ （后晋）刘昫等：《旧唐书》卷190下《李华传》，中华书局1975年版，第5048页。

就是特赦。这种观点后人很少同意。

关于特赦，这个名词直接出现在史书中是《汉书·高帝纪下》："万年陵在栎阳县界，故特赦之。"[①]《宣帝纪》李斐语："今吏已修身奉法矣，但不能称上意耳，故赦之。"师古曰："言文王作罚，有犯之者，皆刑无赦，今我意有所闵，闵吏修身奉法矣，而未称其任，故特赦之，与更始耳。李说非也。"[②]

曲赦。沈家本先生认为："惟汉时尚无曲赦之名，故《西汉会要》列于别赦。"汉代时有曲赦的做法，但是没有曲赦这样的名词出现。所谓"曲赦之名，汉世未见，六代始有之。"[③]

笔者查阅史料，曲赦早已有之，但是"曲赦"名词的首次出现却是在《晋书》之中，惠帝永平元年，"六月，贾后矫诏使楚王玮杀太宰、汝南王亮，太保、菑阳公卫瓘。乙丑，以玮擅害亮、瓘，杀之。曲赦洛阳。"[④]又，怀帝永嘉元年，"八月己卯朔，抚军将军苟晞败汲桑于邺。甲辰，曲赦幽、并、司、冀、兖、豫等六州。"[⑤]

赦徒。汉武帝元封二年，赦所过徒。[⑥]汉宣帝元康元年，赦天下徒。[⑦]汉景帝中四年三月，置德阳宫。秋，赦徒作阳陵者。[⑧]汉景帝时，秋，赦徒作阳陵者，死罪欲腐者，许之。[⑨]

别赦。高帝五年初，田横归彭越。项羽已灭，横惧诛，与宾客亡入海。上恐其久为乱，遣使者赦横，曰："横来，大者王，小者侯；不来，且发兵加诛。"[⑩]又，景帝三年冬十二月，诏曰："襄平侯嘉子恢说不孝，谋反，欲以杀嘉，大逆无道。其赦嘉为襄平侯，及妻子当坐者复故爵。论恢说及妻

---

① （汉）班固：《汉书》卷1下《高帝纪下》，中华书局1962年版，第68页。
② （汉）班固：《汉书》卷8《宣帝本纪》，中华书局1962年版，第225页。
③ （清）沈家本：《历代刑法考·赦三》，中华书局1985年版，第576—578页。
④ （唐）房玄龄等：《晋书》卷4《惠帝纪》，中华书局1974年版，第91页。
⑤ （唐）房玄龄等：《晋书》5《怀帝纪》，中华书局1974年版，第117页。
⑥ （汉）班固：《汉书》卷6《武帝纪》，中华书局1962年版，第193页。
⑦ （汉）班固：《汉书》卷8《宣帝纪》，中华书局1962年版，第254页。
⑧ （汉）司马迁：《史记》卷11《景帝本纪》，中华书局1959年版，第445页。
⑨ （汉）班固：《汉书》卷5《景帝纪》，中华书局1962年版，第147页。
⑩ （汉）班固：《汉书》卷1下《高帝纪下》，中华书局1962年版，第57页。

子如法。"① 这两则是沈家本先生归为别赦的史料，我们分析可知，以上两则实际上都是针对特别的对象实行的特赦。检索史书，没有直接命名为"别赦"的赦宥。

上分门记载的史料，大约可以把几种赦宥区别开来。但是，对于赦宥的基本分类，后来的研究者中存在着不同的观点。这种观点的分歧主要在于对于赦宥种类的定义理解有异，以及划分的标准不同。下面简单举例罗列几种。

表1-2 赦宥种类观点一列表

	常赦	大赦	特赦	曲赦	别赦	赦徒	郊赦	恩赦
《辞海》（商务印书馆1989年版）	常赦：中国古代按照常例施行的赦免。刑律中有："常赦所不免（后改不免为不原）"，除非诏旨临时另有规定，都不在赦免之列	大赦：全国范围内不问犯罪轻重，概予赦免但，"十恶"等重罪通常不在赦例	特赦：对特定犯罪的赦宥	曲赦：对局部地区如灾区，或帝王车驾到处的赦宥			郊赦：皇帝到南北郊祀祭天地后实行的大赦。分为恩赦和常赦	恩赦：中国古代帝王以赐恩为名赦免犯人。遇有重大庆典时施行。如：践祚、改元、册皇后、立太子、生皇孙、平叛乱、开疆土等，赦免的范围很宽，一般除"十恶"等重罪外均在其列

① （汉）班固：《汉书》卷5《景帝纪》，中华书局1962年版，第142页。

续表

	常赦	大赦	特赦	曲赦	别赦	赦徒	郊赦	恩赦
高潮、马建石:《中国古代法学辞典》(南开大学出版社1989年版)	依常例实行的赦免。其限制范围较严,"凡常赦所不原"开列的罪名通常不予赦免	全国范围内的赦宥,往往实施于重大变革、吉庆之时,但"十恶"、贪赃、强盗等重罪通常不在赦限	又称德音,由皇帝恩准免除一部分罪犯的刑罚,唐宋时盛行	对局部地区的赦宥。因受灾或帝王车驾经过等特殊情况而赦免一部分地区的罪犯	因情况特殊而单独赦免个别或少数人的罪行			遇到非常庆典进行的赦免。一般除谋反、大逆、谋杀、故杀、"十恶"等真犯死罪以及军务犯罪、隐匿逃人、侵贪入己不赦外,其余一概赦免
洪丕谟:《法苑谈往》(上海书店出版社1991年版)	所谓常赦,就是指按常例如改年号、册皇后、颁新律等所作的赦免	所谓大赦,就是在皇帝即位等重大吉庆或政事变革时,为了普天同庆,对于罪犯不论已发未发,已判未判,罪重罪轻,罪大罪小,一概予以赦免不究的一种赦法	所谓特赦,即是对一部分罪犯所作的特殊破格的赦免	所谓曲赦,就是指在特殊的情况下对局部地区的一种赦免。如帝王驾临某地,或某一地区遭受灾荒等所赦便是			所谓郊赦,就是皇帝在郊外祭祀天地后所发布的大赦。《汉书·文帝纪》是有关郊赦的较早记录。此后历经诸朝,到了宋代,郊赦成了定制:皇帝每三年一次到南郊去祭天,同时颁行大赦	所谓恩赦,就是皇帝登极或其他重大庆典时对罪犯所作的赦免,又有大赦、特赦之分

续表

	常赦	大赦	特赦	曲赦	别赦	赦徒	郊赦	恩赦
《法学词典》(上海辞书出版社1989年版)	常赦指寻常的或按照常例进行的赦免，一般限制较严。凡刑律中有“常赦所不原”条中的罪名，非诏旨特别归定外，不得赦免	大赦：不问犯罪大小轻重，概予赦免，但历代均有例外	特赦是赦免的一种。由国家元首或国家最高权力机关以命令方式对已受罪刑宣告的特定犯罪人，免除其刑之执行的制度	曲赦：亦称特赦，局部地区的赦宥	别赦：因特殊原因而赦免，如汉高祖赦田横，明清分恩赦、常赦两种，有时恩赦又有大赦、特赦之分			恩赦：是中国封建帝王以赐恩为名赦免犯人。如践祚、改元、立皇后、建储等非常庆典时进行的赦免
[日]木村龟二主编，顾肖荣、郑树周等译校：《刑法学词典》(上海翻译出版公司1991年版)		大赦无特定对象范围，而是根据政令确定了种类之后施行的	特赦是对受到有罪判决的特定人员施行的					
钱大群：《唐律研究》(法律出版社2000年版)	常赦是指所赦免的犯罪种类在赦令上有常规的比较稳定的限制，其效力只适用于限制之内的犯罪，限制之外的即属“常赦不免”	大赦是范围最广泛的赦免，除极少数犯罪外，连“常赦不免”之犯罪也在赦免之列	对特定之人的特定犯罪进行赦免，是为“特赦”	曲赦是效力限于特定地方之赦令。如指明皇帝车驾所到之处的赦免，就是曲赦				

续表

	常赦	大赦	特赦	曲赦	别赦	赦徒	郊赦	恩赦
吴刚：《中国古代赦宥制度的历史考察》（《中南法政学院学报》1988年第3期）	常赦是指寻常的或按照常例进行的赦免，凡刑律中“常赦所不原”条开列的罪名皆不在赦免之列	大赦者，不以罪大小皆原，它是对于一定时限内的犯罪，不问已否发觉，已否结案，除有明确规定限制外，一律赦免	特赦、别赦则是因特殊原因对一部分罪犯的赦免	曲赦是指局部地区的赦免，其名始见于西晋泰始五年的“曲赦”交趾、九真、日南五岁刑				
沈厚铎：《试析中国古代的赦》（《中外法学》1998年第2期）	大赦与特赦一般是指全国性的重大赦事。此类赦事，有赦死罪与死罪以下的区别，大赦是包括死罪囚在内一概都赦		特赦则除死罪囚不赦外一概皆赦。这类赦事又常与减等同时颁布，其中对死罪囚行“减死罪一等”，其他一概皆赦之	曲赦是赦部分地区之罪囚，所赦地区随意性很大，所涉赦的罪囚有时从死罪开始，也有以限定某刑级或某刑种为始，均由当时的情况而定	别赦则常因人而设，专赦某人或某些人或某些刑种。所赦的免程度亦因时因人，或因当时的实际需要而定	赦徒则指专门只赦徒刑的赦事		

表1-2中的种种观点，有异有同，有相对正确和确切的，也有不当和值得商榷的。笔者认为，赦宥的发展是历史性的，因此，对于赦宥种类的考察和区分，也应该结合具体的史料。既然史书中有丰富明确的记载，那就应该

以史料记载为根据，尽量按照各种赦宥本身的含义去理解，这样才能做到准确、正确，才能符合历史的原意。在赦的分类上，不能望文生义，仅凭定义下结论，而要结合实际的例子来分析，虽然各个朝代的变化不同，但是至少在唐代，我们可以得出相对准确的结论。下面，结合唐代的有关记载，对赦宥的种类作一总结。

首先是有常赦和大赦的区分。主要是按照所赦宥的罪名种类，可把赦宥分为常赦和大赦。

常赦，顾名思义，即按照常例实行的，一般的赦免。常赦多有限制，赦免的犯罪种类在法律上有明确的限制性规定，其效力只适用于特定范围内的罪犯。至于常赦的范围，到唐代法律中有了比较明确的规定：《唐律疏议》有："其常赦所不免者，依常律"。下面注曰："其常赦所不免者，谓虽会赦，犹处死及流，若除名，免所居官及移乡者"。疏曰："即：犯恶逆，仍处死，反、逆及杀从父兄姊、小功尊属，造畜蛊毒，仍流；十恶，故杀人、反逆缘坐，狱成者，犹除名；监守内奸、盗、略人，受财枉法，狱成会赦，免所居官；杀人应死，会赦移乡等是"。常赦的范围即是除了以上"常赦所不免者"中所列的种种罪名，犯其余罪名者均可得赦宥。并且唐代的法律专门规定："赦书云'罪无轻重，皆赦除之'，不言常赦所不免者，亦不在免限"。①

再看史料，《贞观九年三月大赦》："自贞观九年三月十六日昧爽以前，大辟罪以下，皆赦除之，其常赦不免者，不在赦例"。② 又，《改元光宅诏》："自九月五日昧爽以前，大辟罪以下……皆赦除之……及常赦所不免者，并不在赦例"。③ 专门注明了常赦所不应该赦免的罪名不予赦免。所以常赦所带限制比较多，而赦免的范围则比较小。这也是常赦和大赦的一个主要区别。

大赦的含义有两层，一是赦宥的地域范围很广，一般是全国性的。第二，赦宥的罪名种类很广泛，基本上是无所不赦。即在全国范围内不问罪名轻重，

---

① （唐）长孙无忌：《唐律疏议》卷30《断狱》，中华书局1983年版，第567页。按：沈厚铎在《试析中国古代的赦》（《中外法学》1998年第2期）中认为："常赦所不原，唐宋律文均不见有此规定。唯明律《名例律》中始见。"认为明代开始出现了"常赦所不原"。这种观点是明显错误的。

② （宋）宋敏求：《唐大诏令集》卷83《贞观九年三月大赦》，商务印书馆1959年版，第477页。

③ （宋）宋敏求：《唐大诏令集》卷3《改元光宅诏》，商务印书馆1959年版，第16—17页。

一律加以赦免，甚至是常赦所不免者也可以获免，但这也必须是在赦书中特别注明“其常赦所不免者，亦免之”等字样，如《改元元和赦》：“大辟罪以下，常赦所不原者，咸赦除之”。[①] 又如《至德二年收复两京大赦》：“可大赦天下，常赦所不免者，咸赦除之”。[②] 连“常赦所不原者”都加以赦免，这是完全意义上的大赦。

一般意义上来讲，大赦的范围并不都是这样的彻底。在实际的执行过程中，往往有许多附加条件和限制，除了在实际操作中，常赦所不免者不加以赦免，还有诸如“十恶”等罪名通常都不在赦免范围之内。看《懿宗即位赦》：“自大中十三年十月九日昧爽以前，大辟罪无轻重、已发觉、未发觉、已结正、未结正、系囚现徒，常赦所不免者，咸赦除之，唯犯十恶叛逆，及故杀人、官典犯赃，及持杖行劫，并不在此限”。[③] 已经言明常赦所不免者亦免之，后面又列加许多罪名，对赦宥的范围加以限制，像“十恶”、叛逆等罪名都不在赦免之列。所以，对于大赦不能仅仅从赦书的字面意思上判断。当然，这种情况也有例外。如《景龙三年南郊赦》：“可大赦天下。系囚现徒及十恶咸除之，杂犯流人，并放还”。[④] 需要注意的是各种类型的赦免在赦书中皆自称大赦，在赦书中没有种类上的区分，我们需要根据赦宥种类的定义加以区分。

真正完全意义上不附带任何条件和限制的大赦，在唐乃至整个古代都是比较少见的，这是与封建法律的本质有关的。封建法典是封建地主阶级意志的上升，是代表和维护地主阶级的利益的，因此对于触犯其经济利益和违反封建纲常礼教乃至动摇皇帝统治地位的诸如“十恶”等罪名，是必定要加以严惩而不会赦免的，这就决定了古代的赦宥必然要附带有许多条件，不会是彻底的、完全意义上的一概而赦。

按照涉及的地域不同，赦宥可划分为曲赦和普赦。溥天之下，莫非王土。率土之滨，莫非王臣。一般的赦宥原则上是全国性的，适用于封建王权统治

---

① （宋）宋敏求：《唐大诏令集》卷5《改元元和赦》，商务印书馆1959年版，第29页。

② （宋）宋敏求：《唐大诏令集》卷123《至德二年收复两京大赦》，商务印书馆1959年版，第658页。

③ （宋）宋敏求：《唐大诏令集》卷3《懿宗即位赦》，商务印书馆1959年版，第14页。

④ （宋）宋敏求：《唐大诏令集》卷68《景龙三年南郊赦》，商务印书馆1959年版，第379页。

下的各个行政区域，具有普遍效力。而曲赦则是赦免的范围只限定于局部地区，具有区域性的限制。一般在赦令或诏书中会有明确的说明和规定，指定赦免的效力所及区域，而在之外的地区则不适用该赦免。史书记载较早的曲赦见于三国时魏国。黄初五年九月，赦青、徐二州；正元年二月，特赦淮南士民、陇右四郡及金城。① 此后，也有施行，《宋书·武帝本纪》：大明五年七月庚午，曲赦雍州。②

按照宋代法律的规定，宋朝曲赦主要是实施于京城、两京、两路、一路、数州、一州的赦宥。③

有唐一代有关曲赦的记载亦不少。高祖武德六年夏四月己未，旧宅改为通义宫，曲赦京城系囚，于是置酒高会，赐从官帛各有差。④ 高宗麟德二年四月丙午，曲赦桂、广、黔三都督府管内大辟罪已上。⑤

《唐大诏令集》卷121《政事·舍雪上》亦有曲赦，如《原刘武周宋金刚等诖误诏》指明赦宥范围为“晋州、潞州、隰州、并州四总管内”。《宥刘武周余党诏》则是“其代州总管府内，石岭以北”。还有卷108《政事·营缮》《玉华宫成曲赦宜君县制》等都是。

还有一种比较特殊的曲赦是带有一定的沿袭性，即皇帝对车驾所经过的地区实行曲赦，所依据的是《周礼》：“国君过市，则刑人赦”。⑥ 太宗贞观四年冬十月壬辰，幸陇州，曲赦陇、岐二州，给复一年。⑦ 此外，如《赦行幸诸县及岐州诏》《銮驾到西蜀大赦制》《巡幸岐陇二州诏》等皆是。《唐大诏令集》卷79《典礼·巡幸》皆多此类记载。

按照赦免的对象和人群分，还有特赦和别赦。一般赦宥的对象都是全国或某一地区的罪犯，都可划为普赦。此外，还有专门针对个别人或一部分人

① （晋）陈寿:《三国志》卷2《魏志·高贵乡公曹髦传》，中华书局1959年版，第134页。另杨晨《三国会要》卷18《吴》引《孙霸传》:“旧赦有大小，或天下，亦有千里，五百里，赦随意所及”。可见更在此之前，赦宥已经有地域大小的规定。（中华书局1956年版，第333页。）

② （南朝·梁）沈约:《宋书》卷6《武帝本纪》，中华书局974年版，第127页。

③ （元）马端临:《文献通考》卷173《刑考十二》，中华书局1986年版，第1495页。

④ （后晋）刘昫等:《旧唐书》卷1《高祖本纪》，中华书局1975年版，第13页。

⑤ （后晋）刘昫等:《旧唐书》卷4《高宗本纪上》，中华书局1975年版，第86页。

⑥ （唐）徐坚:《初学记》卷20《理政部·赦》，中华书局1062年版，第489页。

⑦ （后晋）刘昫等:《旧唐书》卷3《太宗本纪下》，中华书局1975年版，第40页。

而下达的赦宥，称特赦或者别赦，特赦的“特”就是指赦宥的对象而言。沈家本先生认为秦始皇赦免高渐离可谓是特赦的源头。

唐代特赦的例子也极多。如《旧唐书》记载的两个例子：一是“锡与郑杲俱知天官选事，坐赃，则天将斩之以徇，临刑而特赦之”①。二是“陆元方，为来俊臣所陷，则天手敕特赦之”②。《唐大诏令集》中比较集中的特赦有：卷121的《宥田承嗣诏》《宥李忠臣诏》；卷122的《雪吴少诚诏》《雪王承宗诏》皆是。尤其是《宥李忠臣诏》专为赦宥李忠臣一人，“举以朝经，议勋可恕”，特发诏令赦之。

上述几则材料中，特赦主要是针对叛军主将而言，如田承嗣、李忠臣等，但往往也涉及叛军中的其他人。如《放李希烈将士还本道诏》：“其阵上擒将士马坦然等七百九十人，宜令攀泽给衣服、粮食，并令放还，并写前后赦文敕命宣示诸将士等”。③

此类赦免还具有曲赦的性质，赦免限于某一地区（兵乱所及地区）的一部分人（多为叛乱军人）。但总体来说赦宥的对象范围比较小，人数也特别少，明显有别于普赦。这也是特赦的特别之处。

此外，还有的赦宥专门把某一部分人置于免限之外的，这种情况比较特殊。《肃宗即位赦》：“大辟罪以下，常赦所不免者，咸赦除之。其逆贼李林甫、王鉷、杨国忠近亲合累者，不在免限”。④《改元天复赦》：“其刘季述、王仲先、王彦范、薛齐偓同谋凶逆党支属，追究未到者，不在赦原之例”。⑤《新唐书·姚崇传》记：“时曲赦京师，惟诲不原。”⑥ 这是赦宥中的特殊情况，因人因事因时而异，不是定制，故仅记之一笔，不作考察。

---

① （后晋）刘昫等：《旧唐书》卷85《张文瓘传附兄文琮传》，中华书局1975年版，第2816—2817页。

② （后晋）刘昫等：《旧唐书》卷88《陆元方传》，中华书局1975年版，第2875页。

③ （宋）宋敏求：《唐大诏令集》卷121《政事·舍雪·放李希烈将士还本道诏》，商务印书馆1959年版，第647页。

④ （宋）宋敏求：《唐大诏令集》卷2《帝王·即位赦·肃宗即位赦》，商务印书馆1959年版，第8页。

⑤ （宋）宋敏求：《唐大诏令集》卷5《帝王·改元·改元天复赦》，商务印书馆1959年版，第31页。

⑥ （宋）欧阳修等：《新唐书》卷124《姚崇传》，中华书局1975年版，第4382页。

第四节 赦宥、虑囚、录囚

在对赦宥的研究中，不能不关注到一个相关的问题：那就是录囚（虑囚）。自汉至清，录囚在史书中的记载屡见不鲜。它在中国古代封建社会占有重要地位，也是现代法制史研究领域的一个重要问题。录囚和赦宥也有一定的关系。①

关于录囚的最早记载见于《汉书·隽不疑传》："武帝崩，昭帝即位，而齐孝王孙刘泽交结郡国豪杰谋反，欲先杀青州刺史。不疑发觉，收捕，皆伏其辜。擢为京兆尹，赐钱百万。京师吏民敬其威信。每行县录囚徒还，其母辄问不疑：'有所平反，活几何人?'即不疑多有所平反，母喜笑，为饮食语言异于他时。或亡所出，母怒，为之不食。故不疑为吏，严而不残。"② 这可能是载之于史的最早的录囚，对此，颜师古注曰："省录之，知其情状有冤滞与不也。今云虑囚，本录声之去者耳，音力具反。而近俗不晓其意，讹其文遂为思虑之虑，失其源矣。"③ 这里不仅对录囚作了解释，也对录囚和虑囚作了辨别。认为两者本是一事，也是同源。"虑"是"录"的变音，后人不懂，加以讹传，连文字也变为"虑"，于是就有了录囚和虑囚两种不同的称呼。

陈平在《中国封建录囚制度评述》中定义录囚：录囚是封建帝王或上级官吏定期或不定期地直接详审囚犯，借以平反冤狱或督办久系未决案件的制

① 薛梅卿、赵晓耕《两宋法制通论》："由于它（录囚）集中体现一朝一代司法原则和狱政思想，关乎社会秩序、君主政绩，是提高皇权、维护封建统治的有效途径，所以，录囚活动向来受到当朝重视。唐朝录囚制度已趋完备，宋朝一承唐制又有所发展，触向多面。"（法律出版社2002年版，第501页。）

② （汉）班固：《汉书》卷71《隽不疑传》，中华书局1962年版，第3036页。

③ 对于颜师古的这个观点，沈家本提出了不同的看法，认为颜师古之说并不正确，在引用资料进行分析后，得出结论说："师古不知'录'当作'虑'，而以虑为录之去声，未为得字之源。"（清·沈家本：《历代刑法考》附《移案文存》卷4《释虑囚》，中华书局1985年版，第2154页。）

度。[①] 高潮、马建石主编的《中国古代法学辞典》解释："录囚：也叫虑囚。封建君主或者官吏查阅囚犯案卷或者直接向囚犯讯问决狱情况，平反冤狱或督办久系未决案的制度。"[②] 把录囚视为封建社会的一种决狱制度。

薛梅卿、赵晓耕在合著中认为："录囚也叫虑囚，是封建君主或者官吏定期或不定期审录复核系囚（在押囚犯）的制度。它始于西汉，盛行于东汉，其后成为各代通行的意在核查监督司法于监管执行及平理冤狱、防止淹狱的一种狱制。"[③] 解释得比较详细，也认为录囚是一种狱制。

上述对于录囚的解释是否准确呢？录囚是否就是一成不变的定制呢？还是让我们回顾一下录囚的渊源和发展演变。

关于录囚最早出现在历史上，应该就是前文所引的汉昭帝时隽不疑录囚之事。之后，录囚之事绵延不绝。但是，我们查阅史料找不到证据证明，西汉时的录囚已经条文制度化，所以怀疑此时的录囚应该是个别官吏的个别行为，没有定制，也不是经常实行的。到了东汉的时候，录囚开始成为考察地方官员政绩的一个标准："孝武帝初置刺史十三人，秩六百石，成帝更为牧，秩二千石。建武十八年复为刺史，十二人，各主一州，其一州属司隶校尉。诸州常以八月巡行所部郡国，录囚徒，考殿最。"[④] 对此，胡广注曰："县邑囚徒皆阅录，视参考辞状，实其真伪，有侵冤者即时平理也。"[⑤]

地方刺史在每年的八月份巡行所部郡国，录囚徒。可见，最迟此时，录囚已经成为一种定制。那么，这个规定是否实行了呢？《后汉书·法雄传》记载："雄每行部，录囚徒，察颜色，多得情伪，长吏不奉法者皆解印绶去。"[⑥] 又，《应奉传》记载："为郡决曹史，行部四十二县，录囚徒数百千人。"[⑦] 可见汉代规定的官员的这种职责，确实被履行过。自此之后，郡守和地方官员

---

① 陈平：《中国封建录囚制度评述》，《俞州大学学报》1996 年第 2 期。
② 高潮、马建石主编：《中国古代法学辞典》，南开大学出版社 1989 年版，第 214 页。
③ 薛梅卿、赵晓耕：《两宋法制通论》，法律出版社 2002 年版，第 501 页。
④ （南朝·宋）范晔：《后汉书》卷 118《百官志五》，中华书局 1965 年版，第 3617 页。
⑤ （南朝·宋）范晔：《后汉书》卷 118《百官志五》注引，中华书局 1965 年版，第 3618 页。
⑥ （南朝·宋）范晔：《后汉书》卷 38《法雄传》，中华书局 1965 年版，第 1278 页。
⑦ （南朝·宋）范晔：《后汉书》卷 48《应奉传》，中华书局 1965 年版，第 1607 页。

录囚成为常事，“魏晋踵行之，乃理冤之时之事，非肆赦之事也。”[①]

以上记载都是地方官员的录囚行为，皇帝亲自录囚也是从东汉开始的。第一个有明确记载亲录囚徒的皇帝是东汉明帝。永平十三年，楚王英因谋逆被废自杀，明帝借此大兴狱讼，臣下寒郎发现冤案，上书明帝，明帝醒悟，于是“车驾自幸洛阳狱录囚徒，理出千余人。”[②] 此后的和帝、邓太后等等都曾经亲自录囚。此后，亲躬录囚似乎成为皇帝体察狱情、实行仁政的一种标志，一直为后代所沿袭。

但是天下之大，监狱之多，皇帝不可能全录无遗，于是就诞生了皇帝委派近臣或特使录囚的方式。如汉和帝年间，“时岁灾旱，祈雨不应………明日，和帝召太尉、司徒幸洛阳狱，录囚徒，收洛阳令陈歆，即大雨三日。”[③]

梁武帝在位期间，也有遣使录囚的例子：夏四月甲寅，诏曰：“朕昧旦齐居，惟刑是恤，三辟五听，寝兴载怀。故陈肺石于都街，增官司于诏狱，殷勤亲览，小大以情。而明慎未洽，囹圄尚壅，永言纳隍，在予兴愧。凡犴狱之所，可遣法官近侍，递录囚徒，如有枉滞，以时奏闻。”[④]

至此，我们对汉代前后的录囚做一总结：首先，汉代的录囚是地方官员的一种职责。其次，录囚的方式有三种，除了地方官员在自己的管辖领域内定期阅录外，还有皇帝亲自录囚和委派近臣或官员录囚两种方式。最后，汉代录囚的内容和定义主要是审录复核系囚（在押囚犯），“录囚徒，察颜色”，通过查阅囚犯案卷或者直接向囚犯讯问决狱情，来及时平理冤狱、防止淹狱。正如胡广在《后汉书》中的注：“县邑囚徒，皆阅录视，参考辞状，实其真伪。有侵冤者，即时平理也。”此时的录囚，正如沈家本先生所说，乃理冤之时之事，非肆赦之事也。

自汉代之后，录囚的制度继续为后代所沿袭，但是从方式到内涵和性质，都开始逐渐发生变化。

首先，录囚的大权逐渐统归皇帝一人，除了司法监狱系统的职责录囚外，

---

① （清）沈家本：《历代刑法考・赦十二》，中华书局1965年版，第792页。

② （南朝・宋）范晔：《后汉书》卷41《寒朗传》，中华书局1965年版，第1417页。

③ （南朝・宋）范晔：《后汉书》卷35《张纯传附子奋传》，中华书局1965年版，第1199页。

④ （唐）姚思廉：《梁书》卷2《武帝本纪》，中华书局1973年版，第43页。

地方官员私自录囚或者经常录囚的情况日渐罕见。①

从汉之后，史料记载的绝大多数是皇帝录囚，而且大部分都是在帝纪中。北周、隋、唐有录囚的基本上都是皇帝亲自过问，没有发现大臣或者地方官员录囚的史料记载。所以，很怀疑录囚自汉之后已经逐渐成为皇帝的专权。

《魏书·清河王怿传》记载："怿才长从政，明于断决，割判众务，甚有声名。司空高肇以帝舅宠任，既擅威权，谋去良宗，屡谮怿及愉等。愉不胜其忿怒，遂举逆冀州。因愉之逆，又构杀勰。怿恐不免。肇又录囚徒，以立私惠。怿因侍宴酒酣，乃谓肇曰：'天子兄弟，讵有几人，而炎炎不息。昔王莽头秃，亦藉《谓阳》之资，遂纂汉室，今君曲形见矣，恐复终成乱阶。'又言于世宗曰：'臣闻唯器与名，不可以假人。是故季氏旅泰，宣尼以为深讥。仲叔轩悬，丘明以为至诫。谅以天尊地卑，君臣道别，宜杜渐防萌，无相僭越。至于减膳录囚，人君之事，今乃司徒行之，讵是人臣之义。且陛下修政教，解狱讼，则时雨可降，玉烛知和，何使明君失之于上，奸臣窃之于下。长乱之基，于此在矣。'世宗笑而不应。"②

这段材料揭示出一个很重要的问题："至于减膳录囚，人君之事"——提到录囚乃是皇帝才能行使的权力，如果大臣僭行就是有失君臣之仪，且有"以立私惠"的嫌疑。可见，大概从这个时候开始，录囚已经成为皇帝的特权，官员非奉圣旨一般不能行使。所以，史料中记载的唐代的几次录囚都是明确的记载是在皇帝的旨意下进行的。如唐玄宗开元十七年四月："夏四月癸亥，令中书门下分就大理、京兆、万年长安等狱疏决囚徒。"③ 二十年二月："分命宰相录京城诸狱系囚。"④ 天宝六年："命宰相、台寺、府县

① 马作武《"录囚"与"虑囚"考异》(《法学评论》1995年第4期) 认为："汉代录囚的内容和唐代不同，汉以后，录囚之制虽存，但其具体内容却悄悄发生了变更，首先，录囚不再为地方长官的一种'常职'。其次，录囚之权已呈渐归皇帝独占之势。"按：上述论述中正误兼存，认为"录囚不再为地方长官的一种'常职'"的观点并不正确，在唐代，录囚仍是地方官的职责之一，唐代规定："京兆、河南、太原牧及都督、刺史掌清肃邦畿，考核官吏，宣布德化，抚和齐人，劝课农桑，敦敷五教。每岁一巡属县，观风俗，问百年，录囚徒，恤鳏寡，阅丁口，务知百姓之疾苦。"(后晋·刘昫等：《旧唐书》卷44《职官志》，中华书局1975年版，第1919页。)

② (北齐) 魏收：《魏书》卷22《清河王怿传》，中华书局1974年版，第591页。

③ (后晋) 刘昫等：《旧唐书》卷8《玄宗本纪上》，中华书局1975年版，第193页。

④ (后晋) 刘昫等：《旧唐书》卷8《玄宗本纪上》，中华书局1975年版，第197页。

录系囚。”①

又如：《旧唐书·肃宗本纪》：“三月壬戌，遣侍中苗晋卿、王玙分录囚徒。”② 或命或令，正说明是奉旨而行。《新唐书·唐临传》：“俄持节按狱交州，出冤系三千人。”③ 唐临持节按狱交州，可见也是皇帝特使，奉命录囚。

而《册府元龟》中记载得就比较详细了。《雨灾减放税钱德音》中提到：“其御史台京兆府所有囚徒委宰臣一人，与左仆射王起、御史中丞王回就都省疏理，如情状可矜者，便委决遣，其诸州府囚徒亦委长吏亲自疏理，勿令冤滞。”④

其次，在唐代，皇帝亲录囚徒形成常行的制度。自唐高祖武德元年九月“亲录囚徒”始，而后历年举行，成为不废之常典。贞观二十一年正月，太宗诏：“‘以无识之徒自蹈刑宪者，宜顺阳和，时申恩惠。诸司见禁囚，并宜将过，详其轻重。’自此以后，每视朝，录禁囚二百人，帝亲自案问。”⑤

龙朔三年二月，高宗下诏：“天德施生，阳和在节，言念幽圄，载恻分宵。虽复每有哀矜，犹恐未免枉滥。在京录囚应流死者，每日将二十人过。”⑥ 这也是皇帝逐渐把录囚大权收归已有的标志。

录囚发展到唐代的一个最重要的变化就是录囚性质的变化。前文已经分析，唐以前的录囚，主要目的是“参考辞状，实其真伪。有侵冤者，即时平理”，主要就是常规性的监察案件，对狱情进行有效审查和监督，如果发现冤案就予以平理，其目的是防止冤狱和淹狱的出现。而到唐代，录囚却往往和减刑、免罪联系在一起，成为赦宥的内容之一。

万安中《论中国古代监狱管理制度的严格及其特征》认为，唐朝扩大了录囚的内容，把录囚作为实行宽赦的重要典制。说把录囚和赦事结合，这是录囚制度的发展。并举例子：如唐太宗贞观十七年十一月“以凉州获瑞石，曲赦凉州，并亲录京城及诸州系囚，多所原宥”。此次是因天降瑞应而行赦，

① （后晋）刘昫等：《旧唐书》卷9《玄宗本纪下》，中华书局1975年版，第221页。
② （后晋）刘昫等：《旧唐书》卷10《肃宗本纪》，中华书局1975年版，第254页。
③ （后晋）刘昫等：《新唐书》卷113《唐临传》，中华书局1975年版，第4183页。
④ （宋）李昉等：《文苑英华》卷434《雨灾减放税钱德音》，中华书局1966年版，第2201页。
⑤ （宋）王钦若：《册府元龟》卷58《勤政》，凤凰出版社2006年版，第613页。
⑥ （后晋）刘昫等：《旧唐书》卷4《高宗本纪上》，中华书局1975年版，第84页。

在凉州称赦，在京城和诸州则采用录囚的形式。这样的录囚除了其本来意义外，明显地带有行赦的性质。[①]

陈顾远认为，录囚在唐代得到充分发展，皇帝亲录囚徒形成常行的制度，进一步完备了各级官吏录囚的制度，扩大了录囚的内容，把录囚作为实行宽赦的重要制度。[②] 因此，可以肯定，唐代的录囚带有赦宥的性质，包含在赦宥之内。

伴随着录囚制的发展，唐代出现了另一个令众多学者感到迷惑的名词“虑囚”。最早注意虑囚和录囚的还是前文列举的颜师古，他在《汉书》的注疏中认为虑囚和录囚本是一词，由于唐人不解其音，遂讹传而产生了虑囚。对于他这种说法，沈家本提出了质疑，认为唐代录、虑通用，但是并不是由于发音上的讹传。并进一步指出：“录囚汉制，太守任之，乃常事，非赦也。虑囚唐制，故师古曰今云虑囚。然唐之虑囚有二：一大理卿之职，若禁囚有推决未尽，留系未决者，五日一虑，此无关于赦。一特赦。《唐书·高祖纪》武德三年六月虑囚，八月，庚午，虑囚。此后帝纪书虑囚者不可悉数。此赦事一也。”[③] 认为唐代的虑囚是属于赦宥的范围。

陈平在《中国封建录囚制度评述》中提出：录囚始于汉朝，唐朝发展为虑囚制度。唐高宗以后，录囚一律改称虑囚，并举《册府元龟》卷58例——凡“京城见禁囚，每日将二十人过帝自虑之，多所原免。虑不尽者，仍令皇太子于百福殿虑之”——证明。我们看到，这条材料也说明了虑囚是赦宥的一种。

马作武在《“录囚”与“虑囚”考异》中专门对二者进行了辨别，说：“唐代虑囚和汉代的相去很远，多称虑囚，偶见录囚之称，但是虑囚之意。虑囚之权在君主，或亲行之，或谴使行之。唐时虑囚、录囚异称而实同，颜师古将两者视为一体，于唐是对的，于汉则误矣。”[④] 那么录囚和虑囚到底是不是一回事？看表1－3。

---

① 万安中：《论中国古代监狱管理制度的严格及其特征》，《广东社会科学》2000年第6期。

② 陈顾远：《中国法制史概要》，（台北）正中书局1973年版，第129页。

③ （清）沈家本：《历代刑法考》附《移寄文存》卷4《释虑囚》，中华书局1985年版，第2154页。

④ 马作武：《“录囚”与“虑囚”考异》，《法学评论》1995年第4期。

表1－3

皇帝	《旧唐书》	《新唐书》
高祖	1. 九月乙巳，亲录囚徒，改银菟符为铜鱼符 2. 六月丙午，亲录囚徒 3. 八年春二月己巳，亲录囚徒，多所原宥	1. 九月乙巳，虑囚。始置军府 2. 六月丙午，虑囚 3. 八年二月癸未，虑囚
太宗	1. 十二月癸酉，亲录囚徒 2. 六月戊寅，以旱，亲录囚徒 3. 十二月辛未，亲录囚徒，归死罪者二百九十人于家，令明年秋末就刑。其后应期毕至，诏悉原之	1. 十二月癸酉，虑囚 2. 六月戊寅，以旱虑囚 3. 十二月辛未，虑囚，纵死罪者归其家
高宗	1. 二年春正月丁丑，以去冬至于是月无雨雪，避正殿，减膳，亲录囚徒 2. 二月戊申，以旱，亲录囚徒，祈祷名山大川 3. 三年四月丁亥朔，以旱，避正殿，亲录囚徒，悉原之	1. 二年正月丁丑，以旱避正殿，减膳，虑囚 2. 二月戊申，虑囚 3. 三年四月丁亥，以旱避正殿，虑囚

可以看出，同样的事件，在新旧“唐书”中的记载也大同小异，不过一为“录”，一为“虑”。可见两者在唐代是相通的。沈家本也注意到了这一点，说：“《唐纪》作‘虑’，《志》作‘录’，《旧纪》作‘录’，固可为虑、录通用之证。”① 因此，我们可以断言，唐代虑、录通用，虑囚就是录囚，两者在唐代都和赦宥有关，实际上都是赦宥的内容。这一点，在《唐律疏议》中有解释：“降——降者，即赦之别文。赦则罪无轻重，降则减重就轻。虑——虑者，又与降同。然降自咸免，虑是奏免。赦、降、虑三者名殊，而义归于赦。”②

但是，笔者认为，录囚和虑囚在执行过程中虽然往往会伴随减刑、免罪等举措，看起来和赦宥类似，但是只是具有赦宥的内容的部分而不是全部，录囚（虑囚）和赦宥还是有区别的。正如于志刚《刑罚消灭制度研究》中所说：“有学者认为，录囚和虑囚制度属于赦免制度的一种类型或者过渡阶段，笔者认为此种认识不妥。因为录囚时多有宽减原宥，导致免刑或者减刑时有所见，但是二者还是存在差别的。”③

① （清）沈家本：《历代刑法考》附《移寄文存》卷4《释虑囚》，中华书局1985年版，第2154页。
② （唐）长孙无忌：《唐律疏议》附《唐律释文》卷2《名例》，中华书局1983年版，第624页。
③ 于志刚：《刑罚消灭制度研究》，法律出版社2002年版，第444页。

两者相通之处在于，在唐代，录囚（虑囚）一般有赦宥恩释的内容，赦宥也有通过录囚（虑囚）来实现的。两者的区别在于，录囚一般注重降、减，轻罪赦免；赦宥则除非有条件限制，一律或减或免。录囚的重点在于监狱和在押犯，意在疏滞理冤；而赦宥则不仅包括监狱内的在押犯，还包括被判徒、流正在服役的罪犯和在逃犯，以及犯罪但是尚未被发觉的人。此外，赦宥比录囚（虑囚）的效力范围要大得多，后者只限于特定的监狱，前者则是恩及天下，全国性的。最后，赦宥要比录囚（虑囚）更为规范、隆重，凡有赦宥则必举行仪式，而录囚则没有，所以赦宥不常举行，没有定时，而录囚则会随时出现。其他种种，不一而足，我们通过史料的对比就可以发现。

得出上述结论，就是本章对录囚和赦宥相比较研究的目的所在，史书中关于虑囚、录囚的记载很丰富，但是和正式的赦宥相比，这些资料并不更具有代表性，所以一般不予采用。

至于录囚发展至唐代为何称为虑囚，陈顾远认为，录囚谓“省录之，知情状，有冤抑与否”，含有宽省之义，与虑相通，故唐称曰虑囚。① 可为一说，兹备之。宋之后，录囚制发展更为完备和清晰，限于本书研究范围，不再赘述。

第五节　赦宥的仪式及实施

赦宥存在于中国古代封建社会并延续数千年，历来是封建王朝的“国之大事”，受到封建统治者的重视，因此朝廷每行赦宥之事，都要举行隆重的仪式。② 由于年代久远，关于赦宥的仪式，史书中只有比较零碎的记载。现存的

① 陈顾远：《中国法制史》，中国书店1934年版，第313页。

② 沈厚铎《试析中国古代的赦》（《中外法学》1998年第2期）认为：“赦，在封建帝王时代，是重大事件。因为既可以宣示帝王恩德，又可以显示帝王权威；既能表现帝王的恤刑仁爱，又可以达到笼络人心的目的。所以历代王朝大多十分重示颁赦的程序与仪式。”但是，沈厚铎在文中认为赦宥的仪式是到了宋以后才完善的，这是不正确的，在唐代从中央到地方赦宥的仪式都已经很完备，而宋代则是沿用唐制，基本不变，至后代则有所改变。

关于赦宥的仪式的记录最早是在汉代。《初学记》记汉代仪式为："命下，丞相、御史复奏可，分遣丞相、御史乘传驾行郡国，解囚徒，布诏书，郡国各分遣吏传厩车马，行属县，解囚徒"。[①] 由此也可以知道，在汉代，赦宥已经比较经常和固定了，这样正是赦宥仪式逐渐形成的一个重要原因。

一、赦宥在中央和地方的仪式

关于北齐赦宥的仪式见于史书的有："北齐赦日，武库令设金鸡及鼓于阊门外之右，勒集囚徒于阙前，挝鼓千声，脱枷锁遣之"。[②] 到唐代，记载就比较丰富了。各种材料记述侧重有所不同，但是综合起来，我们可以大略知道唐代施行大赦的仪式。每当决定大赦，相关的负责部门就要忙碌起来，做好赦宥仪式的准备工作，从仪仗、道具到场地安排等。《唐阙史》的一篇记载反映了当时赦宥情况：

> 咸通丙戌岁，上以年和时丰，思减徭免罪，乃下诏，以其冬御丹凤楼，申眚灾肆赦之命，有司择用十月十日。近岁以知星食禄者，止能胶柱选日，不克风雨之候。前一日，百司蒇事向毕，巳时风雨暴作，上仁恻及物，不罪日官，乃手香以祝。及未而霁，人心甚悦，诏有司令市良土，以夷楼前坳潦之所。时丞相李公蔚尹正神州，于是严令两邑召载土者以集事。先是，有以只轮载土而鬻者，每乘不逾三十钱，至是幸时之急，遂高其价，逾倍方止。两邑官吏有司捕盗者，专其事，虑价不廉，惧未敢发。李公以羲驭向晚，闵事不集，坐退朝别馆，其桎梏鞭扑于前，援毫以伺督责，骑步旁午于道。二县僚不得已，趋而前曰："常鬻土者，每轮十数及三，今则幸其急，骤加十至七，愿立毙其首，以衄其价。"李公谓曰："事非舒缓，安以价为。"遂令每乘加钱至百二，官吏奉命大喜，只轮云集。至暮，夷坳燥潴俱毕。役夫乐其善价，继来不已，金吾司候有佚背而回者。诘旦，上御楼宣赦，百官毕集，乐悬具举，兵仗罗列，

① （唐）徐坚：《初学记》卷22《政理部》，中华书局1962年版，第467页。
② （宋）郑樵：《通志》卷60《刑法志》，中华书局1987年版，第1356页。

建鸡免囚，楼观之下，纤埃不生，圣颜甚悦。后一日，鬻土者诣府请直，则复给五十钱。①

此外，还有其他的工作。由卫尉寺的武库令于宫城门外立一木竿："凡国有赦宥之事，先集囚徒于阙下，命卫尉树金鸡，待宣制讫，乃释之"。② 竿约七丈，木竿顶端缚一金鸡，鸡首用黄金装饰，鸡口含七尺长的绛幡，垂下来，绛幡的底端用一彩盘承接。这些东西都是由将作监供应的："赦日，树金鸡于仗南，竿长七丈，有鸡高四尺，黄金饰首，含绛幡长七尺，承以彩盘，维以绛绳，将作监供焉"。③ 另外，鼓与其他仪仗也是事先准备好的。

在阙前则是已经由尚书省的刑部侍郎、御史中丞与大理卿等三司使勒集整齐的囚徒，"以尚书侍郎与御史中丞、大理卿为三司使。凡国有大赦，集囚徒于阙下以听"。④ 这些囚徒只能是系于京城及附近府县的部分囚徒，不可能把全国的囚徒全部召集。参加仪式的除了君臣、仪仗、囚徒，另外还有观看的老百姓。

以上是我们从史料中间接还原的唐代京城赦宥的大概仪式，查阅《大唐开元礼》卷129《嘉礼》，我们可以看到比较详细的记载：

某日，质明，本司承旨宣告内外随职、供办、守宫，设文武官次于朝堂如常仪，群官依时刻皆集朝堂，俱就次，各服其服，奉礼设文武群官版位于顺天门外东西，当朝堂之南，文东武西，重行，北面相对为首，设中书令位于群官西北东向，刑部侍郎帅其属先取金鸡于东朝堂之东南，向置鼓板于金鸡之南，遂击鼓，每一鼓投一板，刑部侍郎录京师见囚，集于群官之南，北面西上，囚集讫，鼓止，通事舍人引群官各就位，中

---

①（唐）高彦休：《唐阙史》卷下《御楼前一日雨》，载《隋唐五代笔记小说大观》下册，上海古籍出版社2000年版，第1352—1353页。

②（唐）李林甫：《唐六典》卷6《尚书刑部》，中华书局1992年版，第192页。（卫尉：唐中央置卫尉寺，长官卫尉卿为九卿之一，下设武库、武器、守官三署，各设令一人，丞二人分掌朝会羽仪、金鼓、兵器等事。北齐时负责建金鸡的是尚书省的三公曹，自隋朝废而由卫尉掌管。见后文所引《封氏闻见记》。）

③（宋）欧阳修等：《新唐书》卷48《百官志三》，中华书局1975年版，第1269页。

④（宋）欧阳修等：《新唐书》卷46《百官志一》，中华书局1975年版，第1199页。

书令受诏讫，遂以诏书置于案，令史二人对举案，通事舍人引中书令持幡节者前导，执案者次之，诣门外位，立，持节者立于中书令之南少西，令吏举案者立于中书令之西北，俱东面立定，持节者脱节衣，持案者进诣中书令前，中书令取诏书，持案者以案退复位，中书令称有诏书，群官皆再拜，宣讫，群官又再拜舞蹈，又再拜，刑部释囚，刑部尚书前受诏书，退，复位，持节者加节衣，通事舍人引中书令幡节前导而行，又通事舍人引群官还次。①

唐代把赦宥的仪式作为礼的一种，也说明对于赦宥的重视。《大唐开元礼》中所记载的主要是宣读诏书时大臣们应该蹈守的礼仪、规矩，和前文描绘的各有不同，可以互为印证。

仪式开始后，先是百官整比朝序，拜见皇帝，行朝礼。有司宣布开始，囚徒列队而上，这时开始擂鼓："视大理及府县囚徒至，则挝其鼓"。② 然后宣念赦书，释放囚徒，《旧唐书》记："鼓千声讫，宣诏而释之，其赦书颁诸州，用绢写行下"。③ 当然这只是象征性的脱掉一部分囚徒枷锁，当场释放。至于全国各个州县系于监狱的囚徒，则另有程序。

对于赦宥的仪式，在唐代切实的举行过，这点可以通过史料得到证明。《册府元龟》记载："贞观十七年四月丙戌，立晋王为皇太子。是日，帝御承天门楼，大陈仗卫，文武百官辟列于外，京邑士女重叠而观者，皇城街悉满，当道中树金鸡，大赦天下，罪非十恶，皆赦之。"④

值得一提的是，在这样庄重严肃的场合，由于参与人数既多又杂，皇帝、官、民、囚咸集一堂，所以有时难免会出现混乱或者意外的局面。宝历元年正月，敬宗亲祀昊天上帝于南郊。"礼毕，御丹凤楼，大赦，改元宝历元年。先是，鄠县令崔发坐误辱中官下狱，是日，与诸囚陈于金鸡竿下俟释放。忽有内官五十余人，环发而殴之，发破面折齿，台吏以席蔽之，方免。有诏复

① （唐）杜佑：《通典》卷130《礼典九十 · 宣赦书》，中华书局1988年版，第3346—3347页。
② （后晋）刘昫等：《旧唐书》卷44《职官志三》，中华书局1975年版，第1880页。
③ （后晋）刘昫等：《旧唐书》卷58《刑法志》，中华书局1975年，第2139页。
④ （宋）王钦若：《册府元龟》卷84《帝王部 · 赦宥第三》，凤凰出版社2006年版，第925页。

系于台中，宰相救之，方释。”① 是唐代赦宥中的一个插曲，也从侧面印证了赦宥的仪式。

对于赦宥的场景，张说曾作《和张监观赦》：“日御临双阙，天街俨百神。雷兹作解气，岁复建寅春。喜候开星驿，欢声发市人。金环能作赋，来入管弦声。”② 在仪式结束之后，还有一定的群众娱乐节目：释放完囚徒后，幼童们抢着爬上木竿，争夺鸡首，因为鸡首饰有黄金，还含有绛幡。争得者，政府以相应的钱币购买，或者只把绛幡奖还：“击㧻鼓千声，集百官、父老、囚徒，坊小儿得鸡首者官以钱购，或取绛幡而已”。③ 这种活动一直延续到宋代，吴自牧的《梦粱录》记载“立起青云百尺盘，文身骁勇上鸡竿。嵩呼争得金幡下，万姓均欢仰面看。”④ 在唐代还有百姓在大赦之日，挖取金鸡杆下的泥土佩带在身上以求吉利的风俗。

对于赦仪举行的地点，我们通过考察可知，一般来讲都是在京城宫门的正门，唐前期在宫城正门承天门、则天门，而后期多在大明宫的丹凤门。这一点可以通过表 1 – 4 得到印证。

表 1 – 4⑤

皇帝	地点事件	地点事件	地点事件	地点事件
则天	庚辰，太后可皇帝及群臣之请。壬午，御则天楼，赦天下，以唐为周，改元	九月，庚子，御则天门，赦天下，改元		
德宗	大历十四年六月一日，德宗御丹凤楼大赦	贞元四年春又于丹凤楼大赦		
顺宗	甲子，御丹凤楼，大赦天下	礼毕，御丹凤楼，大赦天下，改元曰元和		

① （后晋）刘昫等：《旧唐书》卷 17 上《敬宗本纪》，中华书局 1975 年版，第 513 页。
② （唐）张说：《张燕公集》卷 7《和张监观赦》，上海古籍出版社 1992 年版，第 49 页。
③ （宋）欧阳修等：《新唐书》卷 48《百官志三》，中华书局 1975 年版，第 1269 页。
④ （宋）吴自牧：《梦粱录》卷 5《明禋礼成登门放赦》，三秦出版社 2004 年版，第 75 页。
⑤ 主要依据两“唐书”，只列举有地点记载的赦宥，不再赘述年代事件等。

续表

皇帝	地点事件	地点事件	地点事件	地点事件
宪宗	辛卯，祀昊天上帝于郊丘，是日还宫，御丹凤楼，大赦天下	御宣政殿受册，礼毕，移仗御丹凤楼，大赦天下	十三年春正月乙酉朔，御含元殿受朝贺，礼毕，御丹凤楼，大赦天下	是日，御宣政殿受册，礼毕，御丹凤楼，大赦天下
穆宗	丁丑，御丹凤楼，大赦天下	辛丑，祀昊天上帝于圆丘，即日还宫，御丹凤楼，大赦天下	是日，上受册于宣政殿，礼毕，御丹凤楼，大赦天下	
敬宗	壬子，上御丹凤楼，大赦天下，京畿夏青苗钱并放，秋青苗钱每贯放二百文	礼毕，御丹凤楼，大赦，改元宝历元年	礼毕，御丹凤楼，大赦天下，大辟罪已下，无轻重咸赦除之	
文宗	乙巳，御丹凤楼，大赦，改元大和	甲申，帝亲祀昊天上帝于南郊，礼毕，御丹凤门，大赦	开成元年正月辛丑朔，帝常服御宣政殿受贺，遂宣诏大赦天下，改元开成	
武宗	庚戌，有事于郊庙，礼毕，御丹凤楼，大赦，改元	辛亥，有事于郊庙，礼毕，御承天门，大赦天下		
宣宗	戊申，皇帝有事于郊庙，礼毕，御丹凤门，大赦，改元	四年春正月，以追尊二圣，御正殿，大赦天下		
懿宗	丁未，上有事于郊庙，礼毕，御丹凤门，大赦，改元	庚午，上有事于圆丘，礼毕，御丹凤楼，大赦	十一月十日，御宣政殿，大赦，以复安南故也	十二年春正月戊申，宰相路岩率文武百僚上徽号曰睿文英武明德至仁大圣广孝皇帝，御含元殿，册礼毕，大赦

续表

皇帝	地点事件	地点事件	地点事件	地点事件
僖宗	庚寅，上有事于宗庙，礼毕，御丹凤门，大赦，改元为乾符	丁巳，御成都府廨，改广明二年为中和元年，大赦天下	己巳，御宣政殿，大赦，改元光启	是月，宰臣萧遘率文武百僚上徽号曰至德光烈孝皇帝，御宣政殿受册大赦
	戊子，上御承天门，大赦，改元文德			
昭宗	龙纪元年春正月癸巳朔，上御武德殿受朝贺，宣制大赦，改元	甲寅，圆丘礼毕，御承天门，大赦	景福元年春正月丙午朔，上御武德殿受朝贺，大赦，改元景福	乾宁元年春正月乙丑朔，上御武德殿受朝，宣制大赦，改元乾宁
	甲子，御端门，大赦，改元光化	是日，御长乐门，大赦天下，改元天复	礼毕，御长乐楼，大赦，百僚称贺	乙巳，上御光政门，大赦

当然，也有例外情况。不同皇帝宣赦地点也有随自己的喜好或具体情况而临时决定。如高宗朝："十二月乙酉，将宣赦书，上欲亲御则天门楼，气逆不能上马，遂召百姓于殿前宣之。礼毕。上问侍臣曰：'民庶喜否？'"① 是由于身体情况不允许，所以临时在殿前举行。

代宗宝应二年七月，秋七月壬寅朔。戊申，群臣上尊号曰宝应元圣文武皇帝，御含元殿受册。壬子，御宣政殿宣制，改元曰广德，大赦天下，常赦不原者咸赦除之。②

永泰二年，御含元殿，下制，大赦天下。③ 又是在其他地点。

中宗年间，公主产男满月，中宗韦后幸其第，就第放赦，遣宰臣李峤，文士宋之问、沈佺期、张说、阎朝隐等数百人赋诗美之。④ 更是随意而赦，地点也是随机选取。

发展到宋代，赦宥的地点基本上已经固定，徽宗初建明堂，礼制局列上

① （后晋）刘昫等：《旧唐书》卷5《高宗本纪下》，中华书局1975年版，第111页。
② （后晋）刘昫等：《旧唐书》卷11《代宗本纪》，中华书局1975年版，第372页。
③ （后晋）刘昫等：《旧唐书》卷11《代宗本纪》，中华书局1975年版，第372页。
④ （后晋）刘昫等：《旧唐书》卷187《武承嗣传附子延秀传》，中华书局1975年版，第4734页。

七议，其中，“七曰：赦书、德音，旧制宣于文德殿，自今非御楼肆赦，并于明堂宣读”。即大赦不是在御楼颁布举行就是在明堂。其实，在唐代中后期的时候，御楼肆赦已经出现，但是限于当时的财力和政治形势，并不常举行：大中十二年，上（宣宗）欲御楼肆赦，令狐綯曰：“御楼所费甚广，事须有名，且赦不可数。”上不悦，曰：“遣朕于何得名!”慎由曰：“陛下未建储宫，四海属望。若举此礼，虽郊祀亦可，况于御楼!”时上饵方士药，已觉躁渴，而外人未知，疑忌方深，闻之，俯首不复言。旬日，慎由罢相。①

赦宥的仪式发展至宋代，有所演变，也更受重视。相关的史料也可以作为我们研究唐代赦宥仪式的一个参考，故摘录如下：

“徽宗初建明堂，礼制局列上七议”，其中，“七曰：赦书、德音，旧制宣于文德殿，自今非御楼肆赦，并于明堂宣读”。宣读赦书的地点改变了，什么是御楼肆赦呢？“御楼肆赦：每郊祀前一日，有司设百官、亲王、番国诸州朝贡使、僧道、耆老位宣德门外，太常设宫县、钲鼓，其日，刑部录诸囚以俟。驾还至宣德门内幄次，改常服，群臣就位，帝登楼御坐，枢密使、宣徽使侍立，仗卫如仪。通事舍人引群官横行再拜讫，复位。侍臣宣曰‘承旨’，舍人诣楼前，侍臣宣敕立金鸡。舍人退诣班南，宣付所司讫，太常击鼓集囚。少府监立鸡竿于楼东南隅，竿末伎人四面缘绳争上，取鸡口所衔绛幡。获者即与之。楼上以朱丝绳贯木鹤，仙人乘之奉制书循绳而下，至地则以画台承鹤，有司取制书置案上，阁门使承旨引案宣付中书、门下，转授通事舍人，北面宣云‘有制’，百官再拜。宣赦讫，还授中书、门下，付刑部侍郎承制放囚，百官称贺，阁门使进诣前，承旨宣答讫，百官又再拜，舞蹈，退。若德音、赦书自内出者，并如文德殿宣制之仪。其降御札，亦阁门使跪授殿门外置箱中，百官班定，阁门授宰臣读讫，传告。百僚皆拜舞称万岁。”②

可以看到，基本的礼仪和程序和唐代相比较，没有太多的变化。有一点，宋代举行赦宥仪式的时候，还配备有专门的音乐。目前并没有发现和唐代相

① （宋）司马光：《资治通鉴》卷249《唐纪六十五》，宣宗大中十二年（858）二月，中华书局1956年版，第6068—6069页。

② （元）脱脱等：《宋史》卷117《礼志二十·肆赦仪》，中华书局1977年版，第2772—2774页。另，卷138《乐志一三·乐章七》（第3256页），还列有乐章篇目，亦可证明赦宥仪式的庄重与烦琐。

关的资料记载。“乃御丽正门肆赦。前期，太常设宫架乐于门之前，设钲鼓于其西，皇帝升门至御阁，大乐正令撞黄钟之钟，右五钟皆应，《乾安之乐》作，升御坐，乐止。金鸡立，太常击鼓，囚集，鼓声止。宣制毕，大乐正令撞蕤宾之钟，左五钟皆应，皇帝还御幄，乐止。乘辇降门，作乐，导引至文德殿，降辇，乐止。”①

发展到金代，我们看到，赦宥的仪式也是沿袭前代而来，基本的模式和程序没有改变，但是具体的细节上变得更加复杂和烦琐——《金史》中记载的肆赦仪如下：

> 大定七年正月十一日，上尊册礼毕。十四月，应天门颁赦。十一年制同。前期，宣徽院使率其属，陈设应天门之内外，设御座于应天门上，又更衣御幄于大安殿门外稍东，南向。阁门使设捧制书箱案于御座之左。少府监设鸡竿于楼下之左，竿上置大盘，盘中置金鸡，鸡口衔绛幡，幡上金书“大赦天下”四字，卷而衔之。盘四面近边安四大铁镮，盘底四面近边悬四大朱索，以备四伎人攀缘。又设捧制书木鹤仙人一，以红绳贯之，引以辘轳，置于御前栏干上。又设承鹤画台于楼下正中，台以弩手四人对举。大乐署设宫县于楼下，又设鼓一于宫县之左稍北，东向。兵部立黄麾仗于门外。刑部、御史台、大兴府以囚徒集于左仗外。御史台、阁门司设文武百官位于楼下，东西相向。又设典仪位于门下稍东，南向。宣徽院设承受制书案于画台之前。又设皇太子侍立褥位于门下稍东，西向。又设皇太子致贺褥位于百官班前。又设协律郎位于楼上前楹稍东，西向。尚书省委所司设宣制书位于百官班之北稍东，西向。司天台设鸡唱生于东阙楼之上。尚衣局备皇帝常服，如常日视朝之服。尚辇设辇于更衣御幄之前。躬谢礼毕，皇帝乘金辂入应天门，至幄次前，侍中俯伏，跪奏：“请降辂入幄。”俯伏，兴。皇帝降辂入幄，帘降。少顷，侍中奏：“中严。”又少顷，俟典赞仪引皇太子就门下侍立位，通事舍人引群官就门下分班相向立，侍中奏：“外办。”皇帝服常朝服，尚辇进辇，

① （元）脱脱等：《宋史》卷130《乐志五》，中华书局1977年版，第3042页。

侍中奏："请升辇。"伞扇侍卫如常仪，由左翔龙门踏道升应天门，至御座东，侍中奏："请降辇升座。"宫县乐作。所司索扇五十柄，扇合，皇帝临轩即御座，楼下鸣鞭，帘卷扇开，执御伞者张于轩前以障日，乐止。东上阁门使捧制书置于箱，阁门舍人二员从，以俟引绳降木鹤仙人。通事舍人引文武群官合班北向立，宫县乐作。凡分班、合班则乐作，立定即止。典仪曰："再拜。"在位官皆再拜，讫，分班相向立。侍中诣御座前承旨，退，稍前南向，宣曰："奉敕树金鸡。"通事舍人于门下稍前东向，宣曰："奉敕树金鸡。"退复位。知乐署金鸡初立，大乐署击鼓，树讫鼓止。竿木伎人四人，缘绳争上竿，取鸡所衔绛幡，展示讫，三呼"万岁"。通事舍人引文武群官合班北向立。楼上乘鹤仙人捧制书，循绳而下至画台，阁使奉承置于案。阁门舍人四员举案，又二员对捧制书，阁使引至班前，西向称："有制。"典仪曰："拜。"在位官皆再拜，讫，以制书授尚书省长官，稍前搢笏，跪受，讫，以付右司官，右司官搢笏，跪受，讫，长官出笏，俯伏，兴，退复位。右司官捧制书诣宣制位，都事对捧，右司官宣读，至"咸赦除之"。所司帅狱吏引罪人诣班南，北向，躬称："脱枷。"讫，三呼"万岁"，以罪人过。右司官宣制讫，西向，以制书授刑部官。跪受讫，以制书加于笏上，退以付其属，归本班。典仪曰："拜。"在位官皆再拜，舞蹈，又再拜。典赞仪引皇太子至班前褥位立定，典仪曰："拜。"皇太子以下群官皆再拜。典赞仪引皇太子稍前，俯伏，跪致词，俯伏，兴。典仪曰："再拜。"皇太子以下群官皆再拜，搢笏，舞蹈，又再拜。侍中于御座前承旨，退临轩宣曰："有制。"典仪曰："再拜。"皇太子以下群官皆再拜。侍中宣答，宣讫归侍位，典仪曰："再拜。"皇太子已下群官皆再拜，搢笏，舞蹈，又再拜，讫，典赞仪引皇太子至门下褥位，通事舍人引群官分班相向立。侍中诣御座前，俯伏，跪奏："礼毕。"俯伏，兴，退复位。所司索扇，宫县乐作，扇合，帘降，皇帝降座，乐止。楼下鸣鞭，皇帝乘辇还内，伞扇侍卫如常仪。侍中奏："解严。"通事舍人承敕，群臣各还次，将士各还本所。①

① （元）脱脱等：《金史》卷36《礼志九·肆赦仪》，中华书局1975年版，第843—845页。

以上是金代的比较完整的中央赦宥的仪式，此外还有专门的臣下拜赦诏的仪式规定：宣赦日，于应天门外设香案，及设香舆于案前，又于东侧设卓子，自皇太子宰臣以下序班定。閤门官于箱内捧赦书出门置于案。閤门官案东立，南向称“有敕”，赞皇太子宰臣百僚再拜，皇太子少前上香讫，复位，皆再拜。閤门官取赦书授尚书省都事，都事跪受，及尚书省令史二人齐捧，同升于卓子读，在位官皆跪听，读讫，赦书置于案，都事复位。皇太子宰臣百僚以下再拜，搢笏，舞蹈，执笏，俛伏，兴，再拜。拱卫直以下三称“万岁”，讫，退。其降诸书，礼亦准此，惟不称“万岁”。①

虽然朝代不同，但是渊源流变，总是有所沿袭，因此也可以更明晰地窥见和印证赦宥的具体仪式，在此不再赘述。

赦宥的仪式在中央举行完毕，赦书随后要“日行五百里”送达地方州县。同样的，赦书到达地方后，地方政府长官要举行一定的仪式来奉接赦书。这种仪式在《大唐开元礼》也有记载。礼仪标题为“皇帝遣使诣诸州宣赦书（镇与州同）”，看来是特使到地方州、镇宣念赦书，至于县没有记载，应该是由上级行政单位间接下达，也只适用于镇和州级政府。其仪式为：

> 某日，本司设使者次于州大门外道右，南向，使者至，掌次者引就次，以赦书置于案。应集之官至州门外服朝服，非朝服者公服。本司设使者位于厅事阶间，南向。设刺史位于使者位之南，北面。设应集之官位官位于刺史位之后，文官在东，武官在西，每等异位，重行北面，相对为首。又设门外位，文官于门东，西向，武官于门西，东向，俱每等异位，重行，以北为上。本司录州见囚，集于州门之外，北面西上。赞礼者引应集之官俱就门外位。刺史朝服以出，行参军引立于东南，西向。使者出次，赞礼者引立于门西武官之前，少北，东向。史二人对举案，立于使者西南，俱东面。立定，行参军引刺史迎于大门外之南，北面再拜。行参军引刺史先入，立于内门外之东，西面，州官立于其后。
>
> 赞礼者引使者入门而左，持案者从之，使者诣阶间就位，南面立；

① （元）脱脱等：《金史》卷36《礼志九・臣下拜赦诏仪》，中华书局1975年版，第845页。

持案者立于使者西南，东面。行参军引刺史，赞礼者引应集之官以次入就位。立定，持案者以案进使者前，使者取赦书，持案者退复位。使者称："有制。"刺史以下皆再拜。宣赦书讫，又再拜，舞蹈，又再拜。本司释囚。行参军引刺史进使者前，北面受赦书，退复位。赞礼者引使者出，持案者从之，俱复门外位。行参军引刺史，赞礼者引州官以次出，复门外位。刺史拜送。赞礼者引使者还于次，行参军引刺史入，赞礼者引州官各还次。①

我们仔细阅读发现，这套仪式十分的烦琐复杂，整个仪式都是强调官员之间的服饰、位序、进退次序等，严格体现了封建社会森严的等级秩序和纲常礼仪。

另外，《太平广记》中的一个小故事也从侧面印证了当时的赦仪。"又南中小郡，多无缁流。每宣德音，须假作僧道陪位。唐昭宗即位，柳韬为容广宣告使，赦文到，下属州。崖州自来无僧，皆（"皆"原作"家"，据明抄本改）临事差摄。宣时，有一假僧不伏排位，太守王弘夫怪而问之。僧曰：'役次未当，差遣编并，去岁已曾摄文宣王，今年又差作和尚。'见者莫不绝倒。"② 由此看来，地方官府举行的赦宥仪式，必须有包括和尚在内的各色人等参与，以衬托赦宥仪式的庄重和完整。所以找了一个人冒充和尚参与赦宥的仪式。而且各种不同身份的人等的位置顺序也是有着严格的规定的，更可见赦仪的庄重。

唐以后，地方接待中央的赦书也有一定的仪式，《金史》记载的是外郡迎接诏书的礼仪：

其外郡，尚书省差官送赦书到京府节镇，先遣人报，长官即率僚属吏从，备旗帜音乐彩舆香舆，诣五里外迎。见送赦书官，即于道侧下马，所差官亦下马，取赦书置彩舆中，长官诣香舆前上香，讫，所差官上马，

① （唐）杜佑：《通典》卷130《礼典九十·皇帝遣使诣诸州宣赦书（镇与州同）》，中华书局1988年版，第3352—3353页。

② （宋）李昉等：《太平广记》卷483《蛮夷四·南中僧》引《岭表录异》，中华书局1961年版，第3982页。

在香舆后，长官以下皆上马后从，鸣钲鼓作乐导至公，从正门入，所差官下马。执事者先设案并望阙褥位于庭中，香舆置于案之前，又设所差官褥位在案之侧，又设卓子于案之东南。所差官取赦书置于案，彩舆退。所差官称："有敕。"长官以下皆再拜。长官少前上香，讫，退复位，又再拜。所差官取赦书授都目，都目跪受，及孔目官二员，三人齐捧赦书，同高几上宣读，在位官皆跪听。读讫，都目等复位。长官以下再拜，舞蹈，俯伏，兴，再拜。公吏以下三称"万岁"。礼毕。明日，长官率僚属，音乐送至郭外。①

此外，明代赦宥的礼仪规定，包括中央和地方的，都在《明史》中有详细记载，在此不再赘述。

二、赦宥中的金鸡

我们注意到，赦宥的仪式中多次提到"金鸡"，这个名词在唐人的文集中也经常出现：沈佺期《则天门观赦诗》："笼僮上西鼓，振讯广场鸡。歌舞将金帛，汪洋被远黎。"② 又，李白《流夜郎赠辛判官》中有言："我愁远谪夜郎去，何日金鸡放赦回?"③ 又，李华在《含元殿赋》中也提及"金鸡"："揭金鸡于太清，炫晨光于正色"。④

何谓"金鸡"？大赦仪式中为什么要使用"金鸡"？金鸡是古代神话中的神鸡，汉东方朔《神异经·东方经》说："扶桑山有玉鸡，玉鸡鸣则金鸡鸣，金鸡鸣则石鸡鸣，石鸡鸣则天下之鸡悉鸣。"

对于赦宥中所用金鸡，《封氏闻见记》中解释的比较清楚："按金鸡，魏晋以前无闻焉。或云'始自后魏'，亦云'起自吕光'。《隋书·百官志》云：'北齐尚书省有三公曹，赦则掌建金鸡。'盖自隋朝废此官而卫尉掌之。北齐每有赦宥，于阊门前设金鸡，三日而止。万人竞就金鸡柱下取少土，云'佩

① （元）脱脱等：《金史》卷36《礼志九·臣下拜赦诏仪》，中华书局1975年版，第845页。
② （清）彭定求等：《全唐诗》卷96《沈佺期二》，中华书局1960年版，第1040页。
③ （清）彭定求等：《全唐诗》卷170《李白十》，中华书局1960年版，第1751页。
④ （清）董诰等编：《全唐文》卷314《李华》，中华书局1983年版，第3188页。

之日利’，数日间遂成坑，所司亦不禁约。武成帝即位，大赦天下，其日设金鸡。宋孝王不识其义，问于光禄大夫司马膺之曰：‘赦建金鸡，其义何也？’答曰：‘按《海中星占》，天鸡星动，必当有赦’，由是赦以鸡为候。”[①] 可知古人由于迷信，天鸡星动时，应该大赦，所以设金鸡以象征天时。

宋朝孔平仲在《谈苑》中也认为金鸡之制起于西凉的吕光：“西方主兑，兑为泽；鸡者，巽之神，巽为号令，故合二物置其形，揭长竿，使众人睹之。”也是将鸡和八卦联系起来，取鸡的象征意义，建金鸡作为大赦的标志物。

在赦宥的过程中，随着时间的推移，后人逐渐附会讹传，以至于金鸡等被赋予越来越多的象征意义和神秘色彩。《北齐书》中谈到祖珽为齐武帝解释东魏民谣：“河南种谷河北收，白杨树头金鸡鸣”，说金鸡鸣是意味着大赦，“孝琬将建金鸡而大赦”，[②] 金鸡就成了大赦的象征。

甚至有把乌鸣作为赦宥的征兆。“乌夜啼，宋临川王义庆所作也。元嘉十七年，徙彭城王义康于豫章。义庆时为江州，至镇，相见而哭，为帝所怪，征还宅，大惧，妓妾夜闻乌啼声，扣斋阁云：‘明日应有赦’”。[③]

类似的例子唐代也有。“贞观末，南康黎景逸居于空青山，常有鹊巢其侧，每饭食以喂之。后邻近失布者诬景逸盗之，系南康狱，月余劾不承。欲讯之，其鹊止于狱楼，向景逸欢喜，似传语之状。其日传有赦，官司诘其来，云路逢玄衣素衿人所说。三日而赦至，景逸还山。乃知玄衣素衿者，鹊之所传也。”[④] 这次又把金鸡换成喜鹊，把喜鹊的出现视为赦宥的征兆。

唐人张籍《琴曲歌辞·乌夜啼引》诗：“秦乌啼哑哑，夜啼长安吏人家。吏人得罪囚在狱，倾家卖产将自赎。少妇起听夜啼乌，知是官家有赦书。下床心喜不重寐，未明上堂贺舅姑。少妇语啼乌，汝啼慎勿虚。借汝庭树作高巢，年年不令伤尔雏。”[⑤] 诗中的少妇夜半起床听到乌鸦的啼叫，便知道朝廷

---

① （唐）封演：《封氏闻见记》卷4《金鸡》，中华书局2005年版，第29—30页。

② （唐）李百药：《北齐书》卷11《河间王孝琬传》，中华书局1972年版，第146页。

③ （后晋）刘昫等：《旧唐书》卷29《音乐志二》，中华书局1975年版，第1065页。

④ （唐）张鷟：《朝野佥载》卷4，中华书局1979年版，第98—99页。

⑤ （唐）张籍：《张籍诗集》卷1《乌啼引》，中华书局1959年版，第11页。

要颁布赦宥，并且对着啼乌许下宏愿。可见，随着时间的推移，建金鸡以赦的做法在民间流传演变，渐渐带上了传说的色彩，象征物也泛化，由金鸡到喜鹊、乌鸦甚至只要是鸟类，都被赋予信使的身份，镀上神秘色彩，都成为政府赦宥的征兆。

金鸡还和童谣联系在一起，史书记载北周初有童谣曰："白杨树头金鸡鸣，只有阿舅无外甥。"① 影射北周政治形势：周静帝乃是隋氏之甥，既逊位而崩，诸舅强盛。所以有此童谣。这句民谣和前面列举的东魏民谣相似，不知何故。但是，民谣中提到的金鸡和赦宥并没有必然的联系。

在唐代还发生了这样的一件事情：中宗即位时颁布大赦，在赦宥仪式实施过程中，"金鸡竿折。树鸡竿所以肆赦，始发大号而鸡竿折。"② 结果朝廷上下大惊失措，认为树鸡竿是为了肆赦，刚登基发布诏书而鸡竿折，是不祥的征兆。

武则天时，"祀天南郊，以文王、武王、士彟与唐高祖并配。太后加号天册金轮圣神皇帝。遂封嵩山，禅少室，册山之神为帝，配为后。封坛南有大槲，赦日置鸡其杪，赐号'金鸡树'。"③ 专门给树木加封号，史书鲜见，也可见当时金鸡对社会的影响已经很深。

在举行赦宥仪式的时候，负责建金鸡的是武库令，"武库：两京各一人，从六品下。丞二人，从八品下。府二人，史六人，监事一人，正九品上。典事二人，掌固五人。凡有赦，则先建金鸡，兼置鼓于宫城门之右。视大理及府县囚徒至，则挝其鼓，"④ 并且看到囚徒们到达仪式场地时还要擂鼓。在隋代，负责这件事情的是三公："三公、掌五时读时令，诸曹囚帐，断罪，赦日建金鸡等事。"⑤

在宋代的赦宥仪式中，金鸡仍然是不可或缺的物事。《宋史》中对于赦宥用金鸡也作了解释，应该是比较权威的，也可以印证前人的论述。《礼仪制》

① （唐）魏徵等：《隋书》卷22《五行志上》，中华书局1973年版，第638页。
② （宋）欧阳修等：《新唐书》卷34《五行志一》，中华书局1975年版，第883页。
③ （宋）欧阳修等：《新唐书》卷76《则天皇后传》，中华书局1975年版，第3483页。
④ （后晋）刘昫等：《旧唐书》卷44《职官志三》，中华书局1975年版，第1880页。
⑤ （唐）魏徵等：《隋书》卷27《百官志中》，中华书局1973年版，第752页。

记："鸡竿，附竿为鸡形，金饰，首衔绛幡，承以彩盘，维以绛索，揭以长竿。募卫士先登，争得鸡者，官给以缬袄子。或取绛幡而已。大礼毕，丽正门肆赦则设之。其义则鸡为巽神，巽主号令，故宣号令则象之。阳用事则鸡鸣，故布宣阳泽则象之。一曰'天鸡星动为有赦'，故王者以天鸡为度。金鸡事，六朝已有之，或谓起于西京。南渡后，则自绍兴十三年始也。"① 可见，赦宥的礼仪由于战火曾经中断过，金鸡之事到绍兴十三年之后才又开始延续下来。

三、赦宥的具体实施

赦宥的仪式是在京城举行的，至于赦宥如何在全国范围内贯彻执行，则是一个更为复杂的问题。

首先是赦令的日程限制。赦书宣读之后，要经过专门的机构（唐代尚书都省有令吏十八人、书令吏三十六人专门负责抄写各类文书）大量抄写，然后传送到全国各地。赦书以绢写而下，盖为其行数地不损故也。宋时以黄纸传赦，行至州府地方用黄纸照抄，布告四方，叫作"抄黄"。

古代制敕的抄写是有时间规定的，赦书自然也不例外。《唐律疏议》规定："其制敕，案成以后颁下，各给抄写程：二百纸以下限二日程，过此以外，每二百纸以下加一日程，所加多者不得过五日。注云：'其赦书，计纸虽多，不得过三日。'"② 如果迟缓了，就要给予处罚："诸稽缓制书者，一日笞五十，誊制、敕、符、移之类皆是。一日加一等，十日徒一年。"③ 其中，对赦书加以特别说明、并标出特别时间限制，在期限上比其他制敕少了两天，更可见赦书的紧急性和重要性。

赦书的传送也有日程限制，"赦书日行五百里，宣示中外，咸使闻知"。④

① （元）脱脱等：《宋史》卷148《仪卫志六·卤簿仪服》，中华书局1977年版，第3470页。
② （唐）长孙无忌：《唐律疏议》卷5《名例》，中华书局1983年版，第115页。
③ （唐）长孙无忌：《唐律疏议》卷9《名例》，中华书局1983年版，第196页。
④ （宋）宋敏求：《唐大诏令集》卷85《大历七年大赦》，商务印书馆1959年版，第845页。

又，“赦书日行五百里，布告遐迩，咸使闻知，主者施行”。[①] 可知中央发往各地的赦书规定有传送速度。

《续资治通鉴》卷2《宋纪二》记载：“先是辽南京留守萧思温，以老人星现，乞行赦宥，辽主许之。草赦既成，留数月不出。翰林学士河间刘景曰：‘唐制，赦书日行五百里，今稽期弗发，非也。’辽主亦不报。至是月，始赦。”可以印证，对于唐代的赦书，官方规定的传送速度确实是“日行五百里”。但是我们知道，由于受交通工具、交通条件以及天气等客观条件的限制，官方规定的这个传递速度在实际的执行过程中并不能得到完全的实现。

元和十三年，刘禹锡在连州刺史的任上给皇帝上了《贺赦笺》，笺中提到：“使持节连州诸军事、守连州刺史刘禹锡惶恐叩头。伏见今月一日制书大赦天下者。……元和十三年正月二十九日。”[②] 可见，赦书颁布到刘禹锡上贺赦表，也就是见到赦书内容，中间有二十八天的时间。再看连州到长安的路程。《元和郡县志》卷29是3665里。《通典》卷182是3805里，那么赦书传递的速度应该是大约每日131里或者138里。

韩愈也曾写道：“昨日州前捶大鼓，嗣皇继圣登夔皋。赦书一日行万里，罪从大辟皆除死。”是诗人的夸张手法，并不准确。

“赦书日行五百里”的说法和做法也同样为后代所沿袭。宋代专门设有符券制度：“又有檄牌，其制有金字牌、青字牌、红字牌。金字牌者，日行四百里，邮置之最速递也。凡赦书及军机要切则用之，由内侍省发遣焉。”[③] 赦宥可称为“金牌快递”。

黄正建在研究唐代的驿传时认为，驿使都有规定的行程期限，认为驰驿或飞驿的速度要比普通的乘驿快，又说：“当然最快的还是敕书赦书，按规定要日行500里。”这个原因也好理解，“就是保证皇帝旨意的迅速下达，其中赦书若迟到，有些人就赦不了了。”[④] 并引用《朝野佥载》的材料为证：“逆韦之变，吏部尚书张嘉福河北道存抚使，至怀州武涉驿，有敕所至处斩之。

① （宋）宋敏求：《唐大诏令集》卷66《后土赦书》，商务印书馆1959年版，第373页。

② 《文苑英华》卷627《贺赦笺》，中华书局1966年版，第3251页。

③ （元）脱脱等：《宋史》卷154《舆服志六》，中华书局1977年版，第3597页。

④ 黄正建：《唐代衣食住行研究》，首都师范大学出版社1998年版，第177页。

寻有敕矜放，使人马上昏睡，迟行一驿，比至，已斩讫。”①

可见，赦书事关人命，不得不快。此外，在金代的一次君臣谈话中也有所体现，《金史》记：“元光元年八月，以彗星见，改元，大赦。谕旨宰臣曰：‘赦书已颁，时刻之间，人命所系。’其令将命者速往，计期而至。”② 除了传递速度，赦宥的具体执行期限上也有规定：“敕到十日内，疏理分析奏闻”。③规定赦宥的执行期限为十日，限十日内清理完毕。当然，各地可能并不划一，也有规定七日的。总之是对于大赦的执行有时间的限制。这也是根据唐代法律的规定而来的：“议曰：程者，依令：公案，小事五日程，中事十日程，大事二十日程。及公使，各有行程。如此之类，是为有程期者”。④

以上都是赦宥的日程限制。赦书中还规定赦宥是由“主者施行”，谁为主者？即赦宥的具体执行，如减罪、免罪、释放在押囚徒，是由谁来负责和具体执行呢？

这就首先要考察一下唐代的官制。唐代主管刑狱司法的机构是尚书省的刑部。刑部既是司法机构也是行政机构，其中刑部下属的刑部司和都官司的司法职责更为明确：都官司的“都官郎中、员外郎掌配没隶，簿录俘囚，以给衣粮，药疗，以理诉竞雪冤，凡公私良贱必周知之”。⑤

刑部司的“郎中、员外郎掌贰尚书侍郎，举其典宪而辨其轻重，凡有犯罪者，皆从所发州、县推而断之，在京诸司，则徒以上送大理，徒以下当司断之”。⑥

由此看来，大理寺也负有司法职责。再看大理寺的职权范围：“凡诸司百官所送犯徒刑以上，九品以上犯除、免、官当，庶人犯流、死以上者，详而质之，以上刑部，仍于中书门下详覆”；“大理卿之职，掌邦国折狱详刑之

① （唐）张鷟：《朝野佥载》卷4，中华书局1979年版，第17页。

② （元）脱脱等：《金史》卷16《宣宗本纪下》，中华书局1975年版，第363页。

③ （宋）宋敏求：《唐大诏令集》卷86《咸通十三年五月疏理刑狱敕》，商务印书馆1959年版，第492页。

④ （唐）长孙无忌：《唐律疏议》卷4《名例》，中华书局1983年版，第95页。

⑤ （唐）李林甫：《唐六典》卷6《尚书刑部》，中华书局1992年版，第180、189页。

⑥ （唐）李林甫：《唐六典》卷6《尚书刑部》，中华书局1992年版，第180、189页。

事”。[①] 大理寺有寺丞六人，分别和尚书省的六部对口，其中和尚书刑部对口的刑部丞负责掌管天下的监狱。大理寺还有“狱丞二人，从九品下，掌率狱吏，知囚徒”。[②]

唐代的最高决策机构中书门下也拥有司法审判的权力，开元二十五年敕：“自今以后有犯死刑，除十恶死罪、造伪头首、劫杀、故杀、谋杀外，宜令中书门下与法官等详所犯轻重，具状奏闻”。[③] 所以《孟夏疏决天下囚徒敕》中提到：“令中书门下就大理及府州县详理”。[④]

除了刑部、大理寺和中书门下，唐代的御史台也具有司法职能：“御史大夫之职，掌邦国刑宪，典章政令，若有制使覆囚徒，则与刑部尚书参择之”。更为具体的考察发现，御史大夫的下属侍御史掌“推鞫刑狱”，监察御史掌“巡按郡县，纠视刑狱”。[⑤] 各自职责都比较明确。所以《以春令减降囚徒德音》提到御史台：“其天下见禁囚徒，死罪降从流，以下并宜释放。京城，宜令中书门下即分往府县，御史台、大理寺，即亲自按问决讫，具状奏闻。诸州府，各委所由长官，准此处分”。[⑥]

由此可见，大赦的实施一般是由尚书省的刑部、御史台和大理寺组成的司法三司以及中书门下负责，其中，刑部是主要的司刑和司法机构，大理寺是最高审判机关，审判范围是中央百官和京师徒刑以上案件，御史台主要是负有监察职能，中书门下是决策和审核机构。分工明确，职责各有不同。

而在赦宥的仪式上，象征性地释放囚徒的工作是由刑部来执行的：刑部“郎中、员外郎之职，掌贰尚书、侍郎，举其典宪，而辨其轻重。凡国有赦宥之事，先集囚徒于阙下，命卫尉树金鸡，待宣制讫，乃释之”[⑦]。在宋代也是如此，“尚书掌天下刑狱之政令。凡丽于法者，审其轻重，平其枉直，而侍郎

① （唐）李林甫：《唐六典》卷18《大理寺鸿胪寺》，中华书局1992年版，第502页。

② （宋）欧阳修等：《新唐书》卷48《百官志三》，中华书局1975年版，第1257页。

③ （唐）李林甫：《唐六典》卷6《尚书刑部》，中华书局1992年版，第188页。

④ （宋）宋敏求：《唐大诏令集》卷83《政事·恩宥·孟夏疏决天下囚徒敕》，商务印书馆1959年版，第478页。

⑤ （唐）李林甫：《唐六典》卷13《御使台》，中华书局1992年版，第378—381页。

⑥ （宋）宋敏求：《唐大诏令集》卷84《政事·恩宥·以春令减降囚徒德音》，商务印书馆1959年版，第481页。

⑦ （后晋）刘昫等：《旧唐书》卷43《职官志二》，中华书局1975年版，第1838页。

为之贰。大礼肆赦，则侍郎授赦书付有司宣读，承旨释囚。”①

在赦宥仪式中当场释放的囚徒实际上只是极少一部分，其他还有被判徒、流正在服役或者羁押在监的囚犯，都要经过法定程序获得赦免。除了被徒和流的罪人外，在押的囚犯占了很大的比例。唐代监狱主要有：“凡京都大理寺京兆、河南府，长安、万年、河南、洛阳县咸置狱，其余台省寺监卫皆不置狱”。②

关于狱囚的关押，《唐六典》中有规定：“凡有犯罪者，皆从所发州、县推而断之，在京诸司，则徒以上送大理，杖以下当司断之，若金吾纠获，亦送大理。”③

具体来讲，大理寺狱主要关押收禁中央各部、司、寺、监的犯罪官吏，以及京城的重要罪犯，还有外地押至京城的钦犯、重犯等。由大理卿、少卿管辖，具体公务则由寺丞率狱吏具体管理。御史台狱，也称台狱，主要收禁御史弹劾的官员以及皇帝交办的大案要犯。由御史大夫、御史中丞管辖。

以上是唐朝中央和京城的监狱设置，至于地方州县的，“凡州县皆有狱，而京兆、河南狱治京师”。④ 各地方县狱主要是收治地方辖区内的普通案犯。

除了以上列举外，在非常时期，还设有非常监狱。如武则天在位时，狱讼大兴，酷吏盛行，为适应当时特殊的政治和司法形势，专门设立羽林狱，长寿年间又在丽景门外设狱，专门囚禁重罪囚徒。

赦宥的实施包括量刑减罪等一系列的法律问题和程序，因此，具体的执行必然是由全国的监狱和司法系统来进行。⑤

除了前面所列举的部门外，唐代监狱系统的人员设置可分为官员和狱吏。官员主要是指各级监狱管理机关的长官，他们对所属监狱有统辖权和管理权，以行使统辖权为主，同时又兼具行政和司法等其他职权。而前面列举的具体的监狱日常事务则由狱吏负责，狱吏包括狱丞、典狱、司狱、提牢和禁卒等。

---

① （元）脱脱等：《宋史》卷163《职官志三·刑部》，中华书局1977年版，第3859页。

② （唐）李林甫：《唐六典》卷6《尚书刑部》，中华书局1992年版，第188页。

③ （唐）李林甫：《唐六典》卷6《尚书刑部》，中华书局1992年版，第189页。

④ （宋）欧阳修等：《新唐书》卷56《刑法志一》，中华书局1975年版，第410页。

⑤ 待赦的狱囚的情况关联到唐代监狱制度，后者可以参阅邵志国《唐代监狱制度述要》（《河北师范大学学报》2004年第5期；《人大报刊复印资料》，《魏晋南北朝隋唐史》2005年第1期）。

除此之外，地方行政长官也有贯彻执行政府赦宥的职责："其都委中书门下疏理，京城委留守，天下诸州委长官，并当日处分"。①

《咸通八年五月德音》："宜令天下长吏，差清强判官，专切句当，更分明检校，一一据事施行讫奏闻，如更因循，必行究察，所差判官，速具命衔，分析奏闻。""宜令台府及该军司所在州县长吏，据现禁囚徒，德音到后七日内，亲详罪名，疏理讫闻奏，不得更延引时日"。②

天下诸州县的囚徒赦免工作委派地方长官来负责，实际上具体的执行，如量刑、减罪、放免还是由狱吏来做的，其中包括六曹中的法曹："法曹、司法参军掌律、令、格、式，鞫狱定刑，督捕盗贼，纠逖奸非之事，以究其情伪，而制其文法"，而且，遇到大赦的时候，要"赦从重而罚从轻，使人知所避而迁善远罪"。③

在赦宥的实际执行过程中，另一个重要问题就是赦宥效力发生的时间。赦与不赦、赦宥罪犯范围的认定等都要以此为依据。《贞观九年三月大赦》："自贞观九年三月十六日昧爽以前，大辟罪以下，皆赦除之，其常赦不免者，不在赦例"。④ 又，《改元光宅诏》："自九月五日昧爽以前，大辟罪以下……皆赦除之……及常赦所不免者，并不在赦例"。⑤

在赦令中特别提到的"昧爽"，就是赦宥发生效力的时刻，现代社会颁布新的法律条文时会规定自颁布之日起实施，或者指定某一特定时间。而中国古代赦宥的效力开始发生的时间就是特定日子的"昧爽"。这既是赦宥开始发生效力的时刻，也是赦宥在实际实施和操作中一个重要的不可或缺的关键因素。它对于执行官吏认定赦宥罪犯的范围有着重要的实际意义。比如上文中，如果是自贞观九年三月十六日昧爽以前犯下的罪行，只要在限定的范围的，就可以享受赦宥的恩惠，但是如果是贞观九年三月十六日昧爽以后的犯罪行为，就不能得到赦宥了。因此，可以说，"昧爽"这个时间刻度的规定，对于

① （宋）宋敏求：《唐大诏令集》卷83《以春令减降囚徒敕》，商务印书馆1959年版，第480页。
② （宋）宋敏求：《唐大诏令集》卷86《咸通八年五月德音》，商务印书馆1959年版，第491页。
③ （唐）李林甫：《唐六典》卷30《三府督护州县官吏》，中华书局1992年版，第749页。
④ （宋）宋敏求：《唐大诏令集》卷83《贞观九年三月大赦》，商务印书馆1959年版，第477页。
⑤ （宋）宋敏求：《唐大诏令集》卷3《改元光宅诏》，商务印书1959年版，第16—17页。

赦宥的实际执行具有重大的意义。那么，何谓“昧爽”呢？这在《唐律释文》中有明确的说明：“昧爽，按《礼记》，昧爽而朝。谓辨色之时也。名昧，为是绝漏之前，五鼓之末。今赦书发于此时，故用此时已前乃许原赦。”①

那么，为何会选中“昧爽”而不是别的时刻呢？

这个规定其实从六朝时候已经开始有了。《文馆词林》卷668《西晋武帝即位改元大赦诏》：“其大赦天下，与之更始。自谋反大逆不道已下，在命（今）年十二月七日昧爽以前，皆赦除之。”②

刘令舆先生在《中国大赦制度》中认为朝廷选择“昧爽”作为大赦生效的时间，可能是因为“昧爽”有其象征意义。他说：“昧爽即现代人所谓的黎明，是天亮前的一刻，亦即是从黑暗迎向光明的一刻；此外，日为阳，夜为阴，昧爽亦是由阴而阳的转折，施德肆赦，正是配合阳气的表现。因此，选择昧爽作为生效的时间，可以说是配合着阴阳的消长，象征着迎向光明，迎向重生，也就是‘与民更始’，有其特别的意义。”③

刘令舆先生的论点很有道理，但是仅仅从象征意义上去分析是不够的。古人选择“昧爽”同样是出于实际操作的需要。因为相对于一天中其他时段，这个时刻大部分人都在处于睡眠状态，在这个时刻犯罪率是最低的，新的犯罪事件是最少的，因而在认定需要赦宥的犯罪行为上数量较少，减少了很多不必要的麻烦，更容易操作和赦宥的施行。

以上就是赦宥实际执行的大概情况，由于资料有限，我们只能大概分析如上。

下面回顾一下整个赦宥的程序，首先是中央决策系统按照皇帝的旨意拟定诏书，然后是举行的一定的仪式，宣读赦书，颁布，用绢抄写颁行天下各州。到达州县后，由州（镇）长官举行一定的仪式迎接并由特使宣读赦书，然后悬挂于城门或衙门旁公布示众。之后，由具体负责的官和吏（特别是监

① （唐）长孙无忌：《唐律疏议》附《唐律释文》卷4《名例》，中华书局1983年版，第627页。

② （唐）许敬宗编，罗国威整理：《日本弘仁本文馆词林校证》卷668《西晋武帝即位改元大赦诏》，中华书局2001年版，第331页。

③ 刘令舆：《中国大赦制度》，载台北“中国法制史学会”编《中国法制史论文集》，（台北）成文出版社1981年版。

狱系统的吏卒）贯彻执行，根据赦书规定的具体赦免范围和唐律有关规定或减或免或放。

武则天统治期间，重用来俊臣，大兴狱讼并由其具体负责审理重要囚犯，“每有制书宽宥囚徒，俊臣必先遣狱卒，尽杀重罪，然后宣示。”[①] 为了达到个人的险恶目的，抢在赦书宣示前杀掉囚徒，使得赦宥的执行名存实亡。

无独有偶，来俊臣的手法在隋代也有一个叫作田式的酷吏用过，史载：“高祖总百揆，尉迥作乱邺城，从韦孝宽击之。以功拜大将军，进爵武山郡公。……每赦书到州，式未暇读，先召狱卒，杀重囚，然后宣示百姓。其刻暴如此。由是为上所谴，除名为百姓。”[②]

本书讨论的是全国性赦宥的仪式，至于小范围的或者特殊的赦宥如特赦，则比较简单。则天后永昌元年，魏元忠、张楚金等被诬坐死，后则天下令免死流岭南，“临刑，太后使凤阁舍人王隐客驰骑传声赦之。声达于市，当刑者皆喜跃欢呼，宛转不已；元忠独安坐自如，或使之起，元忠曰：‘虚实未知’，隐客至，又使起，元忠曰：‘俟宣敕已’，既宣敕，乃徐起”。[③] 可知只有在赦书宣布以后，囚徒才算正式获得豁免。

还有临刑而赦的例子：“锡与郑杲俱知天官选事，坐赃，则天将斩之以徇，临刑而特赦之。[④]”这里的赦宥也是特赦。

第六节　赦书及赦书内容的变化

赦宥的实施自先秦以前已经开始，颁布赦宥必然要发布一定的命令，这

① （后晋）刘昫等：《旧唐书》卷50《刑法志》，中华书局1975年版，第2144页。

② （唐）魏徵等：《隋书》卷74《田式传》，中华书局1973年版，1694页。

③ （宋）欧阳修等：《资治通鉴》卷204《唐纪二十》，则天后永昌元年，中华书局1956年版，第6459—6460页。

④ （后晋）刘昫等：《旧唐书》卷85《张文瓘传附兄文琮传》，中华书局1975年版，第2816页。

个命令实际上就是赦书。不过，赦书这个名词那时还没有出现，所以史料中也没有这样的记载。但是，我们必须明白的是，赦书的源头也是在汉之前。

一、赦书

伴随着赦宥的产生，赦书作为政府或者皇帝发布赦令、施行赦宥的书面文件也随之出现。赦书，最早出现在史书中是在汉代，《后汉书》记道："驰赍赦书，以令宫陛内外。士卒皆称万岁，百姓歌舞于道。"① 另外，《三国志》中也有记载："比傕等还，辅已败，众无所依，欲各散归。既无赦书，而闻长安中欲尽诛凉州人，忧恐不知所为。"②

《史记》记：秦王初并天下，令丞相、御史曰："……寡人以眇眇之身，兴兵诛暴乱，赖宗庙之灵，六王咸伏其辜，天下大定。今名号不更，无以称成功，传后世。其议帝号。"《正义》中解释"令"字，曰：令，力政反。乃今之赦令、赦书。③

自汉之后，史料中关于赦书的记载出现的开始逐渐频繁。《晋书》："屯骑校尉郝昌先领兵八千守洛阳，帝召之，至汲郡而昌至，兵仗甚盛。志喜于复振，启天子宜下赦书，与百姓同其休庆。"④"前《乙巳赦书》，远称先帝遗惠余泽，普增位一等，以酬四海欣戴之心。"⑤

再看下面晋代的这则材料："及杨后废，养因游太学，升堂叹曰：'建斯堂也，将何为乎？每览国家赦书，谋反大逆皆赦，至于杀祖父母、父母不赦者，以为王法所不容也。奈何公卿处议，文饰礼典，以至此乎。天人之理既灭，大乱作矣。'"⑥ 文中云"每览国家赦书"，可见在晋代赦书已经有人整理汇总、编纂成书，至少是时人已经有意识地保存收集了，因此可以经常地翻阅。也可以知道，随着赦宥的经常化，赦书的发布也极其丰富和平常了。

---

① （南朝·宋）范晔：《后汉书》卷72《董卓传》，中华书局1965年版，第2331页。
② （晋）陈寿：《三国志》卷6《魏志·李傕、郭汜传》，中华书局1959年版，第181页。
③ （汉）司马迁：《史记》卷6《秦始皇本纪》，中华书局1959年版，第235页。
④ （唐）房玄龄等：《晋书》卷44《卢钦传附珽子志传》，中华书局1974年版，第1257页
⑤ （唐）房玄龄等：《晋书》卷51《挚虞传》，中华书局1974年版，第1426页。
⑥ （唐）房玄龄等：《晋书》卷94《董养传》，中华书局1974年版，第2324页。

《隋书·经籍志》中提到：梁有《堪余天赦书》七卷，《杂堪余》四卷，亡。[①] 但是，关于赦书的具体内容，唐以前在史料中保存下来的极其少，因而我们今天能看到的也很有限，下面摘录如下。

其中有《魏书》中记载的后魏孝庄帝武泰元年四月的大赦诏，辛丑，车驾入宫，御太极殿，诏曰：

> 太祖诞命应期，龙飞燕代，累世重光，载隆帝绪。冀欲阐兹洪业，永在无穷。岂图多难，遘兹百六，致使妖悖四起，内外竞侵，朝无恤政之臣，野多怨酷之士，实由女主专朝，致兹颠覆。孝明皇帝大情冲顺，深存隐忍，奄弃万国，众用疑焉。茍求胡出，入守神器，凡厥有心，莫不解体。太原王荣，世抱忠孝，功格古今，赴义晋阳，大会河洛，乃推翼朕躬，应兹大命。德谢少康，道愧前绪，猥以眇身，君临万国，如涉渊海，罔知所济。可大赦天下，改武泰为建义元年。从太原王督将军士，普加五阶；在京文官两阶，武官三级。复天下租役三年。[②]

还有建义三年秋七月，杀尔朱荣，大赦，诏曰：

> 盖天道忌盈，人伦嫉恶，疏而不漏，刑之无舍。是以吕霍之门，祸谴所伏；梁董之家，咎征斯在。顷孝昌之末，天步孔艰，女主乱政，监国无主。尔朱荣爰自晋阳，同忧王室，义旗之建，大会盟津，与世乐推，共成鸿业。论其始图，非无劳效。但致远恐泥，终之实难，曾未崇朝，豺声已露。河阴之役，安忍无亲。王公卿士，一朝涂地，宗戚靡遗，内外俱尽。假弄天威，殆危神器。时事仓卒，未遑问罪。寻以葛贼横行，马首南向，舍过责成，用平丑虏。及元颢问鼎，大驾北巡，复致勤王，展力行所。以此论功，且可补过。
>
> 既位极宰衡，地逾齐、鲁，容养之至，岂复是过？但心如猛火，山林无以供其暴；意等漏卮，江河无以充其溢。既见金革稍宁，方隅渐泰，不推天功，专为己力。与夺任情，臧否肆意，无君之迹，日月以甚。拔

① （唐）魏徵等：《隋书》卷34《经籍志三》，中华书局1973年版，第1036页。
② （北齐）魏收：《魏书》卷10《敬宗孝庄纪》，中华书局1974年版，第256页。

发数罪，盖不足称；斩竹书愆，岂云能尽。方复托名朝宗，阴图衅逆，睥睨天居，窥觎圣历。乃有裂冠毁冕之心，将为拔本塞源之事。天既厌乱，人亦悔祸，同恶之臣，密来投告。将而必诛，罪无容舍。

又元天穆宗室末属，名望素微，遭逢际会，颇参义举。不能竭其忠诚以奉家国，乃复弃本逐末，背同即异，为之谋主，成彼祸心。是而可忍，孰不可恕！并以伏辜，自贻伊戚。元恶既除，人神庆泰，便可大赦天下。①

北齐邢子才《受禅登极赦诏》曰："无德而称，化刑以礼，不言而信，先春后秋，故知恻隐之心，天地一揆，弘宥之道，今古同风。"②

还有梁沈约《南郊赦诏》："朕昧爽夙兴，念兹道理，而明不烛远，弘之未易，扬寻先烈，思致升平，自顷多故，戎军代有，军政国容，事绪非一，刑礼参用，未致和臻，向隅之情，永言增叹，今郊祀载洽，幽明允从，恩祟嘉祉，被之兆庶，可大赦天下。"③

从以上几则仅存的赦书我们看出，赦书中大多只是在结尾处提一句"可大赦天下"，而文中其他内容和赦宥没有多大关系，没有包含大赦的原因，也没有关于赦宥的具体规定。所提供可以分析赦宥的有效信息很少，只有北齐邢子才为受禅登极赦诏似乎道出了赦宥的原因，却也只有两句：化刑以礼，恻隐之心。

从唐代开始，资料就比较丰富了。唐代的赦书主要集中在宋敏求编撰的《唐大诏令集》中、《文苑英华》和《册府元龟》中也有保存。很是丰富和详细，宋代则有《宋大诏令集》，为我们的研究提供了很大的方便。

关于赦书的规定，《新唐书》记载："王言之制有七……三曰制书，大赏罚，赦宥虑囚，大除授则用之"。④明确地规定，赦宥必须用制书的形式。可

① （北齐）魏收：《魏书》卷10《敬宗孝庄纪》，中华书局1974年版，第265—266页。
② （唐）欧阳询：《艺文类聚》卷52《治政部上·赦宥》，上海古籍出版社1985年版，第951页。
③ （唐）徐坚：《初学记》卷20《理政部·赦宥》引，中华书局1962年版，第471页。
④ （宋）欧阳修等：《新唐书》卷47《百官志二》，中华书局1975年版，第1210页。

见，赦书在性质上是皇帝的诏令，属于王言的一种。①

《资治通鉴》中的胡注解释唐代的规定说："唐故事：中书用黄、白二麻为纶命轻重之辩。……其白皆在翰林院，拜授将相、德音赦宥则用之。宋白曰：《翰林志》凡赦书、德音、立后、建储、行大诛讨、拜免三公宰相、命将日，并使白麻纸，不使印"。② 由此，我们可以知道，赦书是皇帝以制书的形式颁布的赦宥罪犯的文书，它的起草用白麻，以示重要性。

按照唐代的诏敕制度，制书是由中书舍人、知制诰、翰林学士等负责起草的官员接受皇帝的旨意起草，然后送达中书省，再经过门下省审议制书案可行与否，如无异议，则覆请予施行，皇帝对此批"可"，皇帝的个人意志在形式上就转化成为国家的意志，作为法式命令正式生效了。此后，门下省将御画可的诏书留案，另写一遍，再由侍中注上"制可"，最后送到尚书都省颁布执行。

看下面的材料：

> 会昌二年，上尊号，士良宣言"宰相作赦书，减禁军缣粮刍菽"以摇怨，语两军曰："审有是，楼前可争。"德裕以白帝，命使者谕神策军曰："赦令自朕意，宰相何豫？尔渠敢是？"士乃怗然。士良惶惑不自安。③

可以证明，赦书是出自宰相之手，但却是奉皇帝之命而作，宰相对赦书的内容并无决定权。而且，如果皇帝对于臣下撰写的赦书内容不满意或者是有变，甚至可以于赦书在全国颁发之前追回修改："及宝历改元大赦，逢吉定赦书节文，不欲绅量移，但云左降官已经量移者与量移，不言左降官与量移。帝特

① 中村裕一《关于唐代的制书式》（原载《史学杂志》第91编第9号，1982年）文下注中辨析道：制书的用途，《大唐六典》作"赦宥降虑"，《新唐书》作"赦宥虑囚"，两者均作"虑"，从意思上看，可能是"虏"之误，南宋绍兴本《大唐六典》作虑，但在李肇的《翰林志》所引用的《大唐六典》中作"赦宥降虏"，应从之。还提到，关于唐代制书还有很多问题没有解决，如：制书式的起源，制书的颁布，制书的纸张原料，制书案的起早者，制书案和宰相的关系，门下省对制书案的封还等问题，都未能涉及，还有待今后研究。

②（宋）司马光：《资治通鉴》卷235《唐纪五十一》，前德宗贞元十一年，中华书局1956年版，第7567页。

③（宋）欧阳修等：《新唐书》卷207《宦者传上·仇士良》，中华书局1975年版，第5874页。

追赦书，添节文云‘左降官与量移’，绅方移为江州长史。”①

中央决策系统按照皇帝的旨意拟定诏书并颁布后，用绢抄写颁行天下各州。“其赦书颁诸州，用绢写行下。”② 到达州县后，宣读完毕，还要悬挂于城门或衙门旁。白居易在《杜陵叟》中提及：“白麻纸上书德音，京畿尽放今年税。昨日里胥方到门，手持尺牒榜乡村”。③ 可证上文。赦书的具体颁布实施实际上就是赦宥在唐朝全国范围内的贯彻执行，这个具体的过程放在“赦宥的仪式及实施”中讨论。

以上是唐代皇帝诏制的整个大概过程，赦书作为制书的一种，自然也不例外。④ 不过赦书作为赦罪宥过，播扬皇帝恩泽，安抚收买人心的文书，似乎更为注重辞藻和文笔，所以：“神龙初，坐附推张易之弟昌宗失实，配流岭表。时易之等既伏诛，承庆去巾解带而待罪。时欲草赦书，众议以为无如承庆者，乃召承庆为之。承庆神色不挠，援笔而成，辞甚典美，当时咸叹服之。”⑤

《旧唐书·陆贽传》记载：“其于议论应对，明练理体，敷陈剖判，下笔如神，当时名流，无不推挹。贞元初，李抱真入朝，从容奏曰：‘陛下幸奉天、山南时，赦书至山东，宣谕之时，士卒无不感泣，臣即时见人情如此，知贼不足平也。’”⑥这次赦宥的赦书，其实就是陆贽起草的，由此可见赦书的感化力量之大。

---

① （后晋）刘昫等：《旧唐书》卷173《李绅传》，中华书局1975年版，第4499页。

② （后晋）刘昫等：《旧唐书》卷58《刑法志》，中华书局1975年版，第2139页。按：出于政治的需要，前后朝的诏书体制有所不同，关于赦书的种种体制自然也会有所变化。《朝野类要》卷4记载：翻黄，监司州郡备录赦文而行下所部也，自庆元末诸县亦降黄赦，盖从臣僚请也。

③ （唐）白居易撰：《白居易集》卷4《讽喻四·杜陵叟》，中华书局1979年版，第79页。

④ 到宋代，关于赦书的起草过程，《宋史》中略有提及：凡拜宰相及事重者，晚漏上，天子御内东门小殿，宣召面谕，给笔札书所得旨。禀奏归院，内侍锁院门，禁止出入。夜漏尽，具词进入。迟明，白麻出，阁门使引授中书，中书授舍人宣读。其余除授并御札，但用御宝封，遣内侍送学士院锁门而已。至于赦书、德音，则中书遣吏持送本院，内侍锁院如除授焉。凡撰述皆写画进入，请印署而出，中书省熟状亦如之。若已画旨而未尽及舛误，则论奏贴正。凡宫禁所用文词皆掌之。乘舆行幸，则侍从以备顾问，有献纳则请对，仍不隔班。凡奏事用榜子，关白三省、枢密院用谘报，不名。（元·脱脱等：《宋史》卷162《职官志二·翰林学士院》，中华书局1977年版，第3812页。）

⑤ （后晋）刘昫等：《旧唐书》卷88《韦思谦传附子承庆传》，中华书局1975年版，第2865页。

⑥ （后晋）刘昫等：《旧唐书》卷139《陆贽传》，中华书局1975年版，第3800页。

由于赦书所具有的特殊的感化和笼络功能，在唐代中后期，政治动荡，政权分裂，无论是藩镇势力，还是农民义军，都曾经以自己政权的名义发布过赦书，这些赦书被史臣们记作“伪赦书”。如：

> 悉陈文物，据丹凤门伪赦。为伪赦书云：“揖让之仪，废已久矣，窜遁之迹，良用怃然。朝臣三品已上并停见任，四品已下宜复旧位。”①

又如：

> 泾师内逆，驾幸奉天，贼锋益盛，淮南少游潜通希烈，寻称伪号，改元，遣将杨丰赍伪赦书二道，令送少游及建封。封伪赦书送行在，远近震骇。②

从以上简单的分析，我们可以知道《辞源》的中把赦书释为“免罪的文书”。并引《魏书·高崇传》：“帝召道穆付赦书，令宣于外”。③解释得过于简单，也不够准确。除此之外，赦书还有其他的称呼：赦诏——《南史·谢庄传》：“明帝定乱，使出使赦诏”；赦令——《论衡·寒温》：“赦令四下，万刑并除。”不一而足，但在实质上都是相同的，不再赘述。

考察唐代的赦书之后，可以发现赦文绝大多数都有固定的模式，这和史书的记载也是相同的，《辽史》记载：“三曰议赦令。谓祖宗登极赦令，皆有常式。前日赦书，乃以张邦昌伪赦为法，如赦恶逆及罪废官尽复官职，皆泛滥不可行，宜悉改正以法祖宗。”④ 唐代赦书，除了在整体上套用皇帝制书固有的格式外，一般在赦文的开始要追溯前朝的丰功伟绩，赞美列祖列宗。然后是赦宥的原因，除了列举现实原因和君王罪己的话外，为了给皇帝大赦找足理由，大都引用儒家经典和古代圣君为例。之后就是具体的赦免的法律规定，如赦免的罪名种类、赦免的区域、赦免的期限等等。日本学者对于唐代制书式的还原做了相当的研究，赦书的格式也可以作为参考，不再赘述。

---

① （后晋）刘昫等：《旧唐书》卷19《僖宗本纪》，中华书局1975年版，第709页。

② （后晋）刘昫等：《旧唐书》卷140《张建封传》，中华书局1975年版，第3829页。

③ 《辞源》，商务印书馆1979年版，第981页。按：《辞源》所引用的这条材料见于《北史》卷50《高道穆传附父崇传》：“及尔朱荣死，帝召道穆，付赦书，令宣于外。”

④ （元）脱脱等：《宋史》卷358《李纲传上》，中华书局1977年版，第11251页。

前文已经论述，汉以后至封建社会结束，统治者颁布赦宥时一般都会有一定的名目，或者是登基、立皇后、改年号、建储等。《册府元龟》中也集中记载了有唐一代的很多赦书，就是按照上述名目分类编纂的。从卷四二〇到卷四三三共十三卷，把赦书分为几类。为了便于研究，下面简单地列表加以分析。

表1－5

赦书名目	赦书名称①	赦书分析
登极赦书	赦书一 1.《睿宗受禅制》 2.《开元皇帝受禅制》 3.《大中十三年十月九日嗣登宝位赦》	我们注意到登极赦书的名字大都是“受禅制”或者“嗣登宝位赦”等等，并没有直接名之为“登极赦书”的。 赦书的内容一般是宣扬皇位受自天命，是继正统而来，“我大唐乘时抚运，累圣重光，当四海之乐推，受三灵之眷命……”然后是盛赞祖宗高德伟业，说明皇帝英明圣武。最后，皇帝即位，自然要恩泽天下，天人同乐，因此大赦，“斯洽介福之道攸宜，亿兆同欢，人祇同庆，恭承圣训，申兹霈泽，可大赦天下。”
改元赦书	赦书二 1.《改天监元年赦诏》 2.《改元天宝赦》 3.《奉天改元大赦制》 4.《兴元二年改为贞元元年正月一日大赦天下制》	皇帝改元也就是改年号时，一般会大赦天下。赦书开头一般会追念祖宗先灵的丰功伟绩，并说明改元的原因和必要性，“今上元统历，献岁发生，宜革纪年之号，式敷在宥之泽，与人更始，以答天休，可大赦天下。”“今玄阴已谢，春日载阳，勾萌毕伸，幽蛰咸震，思与海内同心，自新发号，更无用符天意，宜改兴元二年为贞元元年。”并大赦天下。 但是关于改元的原因，以及改元和大赦的因果必然联系，赦书中阐述得其实并不是很清晰，也不具有说服力，在赦书中只是一笔带过，甚至有的赦书就没有此项。② 除了以上两点外，改元赦书还继承了唐代赦书的一个特点，即杂。在内容上，除了赦宥的规定外，还有其他等选贤任能、录用流人、铨选官吏、整顿吏治、赏赐将士、免放税赋等政策政令，甚至“优恤鳏寡、存问义夫节妇孝子顺孙”都夹杂在内。本书前面已有论述，在此不再赘言

① 本栏中只是抽取能够说明问题的几例而已，并没有一一列举或全部罗列，而在后面分析中所引用的材料也在相应的分类赦书中，故不一一列出出处。

② 至于改元原因，前文已经引用池田温在《日本和中国年号制度的比较》中的观点，略有说明。(见本书“赦宥的名目和场合区分”一节。)

续表

赦书名目	赦书名称	赦书分析
尊号赦书	赦书三、赦书四 1.《开元二十七年册尊号大赦天下制》 2.《文武孝德皇帝册尊号赦书》 3.《元和十四年七月二十三日上尊号赦》 4.《会昌二年四月二十三日上尊号赦文》	尊号赦书也有基本上相同的特点和格式。赦书的开头也是回顾先祖列宗的业绩，然后是皇帝自己的谦虚之词，“居昼以度心，夜以省己，其何德以堪之……”臣下再三请册尊号，考虑到“人心不可以曲让，国典不可以矫违”，同时也是为了安慰父母，略尽孝心：“亦用慰于太皇太后皇太后之意，屈而后俞，谅非获已”，所以勉强接受，“勉从典册，良增感惧”，同时“惟新之号既不私于朕躬，非常之泽宜并覃于率土”，所以要“大赦天下”。 当然赦书中也和上面的改元赦书一样，不可避免地夹杂有其他的很多政策措施
禋祀赦书	赦书五、赦书六、赦书七、赦书八、赦书九、赦书十、赦书十一 1.《南郊赦书》 2.《后土赦书》 3.《天宝三载亲祭九宫坛大赦天下制》 4.《贞元九年冬至大礼大赦天下制》 5.《会昌五年正月三日南郊赦文》	禋祀是封建社会政治生活的一个极其重要的方面，它是维护封建纲常礼教、封建社会秩序的一个重要手段，每个皇帝在位期间都要举行各种各样的禋祀活动，正由于禋祀在封建社会所具有的重要作用，在禋祀赦书的开头都会强调它的重要性：“盖春秋之大事莫先乎祀，王者之盛礼莫重乎郊，柴燎克终，感庆罔极，岂予一人之福，亦尔万邦之赖，宜因咸和之际，俾承厚下之泽，可大赦天下。”“君天下者受命于天地，继业于祖宗，致其诚心惟敬与孝，违敬莫大于废祀，亏孝莫大于渎神”。“无疆之祉岂独在予，非常之泽宜覃率土”。“大事在祀礼，极于郊丘，大德曰生道，存乎赦宥。”“王者事帝必严禋祀之容”。“此皆宗社降灵助成时政”，所以要“虔告清庙，明禋上玄”。 我们另外发现在这此类赦书大多数名称中都会明确提到禋祀的具体名称，如南郊、后土等。但是也有例外，如《宝历元年正月七日赦文》《太和三年十月十八日赦文》，只有日期。但是我们通过赦文的内容知道，它也是在禋祀的时候发布的，所以后人在编纂的时候也把它归入此类。 研究此类赦书，我们还发现一个特点，就是大部分的禋祀赦书在名称中都标明日期，会明确地记载赦书颁布的时间，这是禋祀赦书共同的特点，也是禋祀赦书不同于其他赦书的地方。至于为何会有这个特点，尚不得而知，可能是同样的禋祀每个皇帝在位期间会举行很多次，为了便于区别，所以特地在名称中标明时间

续表

赦书名目	赦书名称	赦书分析
平乱赦书	赦书十二 1.《诛张易之等赦文》 2.《淮西平赦文》 3.《平朱泚后车驾回京大赦制》	《册府元龟》中所辑平乱赦书仅几篇而已，内容也都比较简单。唐政府发布平乱赦书的原因和目的在于，大规模的战乱或是宫廷党争流血之后，人心往往不定，残余敌对势力四处流散，往往成为更大的潜伏的危险，为了安抚人心，消除隐患，政府往往会颁布赦令，这在平乱赦书中有所体现："故今迷疑互起，向背者多，元恶既悬，情惧弥广，奔亡草泽，今虽曲赦与之更始，而愚昧之徒犹多窜伏……"而导致这种情况的原因很多，皇帝自己也认为有失政之处，所以不能尽归咎于百姓，应大赦予自新，"事非一端，究其所由，自我而致，不能抚之以道乃欲绳之以刑，岂所谓恤人罪己之诚，含垢布和之意，涤清污俗，咸于更新，可大赦天下。" 平乱赦书往往也能发挥消弭内乱，迅速稳定社会秩序的作用，所以在所有的赦书中，它可能是比较实用的、唯一积极的赦书。对此的研究，在后文会有所展开
立太子赦书诏	赦书十三 1.《册太子礼毕赦文》 2.《太和七年八月七日册皇太子德音》（文中此二"太"字均漫误为"大"，兹改之）	唐代乃至整个封建社会，太子作为国之储君，它的废立向来是国之大事，立太子一般也要大赦。立太子赦书相对较少，也比较简单。赦书的开头一般会强调立太子的重要性和太子的贤惠："帝者，承天地，贞邦国，法明离之象，固鸿基之本，必命元子，以备储闱，斯皇王之令谟，古今之丕典"，指出立太子的重要性和必要性，之后紧接着就是"可大赦天下"，但是为何立太子就要大赦呢？赦文中并没有解释，只是提到"盛礼云毕，庆感良深，是宜布泽申恩"，或者"所感则深，永惟国本，为庆兹大"，所以就要大赦。 册太子赦书中夹杂的当然也有除了赦宥之外的其他内容，不再赘述
籍田赦书	此处无，见于卷四百六十二	
杂赦书	赦书十四 1.《曲赦并州管内诏》 2.《安养百姓及诸改革制》 3.《至都大赦天下制》 4.《大历四年大赦天下制》 5.《大赦京畿三辅》 6.《赦京城内囚徒制》	我们看到，这部分的内容比较杂乱无章，从赦宥囚徒到全国性的大赦，到曲赦，还有安抚百姓、改革措制等都包含在赦书之内，这也是编者将这些赦书归在一起，名为杂赦书的缘由。 前文已经论述过赦书不纯粹的原因，在此更表露无遗，其实杂乱的不仅是赦书的内容，从赦书的名目到种类都很杂乱，这也是唐代诏书体制适应实际的社会、政治需要而发生的变化。这里不再作深入分析

二、赦书内容的变化

对于制书包括赦书进行研究的学者较多，其中以中村裕一等为代表的一批日本学者在唐代制书的还原工作上取得了很大进展，基本上也澄清了关于制书的一些情况，可以参阅《关于唐代的制书式》（原载《史学杂志》第91编第9号，1982年）等。这对于制书的一种——赦书的研究同样适用，而对于赦书的格式以及内容乃至功能进一步做研究的有韩国的禹成旼女士的几篇文章：《试论唐代赦文的变化及意义》（《北京理工大学学报》2004年第3期）、《从〈改元光宅诏〉的结构与性质来看唐代赦文的变化》（中国唐史学会第九届年会论文，2004年4月）、《唐代赦文研究》（北京大学2002年博士学位论文），还有武汉大学中国三至九世纪研究所魏斌的《论唐代大赦职能的“差遣化”》、首都师范大学田红玉2002年硕士学位论文《唐代大赦研究》。

这些研究注重于赦书内容（即赦文）的变化及其功能或者意义上，颇有借鉴价值和新意，同时也有诸多的可商榷之处。下面就对唐代赦书内容的变化及其功能或者意义进行讨论。

赦书是对赦宥制书的称呼。而赦文，则是赦书或诏制的书面内容。关于赦文，明朝徐师曾把赦文列为一种文体，说：“后世乃有大赦之法，于是为文以告四方，而赦文生焉”。那么唐代赦文有没有统一的格式或者相同的地方？如果有，又是怎样的呢？

按照赦书的本意和常规的理解，赦文的内容应该就是规定赦免的罪行种类、区域等法律问题，既然名之为赦书，那么就应该是纯粹的赦宥内容。但是，我们发现事实并非如此。

唐代赦书一个令人奇怪的现象就是，赦书或诏制的内容往往不仅仅限于赦免罪犯，不只是单纯的赦罪文书，而是有许多其他的内容，涉及方方面面。许多其他的法令规定杂含在赦书中，通过赦书发布。如《中宗即位赦》①，全文共一千九百余字。但涉及赦宥的不到二十个字。其余内容，除开始的固定

① （宋）宋敏求：《唐大诏令集》卷2《中宗即位赦》，商务印书馆1959年版，第6页。

赞美先祖业绩及天命神意外，又言及官制、郡县体制、庙寝、礼乐、边防、选官、奴隶、租庸、匠奴、厩马及禁奢等。又如，《改元天复赦》赦文共两页半九十七行，而言赦者仅九行。[①]

再如，《咸通七年大赦》，全文共约三千二百一十个字，而真正与刑狱有关，言及大赦的仅一百五十余字。诏书开始部分是回顾国朝历史，颂赞先祖业绩，然后为自谦之词，并道出赦宥的原因，皆如前文分析。核心部分规定大赦的内容、种类、范围等等。余皆为其他内容，如军事、招降纳叛、封赏将士，慰问安存将士家属、蠲免部分州县税役、收伏蛮酋、征收税钱、赈灾、对流官的处置，选贤任能，赐爵封赏，宗籍编户、军防等等。[②]

按：明代邱浚也注意到这个现象，并从自己的立场出发提出了质疑："按赦之为言，释罪之谓也，后世之赦乃以蠲逋欠，举隐逸，荫子孙，封祖考，甚至立法制行禁令，皆于赦令行焉，失古人眚灾肆赦赦过宥罪之意。臣愚以为，赦令之颁，宥罪之外，蠲逋减罪省刑，已责弛工，罢役宽征，招亡，凡宽民惠下之道，因赦而行可也，非此属也一切付之有司行焉。凡夫赦文之初作，条件之初拟也，必须会集执政大臣，各拟所司合行条贯，从公计议，必于律例无碍，必于事体无远，必于人情不拂，断然必可行，的然必无弊……既处置其事宜，复讲解其文理，明白且当，然后著于赦文，行于天下，则上之所颁者无虚文，下之所沾者皆实惠矣。"[③] 邱浚认为赦文的杂芜和赦宥的愿意相悖，因此上书皇帝建议把赦书的内容纯粹化，这样才会有利于政策的贯彻执行，才能避免公文的虚缛，百姓才能得到实实在在的好处。

对于这种把赦罪与其他内容都混同在赦书之内的做法，王夫之提出异议，说："逋欠，减租庸，所以救荒也。困于征输者，朴民也。与赦罪并行于一纸，则等朴民与奸宄，名不正，实不符，亦重辱吾衽席之赤子矣"。[④]王夫之认为不应该杂赦罪之令于免租之诏。这是从封建礼教的观念出发，旨在维护封建名分，于实际没有多大影响。

---

① （宋）宋敏求：《唐大诏令集》卷5《改元天复赦》，商务印书馆1959年版，第31页。
② （宋）宋敏求：《唐大诏令集》卷86《咸通七年大赦》，商务印书馆1959年版，第488页。
③ （明）邱浚：《大学衍义补》卷109《慎刑宪·慎眚灾之赦》，京华出版社1999年版，第942页。
④ （清）王夫之：《读通鉴论》卷20《唐太宗》，中华书局1975年版，第687页。

实际上，这种做法不是在唐代才有的，我们看到，汉代赦书的内容已经不纯粹了，《显宗孝明帝纪第二》中元二年二月戊戌，明帝即皇帝位，夏四月丙辰，诏曰：

予未小子，奉承圣业，夙夜震畏，不敢荒宁。先帝受命中兴，德侔帝王，协和万邦，假于上下，怀柔百神，惠于鳏、寡。朕承大运，继体守文，不知稼穑之艰难，惧有废失。圣恩遗戒，顾重天下，以元元为首。公卿百僚，将何以辅朕不逮？其赐天下男子爵，人二级；三老、孝悌、力田人三级；爵过公乘，得移与子若同产、同产子，及流人无名数欲自占者人一级；鳏、寡、孤、独、笃癃，粟人十斛。其施刑及郡国徒，在中元元年四月己卯赦前所犯而后捕系者，悉免其刑。又边人遭乱为内郡人妻，在己卯赦前，一切遣还边，恣其所乐。中二千石下至黄绶，贬秩赎论者，悉皆复秩还赎。①

两汉时的大赦已经有其他内容：赐诸侯黄金、赐吏民爵、免百姓租税、诏举人才。

赐斛：《宋书·刘勔传》中他陈述北伐的事宜时提到："臣又以为二万人岁食米四十八万斛，五年合须米二百四十万斛。"② 由此可以推算，那么每个人每年需要食米二十四斛，则每月需要两斛。在这篇即位赦书里面，除了赦宥之外，其他如赐爵、养老等抚民政策都包含在内。所以，从某种意义上来说，赦宥已经成为封建社会超越赦罪本身的一种特殊政治行为，赦书也就衍化为行政条令。皇帝或朝廷把朝堂的决策通过赦书的形式颁布，来贯彻政治、军事等方面的变革、措置，在这种特殊的情况下，赦书就成了类似政府公告的东西，完全覆盖了赦书的本意。

《剑桥中国隋唐史》中也提到："大赦令是一种被人民忽视的史料，对它们的研究会引起人们的很大兴趣，因为它们经常包含总的政策声明和国家形势的总结，以及一些关于特殊豁免、大赦和对贵族、各级官吏、平民百

① （南朝·宋）范晔：《后汉书》卷2《显宗孝明帝纪》，中华书局1965年版，第95—96页。
② （南朝·梁）沈约：《宋书》卷86《刘勔传》，中华书局1974年版，第2193页。

姓——有时也对某些个人——的提升和发放俸禄情况的内容。”①

赦书在本质上是属于制书，虽然是赦罪宥过、减刑免罚的文书，包含的主要内容应该是赦宥的规定，但是它本身毕竟是属于制书，因此制书应该有的其他内容像大赏罚、授大官爵、厘革旧政自然也可以包含在制书中，因此我们看到，在赦书中包含了大量除赦宥之外的其他内容。

另外，随着时间的推移和朝代的更替、政治权力的斗争变化、军事战争的破坏改变，原有的规定势必会随着形势的发展有所变化和调整，因此这也是赦书中夹杂了除赦罪之外甚至是超越制书范畴的其他内容的原因。我们看到，同样的应该使用制书的场合，在唐代不同的史书记载中就已经出现不同了。《新唐书》记载：“王言之制有七……三曰制书，大赏罚，赦宥虑囚，大除授则用之”。和《唐六典》中的记载明显有不同的地方，后者的范围更加广泛。

我们注意到，赦书中杂含的其他内容如慰问安抚、蠲免税役、赈灾救济、选贤任能、赐爵封赏等，都有共同的特点，即都是正面积极的东西，或者是对百姓或者社会有利有益的内容，这些能给百姓带来实惠的政策自然和赦宥一样被统治者看作是恩泽和德音，因此就放在赦书中一并颁布实施。这可能也是赦书变得不纯粹的一个原因。

第七节　赦宥和德音

翻检史书，经常会遇到“德音”一词。那么“德音”是什么？和赦宥又有怎么样的关系呢？本书结合唐代的史料对“德音”作一辨析。

《史记》：“然后圣人作为父子君臣以为之纪纲，纪纲既正，天下大定，天

① ［英］崔瑞德编，中国社会科学出版社、西方汉学研究课题组译：《剑桥中国隋唐史》，中国社会科学出版社1990年版，第626页。

下大定，然后正六律，和五声，弦歌诗颂，此之谓德音，德音之谓乐。”[1] 这是关于“德音”的最早解释，我们可以看出，这里的“德音”很明显指的是封建社会所谓的“乐”。

《汉书》：“宜发明诏，吐德音，援近宗室，亲而纳信。”[2]董仲舒：“陛下发德音，下明诏，求天命与情性，皆非愚臣之所能及也。”[3] 那么这里的“德音”好像有诏书的意思。

《汉书》中颜师古注曰：“德号，德音之号令也。《易·夬卦》曰‘孚号有厉’是也。《上林赋》：出德号省刑罚如言德音。”[4] 把德音定义为减免刑罚的号令。

《三国志·魏志·王肃传》：“肃上疏曰：‘诚愿陛下发德音，下明诏，深愍役夫之疲劳，厚矜兆民之不赡，取常食廪之士，非急要者之用，选其丁壮，择留万人，使一期而更之，咸知息代有日，则莫不悦以即事，劳而不怨矣。计一岁有三百六十万夫，亦不为少。当一岁成者，听且三年。分遣其余，使皆即农，无穷之计也。仓有溢粟，民有余力：以此兴功，何功不立？以此行化，何化不成？夫信之于民，国家大宝也。’”[5] 这里的德音指的是利国益民的政令诏书。

赵昇《朝野类要》卷四：“德音，泛降而宽恤也”。也把德音解释为减免刑罚，实际上包含有赦宥之意。

宋代叶廷珪认为：“霈宥有三：国朝之制凡霈宥三，曰大赦，曰曲赦，曰德音，宋元宪云德音非可名制书，乃臣下奉行制书之名，天下自为德音，非也。唐《常衮集》赦令一门谓之德音。”[6] 把德音归入赦宥门，认为德音是赦宥的一种，等同于赦令。

徐师曾却持相反的观点，认为：“盖以赦为天子布德之音也。然考之唐时

---

① （汉）司马迁：《史记》卷24《乐书》，中华书局1959年版，第1223页。
② （汉）班固：《汉书》卷36《楚元王刘交传附刘向传》，中华书局1962年版，第1962页。
③ （汉）班固：《汉书》卷56《董仲舒传》，中华书局1962年版，第2498页.
④ （汉）班固：《汉书》卷57上《司马相如传》，中华书局1962年版，第2572页。
⑤ （晋）陈寿：《三国志》卷13《魏志·王肃传》，中华书局1959年版，第416页。
⑥ （宋）叶廷珪：《海录碎事》卷21《赦宥门》，中华书局2002年版，第908页。

戒砺风俗，亦称德音，则德音之与赦文，自是两事，不当强合之也。”① 徐师曾认为德音与赦文完全不同，不应混为一谈。

赵克生在《中国古代赦免制度的演变及其影响》中解释为：“德音为赦之一种，始于唐，大盛于宋。乃赦之小者，以降为主，兼免流以下轻罪。唐宋以前，虽无德音之名，但有其实。”② 也是持上述观点，把德音看作是赦宥的一种。从这里就可以看出，赵克生的观点有不妥之处——他说“唐宋以前，虽无德音之名”，我们前面已经引用了汉代的史料，说明汉代已经有德音之名了，不过汉代的德音含义和唐代不同，并没有赦宥减罪的意思罢了。

那么德音是不是就是赦宥的一种呢？我们结合唐代材料来看一下。

哀帝间，“辛亥，以彗孛谪见，德音放京畿军镇诸司禁囚，常赦不原外，罪无轻重，递减一等，限三日内疏理闻奏。”

这里的德音和赦宥的含义基本相同，实际上就是赦宥的诏书。再看下文，“壬子，敕：‘朕以冲幼，克嗣丕基，业业兢兢，勤恭夕惕。彗星谪见，罪在朕躬。虽已降赦文，特行恩宥，起今月二十四日后，避正殿，减常膳，以明思过。付所司。’”③ 在这次诏敕中，把上次的德音称为“赦文”，把“德音放京畿军镇诸司禁囚”称作“恩宥”。可见，在这里，德音就是赦宥的诏书，也指代赦宥。

《新唐书》：“生杀之柄，人主专之。条别轻重，有司当守。且赃惟枉法抵死，今丐赃即斩，后有枉法，亦又何加？且近发德音，杖者听减，流者给程，岂一景仙独过常法？”④

其中的德音也包括减罪的意思，应该也是赦宥的一种。由此可以得出结论，即德音就是诏书的一种，包含的主要内容就是赦宥减罪，因此有赦书的意义，在史料中常被用来指代赦宥。再看《新五代史》中的史料，更为明显：“五月丁亥，德音降死罪已下囚。罢役徒，禁屠及捕生。”书中注曰：“德音，

① （明）徐师曾：《文体明辨序说·赦文》，人民文学出版社 1962 年版，第 118 页。
② 赵克生：《中国古代赦免制度的演变及其影响》，《淮南师范学院学报》2001 年第 1 期。
③ （后晋）刘昫等：《旧唐书》卷 20 下《哀帝本纪》，中华书局 1975 年版，第 793 页。
④ （宋）欧阳修等：《新唐书》卷 129《李朝隐传》，中华书局 1975 年版，第 4480 页。

赦之小者。从其本名，以著其实。”①

基本上可以肯定，以上材料中所提到的“德音”就是赦宥的诏书，包含着减降罪犯的内容。

那么，除此之外，德音是否还有其他含义呢?

再看前面那条材料。《史记》：“然后圣人作为父子君臣以为之纪纲，纪纲既正，天下大定，天下大定，然后正六律，和五声，弦歌《诗·颂》，此之谓德音，德音之谓乐。”② 这里的德音指的是旋律声乐，即古代的正乐。到唐代，德音仍然保留有这种含义——《旧唐书·音乐志》：“于穆文考，圣神昭彰。《箫》《勺》群慝，含光远方。万物茂遂，九夷宾王。愔愔《云》《韶》，德音不忘。”③

宋代元丰年间，杨杰言：“正乐者，先王之德音，所以感召和气、格降上神、移变风俗，而鼓吹者，军旅之乐耳。盖鼓角横吹，起于西域，圣人存四夷之乐，所以一天下也。存军旅之乐，示不忘武备也。”④ ——乐，是德音的另一个含义，恐怕也是德音的最早的含义。另外，还有下面的记载，不能不引起我们的疑问：“耀卿等奏曰：‘陛下体至仁之德，广推恩之道，将弘引进，以示睦亲，再发德音，更令详议。臣等按《大唐新礼》：亲舅加至小功，与从母同服。’”⑤

材料的内容大概是，皇帝发布德音令大臣们讨论宗法礼制。这里的德音并没有提到赦宥或者是减罪。下面的材料也是如此，“又伏睹四月二十三日德音云：‘方、召侯伯有位之士，无或弃吾谓不可教。其有违道伤理，徇欲怀安，面刺廷攻，无有隐讳。’”⑥并没有涉及或者提及刑罚、赦宥。类似的德音在唐代很多，可见有唐一代称为德音的并不尽是减罪免刑的赦宥制书。

看下面的史料，就比较清晰了。《新唐书·宋璟传》：璟后迁左台御史中

① （宋）欧阳修等：《新五代史》卷2《梁本纪二》，中华书局1974年版，第20页。
② （汉）司马迁：《史记》卷24《乐书》，中华书局1959年版，第1223页。
③ （后晋）刘昫等：《旧唐书》卷31《音乐志四》，中华书局1975年版，第1139页。
④ （元）脱脱等：《宋史》卷140《乐志十五》，中华书局1977年版，第3303页。
⑤ （后晋）刘昫等：《旧唐书》卷27《礼仪志七》，中华书局1075年版，第1035页。
⑥ （后晋）刘昫等：《旧唐书》卷174《李德裕传》，中华书局1975年版，第4513页。

丞，会飞书告张昌宗引相工观吉凶者，璟请穷治，后曰：“易之等已自言于朕。”璟曰：“谋反无容以首原，请下吏明国法。易之等贵宠，臣言之且有祸，然激于义，虽死不悔。”后不怿，姚璹遽传诏令出，璟曰：“今亲奉德音，不烦宰相擅宣王命。”[1]还有下面的材料：侍中王珪对曰：“陛下发德音，明封禅本末，非愚臣之所及。”[2] 又，赵憬说：“臣谬登宰府，四年于兹，恭承德音，未尝不以求贤为切。”[3] 我们可以看出，这里的德音，实际上指的就是皇帝的诏制。史料中或者臣下的言论、书奏中名之为德音，是出于对皇帝颁布的诏令的一种尊称和讳饰。

由此可以判断，唐代史料中出现的德音，在本质上都是属于诏敕制书之类[4]，不过在唐代，德音也用来减降刑徒、蠲免赋役或者颁布其他益国利民的政策。这对于天下和百姓来讲，好比是一种福祉，所以美誉为德音，如褚遂良云：

> 顷者频年遣使，请婚大国，陛下复降鸿私，许其姻媾。于是报吐蕃，告思摩，示中国，五尺童子人皆知之。于是御幸北门，受其献食，于时百僚端笏，戎夷左衽，虔奉欢宴，皆承德音，口歌手舞，乐以终日。百官会毕，亦各有言，咸以为陛下欲得百姓安宁，不欲边境交战，遂不惜一女而妻可汗，预在含生，所以感德。[5]

皇帝为百姓安宁，边境安定，“遂不惜一女而妻可汗”，和婚以求和平，可谓中外皆欢，所以从百官到五尺童子，无不感德，“皆承德音”，大臣在上疏中也把皇帝的这次诏令称为“德音”。

和上述材料中的意思大同小异，下面的这则材料中，把存邦立国、泽被子孙后代的先人哲言比作德音：“夫不可言而言者曰狂，可言而不言者曰隐，

---

① （宋）欧阳修等：《新唐书》卷124《宋璟传》，中华书局1975年版，第4389页。

② （后晋）刘昫等：《旧唐书》卷23《礼仪志三》，中华书局1975年版，第882页。

③ （后晋）刘昫等：《旧唐书》卷138《赵憬传》，中华书局1975年版，第3776页。

④ 中村裕一在《关于唐代的制书式》（《史学杂志》第91编第9号，1982年）一文中认同此说，引用《唐大诏令集》卷125所载《诛王涯郑注后德音》进行分析，认为：“德音原文首尾是门下……主者施行，可以断定是制书无疑，称德音仅仅是因为制书的内容是赦宥方面的事。”

⑤ （后晋）刘昫等：《旧唐书》卷80《褚遂良传》，中华书局1975年版，第2732页。

钳舌拱默，曷通彼此之怀；括囊而处，孰启谟明之训？则上言者，下听也。下言者，上用也。睿哲之言，犹天地也，人覆焘而生焉。大雅之言，犹钟鼓也，人考击而乐焉。作以龟镜，姬公之言也。出为金石，曾子之言也。存其家邦，国侨之言也。立而不朽，臧孙之言也。是谓德音，诒我宗极，满于天下，贻厥后昆。"①

总结以上材料，可以得出下列结论：首先，德音肯定是指皇帝的制书，可能主要是用来颁布积极的益国利民的政令，如减降刑徒、蠲免赋役等，史书中往往把这种诏书称为德音。此外，大臣们在疏奏中，出于尊敬也把发自皇帝的命令称为德音。其次，在很多情况下，德音就是赦书，用来指代赦宥。最后，德音还保留了一些传统含义。如音乐、先人哲言等，不过这种情况已不多见。

以上我们利用的主要是从各种史料中辑出的零星材料。查阅《文苑英华》卷四三四到卷四四一共八卷，分门别类的记载的全部是唐代的德音。从这些集中记载中我们可以进一步准确印证上述论点、深入分析德音的复杂含义。

首先，《文苑英华》把八卷《德音》全部归入"翰林制诏"，从这种做法上我们可以确定德音在性质上是制诏无疑。

其次，《文苑英华》中把收集到的德音分门别类记载，共分为七类，包括：宣慰德音、放减德音、赈恤德音、招抚德音、征伐德音、诛罪德音和杂德音。可见，除了颁布赦宥外，德音还有具有其他的用途和含义。为便于研究，把《文苑英华》中的"德音"按照本身的分类列成表1－6：

① （后晋）刘昫等：《旧唐书》卷94《徐彦伯传》，中华书局1975年版，第3006页。

表1－6　德音

德音种类	德音名称①	德音内容分析
宣慰德音	1.《刘晏宣慰河南淮南制》 2.《宣慰魏博德音》	此类德音主要是针对由于战乱、水旱灾害或者其他原因造成的赋役过重、“政或不平、讼或不理”“耕夫困于军旅，蚕妇病于匮饷”等民间疾苦，为安定地方，派出使节，宣慰地方，“所至之处，宣示诏书，抚将校之勤劳，问黎元之疾苦，事有不便，法或不行，委之厘革”，或赐钱，或给田，或量给粟帛，或减赋役，对于受灾的，“问其疾苦，吊其死丧”“躬自存抚切加赡恤”等，都有一系列的优惠政策。 这是宣慰德音的主要内容和功能
放减德音	1.《减征京畿夏麦制》 2.《减征京畿丁役制》 3.《雨灾减放税钱德音》 4.《减放太原及沿边州郡税钱德音》	此类德音主要是针对由于战乱、水旱灾害或者其他原因造成的个别地方赋役过重，政府怕激起民变而百姓也确实没有能力完税，因此政府下令，对于特定州县的秋税、青苗、地头钱等予以减免，或是全部放免，或是放免一部分，比如三百万等。这就是放减德音
赈恤德音	1.《赈贷京畿百姓德音》 2.《遣使赈恤天下遭水百姓敕》 3.《亢旱抚恤百姓德音》 4.《赈恤江淮遭水旱疾疫百姓德音》	此类德音的颁布也是有针对性的。赈恤的范围主要是遭受水、旱、蝗等自然灾害的京畿或者地方。民间百姓本来就担负着很重的赋役，加上“因之以水旱，加之以疾疠，流亡转徙”，以至于“十室九空，家业荡尽，无可征纳”，所以政府采取多种方式来赈恤，主要有放免逋欠、减免租赋杂役、“免其田租或赈以公廪”、赈给（包括赐米或粟、并用常平仓米低价借贷）、宽刑录囚、疏理监狱等
招抚德音	1.《长庆元年德音》（诏令作讨镇州王庭凑德音） 2.《长庆三年德音》（一作破汴州李齐敕 3.《叙用旧勋武臣德音》 4.《朝元御正殿德音》	《册府元龟》中收集的招抚德音有一个共同点，即都是在唐朝中后期藩镇格局的形势下颁布的，因此针对性和政治性都比较强。德音的内容也大都是针对藩镇叛军，或为战中分化敌人，或为战后安定人心，因此规定：“除同恶巨蠹者，其余一切不问”，如果能“束身归朝必当升奖”“或有能相喻劝幡然改图者，各随事迹便当宠擢”，执迷不悟者，进军剪灭。除此之外，还有其他的用在战后的安抚措施，如免税、放归被胁裹子弟、节赏阵亡将士、褒美恤孤等等

① 表1－6中只是抽取能够说明问题的几例而已，并没有一一列举或全部罗列，而在后面分析中所引用的材料也在相应的分类德音中，故不一一列出出处。

续表

德音种类	德音名称	德音内容分析
征伐德音	1.《诏讨镇州王承宗德音》 2.《破李同捷德音》 3.《讨凤翔郑注德音》	征伐德音，顾名思义，是唐中后期，中央政府在对藩镇的战争中发布的宣战书之类的诏书。其主要的内容和用途在于向天下昭示叛军的罪恶——“曾不知负牛养之力，饱则逾凶畜枭獍之心，驯之益悖狂惑”“师徒所至烧掠无遗，干纪之辜，擢发难数”。由于叛军的危害性，所以政府不得不大兴义师，“除百姓之害，永清妖孽，底定一方，伐罪吊民”。这也正是发布征伐德音的另一个用意所在——宣明王师的正义性，取得百姓的支持，以用人心。在征伐德音中一般还有其他的内容，如招降、安抚等等。对于叛军，能“翻然改图”“效诚投节者必当特加爵秩”，并“明喻将帅，罪止渠魁，其余染污一切不问”，目的在于分化敌人，安定人心
诛罪德音	1.《破党羌德音》 2.《诛逆人苏佐明德音》 3.《诛张韶德音》	诛罪德音和征伐德音有相似之处。不同之处在于诛罪德音一般是发布在战争之后，皇帝或者中央政府取得了胜利。因此颁布诛罪德音，回顾讨伐过程和叛军逆臣的罪恶，并公布相应的战后处置安置办法。如：对于党羌等少数民族，“先遣蕃官安存招诱，令就夏银界内指一空闲田地居住”，前罪一切不问等。对于宫廷逆乱，朝堂罪人等，也在德音中历数被诛讨对象的可诛之处，显戮之，昭罪天下
杂德音	1.《贷逃背征役》 2.《原宥代州德音》 3.《恤刑庆赐德音》 4.《养老德音》 5.《嗣圣德音》 6.《居大明宫德音》 7.《皇太子纳妃德音》 8.《太和八年疾愈德音》	杂德音的内容，顾名思义，比较杂乱，我们看题目就可以知道，其中包括放减、原宥、恤刑、养老，甚至皇太子纳妃、居大明宫、皇帝疾愈都要发布德音，这类德音五花八门，十分的繁杂，所以后人在整理时无法归类，就统一放在杂德音里

在唐代，各种制度都比较完备。对于德音，也有专人负责起草，记载整理。杨炎“迁中书舍人，与常衮并掌纶诰，衮长于除书，炎善为德音，自开元已来，言诏制之美者，时称常、杨焉。”① 可见，作为诏书的一种，德音和其他诏书一样，是由中书舍人负责起草。同时又有“起居舍人二员。从六品

① （后晋）刘昫等：《旧唐书》卷118《杨炎传》，中华书局1975年版，第3419页。

上。起居舍人，掌修记言之史，录天子之制诰德音，如记事之制，以记时政损益。季终，则授之于国史”①。《宋史·艺文志》记：《唐德音》三十卷，起武德元年五月，迄天宝十三年正月。② 可见德音在唐代的重要性，有专人起草、记录、整理并编纂成书，惜已佚失。

发展至宋代，德音的含义发生了变化，正式成为赦宥的一种，并在法律上被制度化：“恩宥之制，凡大赦及天下，释杂犯死罪以下，甚则常赦所不原罪，皆除之。凡曲赦，惟一路或一州，或别京，或畿内。凡德音，则死及流罪降等，余罪释之，间亦释流罪。所被广狭无常。”③ 德音在宋代实施得也很频繁，不鲜于史书。《宋史·仁宗本纪》：“下德音，降东、西京囚罪一等，徒以下释之。”又，“德音降东、西京及灵驾所过州县囚罪一等，徒以下释之。”又，“德音释延州保安军流以下罪，寇所攻掠地除今夏税，戍兵及战死者赐其家缗钱。”④ 而徽宗在位二十五年，大赦二十六，曲赦十四，德音三十七。这条材料也证实，在宋代，德音已经和大赦、曲赦同为赦宥。

宋代的诏敕制度中也提到了关于德音的规定：“翰林学士院、翰林学士承旨、翰林学士、知制诰、直学士院翰林权直、学士院权直，掌制、诰、诏、令撰述之事。凡立后妃，封亲王，拜宰相、枢密使、三公、三少，除开府仪同三司、节度使，加封，加检校官，并用制。赐大臣太中大夫、观察使以上，用批答及诏书。余官用敕书。布大号令用御札；戒励百官、晓谕军民用敕榜。遣使劳问臣下，口宣。凡降大赦、曲赦、德音，则先进草。大诏命及外国书，则具本取旨，得画亦如之。”⑤ 此外，朝廷颁布德音时的一些礼仪规定在史料中也有所体现：“以射殿为崇政殿，朔望权置帐门以为紫宸殿，宣赦书、德音、麻制以为文德殿，群臣拜表、听御札批答权作文德殿东上阁门。”⑥

以上是德音在唐前后含义的变化。综观史书，赦宥还有其他类似的称谓。

① （后晋）刘昫等：《旧唐书》卷43《职官志二》，中华书局1975年版，第1850页。
② （元）脱脱等：《宋史》卷209《艺文志八》，中华书局1977年版，第5398页。
③ （元）脱脱等：《宋史》卷201《刑法志三》，中华书局1977年版，第5026页。
④ （元）脱脱等：《宋史》卷9《仁宗本纪》，中华书局1977年版，第196、202、207页。
⑤ （元）脱脱等：《宋史》卷162《职官志二·翰林学士院》，中华书局1977年版，第3811页。
⑥ （元）脱脱等：《宋史》卷143《仪卫志一·殿庭立仗》，中华书局1977年版，第3381页。

《白氏长庆集》中提到："前后两遇恩赦，今春又降德音"。[①] 其中的"恩赦"就是赦宥。在沈佺期的《喜赦》中："去岁投荒客，今春肆眚归"。[②] 其中的"肆眚"也是赦宥的意思。又如《唐大诏令集》中《咸通八年五月德音》《曲赦京畿德音》《光启三年七月德音》中的"德音"，《唐大诏令集》卷 83—86《政事·恩宥》1、2、3、4 中的"恩宥"也是此类。

《唐律疏议》中提到"雨露"，解释为："赦文恩泽，同于雨露，救物焦枯"。还提到"降"和"虑"："降者，即赦之别文。赦则罪无轻重，降则减重就轻。虑者，又与降同。然降自咸免，虑是奏免。赦、降、虑三者名殊，而义归于赦"。[③] 证明都是赦宥的别称。

为方便同行研究，本书参考文献[④]，对于史料中涉及同赦宥相关的称谓作出汇总，列表于下。

表 1－7　赦宥的相关称谓

名称	出处	例子
郊赦	《初学记》	晋惠帝元康六年
特赦	《旧唐书》卷 12	诏捕勠之，连坐死者百余人。钦绪，游瑰之子，特赦之
赦免	《史记》卷 118《淮南衡山列传》	赦免罪人，死罪十八人，城旦舂以下五十八人
赦除	《汉书》卷 8《宣帝纪》	诸为霍氏所诖误未发觉在吏者，皆赦除之
曲赦	《宋书》卷 6《孝武帝本纪》	大明五年七月庚午，曲赦雍州
赦贷	《宋史·高宗本纪》	擒捕首领，赦贷胁从
赦过	《礼记·王制》	凡执禁以齐众，不赦过
赦	《左传·昭公五年》	将以赦罪，罪莫大焉

① （唐）白居易：《白居易集》卷 59《奏状二·奏阌乡县禁囚状》，中华书局 1979 年版，第 1246 页。

② （清）彭定求等：《全唐诗》卷 96《沈佺期：〈喜赦〉》，中华书局 1960 年版，第 1040 页。

③ （唐）长孙无忌：《唐律疏议》附录《唐律释文》卷 2《名例》，中华书局 1983 年版，第 624 页。

④ 高潮、马建石主编：《中国古代法学辞典》，南开大学出版社 1989 年版。

续表

名称	出处	例子
赦释	《后汉书·王符传》	而反一概悉蒙赦释
赦贯	《汉书·原涉传》	莽乃召见，责以罪恶，赦贯，拜镇戎大尹。颜师古注：贯，谓宽其罪
赦赎	《后汉书·王符传》	赦赎数，则恶人昌而善人伤矣
赦恕	《后汉书·卢植传》	可加赦恕，申宥回枉
贯赦	《汉书·文三王传》	数蒙圣恩，得见贯赦。注：贯谓宽其罪
肆赦	《尚书·舜典》	眚灾肆赦，怙终贼刑
肆眚	《左传·襄公九年》	肆眚，围郑。孔颖达疏：肆，缓也，眚，过也。缓纵大过是赦有罪也。大罪犹赦则小罪亦赦之
特宥	《晋书·齐王蕤传》	明德之胤，宜蒙特宥
宥贷	曹操《与太尉杨彪书》	谓其能改，遂转宽恕，复即宥贷
原贷	《三国志·魏志·钟会传》	有功王室，犹不原贷
原活	《新唐书·韦虚心传》	景龙中，属羌叛，既擒捕，有诏悉诛，虚心唯论酋长死，原活其余
原宥	《后汉书·陈蕃传》	请加原宥，升之爵位
恩赦	《白氏长庆集》	前后两遇恩赦，今春又降德音
宥过	《尚书·大禹谟》	宥过无大，刑故无小
在宥	刘禹锡《刘宾客集》	或有诖误之徒，爰降殊私，特弘在宥
原罪	《后汉书·杨伦传》	遂征诣廷尉，有诏原罪
原遣	《宋书·武帝本纪下》	长徒之身，特皆原遣
赦宥	《左传·襄公十四年》	君不赦宥，臣亦不帅职
宥罪	《周易解》	君子以赦过宥罪
宥恕	宋王珪《华阳集·仁宗皇帝加上徽号册文》	宥恕刑狱，怀保鳏寡
全宥	《后汉书》	华佗术实工，人命所悬，宜加全宥

表1－7所列的都是和赦宥有关的名词，都在不同的历史时期出现过。在上述名词中，有的意义完全相同，有的含义大概接近或者相同，有的则是不同类型的赦宥，它们的区分有不同的标准，也有着各自特定的含义。

赦宥自产生伊始就作为一种法律和社会救济手段以及封建统治的权变策略，调节平衡着社会和法律秩序，干预、影响着社会生活的某些方面。如最初的“眚灾肆赦”“三宥三赦之法”，实际上解决的就是法和情之间矛盾关系[①]，发展到后来，赦宥的外延和功能不断地扩大，涉及范围越来越广泛，开始被用作军事、政治等各个方面。像为了拓展疆域而赦徒为民，充实边疆。[②]还有为了军事目的而赦徒为兵，抵御外敌，等等，自先秦至明清，屡见不鲜。[③]

从汉开始，赦宥的名目开始繁多，赦宥的次数也逐渐频繁。赦宥逐渐由发源初期偶一为之的行为发展成一种固定的制度。开始固定地出现在封建社会政治生活的各个方面，从皇帝即位、立太后、立太子到郊祭天地，都开始伴随有大规模的赦宥。赦宥以这种方式，开始越来越多的介入并影响到整个封建社会生活。

而且，随着社会的发展，赦宥制度本身也不断完善、发展，内容也在不断地丰富和扩大。发展到唐代，从赦宥的决策到具体的贯彻实施，从赦宥的仪式到赦书的规定，以及赦宥在唐代法律上的规定，都已经相当完善和系统化。伴随着赦宥本身的制度化和发展，赦宥和封建社会制度的关系也更加密切，涉及面越来越宽广，发挥的功能和作用也越来越巨大。宏观上，它涉及封建政治和行政决策、法律、礼制、思想、经济等，具体上它又牵扯到皇权、诏书体制、量移制度、流人、藩镇、狱政等等。

这一点我们仅仅通过唐代的一则赦书就可以窥见一斑。《唐大诏令集》记

---

① 赵克生在《权变与策略：中国古代赦免制度的功能透视》（《阜阳师范学院学报》2000年第4期）一文中认为：赦从初始就有权变的策略性。说《尚书·吕刑》五刑之疑有赦、五罚之疑有赦就是一种灵活与变通。

② （汉）司马迁：《史记》卷5《秦本纪》：“昭襄王二十一年，错攻魏河内。魏献安邑，秦出其人，募徙河东赐爵，赦罪人迁之。二十六年，赦罪人迁之穰。二十七年，错攻楚，赦罪人迁之南阳。二十八年，大良造白起攻楚，取鄢、郑，赦罪人迁之”。（中华书局1959年版，第212—213页。）赦徒实边在汉唐两代尤多。

③ （汉）司马迁：《史记》卷6《秦始皇本纪》：“（二世皇帝）二年冬，陈涉所遣周章等将西至戏，兵数十万，二世大惊，与群臣谋曰，‘奈何?’少府章邯曰：‘盗已至，众强，今发近县不及矣，郦山徒多，请赦之，授兵以击之’，二世乃大赦天下。”（中华书局1959年版，第270页。）从赦徒为兵到唐代中后期在和藩镇的斗争中颁布各种各样的赦宥，军事的色彩和目的都很明显。

载的咸通七年大赦赦书，全文共约3210个字，涉及的内容有军事、招降纳叛、封赏将士、慰问安存将士家属，蠲免部分州县税役，收伏蛮酋，征收税钱，赈灾，对流官的处置，选贤任能，赐爵封赏，宗籍编户，军防等。[①]

由此，我们可以看到，至少在唐代，赦宥已经超越它最初在法律上的调剂功能，开始全面渗入并影响到封建社会的政治、经济、军事、宗教祭祀等各个方面。在封建社会的这几个层面上，赦宥都或多或少地发挥着调节、制衡的影响作用。

① （宋）宋敏求：《唐大诏令集》卷83《政事·恩宥一·咸通七年大赦》，商务印书馆1959年版，第488页。

第二章　赦宥与唐代政治

赦宥和政治的关系，既复杂又微妙。本章拟从立体的角度进行分析，在纵的时间上，截取唐代的几个时期来进行分析，主要通过封建社会阶层矛盾的聚焦点及封建社会的代言人——皇帝入手，借助分析皇帝同赦宥的关系来折射赦宥在封建社会政治中的功能与地位。其次，在专题上，分析藩镇同赦宥、大臣和赦宥以及少数民族同赦宥之间的关联。

采用这种方式进行分析的原因在于，首先是有史料上的便利，有关赦宥的材料主要集中在这个方面，便于研究。其次，这几个方面都比较典型，可以说代表了封建社会政治生活的几个重点，很能够说明问题。

理论的总结是在事实的基础上升华而来的，而对理论的说明也只有通过对生动个案的分析来进行。赦宥在唐代政治中发挥的具体作用，要通过实际的例子才能知道，在不同的历史时期和阶段，赦宥和政治的关系，赦宥的功能和作用，以及赦宥对于当时社会政治、军事等形势所产生的影响是明显不同的。为了更生动地说明问题，文章抽取整个唐代比较典型的几个历史时期来展开分析：唐朝初期、升平时期、战乱时期。按照皇帝在位期间来区分，就是唐高祖、唐太宗、武则天和德宗时期。其中，唐高祖在位期间是唐朝建国初期，正值战乱戡平之交，社会处在转型期，这个时期的赦宥和战争的关系十分密切，有着和其他历史时期完全不同的目的和功用。太宗统治期间，出现了著名的贞观之治，是封建社会典型的升平时期。升平时期的赦宥更具有普遍的历史意义和代表性，值得分析。另外，就整个唐代来讲，太宗在位期间是最慎赦的，赦宥频率最小，这应当说是和唐太宗个人的思想有关，因此使得唐太宗的法律思想和慎赦思想也进入我们的研究视野。到武则天时期，也是唐代的和平时期，不过由于她在位期间大兴狱讼，刑网甚密，监狱人满为患，朝堂人人自危，这个时期的赦宥对于缓和社会矛盾，平衡刑德礼法关系，弥补法律漏洞，起到了不可替代的微妙作用。此外，武则天在位期间赦宥最为频繁，和唐太宗恰恰成鲜明的反比。这也是我们瞩目这个时期的一个原因。

发展至唐代中后期，藩镇割据是为当时社会历史的一大特点，在这种政治格局中赦宥发挥着更为巨大而且更为显著的作用，被当作一种有效的政治和军事手段，来调节中央和藩镇关系，取得特殊的政治效果。从赦宥这个点出发分析，可以给我们考察唐代中后期政治历史提供一个别致的视角。

第一节　唐高祖时期的赦宥

赵克生在《权变与策略：中国古代赦免制度的功能透视》一文中认为赦宥的功能之一就是除旧布新。认为天下板荡之后，归于一统，或一朝之内大宝易主，都是一种新旧交替，而社会本身赋有的连续性，使这种新旧的界限并非泾渭分明。相反，新旧交替的社会往往是混乱、动荡、矛盾积累最多的时候，既有旧政局遗留下来的，又有新政局初创时刚刚滋生的，为了顺利地规模新局，历朝历代的新主总要革尽旧弊，给旧局作一个了结，把旧局的残政从新局中剥离出来，为新政权的发展扫除障碍。这种除旧布新任务在很大程度上是由赦免来完成的。他认为，这也是中国古代即位、改元大赦天下的根本原因。①

我们认为，上述论点道出了赦宥的功能之一，但是还是比较笼统和含糊。确实，赦宥自从产生之后，就被赋予除旧布新、与民更始的功能。一般来说，新的王朝建立伊始，都处在新旧交替社会动荡的转型期，这时候旧的社会秩序已经被打破，而新的社会秩序尚未完全建立，社会动荡不安、人心不稳。

① 赵克生：《权变与策略：中国古代赦免制度的功能透视》，《阜阳师范学院学报》2000 年第 4 期。

在中央，新的政权并不稳定，也没有能够辐射全国的威信；在地方，各种罪犯、流兵、残余的军队、土匪等或潜伏或游荡，进一步造成了社会的不安定和人心的恐慌，在这种情况下，摆在新政权面前的任务，一是要迅速消除这些不安定因素并树立起新政权的威信，二是要稳定社会秩序，安定动荡的人心，这样才能尽快恢复正常的社会生产和社会秩序，安定巩固新生政权。要达到这样的目的，新生的封建王朝往往通过实施大赦来行宽大之策，在赦令中赦免全国的罪犯特别是战争犯，施惠百姓，达到除旧布新、与民更始的目的。

这就是赦宥所具有的重要功能之一，后汉崔寔在《政论》中也认为："大赦之造乃圣王受命而兴，讨乱除残，诛其鲸鲵，赦其臣民，渐染化者尔。"①

荀悦说："汉兴承秦兵戈之后，大过之代，比屋可刑，故设三章之法，大赦之令，荡涤秽流，与民更始，时势然也。"② 荀悦在一定程度上揭示了赦宥的必要性。应该指出，是社会和历史的发展以及封建社会的本质决定并赋予了赦宥的这种功能，而赦宥的这种功用也正是在不断的运用中逐渐凸显。

从上面的论述我们可以知道，赦宥的这种功能汉代就已被重视和运用，唐代建国初期，也毫不例外沿用了这种政策。

唐高祖李渊在起事前曾经通过宽刑来拉拢人心，助成大事，深知赦宥的巨大作用。因此在他征战平定全国的过程中，不断通过颁布大赦令来巩固已占领区域，消除潜在的残余敌对势力和社会不安定因素，安定笼络人心。几乎是每一次战斗的结束，每平定一个敌手，都要实施一次大赦。如武德四年五月，秦王世民败窦建德于虎牢，执之。到了乙丑，就颁布大赦令，赦山东为建德所诖误者。

同年五月戊辰，王世充降。庚午，周法明降。到了六月庚寅，赦河南为王世充所诖误者。赦宥实施的功用和效果，可以通过下面的例子得到证明。《新唐书》卷79《隐太子建成传》记载："中允王珪、洗马魏徵以帝初兴，建成不知谋，而秦王数平剧寇，功冠天下，英豪归之，阴许立为皇太子，势危

① （唐）魏徵等：《群书治要》卷45《〈崔寔政论〉治要》，北京理工大学出版社2013年版，第600页。

② （唐）徐坚：《初学记》卷20《政理部·赦》引《汉纪》，中华书局1962年版，第469页。

甚。会刘黑闼乱河北，珪等进说曰：'殿下特以嫡长居东宫，非有功德为人所称道。今黑闼痍叛残孽，众不盈万，利兵鏖之，唾手可决，请往讨，因结山东英俊心，自封殖。'建成遂请行。黑闼败洺水，建成问徵曰：'山东其定乎?'对曰：'黑闼虽败，杀伤太甚，其魁党皆县名处死，妻子系虏，欲降无繇，虽有赦令，获者必戮，不大荡宥，恐残贼啸结，民未可安。'既而黑闼复振，庐江王瑗弃洺州，山东乱。命齐王元吉讨之，有诏降者赦罪，众不信。建成至，获俘皆抚遣之，百姓欣悦。贼惧，夜奔，兵追战。黑闼众犹盛，乃纵囚使相告曰：'褫而甲还乡里，若妻子获者，既已释矣。'众乃散，或缚其渠长降，遂禽黑闼。"①

我们对唐高祖在位期间的赦宥情况作了统计，见后面表2－1和表2－2。高祖在位期间的赦宥，都是出于明显的政治目的，为了安定巩固新政权治下区域。但是，具体到每次赦宥，又有着自己的特点和差异。下面对唐高祖在位期间的几次赦宥逐一加以考察。

先看唐高祖的第一次大赦，即武德元年五月二十日颁布的《改元大赦诏》。史料记载："武德元年五月甲子，即皇帝位于太极殿。命萧造兼太尉，告于南郊，大赦，改元"。②

这次赦宥实际上是唐高祖李渊的即位赦。皇帝登基颁布大赦，在封建社会已经成为一种定制。新的皇帝登基之后，为了表明皇恩浩荡，天下黎民一体均沾，同时标明和前代的界限，显示新王朝的新气象，树立新皇帝的威望和恩德，标榜统治者的仁义，统治阶级往往会通过赦宥来宽大罪犯，施惠百姓，以达到笼络人心、洗涤天下、咸与维新的目的。李渊颁布《改元大赦诏》，也是出于同样的原因。所以在这次赦书中，除了简单的赦免罪犯外，还规定："百官及庶人赐爵一级，义师所行之处给复三年，自余给复一年，孝子顺孙，义夫节妇，孝悌力田，鳏寡孤独，量加赈恤。"诸如此类，都是针对百姓的一些所谓"仁政"。李渊通过颁布这次赦宥，也同时向全国表明，新的大唐王朝已经建立，隋朝暴政已经结束。我们注意到，这次赦书还规定："武德

① （宋）欧阳修等:《新唐书》卷79《隐太子建成传》，中华书局1975年版，第3540—3541页。
② （宋）欧阳修等:《新唐书》卷1《高祖本纪》，中华书局1975年版，第6页。

元年五月二十日昧爽以前，罪无轻重，已发露未发露，皆赦除之，子杀父奴杀主不在赦限”，专门对大赦的范围作了限制——“子杀父奴杀主不在赦限”，把这两种同封建社会的等级制度和伦理纲常严重悖逆的大逆不道的行为仍限制在封建刑罚的惩治范围之内，这就表明，新的王朝的性质和已经被推翻的隋王朝并没有本质上的不同。

武德二年，李渊颁布《大赦并浩等州诏》。这次赦宥的原因在诏书中有所体现：“赦过宥罪，哲王彝训，录旧念功，有国通典，汾晋之地，王迹所基，戮力齐心，夷凶静乱，惟彼士庶，义越常伦，犯禁陷刑，宜从洗涤，其并州、浩州、石州、介州、贾胡堡以北，自武德二年二月二十四日以前，犯辟罪以下，已发觉系囚现徒，悉从原放。”

高祖李渊在起兵伊始，曾在自己的领地大举招募战士，在他所谓的义军中，可以想见，有不少是市井无赖、地痞流氓等等，这些人在参加军队前都可能有负案在身的情况，在战争混乱情况下，也不可避免地会趁机犯罪，重蹈罪地，所以李渊掩饰说“惟彼士庶，义越常伦，犯禁陷刑”，在大局粗定之后，自然就要录旧念功，予以洗涤，因此，特意颁布赦书，对起兵之地的上述人员一概予以赦免。

赦宥的安定功能不仅仅用于被武力攻占的地区，对于投降而来的城池，更需要通过赦宥来豁免投诚将领的罪责，拉拢、安慰将士百姓。在这种情况下，赦宥的功用更不可或缺。

武德二年五月庚辰，凉州将安脩仁执李轨以降。同月，唐政权就颁布《曲赦凉甘九州诏》，对新归顺的地区进行洗涤，诏书中说：“河湟之表，比罹寇贼，勾连凶丑，壅断朝风，元元之民，匪遑宁宴，夙兴轸虑，旰食忘疲，重劳师旅，不令讨击，驭以避算，且事招怀，而慕化之徒，乘机立效，兵不血刃，算无遗镞……政道惟新，宜播惠泽，与之更始，可大赦，并从洗涤，一无所问。”

由于“慕化之徒，乘机立效”，所以避免了一场战斗，“兵不血刃”，为唐政权省却了不少麻烦，立下了战功，但是新归顺的地区，人心不稳，原有的将士由于曾和唐政权为敌而心怀顾虑，百姓则对新的统治感到恐惧，因此，为了与之更始，颁布新政，“宜播惠泽”，所以对上述地区予以大赦，自武德二年五月十六日即接管之前的所有各种罪责，一无所问。

唐朝的统一战争前后持续了十数年，大小战斗延绵不断，再加上其他割据势力之间的战斗，给隋末唐初的社会生产造成了极大的破坏，土地荒芜，农民流离失所，流民问题十分严重。另外，在战争中，逃兵的现象也是层出不穷的，有在募兵的时候逃脱的，有在战争的过程中逃走了，有战败隐匿的。针对这种情况，唐政权颁布了《赦逃亡募人诏》，诏书中说："凋敝之余，虽复蠲除徭赋，督课耕农，安集黎元，与之休息……"但是"士卒浮惰，苟求逸乐，惮于征役，离其营伍，因此逃窜，潜匿崎岖，盗窃为资，规免朝夕"，指责士卒们浮惰成性，不愿意负担征役，所以离其营伍，到处逃窜。把责任推诿于士兵，但是不管是什么原因，这些逃兵四处流窜，有的盗窃为资，规免朝夕，成为社会的不稳定因素，对于新生政权和新建立的尚未巩固的社会秩序危害很大，再加上大量流民的存在，都是新生政权要想站稳脚跟、迅速建立全国性的统治秩序所必须解决的问题。

但是，唐政权此时正忙于征战，没有多余的时间和精力来彻底处理这些问题，因此用赦宥的办法来暂时包容这些逃亡募人，通过赦免他们的罪责来消除他们的恐惧和可能由此转化的敌对力量就成为最佳的选择和办法。《赦逃亡募人诏》中规定，自武德二年十月二十日以前，罪无轻重，皆赦除之。不仅如此，对于"饥寒困弊不能自存者，所在官司，随事赈给"。实施更进一步的安抚救济措施，以图使这部分群体安定下来，从根本上解决流民问题。

李渊登基之后，唐王朝虽然已经建立，但是全国统一战争的进程仍在进行中，其他几个较大的割据势力如刘武周、宋金刚、辅公祏、王世充、窦建德等都是在此后经过曲折的战争方渐次灭亡，对于平定后的地区，唐政权无一例外地通过赦宥予以洗涤更始。如《赦河南诸州诏》是针对河南诸州旧为世充所诖误者，《赦晋潞等州诏》和《赦代州总管府内诏》是针对刘武周、宋金刚原先统治的领域，而《平辅公祏大赦诏》则是为了消除辅公祏的势力所造成的影响。

为了尽快使赦令生效，消除社会不稳定因素，迅速稳定人心和社会秩序，在《赦河南诸州诏》中还特意规定："赦书到后三十日不来归首者，复罪如初。"在赦书中要求负案在逃的有罪人员，在赦书发布后限定的时间内归来自首，以便于新政权造册安置，投入生产，否则就复罪如初，重新予以追究。这是当时社会形势的需要，也是唐统治者出于自己利益的考虑。我们再看下面的材料。

《新唐书》记载：武德三年六月丙申，赦晋、隰、潞、并四州。[①] 这次赦宥颁布的诏书在《唐大诏令集》中有记载，诏书内容如下："凡厥渠魁，已就歼殄，胁从之辈，情有可原，其晋州、潞州、隰州、并州四总管内，自武德三年四月二十二日以前，被刘武周、宋金刚等诖误者，罪无轻重，皆赦除之，各令复业，一无所问。"[②]

在这里我们注意到一个细小的差别，即这个诏书是在六月颁布的，但是赦书中规定赦宥的时间界限并不是像后来的赦宥那样，以赦书颁布的时刻为免罪的截止时间[③]，而是提前了二个月，即武德三年四月二十二日以前——"自武德三年四月二十二日以前，被刘武周、宋金刚等诖误者，罪无轻重，皆赦除之"，前后错开了二个月。为什么？

《新唐书》记载：武德三年，"四月丙申，祠华山。壬寅，至自华阴。癸卯，禁关内诸州屠。甲寅，秦王世民及宋金刚战于雀鼠谷，败之。辛酉，王世充陷邓州，总管雷四郎死之。壬戌，秦王世民及刘武周战于洺州，败之，武周亡入于突厥。克并州。五月壬午，秦王世民屠夏县。"[④]

从这段材料我们知道，原来在四月，李世民的军队就克并州。那么我们推断，唐政权接管并州应该就是在四月。从四月到六月赦书颁布，中间是新政权统治时期。因此，为了对接管前和接管后两种不同的犯罪情况区别对待，所以在赦书中赦免"自武德三年四月二十二日以前，被刘武周、宋金刚等诖误者"，而对新政权统治时期新的触犯唐法律的犯罪行为并不予以宽大，这也同样是为了维护新建立的社会秩序。所以，通过赦书中的赦免截止期限体现这个区别。

---

① （宋）欧阳修等：《新唐书》卷1《高祖本纪》，中华书局1975年版，第11页。

② （宋）宋敏求：《唐大诏令集》卷121《原刘武周宋金刚等诖误诏》，商务印书馆1959年版，第643页。

③ 按照唐代赦书的惯例和规定，诏书中写明的时间一般就是赦书颁布的时间。这一点在中村裕一《关于唐代的制书式》（原载《史学杂志》第91编 第9号，1982年）一文中有论。

④ （宋）欧阳修等：《新唐书》卷1《高祖本纪》，中华书局1975年版，第10页。

战争所造成的影响，有的时候不是简单的一次赦宥就能够消除的，新的社会秩序的稳定和巩固，也不是靠简单的赦宥就能解决的。割据势力之一刘武周败灭后，唐政权就已经颁布《赦晋潞等州诏》，对被刘武周、宋金刚等诖误者予以赦除，以求安民复业。但是之后又有了新的情况——“虽复武周奔窜，寄命蕃夷，而残党余氛，尚怀旅惧，致使朔漠犹警，关塞未宁，屡动干戈”；有的“今虽归附，仍怀反侧”，所以，之后不到一年，唐又颁布了《赦代州总管府内诏》，再一次对被刘武周诖误的区域进行赦宥：“其代州总管府内石岭以北，自武德四年二月二十九日以前，所有愆犯，罪无轻重，悉从原宥。可并令安居复业，勿使惊扰。”①

赦宥能够解决的只是部分问题，它的效果也是局部的。旧的王朝和其他割据势力都可以通过战争的手段来推翻或者铲平，但是旧王朝存在的种种弊政和战争遗留的诸多隐患，都是新的王朝所必须解决的更为严峻的问题。马上得天下，下马治之。如何革除前代的弊政，迅速地恢复被破坏的社会生产，安置流离失所的百姓，恢复正常的农业生产和人口生产，需要新生政权采取各方面的措施来逐渐解决。所以配合赦宥，唐政权先后颁布了《定户口令》《置社仓诏》《申禁差科诏》《劝农诏》和《禁差科徭役诏》等等。

李渊等统治集团认识到了隋朝暴政和战争给生产和百姓带来的危害：“自有隋失驭，政刑板荡，豺狼竞起，肆行暴虐，征求无度，侵夺任己，下民困扰，各靡聊生，丧乱之余，百不存一”，“加以饥馑，百姓劳弊……江淮之间，爰及岭外，途路悬阻，土旷民稀，流寓者多”，所以“尤宜存恤”②，要采取各种措施与民休养生息，减免各种苛捐杂税，先后两次下令禁止新的差科徭役，在减轻农民负担的同时，劝民从农，恢复农业生产。这些诏书和赦宥诏书一起，对于新建立的唐王朝的巩固和发展，起到了不可忽视的作用。

综合以上情况，我们可以看出李渊在位期间的赦宥具有以下特点：

一、赦宥背景比较特殊。赦宥的颁布的全部是在战争的进程中，这个时期社会处在战乱戡平之交，由此而导致的赦宥的目的性很强，也很特殊和

① （宋）宋敏求：《唐大诏令集》卷121《宥刘武周余党诏》，商务印书馆1959年版，第643页。

② 李希泌主编：《唐大诏令集补编》卷20《存恤河北江淮诸州诏》，上海古籍出版社2003年版，第926页。

明显。

二、赦宥的目的性很强，针对性很明显。

三、赦宥的情况比较简单，也比较单纯。都是针对战乱地区，为了安定维护社会秩序和人心，在赦宥本身的规定上也不完善。不像后来的或者和平时期的赦宥，有常规性的或者法律上的规定或者语句。如赦宥的期限，不准言赦前事，等等。

四、李渊在位期间的赦宥也不算是滥赦，都是比较实用的，功用性很强的。

武德九年六月，唐高祖李渊颁布了他在位期间的最后一次赦宥：《诛建成元吉大赦诏》。但是，我们考察史料可以知道，这次赦宥从颁布到赦书的内容，实际上完全是依照李世民的意志、在他的操纵之下进行的。这次赦宥标志着唐高祖统治的结束和唐太宗统治的开始。

表 2－1　两“唐书”所见唐高祖赦宥情况汇总

时间	《新唐书》具体情况①	《旧唐书》具体情况②
武德元年五月甲子	即皇帝位于太极殿。命萧造兼太尉，告于南郊，大赦，改元。赐百官、庶人爵一级，义师所过给复三年，其余给复一年	高祖即皇帝位于太极殿，命刑部尚书萧造兼太尉，告于南郊，大赦天下，改隋义宁二年为唐武德元年。官人百姓，赐爵一级。义师所行之处，给复三年
武德元年九月乙巳	虑囚	亲录囚徒，改银菟符为铜鱼符
武德二年二月甲午	赦并、浩、介、石四州贾胡堡以北击囚。丁巳，虑囚	
武德三年六月丙申	赦晋、隰、潞、并四州。丙午，虑囚。八月庚子，虑囚	三年六月丙午，亲录囚徒
武德四年正月丙午	虑囚	

① （宋）欧阳修等：《新唐书》卷 1《高祖本纪》，中华书局 1975 年版。

② （后晋）刘昫等：《旧唐书》卷 1《高祖本纪》，中华书局 1975 年版。

续表

时间	《新唐书》具体情况	《旧唐书》具体情况
武德四年二月丁巳	赦代州总管府石岭之北	
武德四年三月庚申	虑囚	
武德四年五月	壬戌，秦王世民败窦建德于虎牢，执之。乙丑，赦山东为建德所诖误者	
武德四年六月庚寅	五月戊辰，王世充降。庚午，周法明降。六月庚寅，赦河南为王世充所诖误者	
武德四年七月丁卯	七月甲子，秦王世民俘王世充以献。丙寅，窦建德伏诛。丁卯，大赦，给复天下一年，陕、鼎、函、虢、虞、芮、豳七州二年	
武德六年四月	赦京城，赐从官帛	六年，夏四月己未，旧宅改为通义宫，曲赦京城系囚
武德六年六月丁卯	突厥寇朔州，总管高满政败之。曲赦朔州	
武德六年十月戊申	降死罪，流以下原之	
武德七年四月庚子	大赦。班新律令。给复江州道二年、扬越一年	
武德八年二月癸未	虑囚	二月己巳，亲录囚徒，多所原宥

表 2 – 2　《全唐文》所见唐高祖赦宥情况汇总

赦书名称	赦宥时间	资料出处①
《改元大赦诏》	武德元年五月二十日	卷1第4页
《大赦并浩等州诏》	武德二年二月二十四日	卷1第7页
《曲赦凉甘九州诏》	武德二年五月十六日	卷1第8页
《赦逃亡募人诏》	武德二年十月二十日	卷1第10页
《赦晋潞等州诏》	武德三年四月二十二日	卷2第12页
《赦代州总管府内诏》	武德四年二月二十九日	卷2第13页
《平窦建德大赦诏》	武德四年五月八日	卷2第13页
《赦河南诸州诏》	武德四年六月四日	卷2第13页
《平王世充大赦诏》	武德四年七月十二日	卷2第14页
《幸故宅大赦诏》		卷2第17页
《平辅公祏大赦诏》	武德七年四月一日	卷3第19页

第二节　唐太宗时期的赦宥

唐太宗在位期间的赦宥情况和唐高祖有着很大不同。太宗在位期间的赦宥，主要是玄武门之变后的大赦，即即位赦，以及因灾害而赦。总体上来说，他对待赦宥比较慎重，赦宥的针对性和目的性也都比较明显。

先看玄武门政变后的赦宥。《旧唐书》记载，武德九年，“皇太子建成、齐王元吉谋害太宗。六月四日，太宗率长孙无忌、尉迟敬德、房玄龄、杜如晦、宇文士及、高士廉、侯君集、程知节、秦叔宝、段志玄、屈突通、张士贵等于玄武门诛之。”② 这就是著名的玄武门之变。通过这次政变，李世民除

① 周绍良主编：《全唐文新编》，吉林文史出版社 2000 年版，以下不再注明，只写卷数。
② （后晋）刘昫等：《旧唐书》卷 2《太宗本纪上》，中华书局 1975 年版，第 29 页。

掉了自己的政敌建成和元吉，并迫使自己的父亲唐高祖李渊拱手退位，顺利登基，从而开始了太宗统治时期。

需要指出的是，玄武门之变中，李世民除掉的只是建成和元吉以及他们的部分随从。李世民和太子建成、齐王元吉矛盾存在已久，在长期的明争暗斗过程中，双方都积累了雄厚的实力，各自背后的集团势力也颇为庞大。建成、元吉虽然已经被杀，但是他们的党羽仍然遍布在朝廷和军队中，或明或暗，相机而动。对这些残余集团势力的处理仍是一个颇为棘手的问题，如果一味穷追猛打，坚决予以追究，那么势必会牵动株连到大批的朝堂文官和军队武将，掀起政治风波，甚至引发新的更大的政治剧变。

这一点正如赵克生在讨论赦宥功能的文章中所指出："中国历代内乱不断，打击之时如果不作变通，一律依法惩处，不仅要面对法不责众的困境，还会有穷寇紧追引起的麻烦。"①

而且，李世民虽然在这次政变中取得了胜利，顺利夺取了皇位。但是无论当时的社会舆论，还是后世的史家评论，都对他不利。因为从悌来讲，他为弟，建成为兄，是以弟弑兄，一次杀掉自己两个兄弟，是骨肉相残；从君臣名分来讲，建成是太子，是为储君，而世民是臣，杀掉了太子，是以下犯上。虽然胜者王，败者寇，当上皇帝的李世民可以通过种种方法来掩饰乃至改写这段历史，但是出于当时的舆论和政治考虑，他仍有必要做出一种高姿态，以一种宽容的态度来对待政变中的失败者。

因此，为了稳妥地处理政变后的遗留问题，妥善安置太子遗党，安全地化解可能存在的政治风险，同时为了拉拢人心，争取舆论同情，掩盖自己手足相残的行为。李世民以唐高祖李渊的名义颁布了《诛建成元吉大赦诏》。诏书开始说世民自己的仁义功劳——"宽仁之心，欲使仁惠之政，达于天下，德义之方，孚于宇宙"，之后列举皇太子建成、齐王元吉两人的罪恶，说建成"昵近群小，听受邪谋，蔑弃君亲，离阻骨肉，密图悖逆，潜为枭獍"；元吉"背违天经，协同元恶，助成隐慝，递相驱扇，丑心逆迹，一旦尽彰"，二人用心险恶，处处加害世民。通过这样的鲜明对比，把罪责都归于建成、元吉，

① 赵克生：《权变与策略：中国古代赦免制度的功能透视》，《阜阳师范学院学报》2000年第4期。

以掩饰真相，争取舆论同情。

诏书最后颁布了大赦令："大赦天下，武德九年六月四日申时以前，罪无轻重，已发露未发露，系囚见徒，悉原免，凶逆之事，止在二人，自余党徒，其被诖误，一无所问，各从旷荡……"① 对于皇太子、齐王余党一律赦免，不加追问，以消除他们因为曾经与世民为敌而怀有的恐惧心理，安定由于政变而造成的社会上层的恐慌。

这就是赦宥所具有的特殊的安抚功能的体现。赵克生在论述赦宥的功能的时候专门提及这次赦宥，说："相比而言，唐太宗要英明的多，他在玄武门之变登基后，于武德九年六月颁布大赦令，消除了太子余党的紧张感。"②

玄武门之变造成的影响以及恐慌，应该相当严重，所以之后不久，李世民颁布另外一道赦令，予以洗涤，安抚人心："太子建成、齐王元吉之党散亡在民间，虽更赦令，犹不自安，徼幸者争告捕以邀赏。谏议大夫王珪以启太子。丙子，太子下令：'六月四日已前事连东宫及齐王，十七日前连李瑗者，并不得相告言，违者反坐。'"③

李世民的这种宽大政策，不仅消除了太子余党的恐惧，避免了政局的动荡，而且进一步拉拢了原先的政敌，化敌为友，让太子党中的才能之士为己所用，列为己臣。其中比较著名的例子就是魏徵："初，洗马魏徵常劝太子建成早除秦王，及建成败，世民召征谓曰：'汝何为离间我兄弟！'众为之危惧，徵举止自若，对曰：'先太子早从徵言，必无今日之祸。'世民素重其才，改容礼之，引为詹事主簿。亦召王珪、韦挺于巂州，皆以为谏议大夫。"④

所以，魏徵后来有"既蒙国士之遇，敢不以国士报之乎"的感喟。可以说，也正是由于魏徵这批贤臣良相的辅佐，才使得太宗治下呈现贞观之治的繁荣景象。

---

① （宋）宋敏求：《唐大诏令集》卷123《皇太子建成齐王元吉伏诛大赦》，商务印书馆1959年版，第656页。

② 赵克生：《权变与策略：中国古代赦免制度的功能透视》，《阜阳师范学院学报》2000年第4期。

③ （宋）司马光：《资治通鉴》卷191《唐纪七》，高祖武德九年七月，中华书局1956年版，第6017页。

④ （宋）司马光：《资治通鉴》卷191《唐纪七》，高祖武德九年六月，中华书局1956年版，第6013—6014页。

再看即位大赦的功用。玄武门之变，使李世民提前顺利登基，八月甲子，皇太子即李世民即皇帝位于东宫显德殿，是为唐太宗。随即，颁布《即位大赦诏》①。新的皇帝登基自然要与天同乐，“今绍祚伊始，奉答天休，四敷恩泽，被于黎献”，所以“可大赦天下，武德九年八月九日昧爽以前罪无轻重，已发露未发露，系囚见徒，悉从原免”。除了对罪犯予以赦免，而且恩泽遍及四方，对于流人和文武百官，统统都有恩赐，“武德元年以前流配者并放还，凡厥庶僚，进爵一级”，在这样的赦宥中，百姓也能得到实惠，“关内六州免二年租调，其余率土普给复一年”。其他像对于贞女节妇、鳏寡孤独给予表彰赈抚等，无不表明新皇帝的仁政爱民之心，昭示即将来临的王朝统治的恢宏大度气象。即位诏书的颁布标志着新皇帝统治的正式开始。

太宗登基之后，社会渐趋平定，社会生产逐渐得到恢复和发展，出现了少有的封建盛世。承平年代，自然没有战乱等大的社会动荡，不需要再颁布针对战乱区域的洗涤性的大赦，但是水、旱、蝗等自然灾害却不鲜见。由于受生产力发展水平和科技进步的限制，封建社会人们抵抗和防御自然灾害的能力十分有限，对自然现象的认识也理解也停留在比较低的层面。自然灾害造成的不仅是农业和社会生产的极大破坏，还会在百姓心目中造成一定的困惑、恐惧，由此可能会导致对统治者产生不满或者敌对情绪。如：“景龙中，东都霖雨百余日，闭坊市北门，驾车者苦甚污，街中言曰：‘宰相不能调阴阳，致兹恒雨，令我污行。’”② 类似的例子在唐代还有很多。

而最高统治者皇帝也往往相信天人感应的理论，认为天灾人祸的出现和自己有关，是由于自己德行不够，为政有阙，导致阴阳失调，因此上天降下咎征，示以惩罚。如《以旱减膳诏》中所说：“朕以寡德……诚厥动天，和气愆于阴阳，亢旱涉于春夏，在予一人，以答天愆。”③

在这种情况下，皇帝一般也要实施大赦。贞观二年三月庚午，天下大旱，太宗以旱蝗责躬，颁布《旱蝗大赦诏》大赦天下，这次诏书包含三重意思：诏书首先描述了这次灾害——“去岁霖雨，既损秋场，今兹旱蝗，又伤宿

① （唐）李世民著，吴云、冀宇辑校：《唐太宗集》，陕西人民出版社 1986 年版，第 249—250 页。
② （后晋）刘昫等：《旧唐书》卷 37《五行志》，中华书局 1975 年版，第 1363 页。
③ （唐）李世民著，吴云、冀宇辑校：《唐太宗集》，陕西人民出版社 1986 年版，第 354 页。

麦”，在诏书中太宗进一步检讨自己，自责以答天谴：“若使年谷丰稔，天下乂宁，移灾朕身，以存万国，是所愿也，甘心无咎”，祈祷认罪，以期感动上天，当然也包含有收买人心的用意。

最后，统治者认为，天下大旱的原因在于“此朕之不德，将由视听弗明，刑罚失度，遂使阴阳桀缪，时序乖违”，因此，“宜布宽大之恩，以顺雷雨之德，可大赦天下。”希望通过大赦来顺应天理，协调阴阳，弥补己过，以祈求风调雨顺。

据不完全统计，太宗在位二十三年，大赦六次，曲赦十四。[1] 在整个唐代乃至整个古代来说，赦宥的频率还是很低的。同其他的皇帝相比，唐太宗的慎赦思想显得较为突出，值得我们加以分析。

首先，唐太宗的慎赦思想同他的史鉴思想是相关联的。唐太宗亲身经历了由隋至唐巨大的朝代变革，对隋代弊政和灭亡原因有着深刻的认识，他即位后也不断地总结和反省，并且以之为鉴，治政以史。

在对待赦宥的态度上，也是如此。唐太宗以史为鉴，认识到滥赦于政、于民都害多益少。他曾屡次对臣下表明他对赦宥的看法。贞观七年，太宗谓侍臣曰：“天下愚人者多，智人者少，智者不肯为恶，愚人好犯宪章。凡赦宥之恩，惟及不轨之辈。”

对于赦宥的弊端有了一定的认识，并引用前史为证：“古语云：‘小人之幸，君子之不幸。’‘一岁再赦，善人喑哑。’凡‘养稂莠者伤禾稼，惠奸宄者贼良人’。昔‘文王作罚，刑兹无赦’。又蜀先主尝谓诸葛亮曰：‘吾周旋陈元方、郑康成之间，每见启告理乱之道备矣，曾不语赦。’故诸葛亮治蜀十年不赦，而蜀大化。梁武帝每年数赦，卒至倾败。夫谋小仁者，大仁之贼。”

认识到频繁的滥赦，不仅是惠奸宄者贼良人，损害了无辜百姓的利益，而且致使政治混乱腐败，甚至有亡国的危险。把单纯的赦宥提升到政治的高度来考虑。所以，太宗说：“故我有天下以来，绝不放赦。今四海安宁，礼义兴行，非常之恩，弥不可数，将恐愚人常冀侥幸，惟欲犯法，不能改过。”[2]

① 据沈家本《历代刑法考·赦四》（中华书局 1975 年版）统计。

② （唐）吴兢：《贞观政要》卷 8《赦令》，上海古籍出版社 1978 年版，第 250—251 页。

正是出于以上认识，唐太宗在位期间没有轻易滥赦，即使是对个别功臣勋戚的特赦也是十分的慎重，议之再议。如贞观十五年，大臣党仁弘因为性贪，为人所讼，同时赃百余万，罪当死。

党仁弘在唐高祖李渊入关时，归高祖于蒲坂，从平京城，寻除陕州总管，大军东讨，仁弘转饷不绝，历南宁、戎、广州都督。“仁弘有才略，所至著声迹，上甚器之。”所以，太宗想网开一面，赦免他的死罪，但是又感觉这样做是自乱其法，与律相悖。因此召集群臣议论此事，对侍臣说：“吾昨见大理五奏诛仁弘，哀其白首就戮，方晡食，遂命撤案；然为之求生理，终不可得。今欲曲法就公等乞之。”①

到了十二月，再次召集五品已上官员集太极殿前，讨论此事，说：“法者，人君所受于天，不可以私而失信。今朕私党仁弘而欲赦之，是乱其法，上负于天。欲席藁于南郊，日一进蔬食，以谢罪于天三日。”大臣们纷纷劝谏。认为生杀大权都是皇帝可以任意自专的，不必为此自责——房玄龄等皆曰：“生杀之柄，人主所得专也，何至自贬责如此！”——群臣顿首固请于庭，自旦至日昃。最后，太宗降手诏，自称：“朕有三罪：知人不明，一也；以私乱法，二也；善善未赏，恶恶未诛，三也。以公等固谏，且依来请。”于是黜仁弘为庶人，徙钦州。② 互相让步，自责了事。

其次，唐太宗的慎赦同他自觉守法、依法治国的法治思想密切相关。

在朕即法律、皇权至上的封建社会，皇帝往往会凌驾于法律之上，独断专行，肆意干涉、破坏法律。法律执行得好坏，政治的清明与否，往往同皇帝本人能否自觉接受法律约束和限制密切相关。唐太宗身为皇帝，却能够以身作则，自觉地守法，虽然他的做法有矫饰之处，并且最终还是以法徇情，赦免了臣下，但是能够认识到自己的做法是“以私乱法”，对于一个皇帝来说，能够有这种意识，实属难能可贵。也正是有这种对于历史教训的清醒认识，对滥赦危害的深刻体会，所以终太宗一朝，很少无因而赦。

---

① （宋）司马光：《资治通鉴》卷196《唐纪十二》，太宗贞观十六年十月，中华书局1956年版，第6182页。

② （宋）司马光：《资治通鉴》卷196《唐纪十二》，太宗贞观十六年十月，中华书局1956年版，第6182页。

早在贞观五年，太宗谓房玄龄等曰："自古帝王多任情喜怒，喜则滥赏无功，怒则滥杀无罪。是以天下丧乱，莫不由此。"① 认识到皇帝任情纵法，就会导致法乱，法乱则国亡，认为隋炀帝对百姓滥施刑罚，"生杀任情"，结果"百姓怨嗟，天下大溃"。太宗有鉴于此，在立法上务从宽简；司法上慎狱恤刑，防止冤滥，不枉不纵。自己在法律上也以身作则，不轻易干涉、践踏法律——"法者非朕一人之法，乃天下之法。"② 唐太宗的慎赦思想根源也是在此。

再看下面的材料：贞观九年，盐泽道行军总管、岷州都督高甑生，坐违李靖节度，又诬告靖谋逆，减死徙边。时有上言者曰："甑生旧秦府功臣，请宽其过。"太宗曰："虽是藩邸旧劳，诚不可忘。然理国守法，事须画一，今若赦之，使开侥幸之路。且国家建义太原，元从及征战有功者甚众，若甑生获免，谁不觊觎？有功之人，皆须犯法。我所以必不赦者，正为此也。"③

对待功臣元勋的问题，历来是建国皇帝头疼的事情。但是唐太宗在这个情况下能够坚持依法处置，不曲法枉情。不因是秦府功臣而肆赦，开侥幸之路。"理国守法，事须画一"，把自己制定的法律置于人情之上，自觉守法，尊重法律的权威，这才是慎赦的深层次原因。

受唐太宗的影响，他身边的人也都遵守法制，不因私废公，徇私枉法。史载，长孙皇后遇疾，渐危笃。皇太子启后曰："医药备尽，今尊体不瘳，请奏赦囚徒并度人入道，冀蒙福祐。"后曰："死生有命，非人力所加。若修福可延，吾素非为恶者；若行善无效，何福可求？赦者国之大事，佛道者，上每示存异方之教耳，常恐为理体之弊。岂以吾一妇人而乱天下法？不能依汝言。"④

皇后连病危都不肯为了自己而赦，不肯"以吾一妇人而乱天下法"。可见太宗治下整个皇宫内外、朝堂上下的法律自觉意识已经到了一定的程度。"正是由于唐太宗注重立法，强调立法'惟须简约''执法一断以律'，并能率先

① （唐）吴兢：《贞观政要》卷2《求谏》，上海古籍出版社1978年版，第49页。

② （唐）吴兢：《贞观政要》卷5《公平》，上海古籍出版社1978年版，第164页。

③ （唐）吴兢：《贞观政要》卷8《刑法》，上海古籍出版社1978年版，第244—245页。

④ （后晋）刘昫等：《旧唐书》卷51《后妃传上·太宗文德皇后长孙氏传》，中华书局1975年版，第2166页。

垂范，因而贞观年间成为我国封建社会少有的法制时代。”① 所言不虚。

到贞观四年，“断死刑，天下二十九人，几致刑措。”② 这也是太宗期间赦宥减少的一个原因。因为社会升平，百姓丰衣足食，社会犯罪率下降，坐以致刑的囚徒也减少，几无可赦之死因，所以也用不着赦宥了。

总结太宗时期赦宥的特点：

首先就是赦宥的次数不多，也都是赦出有因。玄武门之变大赦，即位赦，其余比较重要的就是因自然灾害而赦。

其次就是唐太宗突出的慎赦思想。唐太宗之所以慎赦，原因就在于他认识到赦宥的三大危害性：残良民、乱国法、亡社稷。而唐太宗高度的史鉴意识，自觉的法律意识，制法、守法、执法的思想和制度，以及由此形成的整个社会普遍的守法背景，是唐太宗慎赦深层原因。当然，太宗统治期间，社会生产得到发展，百姓生活基本富足，所以犯罪率下降，触犯刑网者甚少，也是赦宥减少的一个客观条件。

表 2－3　《全唐文》所见唐太宗赦宥情况汇总

	赦书名称	赦宥时间	资料出处③
唐太宗	《诛建成元吉大赦诏》	武德九年六月四日	卷 5 第 22 页
	《即位大赦诏》	武德九年八月九日	卷 4 第 39 页
	《旱蝗大赦诏》	贞观二年三月庚午	卷 4 第 44 页
	《大赦诏》	贞观四年二月十八日	卷 5 第 48 页
	《赦岐陇二州诏》	贞观四年十月一日	卷 5 第 50 页
	《曲赦武功诏》		卷 5 第 50 页
	《水潦大赦诏》	贞观九年三月六日	卷 5 第 53 页
	《甘雨降大赦诏》		卷 8 第 88 页
	《立皇太子大赦诏》	贞观十七年四月十七日	卷 9 第 94 页
	《诞皇孙恩降诏》④		卷九第 94 页

① 于云洪：《论唐太宗的法治思想》，《德州师专学报》1999 年第 3 期。

② （唐）吴兢：《贞观政要》卷 8《刑法》，上海古籍出版社 1978 年版，第 239 页。

③ 周绍良主编：《全唐文新编》，吉林文史出版社 2000 年版，以下不再注明，只写卷数。

④ 按：《诞皇孙恩降诏》同样体现了太宗的慎赦，从赦诏的内容我们知道这次大赦的限制很多：“天下系囚见徒，咸宜降罪，死罪从流，流从徒，徒以下罪并放，其犯十恶，常赦所不免，官人枉法受财，监临监守自盗，盗所监临，劫贼伤人，故杀人，谋杀已加功者，并不在赦限。”

第三节　武则天时期的赦宥

武则天统治期间，社会继续向前发展，社会政治和秩序基本稳定，仍属于唐代的鼎盛时期。同唐太宗时期相比，武则天在位期间的赦宥情况迥然不同。对于这个朝代赦宥情况的分析，本节主要提出以下观点并展开探讨：

一、武则天在位期间，赦宥和她任用酷吏一样，是用来维护自己统治、打击政敌的一种工具。赦宥和酷吏政治发挥的作用截然相反，服务的目的却是一致的。

二、武则天以女身登皇位，王室政敌芸芸，兵变政乱四起；她重用酷吏，大兴狱刑。唐代社会统治阶级上层危机四伏，而全国范围内社会下层却基本安稳。在这样的特殊社会背景之下，赦宥发挥着微妙的补救、平衡作用。

三、本节关注到武则天朝的滥赦现象，并努力分析这种现象背后的主客观背景和原因。

武则天出身低贱，“地实寒微”[①]，以女身和别宗取代李唐宗室，登上皇位，成为中国第一个女皇。但是，自从她登基之日起直至临死退位，来自各方面的或明或暗、或激烈或平缓的压力和斗争威胁延续不断，从垂拱元年，徐敬业起兵；垂拱四年八月唐室诸王起兵，到最后逼宫退位。此外，朝内朝外的明争暗斗、政治阴谋此起彼伏。在这种情况下，为了打击政敌，消灭李唐王室异己，武则天重用周兴、来俊臣等酷吏，大兴狱讼，以恐怖对待混乱，

① （宋）司马光：《资治通鉴》卷203《唐纪十九》，则天后光宅元年九月，中华书局1956年版，第6423页。

以镇压平叛乱，从而稳定、巩固自己的统治。①

周丹在《武则天的律法工具观》中认为："武则天个人的成功和唐（周）王朝在此期间的兴盛，与武则天擅用律法作为政治治理和斗争工具密不可分。这种以律法作为政治工具、政治权术之一种的态度，深植于中国历代统治者和政治家的观念中，成为中国独特传统政治文化的一部分，在武则天执政期间，这种法律工具观得到了最为鲜明、突出的表现。武则天重用周兴、来俊臣等一干酷吏并非是识人不明，以致奸佞得志，相反，这有着强烈的政治针对性，即诛剪政敌、镇压异己、威慑反对势力。"② 正是通过这种诛杀政策，李唐王室中的反对者几乎被消灭殆尽。

同时我们注意到，在对统治阶级内部反叛者进行残酷镇压的同时，武则天也运用赦宥作为工具，对部分人进行宽大处理，以达到拉拢转换的目的。同时也用赦宥的手段保护了一部分贤臣如狄仁杰等。因为整体的环境和特殊的背景不可能去矫正诛杀政策，所以只能通过赦宥的手段来进行局部范围内的调节和平衡。这正是武则天恩威并用、德刑兼重的两种统治手段的结合："太后虽滥以禄位收天下人心，然不称职者，寻亦黜之，或加刑诛。挟刑赏之柄以驾御天下，政由已出，明察善断，故当时英贤亦竞为之用。"③

刑即是酷吏政治，而赏则包括赦宥。如："垂拱四年八月壬寅，博州刺史、琅邪王冲据博州起兵，命左金吾大将军丘神勣为行军总管讨之。庚戌，冲父豫州刺史、越王贞又举兵于豫州，与冲相应。九月，命内史岑长倩、凤阁侍郎张光辅、左监门大将军鞠崇裕率兵讨之。丙寅，斩贞及冲等，传首神

---

① 对于重典酷刑治乱世的必要性，在当时大臣的上奏中有所流露："右补阙新郑硃敬则以太后本任威刑以禁异议，今既革命，众心已定，宜省刑尚宽，乃上疏，以为：'自文明草昧，天地屯蒙，三叔流言，四凶构难，不设钩距，无以应天顺人，不切刑名，不可摧奸息暴。故置神器，开告端，曲直之影必呈，包藏之心尽露，神道助直，无罪不除，苍生晏然，紫宸易主。'……太后善之，赐帛三百段。"（宋·司马光：《资治通鉴》卷205《唐纪二十一》，则天后长寿元年八月，中华书局1956年版，第6485页。）这篇奏折可能有迎合皇帝的动因，但是也说明当时社会对于武则天的恐怖政策有所认识和理解。

② 周丹：《武则天的律法工具观》，《湖北社会科学》2002年第7期。

③（宋）司马光：《资治通鉴》卷205《唐纪二十一》，则天后长寿元年正月，中华书局1956年版，第6478页。

都，改姓为虺氏。曲赦博州。”[①]

一方面是以武力平定叛乱，对反叛王室坚决诛杀，另一方面却颁布曲赦，赦免兵乱起源地博州，既是对罪责不大的王室成员予以宽大，不予追究，也对被诖误的普通百姓予以洗涤，以免牵扯面过大。

另外还有，太子仆崔贞慎等八人被人诬告谋反。太后使监察御史丹徒马怀素鞫之，怀素曰：“臣不敢纵反者。元忠以宰相谪官，贞慎等以亲故追送，若诬以为反，臣实不敢。昔栾布奏事彭越头下，汉祖不以为罪，况元忠之刑未如彭越，而陛下欲诛其送者乎！且陛下操生杀之柄，欲加之罪，取决圣衷可矣；若命臣推鞫，臣敢不以实闻！”太后曰：“汝欲全不罪邪？”对曰：“臣智识愚浅，实不见其罪！”太后意解。贞慎等由是获免。[②]

狄仁杰为豫州刺史时，“时治越王贞党余，当坐者六七百家，籍没者五千口，司刑趣使行刑。仁杰密奏：‘彼皆诖误，臣欲显奏，似为逆人申理；知而不言，恐乖陛下仁恤之旨。’太后特原之，皆流丰州。”[③] 可见，在罗网遍织、恐怖酷刑之中，也有网开赦宥的一面。

终武则天一朝，在酷吏政治中被诬陷、牵连入狱的大臣为数极多。对于真正忠贞正直的大臣，武则天也并没有赶尽杀绝，而是适当地通过赦宥予以保护。如：天授年间的春官尚书狄仁杰、天官侍郎任令晖、文昌左丞卢献等五人为人诬告，武则天召见仁杰等，详问究竟，予以赦免，使其幸免于难。

此外还有：“俊臣方用事，选司受其属请不次除官者，每铨数百人。俊臣败，侍郎皆自首。太后责之，对曰：‘臣负陛下，死罪！臣乱国家法，罪止一身；违俊臣语，立见灭族。’太后乃赦之。”[④] 就连狄仁杰本人也曾被来俊臣诬构下狱。但是最终被武则天赦免得以脱身。

对于朝堂大臣，武则天并不是一味地酷刑恐怖，而是适当地进行赦宥，

① （后晋）刘昫等：《旧唐书》卷6《则天皇后本纪》，中华书局1975年版，第119页。

② （宋）司马光：《资治通鉴》卷207《唐纪二十三》，则天后长安三年九月，中华书局1956年版，第6567页。

③ （宋）司马光：《资治通鉴》卷204《唐纪二十》，则天后垂拱四年九月，中华书局1956年版，第6452页。

④ （宋）司马光：《资治通鉴》卷206《唐纪二十二》，则天后神功元年六月，中华书局1956年版，第6520页。

这也正体现了武后"挟刑赏之柄以驾御天下"的统治权术。而赦宥作为一种统治手段，被武后用来拉拢臣下，示恩行赏。不仅是对于统治阶级内部，武则天采取恩威并用的驾御手段。对于天下百姓，武则天也经常颁布大赦令，以收买民心。据粗略统计，武则天在位二十一年，大赦二十九次，曲赦九次。更为详细的统计可以参考表2－5。从中我们可以看到，武则天在位期间基本上是一年一大赦，甚至一年数赦。

一方面，频繁的大赦，对于因为屡次政变被牵连的普通百姓进行洗涤和赦免，减轻了由此带给社会下层的震动，避免带来更大规模的动荡。另一方面，频繁的大赦也达到了收买民心的目的。

在改唐为周篡权登基的过程中，为了消除来自各方面的巨大压力，改变舆论影响，同时也为了收买人心，武则天实施了许多举措，如变官称、易都邑，加尊号、屡改元，还制造各种祥瑞，如瑞石、宝图等，并颁大云经于天下，大肆宣传。而赦宥也被用作一种收买人心的有用工具。

赵克生在《权变与策略：中国古代赦免制度的功能透视》中认为："刑罚与赦免构成了恩威的两手，君王上下其手，假施恩惠，当刑之时，予以赦免，往往能收拾人心，感化政敌为己所用。这是赦免最普遍的功能之一，却屡试不爽。"①

武则天任用酷吏，大兴诬告之风，但是在她统治期间虽然出现过几次兵变，但是从全国范围内来说却是风平浪静，太平盛世。笔者认为其中一个重要的原因就在于频繁的大赦于其中起到了缓解和调节作用。

武则天在位期间的大赦，基本一年一次，再加上针对特定地域的曲赦、针对个人的特赦，经过如此频繁的赦宥，监狱中普通的罪犯基本应该是所剩无几，依然身陷囹圄的恐怕是那些政治犯或者在政治斗争中被牵连者。如此，以刑治天下造成社会矛盾的激化和积累，但是不时的赦宥却缓解了社会矛盾，释放了社会危险因素，减轻了社会潜在的压力。所以武则天统治期间，虽然重用酷吏，但是社会尚不至于大动乱恐怕就是这个原因。这样就造成这样一

① 赵克生：《权变与策略：中国古代赦免制度的功能透视》，《阜阳师范学院学报》2000年第4期。

种结果：社会的上层受到波动，下层并没有感受到法网的严密。依然如常。[①]

沈家本先生在总结武则天一代的赦宥时说："武后僭位二十一年，大赦二十九，又曲赦九。唐代大赦之多，于斯为甚。"[②] 通过同唐代其他皇帝的赦宥情况对比，我们可以很容易得出武则天滥赦的结论。

首先，第一个原因就是政治需要。赦宥作为恩威并用的一种工具。被用来拉拢人望，收买人心。关于这一点前文已经分析，不再赘述。需要指出，我们察看表 2－5 发觉因改元而大赦的占了很大比例。关于改元而赦在本书前面已经有所论述。这里再次引用日本学者池田温的论点，他认为："改元中有四成以上是因皇帝的更替，即向天下表明当权者的登场；除此之外的改元，也可以看作是将连续的时间加以隔断以表明将给世界带来新的面貌。""因而改元一般伴有大赦、处罚的减免和逋欠的蠲免、官员的升迁及赏赐物品，由此可见，改元不仅仅限于使天下气氛焕然一新，而且应该是施恩泽及于全体官员以至庶民的制度。"[③]

武则天频频的改元就在于她相信改元能给她带来好运气，给她的大周王朝带来新的气象。同时希望能够通过不断的改元来获得上天的对大周王朝的承认和保佑，保佑她的统治能够天长地久，武则天的个中动机从年号的名称"如意""天授""天册万岁"就可以看出来。而伴随着改元，往往会有赦宥等等恩赐："因而改元一般伴有大赦、处罚的减免和逋欠的蠲免、官员的升迁及赏赐物品，由此可见，改元不仅仅限于使天下气氛焕然一新，而且应该是施恩泽及于全体官员以至庶民的制度。"[④] 从此我们可以看出，武则天频频大

① 赵建坤《武则天的诛杀政策刍议》(《河北学刊》1995 年第 2 期)："诛杀政策是武则天为打击政敌、攫取权力、维护专制统治而采取的一种严酷手段，一种恐怖手段。在客观上打击了门阀士族势力，使大量的庶族地主登上政治舞台，达到了乱上而未乱下的效果。"刘焕曾《武则天对唐朝法制的破坏》(《锦州师范学院学报》1999 年第 2 期)："武则天滥杀的对象主要是李唐宗室贵族、王公大臣、各级官吏及其家属，牵涉无辜百姓并不太多，被滥杀和迫害致死的总数不过数万人。大恐怖的时间也不算太长，大约十多年，即从垂拱元年（685 年）徐敬业起兵到神功元年（697 年）诛杀来俊臣，之后，滥杀基本停止。"

② （清）沈家本：《历代刑法考·赦四》，中华书局 1985 年版，第 618 页。

③ ［日］池田温：《日本和中国年号制度的比较》，载刘俊文、池田温主编《中日文化交流大系——法制卷》，浙江人民出版社 1996 年版，第 252—253 页。

④ ［日］池田温：《日本和中国年号制度的比较》，载刘俊文、池田温主编《中日文化交流大系——法制卷》，浙江人民出版社 1996 年版，第 252—253 页。

赦的也有这个层次上的原因。

迷信是驱动武则天赦宥的第二个重要原因。[①]

武则天的迷信是众所周知的。佛教讲究轮回和因果报应，不杀生是佛教的节戒律规之一。武则天更是对此深信不疑。因佛教而好生，因忌杀生而赦宥，恐怕也是武则天赦宥的一个成因。看例子：则天朝，有妇人庞氏被诬而处绞刑，则天诏侍御史徐有功问及此事，有功对曰："失出，臣下之小过，好生，圣人之大德，愿陛下弘大德，天下幸甚！"则天默然久之，"敕减死，放于岭南。"[②]

正说明此点，另外，武则天的迷信神佛不仅表现在佞佛上，也表现在她好祥瑞。对于大小祥瑞，武则天都极为重视并信以为真。因此，就有了因祥瑞而改元因祥瑞而赦，虽然祥瑞是"人造的"——"则天好祯祥……司刑寺囚三百余人，秋分后无计可作，乃于圜狱外罗墙角边作圣人迹，长五尺。至夜半，三百人一时大叫。内使推问，云：'昨夜有圣人见，身长三丈，面作金色，云汝等并冤枉，不须怕惧。天子万年，即有恩赦放汝'。把火照之，见有巨迹，即大赦天下，改为大足元年。"[③] 囚徒们也摸清了武则天的迷信心理，因而假托神迹骗其大赦。

第三个原因。皇权和权力欲望。封建社会的皇帝拥有至高无上的权力，可以以言代法，可以以言废法。赦宥自然也是作为皇帝应该拥有的权力。所以从根源上说，封建体制和皇权是赦宥的根本原因。另外，赦宥集中体现了皇帝的生杀大权，或杀或赦就成为皇帝对率土之滨芸芸臣民的操纵控制的最直接的体现。所以，有的情况下仅仅是为了满足自己自大的心理和权力欲望，也会导致皇帝滥赦。

---

① 邵志国：《浅析唐代赦宥的原因及对其利弊的讨论》，《阴山学刊》2002年第2期。

② （唐）刘肃：《大唐新语》卷4《执法》，中华书局1984年版，第57页。

③ （唐）张鷟：《朝野佥载》卷3，中华书局1979年版，第72—73页。

表 2－4　《旧唐书》所见武则天赦宥情况

皇帝	时　间	《旧唐书》具体情况	页码出处
武则天	嗣圣元年二月	大赦天下，改元文明	第 116 页
	九月	大赦天下，改元为光宅①	第 117 页
	垂拱元年春正月	以敬业平，大赦天下，改元	第 117 页
	二年春正月	皇太后仍依旧临朝称制，大赦天下	第 118 页
	四年秋七月	大赦天下	第 119 页
	九月丙寅	曲赦博州	第 119 页
	永昌元年春正月	神皇亲享明堂，大赦天下，改元，大酺七日	第 119 页
	载初元年春正月	神皇亲享明堂，大赦天下	第 120 页
	九月九日壬午	革唐命，改国号为周。改元为天授，大赦天下，赐酺七日	第 121 页
	天授三年四月	大赦天下，改元为如意，禁断天下屠杀	第 122 页
	如意元年九月	大赦天下，改元为长寿	第 123 页
	长寿二年秋九月	上加金轮圣神皇帝号，大赦天下，大酺七日	第 123 页
	三年五月	上加尊号为越古金轮圣神皇帝，大赦天下，改元为延载	第 123 页
	证圣元年春一月	上加尊号曰慈氏越古金轮圣神皇帝，大赦天下，改元	第 124 页
	秋九月	亲祀南郊，加尊号天册金轮圣神皇帝，大赦天下，改元为天册万岁	第 124 页
	万岁登封元年腊月甲申	上登封于嵩岳，大赦天下，改元，大酺九日	第 124 页
	夏四月	亲享明堂，大赦天下，改元为万岁通天，大酺七日	第 125 页
	二年九月	以契丹李尽灭等平，大赦天下，改元为神功，大酺七日	第 126 页
	圣历元年正月	亲享明堂，大赦天下，改元，大酺九日	第 127 页

① ［英］崔瑞德编，中国社会科学出版社、西方汉学研究课题组译《剑桥中国隋唐史》第六章《武后、中宗和睿宗的统治》（中国社会科学出版社 1990 年版，第 289 页），详细分析了这次大赦，即武则天在位期间的公元 684 年的大赦。认为这次大赦的内容是许多大赦令的典型。说："在整个唐代，这类文献就像在吉庆盛典中论功行赏和赦免重罪这一本意那样，也被用来颁布重要的行政措施。"——在花费了长达两页的篇幅来分析这次赦宥的具体内容后，进而强调了大赦令的重要的现实作用和史料价值："在武后统治时期，颁布大赦令的次数频繁得异乎寻常，例如在六八四到七〇五期间年号变动了十六次，每次都颁布大赦令。它们构成了一种有用的史料形式，从中不但可以看出国内的状况，而且可以了解武后政府的若干总的方针路线。"

续表

皇帝	时间	《旧唐书》具体情况	页码出处
	九月丙子	庐陵王哲为皇太子，令依旧名显，大赦天下，大酺五日	第127页
	三年五月癸丑	上以所疾康复，大赦天下，改元为久视	第129页
	冬十月甲寅	大赦天下	第129页
	丁卯	幸新安，曲赦其县	第130页
	大足元年六月辛未	曲赦告成县	第130页
	冬十月	幸京师，大赦天下，改元为长安	第130页
	十一月	戊子，亲祀南郊，大赦天下	第131页
	神龙元年春正月	大赦，改元。上不豫，制自文明元年已后得罪人，除扬、豫、博三州及诸逆魁首，咸赦除之①	第132页
	甲辰	皇太子监国，总统万机，大赦天下	第132页

第四节　藩镇和赦宥

安史之乱以后，藩镇割据之势愈演愈烈，藩镇日渐成为朝廷的心腹之患，自肃、代、德、顺、宪诸朝直至唐末，中央政府和地方藩镇之间的各种斗争、战斗绵延不断。在这种背景之下，首先是赦宥本身被打上了很明显的时代和政治烙印，具有鲜明的政治和军事色彩。其次赦宥的功用性更加凸显，被作为一种政治辅助手段和军事斗争工具广泛应用。唐中央政府和藩镇之间的互动关系在某些方面集中表现在赦宥之上，从赦宥的实行与否、赦宥的类型、赦宥的范围、颁布时间到赦书内容涵盖的含义，都在一定程度上反映着唐廷和藩镇之间力量对比关系和唐廷的政策变化，可以说，这一时期，赦宥在某

① 马怀良在《传统文化和武则天的负罪意识》（载《唐文化研究论文集》，上海人民出版社1994年版）中提及这次赦宥时认为："废除帝号，赦免生前的最后一批冤家，是她（武则天）彻底回归李唐，死后与高宗同穴而必须走完的最后一步。"

种意义上成为政治的晴雨表。①

对于藩镇时期的赦宥，主要根据能接触到的史料进行分析。在本章的分析中，会比较侧重德宗时期。因为从统治的时间来讲，德宗比其他列举的几位皇帝在位时间更长，史料也相对丰富。从藩镇和中央的关系来讲，德宗时期更具有代表性。

德宗时期，除了依然在重大的场合如加尊号、郊祭等按照常例举行全国性的常规大赦外，其他针对藩镇或者藩镇首领的特殊的赦宥更加繁多和明显起来。这是这一时期赦宥的特点。对于常规性的赦宥，一是次数较少，相关的材料不多，二是对此的分析已经在前文展开过，在此没有重复的必要。所以，本章主要集中关注和藩镇有关的赦宥。

按照不同的标准，可以对藩镇割据时期的赦宥作以下区分：

赦宥的时段：可以分为战前的赦宥——招抚；战争进程中的赦宥——瓦解敌人、分化人心；战争结束后的赦宥——收拾残局，安定形势。

赦宥的对象：包括对将领的赦宥，对军士的赦宥，对百姓的赦宥，对官员的赦宥。

赦宥的内容可以分为：赦免罪刑、赏官赐爵、免除租赋。

赦宥的地域：叛军所在地区，战乱所及地区，全国性的。

以上是赦宥几种类型，也是赦宥几个方面的特点。在史料中都有例子可循，在此不一一列举。

前文已经指出，赦宥在一定程度上成为政治的晴雨表，唐廷对于藩镇的赦宥政策是随着两者之间力量对比关系的变化而变化的。当朝廷的实力超过它所要讨伐的藩镇的实力，或者在综合环境有利的情况下，皇帝和朝廷上下往往会下定决心，以武力来统一藩镇，以张皇威；在这种情况下就不会借助赦宥的手段来妥协，也不会对反叛首领进行赦免。而当战事不利，朝廷受挫或者陷入困境后，对更为强大顽固的藩镇，朝廷则不得不颁布赦令，以达到

① 崔瑞德在分析武后、中宗和睿宗时期的大赦时指出："它们（大赦令）构成了一种有用的史料形式，从中不但可以看出国内的状况，而且可以了解政府的若干总的方针路线。"（英·崔瑞德编，中国社会科学出版社、西方汉学研究课题组译：《剑桥中国隋唐史》，中国社会科学出版社 1990 年版，第 289 页。）

妥协的目的——“用武力推行中央控制的失败对全国受朝廷控制的其他藩镇的影响是很大的。中央政府国库空虚，威信扫地，不得不回头实行保守政策。”①

在这种特殊的背景和情况下，中央对于对藩镇的态度可以浓缩为两个词：赦宥、讨伐，对节度使本人的赦免与否就是标志着武力讨伐还是妥协承认接受现状两种政策。对待藩镇和反叛将领的态度高度的概括——伐、赦，说明此时中央与地方的矛盾已经完全激化和公开，而赦也成为一种极其重要的手段，除了这两种政策外，别无选择。所以，在对藩镇征战时，皇帝往往在朝廷上提出讨论：“先是诏群臣各献诛吴元济可否之状，朝臣多言罢兵赦罪为便，翰林学士钱徽、萧俛语尤切，唯度言贼不可赦。”②“诏群臣曰：‘今用兵已久，利害相半。其攻守之宜，罚宥之要，宜各具议状以闻。’”③在征战的过程中也会随着形势的变化而改变政策，或是变打为宥，或是变宥为打。

唐朝廷对淮西吴少诚、吴元济的前后几次赦宥政策的变化就比较明显，吴少诚掌权之后，“日事完聚，不奉朝廷”，并屡次进攻周边郡县，于是唐廷决定讨伐，“寻下诏削夺少诚官爵，分遣十六道兵马进讨”，并在诏书中说：“干犯国章，罪在无赦。”④以强调唐廷的决心。这是唐廷和皇帝对于当时双方力量对比判断不明，所以决心选择武力。

在双方大小战役中，唐朝的将领成效不佳。《通鉴考异》引《实录》云：“诸军讨蔡州，未尝整阵交锋，而王师累挫溃。吴少诚知王师无能，为致书币以告监军，愿求昭洗。”⑤无奈之下，贞元十六年九月，德宗下诏宥吴少诚。此时的赦宥纯粹是朝廷被动颁布的，一方面是为了给自己找台阶下，为了顾全中央的威信；另一方面也是为了做出让步，好让叛军退兵。这一点正如《剑桥中国隋唐史》所指出：“朝廷提出了完全不咎既往和承认政治现状的条

① ［英］崔瑞德编，中国社会科学出版社、西方汉学研究课题组译：《剑桥中国隋唐史》，中国社会科学出版社1990年版，第508页。

②（后晋）刘昫等：《旧唐书》卷170《裴度传》，中华书局1975年版，第4415页。

③（后晋）刘昫等：《旧唐书》卷15下《宪宗本纪下》，中华书局1975年版，第455页。

④（后晋）刘昫等：《旧唐书》卷13下《德宗本纪下》，中华书局1975年版，第391页。

⑤（宋）司马光：《资治通鉴》卷235《唐纪五十一》，德宗贞元十六年十月引，中华书局1956年版，第7592页。

件，给那些只怀有有限目标的叛乱领袖一个选择”；而当“中央政府国库空虚，威信扫地，不得不回头实行保守政策”[①] 之后，吴少诚也自动退兵，“引兵归蔡州，上表待罪。”于是双方互相妥协让步，朝廷“遂下诏洗雪，复其官爵，累加检校仆射”。赦免其罪过，官复原职，变武力平定为拉拢妥协，以维持现状。甚至到了顺宗时，“加同中书门下平章事。元和初，迁检校司空，依前平章事。”[②]这种状态一直维持到吴元济时期，宪宗上台后，决心重振朝纲，平定藩镇。

元和十年正月，“以陈州刺史李光颜为忠武军节度使，又以山南东道节度使严绶充申光蔡等州招抚使，仍令内常侍崔潭峻监绥军”，“令宣武、大宁、淮南、宣歙等道兵马合势，山南东道及魏博、荆南、江西、剑南东川兵马与鄂岳许会，东都防御使与怀郑汝节度及义成兵马掎角相应，同期进讨”。在这种大军压境的情况之下，宪宗自然踌躇满志，志在必胜。到了四月，李光颜又“破贼党”，在这种情况下，“元济遣人求援于镇州王承宗、淄郓李师道；二帅上表于朝廷，请赦元济之罪”，唐廷自然不会答应，“朝旨不从”。“翌日，光颜奏大破贼于时曲”，朝廷上下都欣喜异常，武力平定之心弥坚，“自是中外相贺，决不赦贼，征天下兵环申、蔡之郊，大小十余镇。”[③] 最后，李愬雪夜入蔡州，生擒元济，平定淮西。

但是在战争持续的过程中，当形势进展不是很顺利的时候，朝廷上下同样会萌生妥协的想法，重新提出赦宥罢兵的想法。《旧唐书·裴度传》记载：“先是诏群臣各献诛吴元济可否之状，朝臣多言罢兵赦罪为便，翰林学士钱徽、萧俛语尤切，唯度言贼不可赦。”[④] 又，《令狐楚传》记载：“时用兵淮西，言事者以师久无功，宜宥贼罢兵，唯裴度与宪宗志在殄寇。”[⑤]

吴少诚也深知赦宥的感化作用之大，害怕朝廷通过赦宥分化其部属百姓，

---

① ［英］崔瑞德编，中国社会科学出版社、西方汉学研究课题组译：《剑桥中国隋唐史》，中国社会科学出版社 1990 年版，第 506、508 页。

② （后晋）刘昫等：《旧唐书》卷 145《吴少诚传》，中华书局 1975 年版，第 3947 页。

③ （后晋）刘昫等：《旧唐书》卷 145《吴少诚传附子元济传》，中华书局 1975 年版，第 3948—3949 页。

④ （后晋）刘昫等：《旧唐书》卷 170《裴度传》，中华书局 1975 年版，第 4415 页。

⑤ （后晋）刘昫等：《旧唐书》卷 172《令狐楚传》，中华书局 1975 年版，第 4460 页。

故而采用反动宣传和激化，“是以蔡人有老死不闻天子恩宥者，故坚为贼用。”① 所以，当后来宰相李度代表朝廷接管蔡州时，“以皇帝命赦其人。”以示感化，这也是发挥赦宥的安抚功能，在战争结束后收拾残局，安定形势。而战后，李度也因为坚持不赦的政策，所以淮西一役，位居首功：“元济之平，由度能固天子意，得不赦，故诸将不敢首鼠，卒禽之，多归度功，而愬特以入蔡功居第一。”②

在对淮西用兵之时，对王承宗的讨伐也在同时进行。唐廷遣中人吐突承璀将左右神策，率河中、河阳、浙西、宣歙兵讨之。但是，承璀至军，无威略，师不振，又败北。于是李绛奏：“蔡无四邻援，攻讨势易，不如赦承宗，专事淮西。”提出以赦宥为策略，先绥靖王承宗，待淮西事平后再作计议。太常卿权德舆也上书对军事形势作了分析，并建议：“神策兵市井屠贩，不更战阵，恐因劳惮远，溃为盗贼。恒冀骑壮兵多，攻之必引时月，西戎乘间，则禁卫不可顿虚。山东，疥癣也；京师，心腹也。不可不深念。且师出半年，费缗钱五百万。方夏甚暑水潦，疾疫且降，诚虑有溃桡之变。”又言：“山东诸侯，皆以息自副，人心不远，谁肯为陛下尽力者。又卢从史倚寇为援，訹承璀邀宠利，宜召行营善将，令倍驿驰，度至半道，授以泽潞，而徙从史它镇，破其奸图，然后赦承宗，众情必服。”也提出，在适当的时候赦宥承宗，通过和平的手段来达到目的。元和五年，朝廷军队小胜，“河东军拔其一屯，张茂昭破之木刀沟；刘济又拔安平。”形势发生了变化，“承宗惧，遣其属崔遂上书谢罪，愿请吏入赋得自新。”恰好当时朝廷上下也有罢兵之意，于是移船就岸，赦免了承宗，罢兵还朝，维持现状——“是时宿师久无功，饷不属，帝忧之。而淄青、卢龙数表请赦，乃诏浣雪，尽以故地畀之，罢诸道兵。”但是，这只是双方妥协的结果，赦宥罢兵都是暂时的。真正形势发生变化是在元和十二年，淮西吴元济被平定之后，朝廷威望大振，其他节度使包括王承宗见此情形，方开始重新考虑：“承宗大恐，使牙将石泛奉二子至魏博，因田弘正求入侍，且请归德、棣二州，入租赋，待天子署吏。……乃是乃诏复官

① （后晋）刘昫等：《旧唐书》卷145《吴少诚传附子元济传》，中华书局1975年版，第3951页。
② （宋）欧阳修等：《新唐书》卷214《吴少诚传附元济传》，中华书局1975年版，第6007页。

爵，以华州刺史郑权为横海节度使，统德、棣、沧、景等州，复承宗实封户三百，以所部饥，赐帛万匹。”既然王承宗是真正降服，朝廷也就赦免其罪，赏赐安抚，直至元和十五年王承宗死，赠侍中。①

《剑桥中国隋唐史》对这次征伐的过程有所描述，“从816年起，朝廷同时讨伐成德。这次讨伐取得了一些微小的收获后，再次停了下来。当817年中期敌对行动结束时，没有恢复依例颁布的大赦令。相反，成德到818年很久以后仍未获得特赦，所以在官方看来王承宗仍然是一个叛乱者和不法分子。……818年春，为了报答赦免和重新被封为节度使，他（王承宗）同意把他的藩镇纳入帝国正式的行政机构之中，并交出了有争议的德州和棣州。”②

由此可见，在朝廷和藩镇的军事政治较量中，随着形势利弊的变化，双方的政策也在不断地变化之中。而赦宥作为一种权衡的手段，在双方的较量过程中反复使用，并发挥着特殊的作用。

除了对于战争进程进行调节，战前的赦宥也发挥着极为重要的作用。在唐代为了拉拢藩镇首领，以示恩宠和信任，朝廷往往会给大臣颁布另外一种特殊形式的赦宥“铁券”。铁券，是以皇帝的名义颁发给功臣、重臣的一种具有盟约性质的文书。持有铁券的功臣、重臣及其后代，可以享受皇帝赐予的特权，其中最主要的一项就是免死。因此，它实际上就等同于一种预支了的赦宥。它的出现是特殊的政治背景的产物，最早见于东汉光武帝时。祭遵说：“昔高祖大圣，深见远虑，班爵割地，与下分功，著录勋臣，颂其德美。生则宠以殊礼，奏事不名，入门不趋。死则畴其爵邑，世无绝嗣，丹书铁券，传于无穷。斯诚大汉厚下安人长久之德，所以累世十余，历载数百，废而复兴，绝而复续者也。”③隋代和唐代，皇帝为功臣颁发铁券几乎形成惯例，铁券成为颁给开国功臣、中兴功臣以及少数民族的首领的一种常见恩赐。

铁券作为赦宥的一种特殊形式，在政治和藩镇斗争中发挥了重要的作用，

---

① （宋）欧阳修等：《新唐书》卷211《王武俊传附承宗传》，中华书局1975年版，第5957—5958页。

② ［英］崔瑞德编，中国社会科学出版社、西方汉学研究课题组译：《剑桥中国隋唐史》，中国社会科学出版社1990年版，第532页。

③ （南朝·宋）范晔：《后汉书》卷20《祭遵传》，中华书局1965年版，第741页。

对于铁券本身关注可能相对不多。关于铁券的铁券文书的物质形制，清代钱泳在其所著《履园丛话》中说："唐昭宗乾宁四年，赐先武肃王铁券，为吾家之宝……其形如瓦，高今裁九寸，阔一尺四寸六分，厚一分五厘，重一百三十二两。盖熔铁而成，镂金其上者。"① 其后的铁券多参照此制作的。

铁券券文的内容，概括来说一般包括四个方面。首先，是标明的赐券的日期、赐予对象的姓名、官爵和邑地等；其次，标明被赐者对朝廷的功勋业绩；再次，是皇帝给被赐者的特权，一般是免其本人或者后代子孙死罪若干次，等等；最后，是皇帝的誓言。

唐政府还曾用赏赐铁券的办法绥靖周边各少数民族。唐政府对少数民族的"以威惠羁縻之"②，在用武力威慑的同时，又对其首领采取笼络的手段予以礼遇，而赏赐铁券即是其一。玄宗开元二年，武周时因反叛朝廷而闻名的松漠都督府李尽忠的从父弟李失活率所部归降，玄宗赐以丹书铁券，并复置松漠都督府，以李失活为都督。玄宗天宝年间，被赐以丹书铁券的各少数民族首领还有护密国王子颉吉匐、柘支国顺义王子那俱车鼻施等。"重爵贵号，以崇其宠；丹书铁券，以表其忠。"③

王雪玲认为：唐政府频繁地赏赐功臣铁券，借以嘉奖其为保卫社稷、维护皇权所作出的贡献；安史之乱后，又不断地赐予有叛逆图谋的藩镇节帅，试图安抚其心，阻止叛乱。前者反映了唐代皇帝对功臣的日渐依重，后者则反映了唐政府对日益膨胀的藩镇势力的优容和姑息。无论是前者还是后者，从其整个发展过程中都不难看出唐朝政权日渐衰微的轨迹。

唐朝政府除用铁券赏赐功臣外，还用以招降武将，安抚藩镇。④ 《旧唐书》记载：兴元元年二月，诏加李怀光太尉，兼赐铁券，遣李升及中使邓鸣鹤赍券喻旨。怀光怒甚，投券于地曰："凡人臣反，则赐铁券，今授怀光，是使反也。"词气益悖，众为之惧。时怀光部将韩游瑰掌兵在奉天，怀光乃与游

① （清）钱泳：《履园丛话》卷2，中国书店1991年版，第117页。

② （后晋）刘昫等：《旧唐书》卷195《回纥传》，中华书局1975年版，第5216页。

③ （宋）宋敏求：《唐大诏令集》卷64《赐突骑施黑姓可汗铁券文》，商务印书馆1959年版，第353页。

④ 王雪玲：《从滥赐铁券看唐朝政权的衰微》，《陕西师范大学学报》2003年第3期。

瑰书，约令为变，游瑰密奏之。这次事件导致了严重的后果，“上还京师，以侍中浑瑊为河中节度副元帅，将兵讨怀光。”但是，浑瑊率领的唐军破同州之后就屯军不进，之后屡次吃败仗，“数为怀光所败”。在这种情况下，加上天灾，中央财政紧张，于是朝廷上下又开始动摇，“时仍岁旱蝗，京师初复，经费不给，言事者多请赦怀光。”① 至此我们可以看到，赦宥似乎已经成为唐廷的一件重要法宝，每到艰难关头，朝廷都会通过赦宥藩镇首领的办法来扭转被动的局面，暂时稳定局势。

当时，大臣中只有李晟上言反对，并具体针对是否赦宥李怀光，提出了自己的五条意见：“赦怀光有五不可：河中距长安才三百里，同州当其冲，多兵则未为示信，少兵则不足提防，忽惊东偏，何以制之！一也。今赦怀光，必以晋、绛、慈、隰还之，浑瑊既无所诣，康日知又应迁移，土宇不安，何以奖励，二也。陛下连兵一年，讨除小丑，兵力未穷，遽赦其反逆之罪；今西有吐蕃，北有回纥，南有淮西，皆观我强弱，不谓陛下施德泽，爱黎元，乃谓兵屈于人而自罢耳，必竞起窥觎之心。三也。怀光既赦，则朔方将士皆应叙勋行赏，今府库方虚，赏不满望，是愈激之使叛，四也。既解河中，罢诸道兵，赏典不举，怨言必起，五也。”最后，李晟又分析了敌我形势，得出必胜得结论：“今河中米斗五百，刍稿且罄，人饿死墙壁间，其大将杀戮几尽，围之旬时，力穷且溃，愿无养腹心疾为后忧。臣请选精兵五千，约十日粮，可以破贼。”② 之后，大将马燧自行营入朝，奏称：“怀光凶逆尤甚，赦之无以令天下，愿更得一月粮，必为陛下平之。”③ 有了这双重的保证，皇帝才同意继续用兵。因此，决定是否赦宥的重要的条件就是双方的力量对比和形势变化。其中还包括皇帝的决心。

总结以上，我们可以得出这样的结论，即藩镇时期的赦宥，可以分为战前的、战后的。而战争进程中的赦宥更是朝廷的一种策略和手段。当朝廷上下决心武力平藩并且形势有利时，朝廷不会赦免藩镇首领；当战争受挫，朝

① （后晋）刘昫等：《旧唐书》卷121《李怀光传》，中华书局1975年版，第3493—3494页。
② （宋）欧阳修等：《新唐书》卷154《李晟传》，中华书局1975年版，第4870页。
③ （宋）司马光：《资治通鉴》卷231《唐纪四十七》，德宗贞元元年七月，中华书局1956年版，第7454页。

廷陷入困境时，皇帝和大臣都会气馁，就会选择赦宥来结束战争，取得阶段性的妥协。因此，赦宥的工具性和目的性表现得十分明显。

除此之外，赦宥还发挥着其他重要的作用，其一就是战争进程中的赦宥对于瓦解敌人内部、分化其集团人心起到不可低估的作用；而战争结束，朝廷也会对收复领地的百姓进行洗涤性的大赦，以安定人心，稳定形势。如王武俊平定李惟岳后："帝尽赦其府将士，给部中租役三年。"以安抚人心和尽快恢复社会生产。关于赦宥的巨大作用，在《剑桥中国隋唐史》中有所描述："758 年颁布的大赦令宽恕了除极少数有名将领以外的所有叛军，这是有意识地愈合国内分裂的企图，但它也为促使叛军内部倒戈以削弱敌人力量的战术目的服务。""762 年阴历三月新帝代宗在长安登基，但他的继位对冲突的进程没有什么直接的影响，可他登基后随即颁布大赦，以重申肃宗的宽大政策，这对结束叛乱起了直接作用"。①

在论及藩镇和赦宥的关系的时候不得不提及贞元元年的大赦令。建中四年（783 年），朱泚领导哗变士兵叛乱，并创建了新的朝廷。而诸藩镇李希烈、田悦、王武俊、李纳等亦各自称王，欲仿七国故事。天下大乱，朝廷危急，皇帝出逃奉天。

此时，陆贽上言曰："今盗遍天下，舆驾播迁，陛下宜痛自引过以感人心。昔成汤以罪己勃兴，楚昭以善言复国。陛下诚能不吝改过，以言射天下，使书诏开所避忌，臣虽愚陋，可以仰副圣情，庶令反侧之徒革心向化。"皇帝同意了他的建议，自此以后，"故奉天所下书诏，虽骄将悍卒闻之，无不感激挥涕。"②

同时，在政策上，陆贽劝告德宗放弃控制全帝国的方针，而主张大赦河北诸节度使。他说，政府这样做可以腾出手来集中力量打垮朱泚这个巨恶元凶，然后王朝的军队就可以扫净其余的叛乱者。这些建议都写进了陆贽所起草和德宗于 784 年予以颁布的大赦诏令中，这道大赦令事实上便成了最后解

① ［英］崔瑞德编，中国社会科学院、西方汉学研究课题组译：《剑桥中国隋唐史》，中国社会科学出版社 1990 年版，第 479、481、482 页。

② （宋）司马光：《资治通鉴》卷 229《唐纪四十五》，德宗建中四年十二月，中华书局 1956 年版，第 7389 页。

决战争的基础。①

一个大赦令就具有如此大的功效吗？让我们看看这次赦宥。公元784年癸春正月癸酉朔，赦天下，改元。制曰：

致理兴化，必在推诚；忘己济人，不吝改过。朕嗣服丕构，君临万方，失守宗祧，越在草莽。不念率德，诚莫追于既往；永言思咎，期有复于将来。明征厥初，以示天下。

惟我烈祖，迈德庇人。致俗化于和平，拯生灵于涂炭。重熙积庆，垂二百年。伊尔卿尹庶官，洎亿兆之众。代受亭育，以迄乎今。功存于人，泽垂于后。肆予小子，获缵鸿业。惧德不嗣，罔敢怠荒。然以长于深宫之中，暗于经国之务。积习易溺，居安忘危。不知稼穑之艰难，不恤征戍之劳苦。泽靡不究，情不上通。事既壅隔，人怀疑阻。犹昧省己，遂致兴戎。征师四方，转饷千里。赋车籍马，远近骚然。行赍居送，众庶劳止。或一日屡交锋刃，或连年不解甲胄。祀奠乏主，室家靡依。生死流离，怨气凝结。力役不息，田莱多荒。暴令峻于诛求，疲旷空于杼柚。转死沟壑，离去乡闾。邑里丘墟，人烟断绝。天谴于上而朕不寤；人怨于下而朕不知。驯致乱阶，变兴都邑。贼臣乘衅，肆逆滔天。曾莫愧畏，敢行陵逼。万品失序，九庙震惊。上辱于祖宗，下负于黎庶。痛心腼儿，罪实在余，永言愧悼，若坠渊谷。赖天地降佑，人神叶谋，将相竭诚，爪牙宣力。屏除大盗，载张皇维，将弘永图，必希新命。

朕晨兴夕惕，唯念前非。乃者公卿百寮，累抗章疏，猥以徽号，加于朕躬。固辞不获，俯遂舆论。昨因循省，良用矍然。体阴阳不测之谓“神”，与天地合德之谓“圣”。顾惟浅昧，非所宜当。“文”者所以化成，“武”者所以定乱。今化之不被，乱是用兴，岂可更徇群情，苟应虚美，重予不德，只益怀惭！自今以后，中外所上书奏，不得更称“圣神文武”之号。夫人情不常，系于时化，天道既隐，乱狱滋丰。朕既不能弘德导人，又不能一法齐众，苟设密网，以罗非辜，为之父母，实增愧

① ［英］崔瑞德编，中国社会科学出版社、西方汉学研究课题组译：《剑桥中国隋唐史》，中国社会科学出版社1990年版，第587页。

悼！今上元统历，献岁发生，宜革纪年之号，式敷在宥之泽，与人更始，以答天休。可大赦天下，改建中五年为兴元元年。自正月一日昧爽已前，大辟罪已下，罪无轻重，咸赦除之。李希烈、田悦、王武俊、李纳等，有以忠劳，任膺将相；有以勋旧，继守藩维。朕抚驭乖方，信诚靡著，致令疑惧，不自保安。兵兴累年，海内骚扰，皆由上失其道，而下罹其灾，朕实不君，人则何罪？屈己私物，余何爱焉！庶怀引慝之诚，以洽好生之德。其李希烈、田悦、王武俊、李纳及所管将士官吏等，一切并与洗涤，各复爵位，待之如初。仍即遣使，分道宣谕。朱滔虽与贼泚连坐，路远未必同谋，朕方推以至诚，务欲弘贷，如能效顺，亦与维新。其河南、北诸军兵马，并宜各于本道，自固封疆，勿相侵轶。

朱泚大为不道，弃义蔑恩，反易天常，盗窃名器，暴犯陵寝，所不忍言，获罪祖宗，朕不敢赦。其被朱泚胁从将士、官吏、百姓及诸色人等，有遭其扇诱，有迫以凶威，苟能自新，理可矜宥。但官军未到京城以前，能去逆效顺，及散归本道者，并从赦例原免，一切不问。

天下左降官即与量移近处，已量移者，更与量移。流人配隶，及罚藩镇效力，并缘罪犯与诸使驱使官，兼别敕诸州县安置，及罪人家口未得归者，一切放还。应先有痕累禁锢，及反逆缘坐，承前恩赦所不该者，并宜洗雪。亡官失爵，放归勿齿者，量加收叙。人之行业，或未必兼。构大厦者，方集于群材；建奇功者，不限于常检。苟在适用，则无弃人。况黜免之人，沉郁既久。朝过夕改，仁何远哉！流移降黜、亡官失爵、配隶流人等，有才能著闻者，特加录用，勿拘常例。

诸军诸使诸道赴奉天及进收京城将士等，或百战摧敌，或万里勤王，捍固全城，驱除大憝。济危难者其节著，复社稷者其业崇。我图尔功，特加彝典。锡名畴赋，永永无穷。宜并赐名"奉天定难功臣"。身有过犯，递减罪三等；子孙有过犯，递减罪二等；当户应有差科使役，一切蠲免。其功臣已后，虽衰老疾患，不任军旅，当分粮赐，并宜全给。身死之后，十年仍回给家口。其有食实封者，子孙相继，代代无绝。其余叙录及功赏条件，待收京日，并准去年十月七日、十一月十四日敕处分。诸道诸军将士等，久勤捍御，累著功勋，方镇克宁，惟尔之力。其应在行营者，并超三资与官，仍赐勋五转。不离镇者，依资与官，赐勋三转。其累加勋爵，仍许回授周亲。内外文武官三品已上，赐爵一级，四品已上，各加一阶，仍并赐勋两转。

见危致命，先哲攸贵；掩骼埋胔，礼典所先。虽效用而或殊，在恻隐而何间？诸道兵士有死王事者，各委所在州县给递送归，本管官为葬祭。其有因战阵杀戮，捕获伏辜、暴骨原野者，亦委所在逐近便收葬。应缘流贬及犯罪未葬者，并许其家口各据本官品，以礼收葬。

自顷军旅所给，赋役繁兴，吏因为奸，人不堪命，咨嗟怨叹，道路无聊，汔可小康，与之休息。其垫陌及税间架、竹、木、茶、漆、榷铁等诸色名目，悉宜停罢。京畿之内，属此寇戎，攻劫焚烧，靡有宁室，王师仰给，人以重劳，特宜减放今年夏税之半。朕以凶丑犯阙，遽用于征。爰度近郊，息驾兹邑，军储克办，师旅攸宁，式当褒旌，以志吾过。其奉天宜升为赤县，百姓并给复五年。

尚德者，教化之所先；求贤者，邦家之大本。永言兹道，梦想劳怀。而浇薄之风，趋竞不息，幽栖之士，寂寞无闻。盖诚所未孚，故求之不至。天下有隐居行义、才德高远、晦迹丘园、不求闻达者，委所在长吏，具姓名闻奏，朕当备礼邀致。诸色人等中，有贤良方正、能直言极谏，及博通坟典、达于教化，并识洞韬钤堪任将帅者，委常参官及所在长吏闻荐。天下孤老鳏寡茕独不能自活者，并委州县长吏量事优恤。其有年九十以上者，刺史、县令就门存问。义夫、节妇、孝子、顺孙，旌表门闾，终身勿事。

大兵之后，内外耗竭，贬食省用，宜自朕躬。当节乘舆之服御，绝宫室之华饰，率已师俭，为天下先。诸道贡献，自非供宗庙军国之用，一切并停。内外官有冗员，及百司有不急之费，委中书门下即商量条件，停减闻奏。

布泽行赏，仰惟旧章。今以余孽未平，帑藏空竭，有乖庆赐，深愧于怀。

赦书有所未该者，委所司类例条件闻奏。敢以赦前事相言告者，以其罪罪之。亡命山泽，挟藏军器，百日不首，复罪如初。赦书日行五百里，布告遐迩，咸使闻知。①

在实施以上诸条细致、正确政策的基础上，朝廷又使人说田悦、王武俊、李纳，赦其罪，厚赂以官爵。

关于这次赦令的起草，背后也很多故事，此次赦令之所以能够具有如此大的功效，并且垂彪青史，陆贽功不可没。《新唐书》记载："会兴元赦令方具，帝以稿付贽，使商讨其详。贽知帝执德不固，困则思治，泰则易骄，欲激之使强其意，即建言：'履非常之危者，不可以常道安。解非常之纷者，不可以常令谕。陛下穷用兵甲，竭取财赋，变生京师，盗据宫闼。今假王者四凶，僭帝者二竖，其它顾瞻怀贰，不可悉数。而欲纾多难，收群心，惟在赦令而已。动人以言，所感已浅，言又不切，人谁肯怀？故诚不至者物不感，损不极者益不臻。夫悔过不得不深，引咎不得不尽，招延不可不广，润泽不可不弘。使天下闻之，廓然一变，人人得其所欲，安有不服哉？其须改革科条，已别封上。臣闻知过非难，改之难。言善非难，行之难。《易》曰："圣人感人心而天下和平。"夫感者，诚发于心，而形于事，事或未谕，故宣之于言，言必顾心，心必副事，三者相合，乃可求感。惟陛下先断厥志，以施其辞。度可行者而宣之，不可者措之。无苟于言，以重取悔。'"② 有了这种思想，再加上陆贽本人的过人文思，所以赦令所到之处，化人甚多。于是，这次赦宥发挥了出人意料的作用，取得了意想不到的效果。

首先是"赦下，四方人心大悦"，而"山东宣布赦书，士卒皆感泣"，所以李抱真说："臣见人情如此，知贼不足平也！"此外就是，诸藩镇王武俊、田悦、李纳等见赦令，皆去王号，上表谢罪。③

而对敌人内部起到的分裂、感化作用远不止此："是时，悦闻天子已赦罪，复官爵，心不欲行，重遽绝滔，阳遣薛有伦报滔如约。及闻滔要悦西，使田秀驰说悦曰：'闻大王欲从滔度河，为泚掎角，非也。方泚未盗京师时，滔为列国，且自高，如得东都，与泚连祸，兵多势张，返制于竖子乎？今日

① （唐）陆贽：《陆贽集》卷1《奉天改元大赦制》，中华书局2006年版，第1—16页。

② （宋）欧阳修等：《新唐书》卷157《陆贽传》，中华书局1975年版，第4919—4920页。

③ （宋）司马光：《资治通鉴》卷229《唐纪四十五》，德宗兴元元年正月，中华书局1956年版，第7392—7393页。

天子复官赦罪，乃王臣，岂舍天子而北面滔、泚耶。愿大王闭垒不出，武俊须昭义军出，为王讨之。'"① 各个藩镇已经离心，而这种离心现象的出现，正是朝廷通过赦宥的手段实行分化的结果。

建中四年六月，李抱真使参谋贾林诣武俊壁诈降。武俊见之。道出了自己的心声："仆不惮归国，但已与诸镇结盟。胡人性直，不欲使曲在己。天子诚能下诏赦诸镇之罪，仆当首唱从化。诸镇有不从者，请奉辞伐之。如此，则上不负天子，下不负同列，不过五旬，河朔定矣。"使林还报抱真，阴相约结。只要朝廷能够赦除自己的罪过，自己就愿意首唱从化，并且"诸镇有不从者，请奉辞伐之"②。藩镇割据和平藩战争造成的影响是深远而又巨大的，加上当时的种种背景常常导致朝廷陷入困境，各种体制中也存在种种弊端。为了消除弊政，朝廷也会采用赦宥的手段来予以解决。

> 贞元三年，时关东防秋兵大集，国用不充。李泌奏："自变两税法以来，藩镇、州、县多违法聚敛。继以朱泚之乱，争榷率、征罚以为军资，点募自防。泚既平，自惧违法，匿不敢言。请遣使以诏旨赦其罪，但令革正，自非于法应留使、留州之外，悉输京师。其官典逋负，可征者征之，难征者释之，以示宽大。敢有隐没者，重设告赏之科而罪之。"上喜曰："卿策甚长，然立法太宽，恐所得无几！"对曰："兹事臣固熟思之，宽则获多而速，急则获少而迟。盖以宽则人喜于免罪而乐输，急则竞为蔽匿，非推鞫不能得其实，财不足济今日之急而皆入于奸吏矣。"上曰："善！"以度支员外郎元友直为河南、江、淮南句勘两税钱帛使。③

只有通过赦宥来消除违法聚敛者的疑虑，打消他们的后顾之忧，才能使他们自觉归还侵占的公物，悉输京师，达到宽则获多而速的效果，弥补国用不足。在这种情况下，赦宥是比任何其他措施都更为有效的方法。

---

① （宋）欧阳修等：《新唐书》卷210《田承嗣传附悦传》，中华书局1975年版，第5931页。

② （宋）司马光：《资治通鉴》卷228《唐纪四十四》，德宗建中四年六月，中华书局1956年版，第7345页。

③ （宋）司马光：《资治通鉴》卷232《唐纪四十八》，德宗贞元三年六月，中华书局1956年版，第7492页。

第五节　唐代的官员阶层和赦宥

在探讨赦宥和政治关系的时候，我们有必要从另外一个角度即朝堂政治这个局部去着手分析。臣僚和皇帝是朝堂政治生活的主体构成，如果我们把赦宥视为一种制度甚至是政治制度的一部分，那么深入分析封建社会上层和赦宥的关系就显得很有意义。关于皇帝和赦宥的关系，在前文已经作了具体的个案分析；此外，官员大臣群体作为统治阶级的一部分，是封建社会上层政治机体的构成之一。他们和赦宥的关系尤其密切，也值得我们重视。

赦宥对于朝廷和地方的官员，官员对于赦宥都有互相的影响和作用。他们之间是一种辩证、互动关系，两者之间的关系是立体的、多层次的。

分开来讲，包括：

一、官员们参与赦宥的决定和实施，这里的赦宥既包括全国性的大赦，也包括皇帝对于个人的特赦，尤其是后者的情况特别多，这些赦宥一般来说都会由皇帝召集近臣讨论是否实行，个别情况下的赦宥，甚至是大臣劝说皇帝实行的。此外，官员也拥有部分特赦的权利。

二、赦宥对于官员的影响。这也包括几个方面的复杂内容。包括皇帝对于负罪的大臣的赦宥及处置办法（有罪的大臣可以通过赦宥获得宽大处理）；赦宥对于流人（包括被贬官员）的影响，普通官员在大赦中的待遇；官员在赦宥过程中必须参与的活动和礼节工作等。

三、作为政治工具的赦宥。我们发现赦宥经常被皇帝用来调整群臣的关系，驾驭臣下，平衡党争。而官员之间，不同的政治集团之间，也会利用赦宥作为互相斗争的工具。

封建社会的皇帝拥有至高无上的权力，赦宥的动议权、最终决定权自然也毋庸置疑地掌握在皇帝手中。但是，我们通过史料可以发现，在很多情况下，大臣们也参与了赦宥的动议和决定。如果细分的话，我们可以看到，大臣们对于赦宥的干预和影响主要有以下几种：大臣上疏建议对某人或某部分群体进行特赦——建赦；大臣们按照皇帝的诏旨讨论是否实行赦宥——议赦；大臣通过言论或者行动反对皇帝的某项大赦令——谏赦。甚至在个别情况下，大臣们会超越常规独立行使赦宥的权利。

《新唐书》记：狄仁杰更拜河北安抚大使。时民多胁从于贼，贼已去，惧诛，逃匿。仁杰上疏曰："议者以为虏入寇，始明人之逆顺，或迫胁，或愿从，或受伪官，或为招慰。诚以山东之人重气，一往死不为悔。比缘军兴，调发烦重，伤破家产，剔屋卖田，人不为售。又官吏侵渔，州县科役，督趣鞭笞，情危事迫，不循礼义，投迹犬羊，以图赊死，此君子所愧，而小人之常。民犹水也，壅则为渊，疏则为川，通塞随流，岂有常性。昔董卓之乱，神器播越，卓已诛禽，部曲无赦，故事穷变生，流毒京室。此由恩不溥洽，失在机先。今负罪之伍，潜窜山泽，赦之则出，不赦则狂。山东群盗，缘兹聚结。故臣以为边鄙暂警不足忧，中土不宁可为虑也。夫持大国者不可以小治，事广者不可以细分。人主所务，弗检常法。愿曲赦河北，一不问罪。"诏可。[①] 这是大臣从国家和百姓的长远利益考虑，建议皇帝颁布大赦令，赦免战乱祸及地区的罪囚。这种情况下的赦宥，其发起完全是由大臣建议的。

同样的例子还是狄仁杰。"狄仁杰因使岐州，遇背军士卒数百人，夜纵剽掠，昼潜山谷，州县擒捕系狱者数十人。仁杰曰：'此途穷者，不缉之，当为患。'乃明榜要路，许以陈首。仍出系狱者，禀而给遣之。高宗喜曰：'仁杰识国家大体。'乃颁示天下，宥其同类，潜窜毕首矣。"[②]

不仅仅是对于战乱地区，德刑是历来统治阶级恩威并用的两种手段，因此当朝廷的刑网过密，刑法过严，统治过于高压的时候，统治阶级往往会通过赦宥的手段，适当调节和缓和。

武则天统治期间，魏玄同上疏描绘了当时的社会情况："扬豫以来，大狱屡兴，穷治连捕，数年不绝。大猾伺间，阴相影会，构似是之言，正不赦之辜，恣行楚惨，类自诬服，王公士人，至连颈就戮。道路藉藉，咸知其非，

① （宋）欧阳修等：《新唐书》卷115《狄仁杰传》，中华书局1975年版，第4209—4212页。

② （唐）刘肃：《大唐新语》卷4《政能》，中华书局1984年版，第63—64页。

而锻练已成，不可翻动。小则身诛，大则族夷，相缘共坐者庸可胜道？彼皆报仇复嫌，苟图功求官赏耳。”因此他建议说：“臣愿陛下廓天地之施、雷雨之仁，取垂拱以来罪无重轻所不赦者，普皆原洗。死者还官，生者沾恩，则天下了然，知向所陷罪，非陛下意也。”① 这是统治阶级中具有长远眼光的成员，为了统治阶级的整体利益和长远利益，请求皇帝大赦天下，以缓和社会矛盾，稳定统治。

除了以上从全局考虑，建议皇帝对全国区域进行大赦之外，在朝堂之上，大臣之间互相求情、互相庇护，请求皇帝对个别负罪大臣进行特别赦宥的情况也屡见不鲜。

贞观十七年，大将侯君集因为谋反被断死刑，另一大臣岑文本上书为侯君集开脱，说：侯君集受陛下厚恩，“位居辅佐，职惟爪牙，并蒙拔擢将帅之任，不能正身奉法以报陛下”，却犯下大罪，是应该处罚，但是圣人应该“记人之功忘人之过”，并引用前代汉武帝不录李广利之过，隋文帝赦免韩擒虎之罪，说前人尚能做到，况且“陛下天纵神武振宏图以定六合”，难道还不能行古人之事吗？希望“陛下若降雨露之泽，收雷电之威，录其微劳，忘其大过”，赦免他，这样陛下虽然是德屈法，但是德更彰显。能使立功之士更加勤勉，负罪之将由此改过。②

则天年间，贤臣魏元忠为人陷害身陷囹圄，苏安恒上疏武则天，请求赦免魏元忠，说“魏元忠廉直有闻，位居宰辅，履忠正之基”，是遭受奸佞妒忌陷害，“明王有含天下之量”，希望武则天能够赦免他，则安百姓之心，天下幸甚。③

郭元振为将时，玄宗于骊山讲武，郭元振因为军容不整，坐于纛下，将斩以徇，刘幽求、张说于马前谏曰：“元振有翊赞大功，虽有罪，当从原宥。”④ 在统治阶级内部，这种对于大臣或者大将的特赦，在很多情况下都是由其他的大臣建议或者恳请皇帝颁布的。这种零星的特赦也是属于封建社会

① （宋）欧阳修等：《新唐书》卷116《韦思谦传附嗣立传》，中华书局1975年版，第4231页。
② （宋）李昉等：《文苑英华》卷697《为侯君集疏》，中华书局1966年版，第3595页。
③ （宋）李昉等：《文苑英华》卷697《为魏元忠疏》，中华书局1966年版，第3596页。
④ （后晋）刘昫等：《旧唐书》卷97《郭元振传》，中华书局1975年版，第3048页。

赦宥的大范畴。

因此，总结以上两个方面，在封建社会，有相当一部分赦宥（包括特赦和全国性的大赦）的肇始是由官僚阶层建议皇帝而发动的。

我们注意到，由于官员们参与讨论是否实行赦宥的情况是如此之多，于是我们开始怀疑在唐代是否有这样一种制度：赦宥实施前都在朝廷上进行过讨论？

关于官员犯罪，《全唐文新编》记载了这样一则诏书——《五品以上死罪平议诏》："死罪，中书门下五品以上及尚书等平议之，犯公罪流，私罪徒，皆不追身。"[①] 例如，肃宗至德年间，发生了将军王去荣杀人事件：将军王去荣以私怨杀富平令杜徽，肃宗新得陕，且惜去荣材，诏贷死，以流人使自效。但是遭到臣下反对，所以"帝诏群臣议"。[②] 这件事情在《文苑英华》卷768《崔器：将军王去荣杀人议》中也有记载，崔器时任文部郎中，详细讨论了对是否赦宥王去荣的意见。

文宗年间，刘稹触刑，文宗下令在朝廷上讨论这件事情。下诏中书门下两省尚书御史台四品以上、武官三品以上，会议刘稹可诛可宥之状以闻。讨论对于刘稹到底是该诛还是该宥。此为一例。追溯到玄宗年间，严善思因为曾党从韦氏，后被追究，有司判决他死刑，韩思复上疏反对有司这样草率决刑，驳奏曰："议狱缓死，列圣明规。刑疑从轻，有国常典。严善思往在先朝，属韦氏擅内，恃宠宫掖，谋危宗社。善思此时遂能先觉，因诣相府有所发明，进论圣躬必登宸极。虽交游重福，盖谋陷韦氏。及其谒见，犹不奏闻，将此行藏，即从极法。且敕追善思，书至便发，向怀逆节，宁即奔命？一面疏纲，诚合顺生。三驱取禽，来而可宥。惟刑是恤，事合昭详。请付刑部集群官议定奏裁，以符慎狱。"[③] 是时议者多云善思合从原宥，有司仍执前议请诛之。

请求刑部召集群官决议。看来，对于负罪者尤其是负罪的大臣，在朝廷上讨论决定是否赦免已经成为一种惯例甚至制度。这也是统治阶级内部一种

① 周绍良：《全唐文新编》卷9《太宗皇帝·五品以上死罪平议诏》，吉林文史出版社2000年版，第93页。

② （宋）欧阳修等：《新唐书》卷119《贾曾传附至传》，中华书局1975年版，第4299页。

③ （后晋）刘昫等：《旧唐书》卷101《韩思复传》，中华书局1975年版，第3148页。

开明决策制度的表现，不仅是对于个别官员的特赦。当赦宥被作为朝廷的一项政策或者策略的时候，这种讨论的必要性就显得更加明显。

宪宗即位后，决心武力平藩，但是对于王承宗的战争历久而无功，到了元和十一年戊寅，宪宗下诏，令群臣讨论对藩镇的政策，诏书中说："今用兵已久，利害相半。其攻守之宜，罚宥之要，宜各具议状以闻。"① 召集群臣商议决定是否赦免王承宗，罢兵息战。

这种情况下的赦宥是作为一种政治策略和朝堂政策被提到一定的高度，因而需要统治阶级内部群策群力，通过一定的民主机制讨论来决定。虽然封建社会的皇帝拥有至高无上的权力，赦宥的最终决定权也是在皇帝的手中，但是有的时候，赦宥的执行却并不完全以皇帝的意志为转移，封建统治机构内部的自我约束机制也在发挥作用，某些谏臣或者言官也会通过各种各样的方式来谏赦，以秉公执法、依法办事，在一定的范围和限度内维护封建社会的法律制度和原则。

德宗即位，想重新起用奸相卢杞，于是下诏赦免其罪并且重新任命为饶州刺史。诏出，大臣孙高执不下，奏曰："陛下用杞为相，出入三年，附下罔上，使陛下越在草莽，群臣愿食其肉且不厌。汉法，三光不明，雨旱不时，皆宰相请罪，小者免，大者戮。杞罪万诛，陛下赦不诛，止贬新州，俄又内移，今复拜刺史，诚失天下望。"帝曰："杞不逮，是朕之过。朕已再赦。"答曰："杞天资诡险，非不逮，彼固所余。赦者，止赦其罪，不宜授刺史。愿问外廷，并敕中人听于民。若亿兆异臣之言，臣请前死。"② 封建社会皇帝口含天宪，手握生死大权，但是，在这里，皇帝的赦令却被大臣屡屡抗阻并质疑，不能顺利贯彻执行。这种情况在唐代并不鲜见。

建唐初期，天下粗定，东都刚平，高祖刚颁布完大赦天下令，又欲责贼支党，悉流徙恶地。孙伏伽上疏切谏，认为："臣闻王者无戏言，《书》称'尔无不信，朕不食言'，言之不可不慎也。陛下制诏曰：'常赦不免，皆原之。'此非直赦有罪，是亦与天下更新辞也。世充、建德所部，赦后乃欲流

① （后晋）刘昫等：《旧唐书》卷15下《宪宗本纪下》，中华书局1975年版，第455页。
② （宋）欧阳修等：《新唐书》卷120《袁恕己传附高传》，中华书局1975年版，第4325页。

徒。《书》曰：‘歼厥渠魁，胁从罔治。’渠魁尚免，胁从何辜？且跖狗吠尧，吠非其主。今与陛下结发雅故，往为贼臣，彼岂忘陛下哉，壅隔故也。至疏者安得而罪之？由古以来，何代无君，然止称尧、舜者，何也？直由善名难得也。昔天下未平，容应机制变。今四方已定，设法须与人共之。法者陛下自作，须自守之，使天下百姓信而畏也。自为无信，欲人之信，若为得哉？赏罚之行，无贵贱亲疏，惟义所在。臣愚以为贼党于赦当免者，虽甚无状，宜一切加原，则天下幸甚。”又表置谏官。帝皆钦纳。①

文中指出，赦和治罪不仅仅是对于贼党的态度问题，更是关乎朝廷信誉和皇帝善名的重大问题，也是关系大唐法律制度是否划一的问题。因此，必须严格执行赦令，不应该赦后再予追究。

中宗年间，长安有浮屠慧范畜赀千万，谐结权近，并同公主乳媪联通，得升为三品御史大夫。御史魏传弓劾其奸赃四十万，请论死。“中宗欲赦之，魏传弓认为：‘刑赏，国大事，陛下赏已妄加矣，又欲废刑，天下其谓何？’帝不得已，削银青阶。”②

此外，还有以比较委婉的方式，如劝谕或者讽谏来表达对于皇帝的赦令的看法，达到干涉赦宥的目的。《旧唐书·崔器传》记载，崔器性阴刻乐祸，残忍寡恩。肃宗收复东京后，令陈希烈以下数百人如西京之仪。崔器希旨奏陷贼官准律并合处死。肃宗将从其议。三司使、梁国公李岘执奏，固言不可，乃六等定罪，多所原宥，唯陈希烈、达奚珣斩于独柳树下。后萧华自相州贼中仕贼官归阙，奏云：“贼中仕官等重为安庆绪所驱，胁至相州，初闻广平王奉宣恩命，释放陈希烈已下，皆相顾曰：‘我等国家见待如此，悔恨何及。’及闻崔器议刑太重，众心复摇。”肃宗曰：“朕几为崔器所误。”③

这段文字中，崔器主张杀戮，而李岘则以大臣的身份，劝止皇帝颁布赦令，赦免因叛乱被诖误的大小官吏。看来官员确实有影响赦宥的权力，在赦宥问题上都有一定的发言权。

开成初，度支左藏库妄破渍污缣帛等赃罪，文宗以事在赦前不理。狄仁

① （宋）欧阳修等：《新唐书》卷103《孙伏伽传》，中华书局1975年版，第3997页。
② （宋）欧阳修等：《新唐书》卷83《太平公主传》，中华书局1975年版，第3651页。
③ （后晋）刘昫等：《旧唐书》卷115《崔器传》，中华书局1975年版，第3374页。

杰族曾孙兼谟封还敕书，文宗召而谕之曰："嘉卿举职，然朕已赦其长官，典吏亦宜在宥。然事或不可，卿勿以封敕为艰。"① 文中的狄兼谟不同意文宗赦宥左藏库长官和典吏，因此封还了皇帝的赦书，通过这样更为直接的方式来干涉赦宥的实施，坚持自己的立场。而下文中的薛存诚更是态度坚决，以死来劝谏皇帝，坚决拒绝执行皇帝的赦令。

薛存诚，字资明，河东人。"僧鉴虚者，自贞元中交结权幸，招怀赂遗，倚中人为城社，吏不敢绳。会于頔、杜黄裳家私事发，连逮鉴虚下狱。存诚案鞫得奸赃数十万，狱成，当大辟。中外权要，更于上前保救，上宣令释放，存诚不奉诏。明日，又令中使诣台宣旨曰：'朕要此僧面诘之，非赦之也。'存诚附中使奏曰：'鉴虚罪款已具，陛下若召而赦之，请先杀臣，然后可取。不然，臣期不奉诏。'上嘉其有守，从之，鉴虚竟笞死。"②

此外，个别的史料使得我们怀疑在特殊的情况下，大臣也有赦宥的权力。《新唐书》记载：桑道茂者，寒人，失其系望。当时，"李晟为右金吾大将军，道茂赍一缣见晟，再拜曰：'公贵盛无比，然我命在公手，能见赦否？'晟大惊，不领其言。道茂出怀中一书，自具姓名，署其左曰：'为贼逼胁。'固请晟判，晟笑曰：'欲我何语？'道茂曰：'弟言准状赦之。'晟勉从。已又以缣愿易晟衫，请题衿膺曰：'它日为信。'再拜去。"③自己的生命掌握于大将军手中，是死是赦都可以决于李晟个人。

还有，《大唐新语》记载："李日知为司刑丞，尝免一死囚，少卿胡元礼异判杀之，与日知往复，至于再三。元礼怒，遣府吏谓曰：'元礼不离刑曹，此囚无活法。'日知报曰：'日知不离刑曹，此囚无死法。'竟以两闻，日知果直。"④ 牢狱囚犯的生死，直接操之于司刑丞和少卿手中，两者都有赦免或者处死的权力。

类似的材料还有很多。但是如果我们结合整体情况来分析，那么这种情况应该只是个别现象。而且这部分掌握在官员手中的赦宥的权力只能是对于

① （后晋）刘昫等：《旧唐书》卷89《狄仁杰传附族曾孙兼谟传》，中华书局1975年版，第2896页。
② （后晋）刘昫等：《旧唐书》卷153《薛存诚传》，中华书局1975年版，第4090页。
③ （宋）欧阳修等：《新唐书》卷204《桑道茂传》，中华书局1975年版，第5812页。
④ （唐）刘肃：《大唐新语》卷4《执法》，中华书局1984年版，第57页。

个别人的特赦。与朝廷经常颁布的全国性的大赦在意义和本质上有着区别。而且，从最终来看，赦宥的权力包括大赦、曲赦和特赦还是掌握在最高统治者——皇帝的手中，皇帝可以通过各种诏敕的形式来决定赦宥。

必须指出，大臣对于赦宥的权力，无论是建赦、议赦和谏赦甚至赦免个别人的权力都是封建社会内部的权力分工，是皇帝在维护整个统治阶级利益的前提下赋予给官员的讽谏、讨论决策的权力，大臣们拥有的这部分权力本质上体现了封建统治内部的一种行政机制。

每次全国性的大赦对于官员来说都是一次良好的机遇。随着赦宥的不纯粹，朝廷的赦令中开始夹杂其他的各种赦罪以外的政令和措置，其中也包括对于官员的普遍的荣誉性奖励。为了体现皇恩浩荡，恩泽遍及黎庶，雨露一体均沾，所以在赦宥中，除了规定给罪囚减刑免罪外，对于天下百姓和各级官员，朝廷都有优惠政策。对于百姓的一般是减免赋役，旌表门闾，安慰优抚；对于官员则是赏赐荣誉性的称号，普遍性地晋爵，赏赐出身和子孙门荫的机会，以及职位的变动和俸禄的上调。

考察唐代的赦令，我们可以发现，绝大多数的赦宥中，都会有上述对于官员的优惠。

如《大中元年正月十七日赦文》中在用了大量的文字来阐述朝廷的在经济、官制、军事、赦宥等方面的新政策外，在文章的后半部分，另外占用了相当大的篇幅来对封建社会官僚机构内部的各个阶层和方面的大大小小的官吏纷纷给予了形式各异的赏赐：

普通官员：“内外文武见任及致仕官三品以上赐爵一级，四品以下加一阶。”

皇亲：“太皇太后二等已上亲、皇三等已上亲、委中书门下合择有才行者量与改官；无官者与出身；皇五等已上亲，三品已上赐爵一级，五品已上加一阶，六品以下及前资常选散官简选日优与处分，未有出身陪位者准会昌五年三月三日赦文处分。”

地方官员：“常参官及诸州府长官，父母见存、未有官封者，量与五品致仕官及阶并邑号；如有官者，量与进改，如官已至五品已上即与五品阶；父母亡殁未经追赠者量与追赠官及邑号。”

中书及宰相：“中书门下及节度使带平章事宜与一子正员八品官，祖父母先亡殁各与追赠，已经追赠者更与改赠。节度使与一子正员九品官。”

军官：“东都守、度支、盐铁、观察使、置都团练、都防御经略招讨使及神策、金吾六军将军、大将军、上将军，统军、威远营、镇国军等使，皇城晋守各与一子出身，父母先亡殁未经追赠者各与追赠，礼仪使、京兆尹各与一子正员九品官。”

三省：“中书门下、尚书省、御史台三品已上特加一阶，四品已下各赐一阶。”

内官：“内侍省及内坊官四品以上者，各赐勋五转，五品已下各赐勋三转。”①

如此等等，内容十分繁多，赏赐的官员十分庞杂，以至到最后连长上杂匠、观生、漏生、典鼓、典钟、工人、乐人、主膳、宰手、医士、兽医、门仆、药童等都赐勋两转，可见恩赏赐爵之滥。

除此之外，在朝堂举行大赦仪式时，还会习惯性地赏赐给官员们礼服，这就是大赦赐服。对于这种通过大赦给予官员赏赐的泛滥，刘知幾任获嘉主簿时曾经上疏谈论赦宥的这种弊端，并劝皇帝改变这种做法：“海内具僚九品以上，每岁逢赦，必赐阶勋，至于朝野宴集，公私聚会，绯服众于青衣，象板多于木笏；皆荣非德举，位罕才升，不知何者为妍蚩，何者为美恶。臣望自今以后，稍息私恩，使有善者逾效忠勤，无才者咸知勉励。”② 大赦带给官员们的赏赐之滥由此可见一斑。

此外，在大赦中，还有一项礼节性的大臣和皇帝之间的互动：贺赦表和答贺赦表。

每次赦宥，当皇帝的赦令颁布之后，大臣们往往要上疏表示祝贺，即贺赦表，《文苑英华》卷558、559、560集中三卷记载了贺赦表，现罗列如下：

① （宋）李昉等：《文苑英华》卷430《大中元年正月十七日赦文》，中华书局1966年版，第2177—2182页。

② （宋）司马光：《资治通鉴》卷205《唐纪二十一》，则天后天册万岁元年正月，中华书局1956年版，第6501页。

《贺上尊号后大赦表》《贺赦表》（崔融），《贺赦表六首》（李林甫），《贺赦表二首》（独孤及），《贺赦表二首》（刘禹锡），《贺赦表二首》（令狐楚），《为建安王贺赦表》《为益州刺史贺赦表》（闾丘均），《贺广德二年大赦表》《贺永泰改元大赦表》（元结），《为谯郡唐太守贺赦表》（独孤及），《代路冀公贺改元赦表》（王绰），《贺平贼赦表》（戴叔伦），《贺南郊大赦表》（吕颂），《贺贞元大赦表》（李林甫），《代韦中丞贺元和大赦表》（柳宗元），《代杜司徒贺大赦表》（吕温），《礼部贺册皇太子礼毕赦表》（柳宗元），《贺册太子赦表》《为监军贺赦表》《为郑尚书贺登极赦表》《中书门下贺赦表》《贺德音表》（令狐楚），《贺德音表》（刘禹锡），《为李中丞贺赦表》（萧颖士），《为润州太守贺赦表》（柳识），《为吉州太守贺赦表》《苏州贺赦表》（柳宗元），《代鄜州太守贺赦表》《为李谏议贺赦表》《连州贺赦表》（刘禹锡），《代郑尚书贺册太后礼毕赦表》（令狐楚），《为汝南公华州贺赦表》《为京兆公陕州贺南郊赦表》《为汝南公以妖星见贺德音表》（李商隐）。①

从以上记载中我们可以看出：一、上表贺赦的官员等级很复杂，从中央的宰相到地方州郡刺史、太守参差不齐。而且除了官员，作为政府机构的中书门下、礼部等部门也有上贺赦表的责任。甚至军队的监军也有参与。二、贺表的名义有以州等地方政府的名义上的，有以个人的名义上的。三、这类贺赦表，绝大多数是各级官员们延请当时的知名文人代替起草的。四、上贺赦表的场合很多，有上尊号、改元、册太子、册太后、祥瑞、皇帝登基、郊祭大礼、平贼等。

《文苑英华》中记载有贺赦表的全文，文字不多，兹列举如下，以作分析。先看刘禹锡的《贺赦表》：

> 臣某言，伏奉今月一日制书，改太和十年为开成元年，大赦天下者雷雨作解，人神悦随，泽及八荒，网开三面，臣某诚欢诚喜顿首顿首，伏惟皇帝陛下上承乾网，下立人极，用含弘光大之德，副华夏会同之心，献岁改元，惟新景祚，先明首罪，次及群妖，肤情以晓万方，施鸿霈以

① 此外，在《全唐文新编》也有记载：第四册卷218崔融的《贺赦表》，第七册卷380元结撰的《贺广德二年大赦表》《贺永泰改元大赦表》（吉林文史出版社2000年版）。

苏庶物，恤刑宥过，已责驰征，郡县之旧弊悉除，赋税之新规咸备，停藩方节献之礼以惠疲人，回榷筦余羡之财以资京邑，命使展澄清之志，察言求谠直之材，弓旌贲于丘园，粟帛颁于耆至，爰以初告，御于明庭，德音一发于九天，和气骤同于四海，开物成务，实表于建元，应天顺人，永延亿载，幸居近辅，先受殊恩，不获称庆阙廷，陪荣班次，众星列位，常拱北辰之尊，新岁拜章，遥献南山之寿，无任抃跃屏营之至。①

表中赞扬了皇帝功德，说明赦宥的必要性和意义以及皇帝新政的正确与英明。我们注意到文字的结尾，说“先受殊恩，不获称庆阙廷，陪荣班次”，这句话的意思是说自己资格不够，又不在京城，所以没有荣幸在朝堂上和其他大臣一起庆祝拜贺。从这里我们可以知道上贺赦表和参加赦宥的仪式也有一定的资格和官品限制。但是具体到何种级别的官员可以参加赦宥的庆贺仪式，则囿于资料，无法考知。

再看代宗时元结的《贺广德二年大赦表》：“臣某言，臣伏奉某月日赦某月日，宣示百姓讫，惟皇帝陛下以慈惠驭兆庶，以谦让化天下，凡所赦宥皆免人望，凡所敦劝皆合大经，生识之类不胜大幸，臣方领陛下州县，守陛下符节，不得称庆下位蹈舞阙廷，不任欢恋之至，谨遣某官奉表陈贺以闻。”② 文中也提到元结由于领州县，守符节，所以不能称庆下位，蹈舞阙廷，不能到朝廷上亲自拜贺，因此派遣官员奉上贺赦表。

我们看元结的生平。《唐才子传》记载：元结，字次山，武昌人。鲁山令元紫芝族弟也。少不羁，弱冠始折节读书。天宝十三年进士。礼部侍郎杨浚见其文曰：“一第慁子耳。”③ 遂擢高品。后举制科。会天下乱，沉浮人间，苏源明荐于肃宗，授右金吾兵曹。累迁御史，参山南来瑱府，除容管经略使。他上表的时候应该就是正担任容管经略使的职务，以这种身份应该是有资格在朝堂上亲自拜谒皇帝称庆的，所以他说自己“领陛下州县，守陛下符节”，④ 只是分不开身而已。

① （宋）李昉等：《文苑英华》卷558《刘禹锡：贺赦表》，中华书局1966年版，第2857页。
② （宋）李昉等：《文苑英华》卷559《贺广德二年大赦表》，中华书局1966年版，第2859页。
③ （元）辛文房：《唐才子传》卷3《元结》，中华书局1987年版，第514页。
④ （唐）元结：《元次山集》卷8《县令箴》，世界书局1984年版，第126页。

还有刘禹锡在另外一次贺赦——《贺赦笺》中提到自己“使持节连州诸军事守连州刺史”，而“皇恩远降乾坤交泰寰宇廓清”，自己“职守有限，不获随例称贺宫廷，无任欣悦之至”。①担任刺史仍然“职守有限”，看来刺史和刺史以下应该是没有资格“随例称贺宫廷”的。

关于上贺赦表应该是有着比较严格的法律规定的，哪些人应该上贺赦表，哪些人有资格“随例称贺宫廷”等规定，这一点我们看《唐律疏议》中关于“奉表疏贺”和“遣使诣阙”的规定：

诸文书应遣驿而不遣驿，及不应遣驿而遣驿者，杖一百。若依式应须遣使诣阙而不遣者，罪亦如之。

【疏】议曰：依《公式令》：“在京诸司有事须乘驿，及诸州有急速大事，皆合遣驿。”而所司乃不遣驿非应遣驿，而所司乃遣驿，若违者：各杖一百。又，依《仪制令》：“皇帝践祚及加元服，皇太后加号，皇后、皇太子立及赦元日，刺史若京官五品以上在外者，并奉表疏贺，州遣使，余附表。”此即应遣使诣阙，而不遣者，亦合杖一百，故云“罪亦如之”。②

由此推断，贺赦表也是属于表的一种，所以关于上贺赦表的规定应该参照这条规定执行，并且应该还有更详细的专门的规定。

除了大臣方面的贺赦表，在皇帝方面，我们发现，在收到贺赦表后皇帝还经常下诏答贺赦，令人疑惑的是并不是所有大臣的贺赦表都能得到来自皇帝的这种相应的回应。至于在什么情况下，什么级别的大臣才能得到答贺赦的诏书，是不是有相应的规定，还不得而知。统计史料也没有规律可循。

《文苑英华》仅收录了两篇答贺赦文，都是白居易起草的，均见于《白居易集》中。

《答朱仕明贺册尊号及恩赦表》：“省表具知，朕以寡德，嗣承睿图，俯从众情，勉受鸿称，庆之大者岂在予一人，推而广制，宜及尔百姓，爰因受册

① （宋）李昉等：《文苑英华》卷627《刘禹锡：贺赦笺》，中华书局1966年版，第3251页。
② （唐）长孙无忌：《唐律疏议》卷10《职制》，中华书局1983年版，第209页。

之礼，遂施作解之恩，俾与群生同此大庆，卿尽忠训旅，推美奉君，省兹贺陈，深见诚至。”①

《批宰相贺赦王承宗表》：“省表具知，先臣武俊，功不可没，后嗣承宗，过而能改，朕所以舍其罪悔，议以勋亲，垂宥之恩尚宜及尔十代，引泣辜之责，诚合在予一人，与其黩武而取威，不若匿瑕而务德，卿等重居台辅，密替谋猷，发于忠诚，有此称贺，省阅章表，嘉叹久之。”②

第一个是因为册尊号而赦，应该是全国性的大赦；第二个是针对王承宗的特赦。两种情况下大臣们都上了贺赦表，而且皇帝都令近臣作了答或者批。

那么为什么会有贺赦和答贺赦这种大臣和朝廷之间的互动呢？我们进一步考察发现，原来不仅仅是赦宥，在其他重大的场合下，只要皇帝有所作为或者朝廷有重大的事件，大臣都要专门上表以示祝贺，这是君臣之礼的一种表现，也是封建社会的一种礼节。这些重大的场合和事件有很多，包括贺登极、贺南郊③，其他还有散见于其他卷的贺册太子、后妃、封禅、瑞祥、军事大捷等都是，而皇帝往往也会下诏答贺，《文苑英华》收录的还有其他贺表：答贺德音——《答宰相杜佑等贺德音表》《答将军方元荡等贺德音表》；答贺破贼——《答宰臣贺破贼》《答薛苹贺生擒李锜表》；答贺表——《太皇答颜真卿贺肃宗即位表》《答段祐等贺册皇太子礼毕表》等。④

通过君臣之间来来往往的表赋赞颂，来弘扬朝廷的威望，衬托国家的洋洋喜气，以尊宠这些场合的礼节。

我们知道，皇帝经常会在朝堂之上颁布针对个别负罪大臣的特赦。在这种情况下，依照常例，大臣要上表请罪谢恩。《文苑英华》卷618表66载有《为将军程处弼谢流放表》（二首）、《为苏弘晖谢罪表》（二首）、《谢免罪表》一首、《为人谢放父罪表》一首、《为副大总管英田大将军苏宏晖谢罪表》（二首）。皆为陈子昂所作，现摘录一首如下。

① （唐）白居易：《白居易集》卷57《翰林制诏四·答朱仕明〈贺册尊号及恩赦表〉》，中华书局1979年版，第1211页。

② （唐）白居易：《白居易集》卷56《翰林制诏三·批宰相〈贺赦王承宗表〉》，中华书局1979年版，第1185页。

③ （宋）李昉等：《文苑英华》卷553《表一》，中华书局1966年版。

④ （宋）李昉等：《文苑英华》卷466《批答一》，中华书局1966年版。

《为苏弘晖谢罪表》："臣某言，伏奉某月日以前赦书，赦臣万死，仅削现任官秩，还复本将军名，始庆再生，即荣宠命，宛转踊跃，感载惭惶，臣某（中谢）陈闻，凿门受拜，本合忘生，对敌临戎，徇节惟死，此乃国家恒典，军政严科，臣妄以薄才，谬叨重任，不能深图远算，馘丑摧凶，以宣庙略之威，永息边人之患，属以前军挫衄，士卒奔亡，臣后继驱驰战斗交合川谷地险，客主势殊，兵马相悬，左右受敌，决死争命，力尽图穷，以貔貅之师衄于犬羊之众，诚合刎首谢罪，杀身报国，陛下弘汤禹之仁，务宽大典，愚臣同孟明之侣，遂免严诛，白骨再荣，丹慊未泯，誓将枕戈尝胆，殄逆枭凶，为士卒之先，以雪殇魂之愤，肝脑涂地，少答鸿私，不胜荷载再生荣幸之至。"

看来，这种谢罪表的一般格式是先说明皇帝赦免自己之后欣喜异常，然后赞扬皇帝的做法合乎古道，说明自己罪有应得，多亏皇恩浩荡，自己得到再生，一定会汲取教训，为皇帝尽忠尽力，死而后已。①

大臣们负罪之后，往往可以依据"八议"的条例，得到皇帝的特赦，宽大处理。这也是赦宥制度带给官员们最大的实惠和福利保障，是赦宥特别照顾官员们的地方。关于封建社会的"八议"条例，后文会专门讨论。

对于大臣们的恩惠，还有一种比较特殊的赦宥，那就是铁券。关于铁券，前文已经有所论述。铁券，是以皇帝的名义颁发给功臣、重臣的一种具有盟约性质的文书。类似西方曾经盛极一时的赎罪券。这类铁券文是在特殊的情况下赏赐给个别大臣的一种保证。持有铁券的功臣、重臣及其后代，可以享受皇帝赐予的特权，其中最主要的一项就是免死。因此，在本质上，它是以文书的形式预支的赦宥。这又是统治阶级内部赋予自身的特权之一，是皇帝赋予大臣们超越法律之上的一种权力。

《文苑英华》卷472《翰林制诏》集中记载了此类铁券文，主要有：《赐陈敬瑄太尉铁券文》《赐李纳田悦王武俊等铁券文》《赐安西管内黄姓纛县官铁券文》《赐许国公韩建铁券文》四则，前两则的内容为陆贽所撰，后者分别为乐朋龟和崔涓撰。前面两则没有恕死的内容，只是相约永为君臣。

① （宋）李昉等：《文苑英华》卷618《表六十六》，中华书局1966年版，第3204—3206页。

《赐陈敬瑄太尉铁券文》："李晟免其十死，子仪成其九功，镂以金镛赐其铁契"，叙述他的功劳，"今赐卿铁券赦其十死，望泰山而立誓，指黄河而以为盟，山无尽时，河无竭日，君君臣臣父父子子，永远贵昌，并皆如此。"①这在一定的程度上也表明皇帝和朝廷威信的丧竭，普通的大赦或者特赦已经不能换取大臣的信任，只有通过盟誓的形式来拉拢臣下。

《赐许国公韩建铁券文》中记道：像许国公这样的功臣有功于社稷，虽然屡次加赏，仍未足酬功，所以"宜申誓券之文，以示金旌勋之典""使卿永荷禄位、长受宠荣、对铭镂以同坚、焕声徽而转美，卿恕九死子孙恕二死，或犯常刑，所司不可加责""宜付史馆，颁示天下。"② 不仅是对赐券大臣本人，甚至恩泽延及其子孙，都获得免死两次的机会。这等于是提前预支的一种赦宥。

不论是赏赐铁券提前赦死，还是对负罪官员的临时特赦，都体现着皇帝恩威并用的驾驭臣下的策略和手段，这里，赦宥只是一种工具。其目的是为了拉拢臣下，以维护和巩固统治阶级的政权，同时也是统治阶级内部的一种自我保护。

赦宥的这种工具性体现在很多方面。首先，皇帝可以通过赦免官员来收买人心，让臣下们对自己感恩戴德，在反省自身罪过的同时，戴罪立功，肝脑涂地来为朝廷尽力效命。如前文的苏弘晖被皇帝赦免死罪之后，"誓将枕戈尝胆，殄逆枭凶，为士卒之先，以雪殇魂之愤，肝脑涂地，少答鸿私，不胜荷载再生荣幸之至。"

其次，皇帝可以通过赦宥中的区别对待来处置大臣，通过赦与不赦，在赦限和不在赦限来表达皇帝对某人的好恶和褒贬。中宗颁布的大赦令中专门规定："其扬州构逆徒党，唯徐敬业一房不在免限，余并原宥。"③ 所有的人都可以通过大赦获得赦免，但是唯独把徐敬业一族排除在外。还有德宗兴元

① （宋）李昉等：《文苑英华》卷472《赐陈敬瑄太尉铁券文》，中华书局1966年版，第2411—2412页。

② （宋）李昉等：《文苑英华》卷472《赐许国公韩建铁券文》，中华书局1966年版，第2412页。

③ （后晋）刘昫等：《旧唐书》卷7《中宗本纪》，中华书局1975年版，第138页。

元年的大赦令规定："式敷在宥之泽，可大赦天下，改建中五年为兴元元年。除泚外，并从原宥。"① 因为朱泚起兵反叛，攻入西京，窃据朝堂，践踏祖庙，所以德宗对其恨之入骨，在诏令中说"不敢赦"，把朱泚排斥在赦宥之外，以示要穷究其罪。

赦宥对于负罪大臣来讲自然是无上的恩赐，所以剥夺他们享受赦宥的权力也等同是一种惩罚。因此皇帝经常会在赦和不赦之间做出选择，用这两种不同的手段来对待臣下，作为对他们赏罚奴役的策略。

玄宗年间，方欲威服四夷，特令讷同紫微黄门三品，总兵击奚、契丹，议者乃息。开元二年（714 年）六月，师至滦河，遇贼，时既蒸暑，诸将失计会，尽为契丹等所覆。讷脱身走免，归罪于崔宣道及蕃将李思敬等八人，诏尽令斩之，特免杜宾客之罪。下制曰："并州大都督府长史兼检校左卫大将军、和戎大武等诸军州节度大使、同紫微黄门三品薛讷，总戎御边，建议为首。暗于料敌，轻于接战，张我王师，衄之虏境。观其畴昔，颇常输罄，每欲资忠报主，见义忘身。特缓严刑，俾期来效，宜赦其罪，所有官爵等并从除削。"②

对于薛讷加以特赦，不予追究，目的在于让其改过自新的同时能够将功赎罪，加倍为李唐王朝卖命，这实际上正体现了玄宗的用人策略。类似的例子很多，不再赘述。

在唐代，深受赦宥影响的另一个群体就是流人。流人群体包括因犯罪而遭流刑的普通犯人和百姓，也包括被贬官流放的官员。流，即流放，为五刑之一，是对触犯法律者实行免死流放的一种惩治手段。贬，亦作贬谪、贬降、左降、左迁等，是我国古代常用的一种对官吏的行政处罚。贬官处罚制度和流放制度皆历史悠久，到了唐代成为政治法律制度的重要组成部分，而且更为完善和缜密。③

唐代规定：流人遇赦可以赦免或者量移。而对于被贬的官员们，在流期

① （后晋）刘昫等：《旧唐书》卷 12《德宗本纪上》，中华书局 1975 年版，第 339 页。

② （后晋）刘昫等：《旧唐书》卷 93《薛讷传》，中华书局 1975 年版，第 2984 页。

③ 关于流人和贬官，唐晓涛在《唐代贬官与流人分布地区差异探究》（《玉林师范学院学报》2002 年第 2 期）一文中有所论述。

满后或者遇赦的情况下，甚至有官复原职或者进一步提升的可能和希望。[①] 田红玉在对唐代赦宥制度进行考察时专门讨论了大赦对于左降官的重大意义。认为赦宥同左降官有着不解之缘。大赦在官僚集团内部的作用，具体到左降官来说就是在左降官迁贬缺乏良性机制的情况下，提供了一个机会。能赶上大赦就是左降官得以还朝、重新发展仕途的绝好机会。经赦与不经赦，对于左降官们可以说是天壤之别。由此大赦的意义也就不同一般。[②]

由此我们可以看出，流人，特别是流人中的贬官，更是和赦宥的关系非同寻常。下面就通过考察量移和赦宥来揭示官员中被流放群体和赦宥的关系。

高潮、马建石主编的《中国古代法学辞典》中定义量移：唐制，官吏获罪被贬到远方，遇赦，则改置在近地，叫量移。[③] 关于量移，前人有很多专题研究，但是能够有效清晰勾勒整个量移制度的成果却不多见。实际上对量移制度的研究仍属薄弱环节。在量移开始的时间上，有学者认为在唐代有赦便有量移，有的则否定此说。我们通过对赦书条文的考察，可以发现，并非所有的赦书中都有关于量移的规定，张艳云认为："今存唐代赦文中，玄宗以前的都无量移，玄宗开元十一年张九龄所撰的《南郊赦书》中开始出现量移规定。"[④] 但自此以后也并不是有赦就有量移，甚至在一些大赦文中亦无量移条款。此外，我们通过考察可以知道，在唐代，对于赦文条款，执行得应该是比较严格的。因此对于流人，如果规定流人遇赦不放还，那么就不能放还；对于罪重的流人及左降官死于流贬地，除非赦令中有归葬规定，也不得任意归葬。

唐代贬谪官员的量移要遵循一定的程序，按照一定的法律规定来进行。关于此类规定，到唐代中后期相关的规定和制度已经比较完善。通过史料我们可以发现，唐代官员流放之后遇赦被放还的例子极多，并且放还之后继续为官的也不在少数。

《新唐书·隐逸传·张志和传》："后坐事贬南浦尉，会赦还，以亲既丧，

① 唐晓涛在《唐代贬官与流人分布地区差异探究》（《玉林师范学院学报》2002 年第 2 期）一文中说，统治者贬谪他们的目的在于让他们"艰难而思咎"，贬谪期满或时机成熟时，多数贬官会得到升迁，甚至有人官至宰相。

② 田红玉：《唐代大赦研究》，首都师范大学 2002 年硕士毕业论文。

③ 高潮、马建石主编：《中国古代法学辞典》，南开大学出版社 1989 年版。

④ 张艳云：《唐代量移制度考察》，《中国史研究》2001 年第 4 期。

不复仕，居江湖，自称烟波钓徒。”

《新唐书·儒学传上·罗道琮》：“岁余，遇赦归，方霖潦积水，失其殡处，道琮恸诸野，波中忽若溢沸者。”

《旧唐书·孟简传》：“长庆元年大赦，量移睦州刺史。”

《旧唐书·王勃传》：“后会赦得还，拜著作郎。”

《新唐书·李纲传》：“赦还，为怀州司马。”

《新唐书·诸夷蕃将传·执失思力》：“上元初，会赦还，工部尚书刘审礼表其材，拜岐州长史。”

既然有遇赦放还量移，甚至重新起用的规定和做法，相反，当然也会有流人遇赦不放还的情况。这就是长流人，实际上就是唐代的一种禁锢之法。

唐律：其加役流，反逆缘坐流，子孙犯过失流，不孝流及会赦犹流者，各不得减赎，除名，配流如法。沈家本在《历代刑法考》中加按云：“此唐时长流之法也，虽遇恩赦，不得减赎，即与禁锢无异。《唐律》别无禁锢之文也，凡赦文中所称不及赦限者，皆是禁锢之意。然大赦中亦有并流人放还者，亦有量移近处者，此即除禁锢之事也，特名目不同耳。”①

需要指出的是，不在赦限也分两种情况。因为赦宥包含的范围很广，被赦宥的群体也比较多。其中包括牢狱中的罪犯，也包括流放在外的犯人。如果特意规定不在赦限，则在监狱中的囚犯是遇赦不赦，该处死的依旧处死，该服役坐牢的继续执行；如果是流人，就是继续在流放地执行刑罚到期满，不得量移或者放还。

由于赦宥具有的这种特殊功能，所以从皇帝到大臣都利用赦宥来作为统治或者斗争的工具。在赦与不赦，在赦限与不在赦限，量移与不量移间，浮现着统治阶级狡黠的统治权术和政治斗争的刀光剑影。如前文列举的中宗对于徐敬业，德宗对朱泚，都排斥在赦宥的行列之外。

顺宗即位，大赦天下，对此，司马光说：“德宗之末十年无赦，群臣以微过谴逐者皆不复叙用，至是始得量移。”②

---

① （清）沈家本：《历代刑法考》，中华书局 1985 年版，第 497 页。

② （宋）司马光：《资治通鉴》卷236《唐纪五十二》，顺宗永贞元年三月，中华书局1956 年版，第 7611 页。

宪宗对王叔文党深恶痛绝，也通过不在赦限的方式进行禁锢，终身不用：“始，坐叔文贬者八人，宪宗欲终斥不复，乃诏虽后更赦令不得原。”① 这是对于部分遭致皇帝嫉恨或者厌恶的大臣的处理方法。

此外，皇帝还会利用赦令来召回他需要利用的或者宠爱的大臣。如阎朝隐，“景龙初，自崖州遇赦还，累迁著作郎。”② 再如，德宗即位后，想重新起用卢杞，于是就颁布赦令，赦免其罪并在赦书中任命他为刺史。

崔珙因与崔铉不叶，坐贬澧州刺，再贬恩州司马。宣宗即位后，以赦召还，为太子宾客，出为凤翔节度使。③

还有，王涯、李训因为变革和长庆党争，蒙受冤屈而死，昭宗即位后，天复初大赦，“明涯、训之冤，追复爵位，官其后裔。”这种做法在另外的一次赦书节文中体现得很明显：“其有任崇柱石，位重台衡，或委以军权，或参诸宥密。竟因连谤，终至祸名，郁我好生，嗟乎强死。应大顺已来，有非罪而加削夺者，并复官资。其杜让能、西门君遂、李周潼已下，并与昭雪，还其爵秩。韦昭度顷处台司，每伸相业，王行瑜求尚书令，独能抑之，致于沉冤，谅由此事。李磎文章宏赡，迥出辈流，竟以朋党之间，挤于死地，凡在有识，孰不咨嗟。宜并兴昭洗，仍复官爵。”④

在这种情况下，赦宥也是皇帝平反洗冤的一种措施，用来纠正前朝的政策偏误，消弭党争之害，起用贤能之士为新的王朝效命。如：“开元二十七年二月己巳，加尊号开元圣文神武皇帝，大赦天下，常赦所不免者咸赦除之，开元已来诸色痕瘕人咸从洗涤，左降官量移近处。”⑤

此外，《文苑英华》载有《洗涤长庆乱臣支党德音》（太和八年正月十一日），对于因为长庆党争政变风波牵连到的“诸恶党从祖兄弟子子婿妻旅内外亲戚门生故吏”等等“降德音后一切不问，诸司诸使更不用寻勘”。⑥

---

① （宋）欧阳修等：《新唐书》卷168《刘禹锡传》，中华书局1975年版，第5129页。

② （宋）欧阳修等：《新唐书》卷202《阎朝隐传》，中华书局1975年版，第5752页。

③ （后晋）刘昫等：《旧唐书》卷177《崔珙传》，中华书局1975年版，第4589页。

④ （后晋）刘昫等：《旧唐书》卷20上《昭宗本纪》，中华书局1975年版，第756页。

⑤ （后晋）刘昫等：《旧唐书》卷9《玄宗本纪下》，中华书局1975年版，第210页。

⑥ （宋）李昉等：《文苑英华》卷439《洗涤长庆乱臣支党德音》，中华书局1966年版，第2221页。

一般来说，新的皇帝即位后都会颁布全国性的大赦令，一方面用来收买人心，售民以恩惠，同时在赦令中对于被贬的左降官予以量移或者起用，通过这种方式来召回前朝被贬老臣，平复前朝冤滞，一朝天子一朝臣，以组成新的政府成领导班子，完善新的朝廷官僚系统。

此外还是前文的例子。德宗在位的最后十年，流放了很大一批官员。顺宗即位后通过大赦天下，统统予以召回，并加以叙用。除了皇帝利用赦书对大臣或流、或量移或召回，大搞平衡外。赦书成为一种政治工具还表现在，在中央的各小政治利益集团利用大赦令来进行人事的安排和调整，同时打击自己的对手，召还自己被流放在全国各地的同党。

《剑桥中国隋唐史》中提到：二王集团掌权后，"德宗时代因政治违禁而被放逐的许多朝廷官员被大赦和召还京师；大批税项也被减免。"而在宪宗即位后却采取了截然相反的做法，罢斥二王集团，禁锢其党："805 年阴历八月即皇帝位后，马上罢免了二王集团残余分子的官。王伾死于脑溢血，王叔文则于次年被处死。其余直接有关的人则被放逐；他们中大多数人迄宪宗之世永远窜逐在流放之地，未获赦罪而还。"①

而同党之间也可以利用赦宥互为援引："元颖与李德裕善，会昌初，德裕当国，因赦令复其官。"② 如果不是同党好友，而是敌对势力，则不仅不能沐浴到赦宥的恩泽，而且会时刻被排斥在赦宥的范围之外："鄠令崔发以辱黄门系狱，逢赦不见宥。"③

周兴、来俊臣罗织衣冠，朝野惧慑，御史大夫李嗣真上疏切谏，"遂为俊臣所构，放于岭表。"直到"俊臣死后，才得以征还，途次桂阳而终，赠济州刺史"④。

李德裕贬死珠崖后，朝中以令狐绹当权，累有赦宥，不蒙恩例。而时任中书舍人、户部侍郎、学士承旨的刘邺和曾受李德裕之恩，以懿宗即位，绹

① ［英］崔瑞德编，中国社会科学出版社、西方汉学研究课题组译：《剑桥中国隋唐史》，中国社会科学出版社 1990 年版，第 607—608 页。

② （宋）欧阳修等：《新唐书》卷 96《杜如晦列传附元颖列传》，中华书局 1975 年版，第 3863 页。

③ （宋）欧阳修等：《新唐书》卷 126《张九龄传附仲方传》，中华书局 1975 年版，第 4431 页。

④ （唐）刘肃：《大唐新语》卷 2《极谏》，中华书局 1984 年版，第 24 页。

在方镇，属郊天大赦，书奏皇帝开恩，“俾还遗骨，兼赐赠。上弘录旧之仁，下激徇公之节。”①

朋党之间利用赦令大搞权术最为明显和最为著名的例子就是李绅量移事件。宝历元年四月敬宗加尊号，大赦天下，时任宰相的李逢吉不欲政敌李绅会赦量移，“乃于赦书节文内但言左降官已经量移者量移近处，不言未量移者宜与量移。”② 当时李绅新贬，尚未量移，根据上述节文，他显然得不到量移。而且，不仅是他，按照李逢吉的赦书节文执行的话，“则应是近年流贬官，因李绅一人皆不得量移。”③ 因此，时任翰林学士的韦处厚上疏论列，指出了李逢吉的私心，敬宗览奏后，命赦书添改之，李绅才得以量移。

在政治矛盾激化的时候，赦宥甚至被作为直接的工具。李德裕上台后，开始致力于对付宦官。例如在842年，朝臣们建议武宗加尊号，这自然是一个大庆典，而且要宣布大赦。仇士良和其他高层宦官开始怀疑李德裕利用大赦的机会来削减他们的某些特权和财源。宦官们在宫内示威反对这个计划，但武宗在公开场合大声斥责了他们，《仇士良传》记载：“会昌二年，上尊号，士良宣言‘宰相作赦书，减禁军缣粮刍菽’以摇怨，语两军曰：‘审有是，楼前可争。’德裕以白帝，命使者谕神策军曰：‘赦令自朕意，宰相何豫？尔渠敢是？’士乃怗然。”④ 他说道：他是自己朝廷的主人，也是大赦令的唯一颁定者。最后皇帝出面干涉，亲自澄清了事实，才平息了这场争论，稳定了军心。

而对于流人群体，如果在赦和不赦之间处理不当，就会导致系列的麻烦和意外的后果。史记：安、史之乱，伪官陆大钧等背贼来归，及庆绪奔河北，胁从者相率待罪阙下，自大臣陈希烈等合数百人。以御史大夫李岘、中丞崔器等为三司使，而肃宗方喜刑名，器亦刻深，乃以河南尹达奚珣等三十九人为重罪，斩于独柳树者十一人，珣及韦恒腰斩，陈希烈等赐自尽于狱中者七人，其余决重杖死者二十一人。以岁除日行刑，集百官临视，家属流窜。初，

① （后晋）刘昫等：《旧唐书》卷177《刘邺传》，中华书局1975年版，第4618页。
② （后晋）刘昫等：《旧唐书》卷17上《敬宗本纪》，中华书局1975年版，第514页。
③ （后晋）刘昫等：《旧唐书》卷159《韦处厚传》，中华书局1975年版，第4185页。
④ （宋）欧阳修等：《新唐书》卷207《仇士良传》，中华书局1975年版，第5874页。

史思明、高秀岩等皆自拔归命，闻珣等被诛，惧不自安，乃复叛。而三司用刑连年，流贬相继。及王玙为相，请诏三司推核未已者，一切免之。然河北叛人畏诛不降，兵连不解，朝廷屡起大狱。肃宗后亦悔，叹曰："朕为三司所误。"[①] 临崩，诏天下流人皆释之。

总本节所述，我们可以大概地窥见唐代统治集团中的另一个阶层——官僚群体和赦宥之间的互动关系。而赦宥在唐代对于政治生活影响的深远，从皇帝到大臣，到普通百姓和囚徒，无不受赦宥的影响。由此可见，至唐代，赦宥制度已经根深蒂固，成为封建社会政治制度的一个重要组成部分。

第六节　赦宥和少数民族

由于赦宥本身具有的安抚、绥靖、感化功能，所以，在唐政权与周边政权及少数民族交往的过程中，赦宥也经常被作为一种外交手段和绥靖政策使用，并发挥了一定的作用，同时，少数民族政权内部也有实行赦宥的情况存在。因此，综合考察相关史料，我们可以总结出，赦宥在唐廷同周边政权和少数民族交往中的作用和影响，可以分为以下几个方面：

唐政权针对周边政权和少数民族颁布的赦宥；少数民族内部自己颁布的各种赦宥。唐政权对于少数民族颁布赦宥的情况也分为几种：对于整个少数民族地区的赦宥，对于个别少数民族首领或者大将的赦宥，对于战俘的赦宥。按照赦宥的时机和具体作用分，包括：战争进行前的赦宥，战争进程中的赦宥，战争结束后的赦宥。

对于治内的少数民族实行赦宥以示羁縻在唐以前已有之。晋武帝泰始五年五月，因为"凤凰见于赵国"，因此就"曲赦交趾、九真、日南五岁刑"[②]。

① （后晋）刘昫等：《旧唐书》50《刑法志》，中华书局1975年版，第2152页。
② （唐）房玄龄等：《晋书》卷3《武帝本纪》，中华书局1974年版，第59页。

到了唐代，周边少数民族较前代更为繁多和强大，唐朝与治内和周边少数民族的交往也更为频繁，战争、和亲、武力、羁縻，种种关系多变而又复杂。对于不同的民族和不同的情况，唐王朝采取威德兼施、刚柔相济的策略，于其中，赦宥作为一种外交辅助手段和战后安抚政策被广泛应用。唐廷和少数民族之间的互动关系之中不时地伴有赦宥的出现，赦宥在或战或和之间发挥了巨大而又微妙的作用。

首先看具有典型外交意义的赦宥的情况。

开元初，大食“遣使献马、钿带，谒见不拜，有司将劾之。中书令张说谓殊俗慕义，不可寘于罪。玄宗赦之”①。在这种情况下，赦免或者治罪成为唐王朝对境外政权可以选择的截然不同的两种政策。如果选择问罪其使，则势必会两国交恶，交往断绝，甚至会导致兵戈相向。但是，赦而不问就可以避免矛盾激化，为大利去小礼，继续保持良好的外交关系，避免边境百姓生灵涂炭。

类似的例子，贞观年间，林邑王头黎献驯象、镠锁、五色带、朝霞布、火珠，与婆利、罗刹二国使者偕来。林邑使者出言不恭，群臣请问罪。太宗曰：“昔苻坚欲吞晋，众百万，一战而亡。隋取高丽，岁调发，人与为怨，乃死匹夫手。朕敢妄议发兵邪?”赦不问。② 这里，英明的唐太宗清醒地认识到轻动干戈、穷兵黩武的危害，因而选择了包容的政策，对其罪赦而不问，真正显示了唐王朝浩瀚博大的胸怀和气势。由此可以看出，赦宥在这里确实已经成为唐王朝和周边少数民族交往中的一种外交政策选择。

除了和平外，大大小小的战争在唐王朝和周边政权以及治内少数民族之间也是屡见不鲜。在战争的状态下，无论是战争的进程中，还是战后，赦宥同样还发挥着重要的调节、安抚作用。太宗年间，高昌王文泰在位，与唐交恶。袭边疆，掠子民。太宗屡次劝谕不果，乃命吏部尚书侯君集为交河道大总管，率左屯卫大将军薛万均及突厥、契苾之众，步骑数万众以击之。君集分兵掠地，下其三郡、五县、二十二城。“君集寻遣使告捷，太宗大悦，宴百

① （宋）欧阳修等：《新唐书》卷221下《大食传》，中华书局1975年版，第6262—6263页。
② （宋）欧阳修等：《新唐书》卷222下《环王传》，中华书局1975年版，第6294页。

僚，班赐各有差，曲赦高昌部内从军兵士已上，父子犯死罪已下，期亲犯流已下，大功犯徒已下，小功缌麻犯杖罪，悉原之。”①

太宗在位期间曾用兵辽东。攻陷辽东城后，“其中抗拒王师，应没为奴婢者一万四千人，并遣先集幽州，将分赏将士。太宗愍其父母妻子一朝分散，令有司准其直，以布帛赎之，赦为百姓。其众欢呼之声，三日不息。”②

以上两种情况都是在战争结束，唐王朝获得完全的胜利，对于占领地区的军士、百姓，通过赦免，宽宥其罪，赦免为平民。这里的赦宥实际上也是唐王朝的一种策略，是羁縻手段的一种。

羁縻，即束缚、笼络，使不生异心之意。这种“怀柔远人，义在羁縻”的统治政策，重点就在怀柔、感化，收买拉拢。因此对于战胜区域的少数民族百姓，通过赦宥的宽大政策来显示唐王朝的皇恩浩荡。这种赦宥政策的实施实际上也是客观形势的要求。比如上例中的高昌远离中原，处在唐王朝统治的边缘。唐军所占三郡、五县、二十二城被俘的百姓、士兵数目势必十分巨大，如果一一问罪，详加按治，一方面肯定是耗时靡财，不太现实；另一方面肯定会造成民怨四起，埋下仇恨乃至动乱的隐患。因此，考虑种种利害关系，胜利的唐王朝不得不通过赦宥的方式来解决这些难题，同时也达到收买民心、安定秩序的目的。而对于被俘的辽东士民，也同样通过赦为百姓，显示了皇帝的仁慈之心，同时也能达到售恩收心的怀柔目的，所以有“其众欢呼之声，三日不息”这样明显的效果。

除了对于少数民族百姓普遍实行的大赦外，羁縻的政策还体现在对于个别少数民族首领特别的赦宥上。这种情况通常出现在唐廷对少数民族政权的战争胜利之后。如贞观二十一年，太宗帝怒龟兹佐焉耆反叛，议讨之。以阿史那社尔为昆丘道行军大总管，契苾何力副之，率安西都护郭孝恪、司农卿杨弘礼、左武卫将军李海岸等发铁勒十三部兵十万讨之。社尔凡破五大城，男女数万，遣使者谕降小城七百余，西域震惧，西突厥、安两国归军饷焉。社尔执诃黎布失毕、那利、羯猎颠献太庙，帝受俘紫微殿。帝责之，君臣皆

① （后晋）刘昫等：《旧唐书》卷198《高昌传》，中华书局1975年版，第5296页。
② （后晋）刘昫等：《旧唐书》卷199上《高丽传》，中华书局1975年版，第5326页。

顿首伏。"诏赦罪，改馆鸿胪寺，拜布失毕左武卫中郎将。"①

对于已经成为阶下囚的布失毕等首领，生杀予夺的大权自然全在太宗片言之间。但是，也正是因为此，杀掉布失毕等人的意义也不是很大。反不如赦免其罪，委以虚职，留在朝中，一方面可以示恩于下，显示皇帝的再生之德和仁慈之心；另一方面赦免后的少数民族首领被滞留京都，实际上成为人质，可以用来作为控制他所属部落的一种工具和砝码。

还有下面的例子中，对于高丽王藏也采用了同样的手段。高丽有盖苏文者，性忍暴，或号盖金，姓泉氏，自云生水中以惑众。更立建武弟之子藏为王，自为莫离支。

乾封元年，盖苏文死，其子男生代为莫离支，有弟男建、男产相怨。男生据国内城，遣子献诚入朝求救，盖苏文弟净土亦请割地降。乃诏契苾何力为辽东道安抚大使，契苾何力会勣军于鸭渌，悉师围平壤。总章元年"九月，藏遣男产率首领百人树素幡降，且请入朝，勣以礼见。而男建犹固守，出战数北。五日，内应启城门，唐兵入，执藏、男建等，收凡五部百七十六城，户六十九万。诏勣便道献俘昭陵，凯而还。十二月，帝坐含元殿，引见勣等，数俘于廷。以藏素胁制，赦为司平太常伯"②。

此时的高丽王已经战败被俘，成为唐朝的阶下囚。经过献俘昭陵、数俘于廷等，唐帝的好大喜功的虚荣心已经得到满足，征服高丽、威震边疆的目的也已经达到，大唐国威已经远宣四海，可以说唐军已经获得了全胜，在这种情况下，高丽王个人的生死已经没有多大的意义，加上他也是受制于人，因此，唐廷照例对他予以赦免，并任命为司平太常伯，以示已经归化大唐。

类似的赦免战俘的例子在唐代极多，大都是唐军和周边少数民族政权交战中抓获的少数民族军士甚至首领，如：高宗年间，"邢国公苏定方献百济王扶余义慈、太子隆等五十八人俘于则天门，责而宥之。"③ 这类情况大同小异，不再赘述。

姚兆余在讨论唐宋元王朝对西北地区少数民族的羁縻政策时认为：设置

---

① （宋）欧阳修等：《新唐书》卷221上《龟兹传》，中华书局1975年版，第6229页。

② （宋）欧阳修等：《新唐书》卷220《高丽传》，中华书局1975年版，第6197页。

③ （后晋）刘昫等：《旧唐书》卷4《高宗本纪上》，中华书局1975年版，第81页。

羁縻府州是中央王朝对于边疆少数民族进行羁縻的首选政策。羁縻府州是唐朝中央政府在边疆少数民族地区设置的特别行政区域。除此之外，对于内附或者归化、收服的少数民族民众，唐王朝还采取过其他的安置办法，比如：划出专门区域，置官划村予以容置，或者在收服的民族聚居地附近设立军所，予以监督镇守。① 这些措施一般是用于安置战后收服的少数民族。

突厥别部有车鼻者，“太宗遣将军郭广敬征之，竟不至。太宗大怒。贞观二十三年，遣右骁卫郎将高侃潜引回纥、仆骨等兵众袭击之，其酋长率部落背车鼻，相继来降。永徽元年，侃军次阿息山。车鼻闻王师至，召所部兵，皆不赴，遂携其妻子从数百骑而遁，其众尽降。侃率精骑追车鼻，获之，送于京师。仍献于社庙，又献于昭陵。高宗数其罪而赦之，拜左武卫将军，赐宅于长安。”战争胜利后，随之而来的更为迫切的问题就是善后和安置。对于少数民族首领，在予以训诫之后，一般都是赦免其罪，留职朝廷，而对于其部落余众，则采取“处其余众于郁督军山，置狼山都督以统之”②，采取了妥善办法予以安置。

还有去京师九千里之外的部落小勃律，因为贡献不入，唐军远征讨伐，安西都护三讨无功，至天宝六载，诏副都护高仙芝伐之。仙芝约王降，遂平其国。执小勃律王及妻归京师。

对于其王苏失利，玄宗赦之不诛，授以右威卫将军，赐紫袍、黄金带，使宿卫，以示拉拢。而对于其部民，则是采用了不同于前文的另一种方式：“诏改其国号归仁，置归仁军，募千人镇之。”③

从以上两种情况中，可以总结出，赦宥已经成为羁縻政策中的一个重要手段，通过对少数民族首领的赦免，加上其他对其部落的安置措施，唐王朝成功地解决了一些民族问题，多民族融合的历史趋势在不断地发展。

而在另外一种战争的状态下，赦宥作为一种妥协的手段和让步的砝码，同样发挥了巨大的笼络、怀柔和调节缓和作用。永泰初，仆固怀恩反，诱回纥、吐蕃入寇。俄而怀恩死，二虏争长，回纥首领潜诣泾阳见郭子仪，请改

---

① 姚兆余：《论唐宋元王朝对西北地区少数民族的羁縻政策》，《甘肃社会科学》1997 年第 5 期。

② （后晋）刘昫等：《旧唐书》卷 194 上《突厥传上》，中华书局 1975 年版，第 5165 页。

③ （宋）欧阳修等：《新唐书》卷 221 下《大勃律传》，中华书局 1975 年版，第 6249 页。

事。子仪率麾下叩回纥营。酋长耆服曰："怀恩诡我曰'唐天子南走，公见废'，是以来。今天可汗在，公无恙，吾等愿还击吐蕃以报厚恩。然怀恩子，可敦弟也，愿赦死。"于是子仪持酒，胡禄请盟而饮，子仪曰："唐天子万岁，回纥可汗亦万岁，二国将相如之。有如负约，身死行阵，家屠戮。"①

由于唐廷和郭子仪的威望，加上许以"赦死"的承诺，唐廷才成功解决了少数民族带来的燃眉危机，化解了兵临城下的危险局面。在这种情况下的赦宥，无疑是唐王朝拉拢少数民族的一个重要法宝。

西突厥别部突骑施乌质勒，神龙中，封怀德郡王。是岁，乌质勒死，其子娑葛为左骁卫大将军，袭封爵。"俄与其将厥啜忠节交怨，兵相加暴。娑葛讼忠节罪，请内之京师。忠节以千金赂宰相宗楚客等，愿无入朝，请导吐蕃击娑葛以报。楚客方专国，即以御史中丞冯嘉宾持节经制。嘉宾与忠节书疏反复，娑葛逻得之，遂杀嘉宾，使弟遮弩率兵盗塞。安西都护牛师奖与战，火烧城，师奖败，死之，表索楚客头以徇。大都护郭元振表娑葛状直，当见赦，诏许，西土遂定。"②

上文中，由于朝廷不辨乌质勒内部是非，贸然干涉，因此导致朝廷陷入无意义的战争中且遭遇惨败，城破将亡，朝廷颜面扫地，经过郭元振的上疏解释，唐廷颁布赦宥，结束了这场无益的战争，"西土遂定。"由此，也可以看出赦宥的直接且巨大的作用。

此外，还有相反的例子。开始时由于唐廷迟迟不肯颁布赦宥，导致战争陷入僵局而不能结束。"初，蛮贼黄少卿，自贞元以来数反复，桂管观察使裴行立、容管经略使阳旻欲徼幸立功，争请讨之，上从之。岭南节度使孔戣屡谏曰：'此禽兽耳，但可自计利害，不足与论是非。'上不听，大发江、湖兵会容、桂二管入讨，士卒被瘴疠，死者不可胜计。"③ 到了元和十四年冬被内部异党所乘，十月，安南贼杨清陷都护府，杀都护李象古及妻子、官属、部曲千余人。行立、旻竟无功，二管凋敝。朝廷被逼无奈，作出让步和妥

① （宋）欧阳修等：《新唐书》卷217上《回鹘传上》，中华书局1975年版，第6117页。
② （宋）欧阳修等：《新唐书》卷215下《突厥传下》，中华书局1975年版，第6064页。
③ （宋）司马光：《资治通鉴》卷241《唐纪五十七》，宪宗元和十四年十月，中华书局1956年版，第7774页。

协——丙寅，以唐州刺史桂仲武为安南都护，赦杨清，以为琼州刺史。方才安定了安南杨清之乱。

而对于反复起兵的黄少卿之乱，国子祭酒韩愈曾上言皇帝以宣慰为主，通过赦宥其罪来进行拉拢羁縻，以早日平定乱局，在韩愈的上疏中，道出了以赦宥羁縻代替用兵的玄机："臣去年贬岭外，熟知黄家贼事。其贼无城郭可居，依山傍险，自称洞主，寻常亦各营生，急则屯聚相保。比缘邕管经略使多不得人，德既不能绥怀，威又不能临制，侵欺虏缚，以致怨恨。遂攻劫州县，侵暴平人，或复私仇，或贪小利，或聚或散，终亦不能为事。近者征讨本起裴行立、阳旻，此两人者本无远虑深谋，意在邀功求赏。亦缘见贼未屯聚之时，将谓单弱，争献谋计。自用兵以来，已经二年，前后所奏杀获计不下二万余人，倘皆非虚，贼已寻尽。至今贼犹依旧，足明欺罔朝廷。邕、容两管，经此凋弊，杀伤疾疫，十室九空，如此不已，臣恐岭南一道未有宁息之时。自南讨已来，贼徒亦甚伤损，察其情理，厌苦必深。贼所处荒僻，假如尽杀其人，尽得其地，在于国计不为有益。若因改元大庆，赦其罪戾，遣使宣谕，必望风降伏。仍为选择有威信者为经略使，苟处置得宜，自然永无侵叛之事。"结果是"上不能用"，[1] 于是导致边患久不能平，战争状态持续数年之久。

所以在某些情况下，赦与不赦实际上最集中反映了朝廷对待变乱少数民族两种截然不同的态度，即：战与和。朝廷不愿意颁布赦令是因为朝廷抱有赢得战争的希望，或者是放不下朝廷的尊严，所以宁愿耗财伤民的战争毫无进展地持续下去。如同朝廷和藩镇的关系一样，赦宥在某种意义上也可以是唐廷和少数民族实力对比的衡量计。当唐廷有把握和实力赢得战争的时候，赦宥的发生就只能是在战后，发生在被俘的少数民族首领身上，如前所述。这种情况下的赦宥，实际上成为唐王朝实力的体现，成为一种荣耀性的仪式。

但是，另外一种情况下，当唐廷内外交困，陷入种种困境中，朝廷的实力不能保证取得战争胜利的时候，赦宥就成为朝廷用来体面地结束战争的有

---

① （宋）司马光：《资治通鉴》卷241《唐纪五十七》，宪宗元和十五年十二月，中华书局1956年版，第7787页。

效法宝。这种情况下的赦宥，实际上是唐廷迫于种种客观压力被迫作出的，它本身代表者朝廷的让步和妥协，并没有实际的政治意义和法律效力。

开元四年，复置松漠府并置静析军，可突于为静析军副使，悍勇得众。时娑固继承其兄为首领，见其难制，欲去之，未决。可突于反攻娑固，娑固奔营州。都督许钦澹以州甲五百，合奚君长李大酺兵共攻可突于。不胜，娑固、大酺皆死。钦澹惧，徙军入榆关。可突于奉娑固从父弟郁于为君，遣使者谢罪。在这种情况下，朝廷也就顺水推舟，诏即拜“郁于松漠郡王，而赦可突于”①。

至德初，居广、容之南，邕、桂之西的西原蛮首领黄乾曜、真崇郁与陆州、武阳、朱兰洞蛮皆叛，推武承斐、韦敬简为帅，僭号中越王，廖殿为桂南王，莫淳为拓南王，相支为南越王，梁奉为镇南王，罗诚为戎成王，莫浔为南海王，合众二十万，绵地数千里，署置官吏，攻桂管十八州。所至焚庐舍，掠士女，更四岁不能平。所以到了乾元初，“朝廷不得不改变策略，遣中使慰晓诸首领，赐诏书赦其罪，约降。”② 企图以赦宥的怀柔政策来平息变乱，取得战争所不能取得的结果。

唐朝末年，庞勋起兵，沙陀首领赤心助官军进兵，勋平，进大同军节度使，赐氏李，名国昌。后，携其子克用反目朝廷，攻取唐云州，执云州防御使杀之；据州以闻，并求克用为大同防御留后。朝廷不许，发诸道兵进捕，诸道不甚力，而黄巢方引度江，朝廷度未能制，乃赦之，以国昌为大同军防御使。

可以看出，正是迫于严峻的形势，在内外交困、兵乱四起的情况下，朝廷再无力顾及克用父子，因此不得不颁布赦令，想换取暂时的妥协和和平局面，不得不答应了克用父子的封官要求，即使这样，也没有能够换回沙陀的归心或者表面上的屈服，朝廷再次诏“河东节度使崔彦昭、幽州张公素共击之”③，结果自然又是劳而无功。

总结以上种种，可以看出无论是唐廷主动的赦宥，还是被迫颁布的赦宥，

① （宋）欧阳修等：《新唐书》卷219《契丹传》，中华书局1975年版，第6167页。
② （宋）欧阳修等：《新唐书》卷222下《西南蛮传》，中华书局1975年版，第6326页。
③ （宋）欧阳修等：《新唐书》卷218《沙陀传》，中华书局1975年版，第6154页。

都在唐和少数民族的交往中发挥了巨大的作用，这种作用虽然不尽相同，但它总归是和平的符号和和睦的象征，对于民族融合和政局的和平，对于双边的百姓和经济，对于当时的政治都发挥了积极的作用。

此外，也有纯粹为显示朝廷恩泽遍沾，皇帝仁政爱民而颁布的赦宥。中宗景龙三年，吐蕃遣使者纳贡，请婚。“帝以雍王守礼女为金城公主妻之，吐蕃遣尚赞咄名悉腊等逆公主。帝念主幼，诏左卫大将军杨矩持节送。帝为幸始平，帐饮，引群臣及虏使者宴酒所，帝悲涕嘘欷，为赦始平县，罪死皆免，赐民繇赋一年，改县为金城，乡曰凤池，里曰怆别。”①

需要附带论及的是，我们通过史料可以知道，赦宥不单单是单向的由唐王朝针对少数民族颁布，在少数民族内部，也有少数民族政权自己颁布实行赦宥的例子。

《新唐书·突厥传上》记载：“突利敛取无法，下不附，故薛延陀、奚、霫等皆内属，颉利遣击之，又大败，众骚离，颉利囚捶之，久乃赦。”② 此乃一例。“睿宗先天中，遣使拜祚荣为左骁卫大将军、渤海郡王，以所统为忽汗州，领忽汗州都督。” “玄宗开元七年，祚荣死，其国私谥为高王。子武艺立。”“武艺死，其国私谥武王。子钦茂立，改年大兴，有诏嗣王及所领，钦茂因是赦境内。”③ 这也是少数民政权内部全方位的一次大赦。

附：赦宥和地理

前文已经讨论过设置羁縻府州是唐代统治者用来处理少数民族问题的一项重要政策。作为唐朝中央政府在边疆少数民族地区设置的特别行政区域，有唐一代羁縻府州的置废前后更替不断，其中和赦宥相关的就是宥州。

宥州：唐开元二十六年，于盐夏二州之间设宥州，以安置南迁江淮诸州的突厥户，治所在延恩县。宝应后废除，到元和九年，为防备回鹘侵扰，复置。十五年移治所至长泽县。后入吐蕃。宋属西夏，元废。

① （宋）欧阳修等：《新唐书》卷216上《吐蕃传上》，中华书局1975年版，第6081页。
② （宋）欧阳修等：《新唐书》卷215上《突厥传上》，中华书局1975年版，第6038页。
③ （宋）欧阳修等：《新唐书》卷219《渤海传》，中华书局1975年版，第6180—6181页。

关于宥州名字的来历，在唐代宰相李林甫的上疏中有所论及：“国家旧置宥州，以宽宥为名，领诸降户。”由此，可见宥州的宥确实是宽宥、赦免之意。

关于宥州前后废置的历史，有相当的史料可以说明。

《旧唐书·地理志》记载：“宥州。调露初，六胡州也。长安四年，并为匡、长二州。神龙三年，置兰池都督府。仍置六县以隶之。开元十年，复分为鲁、丽、契、塞四州。十一年，克定康待宾后，迁其人于河南、江淮之地。十八年，又为匡、长二州。二十六年，自江淮放回胡户，于此置宥州及延恩、怀德、归仁三县。天宝元年，改为宁朔郡。至德二年，又改为怀德郡都督府。乾元元年，复为宥州。宝应后废。元和九年，复于经略军置宥州，郭下置延恩县。十五年，移治长泽县，为吐蕃所破。长庆四年，夏州节度使李祐复置。领县三，户七千八十三，口三万二千六百五十二。去京师二千一百里，去东都三千一百九十里。”①

可见早在则天年间就已经有这样的城池和设置，只是名为六胡州，至开元二十六年才改名为宥州。到了至德、宝应间，又被废弃，原因是“以军遥隶灵武，道里旷远，故党项孤弱，虏数扰之”②。

到元和九年，出于军事战略的需要，李林甫始奏复宥州，宪宗从其奏，复置宥州。乃治经略军，仍为上州，于郭下置延恩县，为上县，属夏绥银观察使。“取鄜城神策屯兵九千实之。以江淮甲三十万给太原、泽潞军，增太原马千匹。由是戎备完辑。”③

以上就是宥州在唐代的简单历史。先后统辖过宥州的将官也有很多。其中比较有名的就要数一代名将李晟之子李愿，曾担任领夏绥银宥节度使。④

从宥州名称的由来，我们也可以窥见赦宥对于当时社会的影响和在唐代政治中的重要性；从众多对少数民族首领赦宥的例子到羁縻州府宥州的命名和设置，都折射出有唐一代赦宥在朝廷同少数民族复杂而又多变的关系中曾经发挥过的作用和影响。

---

① （后晋）刘昫等：《旧唐书》卷38《地理志一》，中华书局1975年版，第1418—1419页。
② （宋）欧阳修等：《新唐书》卷146《李林甫传》，中华书局1975年版，第4742页。
③ （宋）欧阳修等：《新唐书》卷146《李林甫传》，中华书局1975年版，第4746页。
④ （宋）欧阳修等：《新唐书》卷154《李愿传》，中华书局1975年版，第4873页。

第三章 赦宥与唐代的经济和文化

从唐代赦书的内容可以发现，赦宥不仅仅包含有刑法、政治等方面的内容，还包含有大量的经济、文化的内容。在一定程度上，赦宥也是唐代经济、文化状况和政策的缩影，是唐廷颁布经济、文化政策并进行调节的手段之一。

第一节 赦宥和唐代的经济
——以赦书对逋悬欠负、租税的放免为例[①]

赦宥作为封建社会一种重要的政治制度和法律行为，对于封建社会各方面产生着深刻影响，赦宥的颁布和实施不仅仅辐射影响到法律和政治范畴，对于唐代的经济领域，也会带来一定的影响。这一点，正如刘令舆先生在综合概括赦宥的重要作用和意义时所指出：赦宥对于经济之影响，"可影响于国

① 需要指出的是，本书所称的放免包括减和免两种情况，即欠负全部的放免和部分的放免。在唐代赦书通称为放免。如下面已经提及的《文苑英华》卷426《长庆元年正月三日南郊改元赦文》："天下百姓今年夏税每贯放免一百五十文。"每贯放免了一百五十文，对于整贯来讲实际上是减了一百五十文，但是对于这一百五十文来讲，则是全部放免了。这表述上有这样的区别，所以通称为放免也是正确的。当然，也有对于赋税全部放免的例子，《文苑英华》卷436《赈恤诸道遭旱灾百姓敕》："太和六年秋税以前诸色逋悬除所由车户外已征得外，在百姓腹内者一切放免。"这里就是全部放免。

这里还有一点需要辨别的是，朝廷赦书中的放免也包括两种情况，一种就是对于即将征收的赋税的放免，这种放免一般是大灾或者兵乱以及其他特殊情况下，上面第一例就是属于此类；还有一种就是对于逋悬欠负的放免。这里放免的是过往应征的赋税，百姓无力交纳，朝廷征收不得，所以放免。第二例即是此类。

计民生，世代盛衰”，而具体“在民事法上，又得为私债之免除，在税务法上，可为租赋之豁免”。①

这一点通过唐代赦书的内容可以得到印证。如长庆元年正月初三日，朝廷借南郊改元之机在赦文中颁布了诸多的命令和措施，其中有大段的关于财政经济、赋税制度方面的规定，摘录如下：

朕自君临万寓，常思予惠群生，每念困穷，犹劳杼轴，宜加恩于寰海，用蠲赋于齐甿，天下百姓今年夏税每贯放免一百五十文，底贡之宜本于任土，阜财之道亦在便人，天下州县应征科两税榷酒钱内旧额，纳现钱数者，并任百姓随所有匹段及斛斗，依当处时价送纳，不得邀索现钱。度支盐铁户部应纳茶税及诸色现钱，兼粜盐价中须得现钱数者，亦与纳时估匹段及斛斗，其轻货即充上供，杂物当处支用，如情愿纳现钱者亦任稳便，永为常式。

京城坊市聚货之地，若物无集处即弊生其中，宜委度支盐铁使于上都任商人纳榷粜，诸道监令在城匹段，各有所入即免，物价贱于外州，仍委所司具条疏闻奏。其公私便换钱物，先已禁断，宜委京兆府御史台切加觉察，理财正辞，弊必除于既往，蠲逋已责，禁方绝于将来，应度支盐铁户部三司所管诸官吏所由人户等欠负，元和十三年已前诸色钱物斛斗等，各委本司尽理勘实。如是货易估招，入已隐欺，即准此条处分。

因……有损折如此之类，除检责家产及摊征元保外，如实无可纳，空挂簿书，连年囚禁者，宜令各具目闻奏并与疏理，其诸军诸使应有欠负宜准此条处分。天下两税外不得杂有差率。刺史若违越委观察使举奏，观察使或有事乖格敕，刺史不得接受，已有前敕，宜重申明。仍委御史台严加访察。……

河北诸道管内自艰难以来久无刑法，各随所在，征歛不时，色目至多，都无艺极，宜委本道观察使勘实处桑产及先各征配量轻重，团定两税，务令均济……诸道管内百姓或因水旱兵荒流离死绝，见在桑产如无

① 刘令舆：《中国大赦制度》，载台北“中国法制史学会”编《中国法制史论文集》，（台北）成文出版社1981年版。

> 近亲承佃，各委州县切加检实，拟桑地数，具本户姓名，申本道观察使于官健中取无庄园有人丁者，量气力可及，据多少给付，便于公验，任充永业。不得令有力职掌人妄为请射，其官健仍量借贷种粮，分番上下，各任营农，放三年差税……①

类似的相关规定还有很多，仅就文中所引部分，我们可以看出：唐廷通过赦令颁布了具体而又繁多的财政税收方面的措施，其中包括对于夏税的放免、百姓纳税的方式、三司的收支方式、公私欠负的处理、两税的监督实施、荒芜田地的量定分配、政府的督耕劝农措施，等等。

李锦绣先生的《唐代财政史稿》可谓是唐代财政史的扛鼎之作，是唐代财政经济史的集大成者。在书中，李锦绣先生论及唐代财政立法时认为其主要方式有律、令、格、式和制敕等几种，并对律、令、格、式等都进行了解释和论述，对于敕旨也进行了一定的论述。但是对于制却关注不多，李锦绣先生根据《唐六典》认为制书有“厘革旧政”的用途，但是又说“下制为国家大事，一般对制度改易时所下者为敕”，由此忽略了制书中财政立法的考察。②

实际上，同为王言之制的赦书，也属于制书的一种。我们注意到，到唐代中后期，赦书中逐渐开始含有大量的关于财政立法或者赋税制度变革的内容。出于一定的原因，朝廷往往会通过赦书来颁布新的赋税制度或者财政改革措施。这一点我们可以通过上文引用的史料得到印证。此外，我们翻检其他集中记载唐代赦令的几部类书，如《唐大诏令集》《文苑英华》《册府元龟》等，可以发现通过赦令颁布朝廷新的经济政策的例子极多，在赦书的总数中也占了相当的比例。

以《文苑英华》为例，卷420到卷441中集中记载了各式赦书，包含有放免租税等朝廷经济厘革政策的赦文共有以下几条：《大中十三年十月九日嗣登宝位赦》《兴元二年改为贞元元年正月一日大赦天下制》《大中二年正月三

---

① （宋）李昉等：《文苑英华》卷426《长庆元年正月三日南郊改元赦文》，中华书局1966年版，第2159—2161页。

② 李锦绣：《唐代财政史稿》上卷，第一分册，北京大学出版社1995年版，第75页。

日册尊号赦书》《元和十四年七月二十三日上尊号赦》《会昌二年四月二十三日上尊号赦文》《后土赦书》（开元二十年）《贞元元年冬至郊祀大赦天下制》《贞元九年冬至大礼大赦天下制》《长庆元年正月三日南郊改元赦文》《太和三年十一月十八日赦文》《会昌五年正月三日南郊赦文》《大中元年正月十七日赦文》《平朱泚后车驾还京大制赦》（兴元元年七月）《大和七年八月七日册太子德音》《放免诸道先停放将士资粮德音》（贞元二年）。

从这些赦书颁布的时间我们可以看出，通过赦书来颁布朝廷经济政策的做法集中出现在唐朝中后期，而在玄宗及以前则基本没有出现过。① 李锦绣先生认为："一种制度的建立变化总有它的时代背景，特别是经济背景，唐前期的财政法也是如此。"② 导致朝廷的财政变革措施开始出现在赦书中的原因，主要有以下几个方面：

首先就是唐代中后期特殊的社会和政治形势，导致财政和税收措施的变革频仍，从租庸调的立废到两税法的兴起，加上其他大大小小的变革和调整，贯穿唐朝始终。而频繁的财政税收改革，自然会体现在朝廷各式各样的诏书命令之中，而在赦书内容的变化中也会有所反映。因此，唐后期财政税收政策变动的巨大和频繁，是其在赦书中出现的前提。

其次就是赦书本身的性质。赦书作为制书之一，可以用来颁布赦宥降虑之事，也可以用来颁布厘革旧政的内容。据《唐六典》原文的记载："凡王言之制有七，一曰册书，（立后建嫡，封树藩屏，宠命尊贤，临轩备礼，则用之。）二曰制书，（大赏罚，授大官爵，厘革旧政，赦宥降虑，则用之。）三曰慰劳制书，（褒赞贤能，劝勉勤劳则用之。）四曰发敕，（谓御画发敕也。增减官员，废置州县，征发兵马，除免官爵，授六品已下官，处流已上罪，用库物五百段、钱二百千、仓粮五百石、奴婢二十人、马五十匹、牛五十头、羊五百口已上则用之。）五曰敕旨，（谓百司承旨而马程式，奏事请施行者。）六曰论事敕书，（慰谕公卿，诫约臣下则用之。）七曰敕牒。（随事承旨，不易旧

① 《文苑英华》卷425《天宝三载亲祭九宫坛大赦天下制》（中华书局1966年版，第2152页）中提及了赋税制度规定的两个具体变革，但是并没有放免租税的内容。

② 李锦绣：《唐代财政史稿》上卷，第一分册，北京大学出版社1995年版，第99页。

典则用之。）皆宜署申覆而施行焉。”[①] 可见，发布赦宥是制书的重要内容之一。

因此，对于唐代中后期，朝廷开始利用赦书发布种种革新措制这一情况，可以由此找到制度上的原因。需要指出的是，在唐代就已经有“改革”这个词，如《赡养百姓及诸改革制》[②]，这是第二点原因。另外，从当时的宏观社会背景来看，安史之乱后，唐廷威信扫地，中央政令不行，民心离散，因此朝廷在通过军事手段试图消除割据藩镇外，也通过种种其他的办法来收拾人心。而赦宥作为一种羁縻和安抚的手段被放到了重要的位置，赦书中杂含的其他内容如慰问安抚、蠲免税役、赈灾救济、选贤任能，赐爵封赏等，都有共同的特点，即都是正面积极的东西，或者是对百姓或者是对社会有利有益的内容，这些能给百姓带来实惠的政策自然和赦宥一样被统治者看作是恩泽和德音，因此就放在赦书中一并颁布实施。所以，到了唐朝中后期这种给予百姓恩惠的赦宥的次数越来越频繁，用来收买人心，拉拢百姓，挽回中央日益下降的威信。

另外，随着唐朝的衰落，中央政令不行，从普通百姓到割据藩镇对于朝廷的种种号令亦不存多少敬意，对于于己不利的诏制更是千方百计、或明或暗的逃避、抵制。因此在这个意义上，只有那些于百姓有利的诏制才能得到较好的贯彻和执行。而赦书则是属于对百姓相对有利的制书之一，所以，或许正是出于这个考虑，朝廷开始把种种除了赦罪免刑之外的其他号令夹杂于赦书中一并发布。

其实，这个问题实际上就是赦书的不纯粹问题，这一点在前文已经略有论及。按照赦书的本意和常规的理解，赦文的内容应该就是规定赦免的罪行种类、区域等法律问题，既然名之为赦书，那么就应该是纯粹的赦宥内容。但是，到唐代赦书的内容发生了变化：赦书或诏制的内容往往不仅仅限于赦

① （唐）李林甫：《唐六典》卷9《中书省》，中华书局1992年版，第273—274页。

② （宋）李昉等：《文苑英华》卷433《赡养百姓及诸改革制》，中华书局1966年版，第2190页。

免罪犯，而是有许多其他的内容，涉及方方面面。《大中元年正月十七日赦文》[①] 全文共长达五千余字，但涉及赦宥的才一百余字。其余内容，除开始的固定赞美先祖业绩及天命神意外，还颁布了左降官量移办法、官员选拔、功臣赐封、官制变化、边防军队的救济、茶盐榷酤之法、义平仓设置、督耕、灾害的赈济、税赋的减免等。

对于这种把赦罪与其他内容，尤其是逋欠租庸的减免都混同在赦书之内的做法，包括唐人和后人都曾有异议。王夫之说："免逋欠，减租庸，所以救荒也。困于征输者，朴民也。与赦罪并行于一纸，则等朴民与奸宄，名不正，实不符，亦重辱吾衽席之赤子矣。"[②] 认为不应该杂赦罪之令于免租之诏。

当然对这个问题的分析应该结合具体的历史情况和当时的社会现实来进行，但是，至此我们至少可以得出这样一个结论：唐代的赦书作为制书之一和王言之制的一种，同样可以用来颁布政府的革新措施和制度的废立变动，那么，赦书中自然也可以包括朝廷在赋税财政等方面的新的政策和规定，因之赦书逐渐成为唐代发布经济政策的一种载体，进而使得赦宥和经济发生关系。

以两税法而言，其颁布实施在唐代乃至整个中国古代赋税史上都是具有划时代的意义的。而我们通过考察可以知道，如此重大的赋税制度改革，最初也是借助于赦宥，通过赦令颁布实施的。

杨炎为宰相后，深察旧有赋税体制之弊病，所以在一次奏对中，恳言其弊，乃请作两税法，以一其名，曰："凡百役之费，一钱之敛，先度其数而赋于人，量出以制入。户无主客，以见居为簿；人无丁中，以贫富为差。不居处而行商者，在所郡县税三十之一，度所与居者均，使无侥利。居人之税，秋夏两征之，俗有不便者正之。其租庸杂徭悉省，而丁额不废，申报出入如旧式。其田亩之税，率以大历十四年垦田之数为准而均征之。夏税无过六月，秋税无过十一月。逾岁之后，有户增而税减轻，及人散而失均者，进退长吏，

---

① （宋）李昉等：《文苑英华》卷430《大中元年正月十七日赦文》，中华书局1966年版，第2177—2182页。

② （清）王夫之：《读通鉴论》卷20《太宗》，中华书局1975年版，第687页。

而以尚书度支总统焉。"[①] 德宗善而行之，诏谕中外。这里说明了两税法产生的起由，但是文中并没有说明两税法是通过赦令颁布的。

再看下面的记载："建中元年春正月丁卯朔，御含元殿，政元建中，群臣上尊号曰圣神文武皇帝。己巳，上朝太清宫。庚午，谒太庙。辛未，有事于郊丘。是日还宫，御丹凤门，大赦天下。自艰难以来，征赋名目颇多。今后除两税外，辄率一钱，以枉法论。"[②] 这就是建中元年南郊赦，紧接着赦宥就规定了两税法的实施。

而在《资治通鉴》中记载就很清晰了，建中元年"春，正月，丁卯朔，改元。群臣上尊号曰圣神文武皇帝；赦天下"。始用杨炎议，命黜陟使与观察使、刺史"约百姓丁产，定等级，作两税法。比来新旧征科色目，一切罢之；二税外辄率一钱者，以枉法论"。唐初，赋敛之法曰租、庸、调，有田则有租，有身则有庸，有户则有调。玄宗之末，版籍浸坏，多非其实。"及至德兵起，所在赋敛，迫趣取办，无复常准。赋敛之司增数而莫相统摄，各随意增科，自立色目，新故相仍，不知纪极。民富者丁多，率为官、为僧以免课役，而贫者丁多，无所伏匿，故上户优而下户劳。吏因缘蚕食，民旬输月送，不胜困弊，率皆逃徙为浮户，其土著百无四五。至是，炎建议作两税法，先计州县每岁所应费用及上供之数而赋于人，量出以制入。户无主、客，以见居为簿；人无丁、中，以贫富为差；为行商者，在所州县税三十之一，使与居者均，无侥利。居人之税，秋、夏两征之。其租、庸、调杂徭悉省，皆总统于度支。上用其言，因赦令行之。"[③] 这里就提到了"因赦令行之"。

由此也可以印证刘后滨在《敕后起请的应用和唐代政务裁决机制》中的观点："杨炎的奏状，在当时并没有随后批准，因为如此重大的改革需要一段时间的酝酿，故在次年的建中元年正月五日赦文中才式确定。"[④]

随后又有多次通过赦书来对两税法的具体内容作出规定或者调整的，贞

① （后晋）刘昫等：《旧唐书》卷118《杨炎传》，中华书局1975年版，第3421页。

② （后晋）刘昫等：《旧唐书》卷12《德宗本纪上》，中华书局1975年版，第324页。

③ （宋）司马光：《资治通鉴》卷226《唐纪四十二》，德宗建中元年正月，中华书局1956年版，第7275—7276页。

④ 刘后滨：《敕后起请的应用和唐代政务裁决机制》，《中国史研究》2001年第1期。

元四年正月大赦文规定："天下两税，更审定第等，仍三年一定，以为永式。"① 随后将列举更多例子。由此可见，唐代通过赦宥来颁布新的赋税财政改革措施，是唐代中后期朝廷的一种经常性行为。

唐代赦书中所包含的经济性内容折射和反映了唐代社会经济的具体状态和政府财政政策变革情况，通过对赦书中经济性内容的分析可以在一定的程度上窥见唐代的财政经济现状和运转情况，但是，赦书中包含的同经济和财政相关的内容繁乱而又复杂，且在不同的历史时期变化又极大，缺乏共性的样板去分析。

我们发现，在赦宥所包含的经济性内容中，出现最多的是对于逋悬欠负的放免。本书就以这部分内容为具体的研究对象，通过对赦文中包含的放免逋悬欠负的文字的分析来透视赦宥和经济的关系，揭示赦宥对于唐代经济所产生的微妙影响。

放免租税是古代统治阶级恢复生产、鼓励农民垦耕的一种怀柔手段。通过赦令来赦免百姓的租赋税役在汉代就有先例。元封四年三月，祠后土赦，诏曰："其赦汾阴、夏阳、中都死罪一下，赐三县及杨氏皆无出今年租赋。"② 元封五年四月诏曰："朕巡荆扬，辑江淮物，会大海气，以合泰山，上天见象，增修封禅。其赦天下。所幸县毋出今年租赋，赐鳏寡孤独帛，贫穷者粟。"③ 到了晋武帝泰始元年受禅即位大赦，规定逋债负皆勿收。穆帝升平元年八月立皇后，大赦逋租宿负勿收。孝武帝太元十七年正月，"大赦，除逋租宿债。"④

我们注意到，汉代的赦免还只是简单的放免租赋，没有更为复杂的内容和更为繁多的规定。但是到了唐代，这种情况发生了变化。一种情况是，单纯的放免租赋的做法依然存在。如南朝梁的《改天监元年赦诏》，赦文的最后只是简单的提了一句"逋布、口钱、宿债勿复收"。在这里，放免租债和文中

① （宋）王钦若：《册府元龟》卷 89《赦宥第八》，凤凰出版社 2006 年版，第 984 页。
② （汉）班固：《汉书》卷 6《武帝纪》，中华书局 1962 年版，第 195 页。
③ （汉）班固：《汉书》卷 6《武帝纪》，中华书局 1962 年版，第 196 页。
④ （唐）房玄龄等：《晋书》卷 9《武帝本纪》，中华书局 1974 年版，第 239 页。

的“赐民爵二级、文武加位二等，鳏寡孤独不能自存者，人谷五斛”① 一样，是皇帝对于百官民众的一种普遍的恩赐，以显示皇恩浩荡，昭示皇帝的仁慈爱民之心，以达到“泽被率土”、普天同庆的目的，没有更多的经济性的含义。

另一方面，出现了像前文列举过的《长庆元年正月三日南郊改元赦文》一样的情况和做法。在赦文中夹杂着大量的包含免除租税在内的经济性内容，但是无论是从这部分内容在赦书中所占的分量，还是包含的内容，都已经远远地超过汉代赦书。从汉代简单的恩赐性的免除租税，演变为唐代的涵盖租税的免除、进献的罢停、欠负的放免、税收政策的调整、经济措施的变更等复杂性内容，此时的赦文中包含的经济性内容实际上已经相当于唐廷在某一短暂时期的经济纲领。

如《天宝三载亲祭九宫坛大赦天下制》：“自从以后天下百姓，以十八已上为中男，二十三已上成丁。‘实录载赦文云：每岁庸调八月征收，农功未毕，恐难济办，自今以后，延至九月三十日为限。’”② 这条材料包含了政府对于赋税制度规定的两个重要变化，一个是课税的对象和主体年龄规定的变更；另一个就是纳税时间的变更。从这里也可以看出，赦书用作政府财政经济改制条文的载体已经有史可循。上文中还没有提及到租税的放免，而到了唐代中后期，由于种种原因，赦免租税开始频繁地出现在赦书中，并成为赦书中包含的经济性内容的主要成分。

唐朝政府对于租税的赦免，既有客观的原因，也有主观的原因。从本质上来讲，由于民力凋敝，吏治腐败，唐政府的财政中的逋悬欠负的现象日益严重，对国家的财政收支造成了很大的负面影响。政府为了追征逋悬欠负，也采取了种种手段，但是效果不明显，屡征不得，所以被迫放免。

如《奉天改元大赦制》：“自顷军旅所给，赋役繁兴，吏因为奸，人不勘命，咨嗟怨苦，道路无聊，汔可小康，与之休息，其垫陌及税间架竹木茶漆榷铁等诸色名目悉停罢，京畿之内，属此寇戎，攻劫焚烧，靡有宁室，王师

① （唐）姚思廉：《梁书》卷2《武帝本纪中》，中华书局1973年版，第34页。

② （宋）李昉等：《文苑英华》卷425《天宝三载亲祭九宫坛大赦天下制》，中华书局1966年版，第2152页。

仰给，人以重劳，特宜减放今年夏税之半。”① 文中提到由于战火不断，导致政府开支浩大，赋役繁兴，再加上官吏为奸，百姓民不聊生，所以要放免租税，与民休息。而京畿附近，则是直接遭受战争的损害，因此更要予以安抚。

由于统治者认识到战争带给生产的巨大破坏和对于百姓带来的巨大大灾难而减免赋税的情况在战乱频仍的唐代中后期屡见不鲜。正如《长庆三年德音》所揭示：“干戈繄兴，里闾必害，眷言农亩，是废耕桑，其汴、宋、郑三州，罹此凶逆，士马屯集，供给并繁………其三州府内有兵马所到县百姓或有被惊扰处，宜于今年秋税内三分量放免一分，仍委州县长吏切加绥抚。”② 对于深受战火之害的汴、宋、郑三州，制定了具体的体恤政策。

建中四年七月十一日颁发的诏书中则提到：“叛人未附，戎马方殷”，当时正在征讨河西藩镇，因此劳师动众，为了拉拢人心，“凭将帅之设谋巩固，股肱之戮力，俾我一戎，四海永清，则颁赋名目当日悉停，两税定数亦各减放。”③

在封建社会还有一种情况，就是皇帝出巡时，会针对车驾所过区域颁布赦令，赦免罪人，有时就会在赦书中连同赋税也一并予以放免。《东封赦书》开元十三年：“欠负官物逋悬租调并宜放免，其行过州县，百姓有杂差科并车马夫役者并免一年租赋，兖州免两年租赋。”④ 还有贞观十四年，“太宗幸泰延康坊宅，因曲赦雍州及长安大辟罪已下，免延康坊百姓无出当年租赋，又赐泰府官僚帛有差。”⑤

在有的情况下，赋税的放免则是作为皇帝对于特殊人群的一种特别的赏赐。如《皇太子纳妃德音》中：对于不同的社会群体和阶层，分别施于不同的恩惠，“东西诸道征行人家及鳏寡孤独委州县长官检校，矜放差科，使安其业。长安万年两县百姓及今月当上彍骑、卫士、杂匠、掌厩、幕士、驾士、工人、乐人、供膳、主膳、官马、主食、弓手等并免其家人今年地税；三卫、

① （宋）李昉等：《文苑英华》卷 421《奉天改元大赦制》，中华书局 1966 年版，第 2131 页。
② （宋）李昉等：《文苑英华》卷 437《长庆三年德音》，中华书局 1966 年版，第 2211 页。
③ （宋）李昉等：《文苑英华》卷 441《建中四年德音》，中华书局 1966 年版，第 2229 页 。
④ （宋）李昉等：《文苑英华》卷 424《东封赦书》，中华书局 1966 年版，第 2149 页。
⑤ （后晋）刘昫等：《旧唐书》卷 76《濮王李泰传》，中华书局 1975 年版，第 2653 页。

细引、飞骑、万骑、监门、长上及礼生有职掌者各减一年。”①

由于封建社会生产力的相对不发达，所以自然灾害带给社会和人类的后果十分的严重，针对这种情况，封建统治者也建立了一套相应的救灾机制。遇灾而免租就是其中之一，并成为定制和律令。《新唐书·食货志》记：“水、旱、霜、蝗耗十四者，免其租；桑麻尽者，免其调；田耗十之六者，免租调；耗七者，课、役皆免。”除此之外，还有其他减免赋税的情况，如：“凡新附之户，春以三月免役，夏以六月免课，秋以九月课、役皆免。徙宽乡者，县覆于州，出境则覆于户部，官以闲月达之。自畿内徙畿外，自京县徙余县，皆有禁。四夷降户，附以宽乡，给复十年。奴婢纵为良人，给复三年。没外蕃人，一年还者给复三年，二年者给复四年，三年者给复五年。浮民、部曲、客女、奴婢纵为良者附宽乡。”② 当然这些措施的目的在于鼓励百姓垦荒勤耕，和赈济的意义有所不同。

因此，每遇自然灾害，在朝廷的赦书或者德音中常会出现大量的放减条文。如《太和六年德音》（又名《水灾令百官言事及优恤人户诏》）：“其诸道应有灾荒处，其疫死之家有一门尽殁者，仰官给凶具随事瘗藏；如有一家口累，因疫死一半者，其长吏量事即与本户税钱三分中减一分；死一半以上者，与减本户税钱一半。”③ 从这里一样可以看出朝廷对于百姓剥削的残酷：疫病肆虐，政府不仅没有充足有力的救助和赈灾措施，反而是不失时机地根据实际情况的变化推出新的税收政策——全家疫死一半，税钱才减三分之一；死一半以上者，才减一半。

在这种情况下，由于自然灾害导致农业生产遭受巨大破坏，农民流离失所，食不果腹，自然无力完税，所以有时政府也不得不放减根本没有可能征收的赋税。相关的例子在《文苑英华》卷435—436中有集中记载。

在这里需要指出的是，在赦书之外，出现了德音。关于德音，前已有相当论述，它们中的部分在本质上也是赦书的一种。因此，我们可以认为：除了正式的赦书外，另外一种专门减免税赋、丁役调庸的诏书就是放减德音。

---

① （宋）李昉等：《文苑英华》卷440《皇太子纳妃德音》，中华书局1966年版，第2226页。

② （宋）欧阳修等：《新唐书》卷57《食货志一》，中华书局1975年版，第1343页。

③ （宋）李昉等：《文苑英华》卷441《太和六年德音》，中华书局1966年版，第2230页。

这在《文苑英华》卷434《翰林制诏》[①] 中有集中记载，有《减征京畿夏麦制》《减征京畿丁役等制》《京兆府减税制》《放京畿丁役及免税制》《减淮南租庸地税制》（大历七年十一月）《减京兆府秋税制》《免京兆府税钱制》《减京畿秋税制》《减放太原及沿边州郡税钱德音》《雨灾减放税钱德音》等。

此外还有赈恤德音。主要集中在《文苑英华》卷435—436两卷《翰林制诏》。此类诏书中对于税役租钱等的放免主要是作为政府的一种赈灾救济政策和手段，在诏书中，其他更多的内容是关于如何赈灾赐粮赐粟、贷放粮种等措施。和专门的放减德音有所区别，和前文赦书中夹杂部分放免政策的情况区别更大。

大量的放免条文确实在一定程度上减轻了百姓的负担，缓解了百姓的疾苦痛弊，有利于百姓的休养生息和生产的恢复发展。但是，统治者放免的目的决不仅仅是出于对被统治者的考虑，而是包含着种种复杂的因素。下面来看赦文中欠负逋悬的具体情况。以《大中十三年十月九日嗣登宝位赦》为例，赦文中提到：

> 其降诞进奉，宜且权停……诸道进鹰鹞，每年共许进二百联，仍选择勘处进奉，余悉放免……诸道节度观察使除大例合贡献外，不得别有进奉，雕文刻镂及异色绫锦难得宝货一切禁绝。
>
> 京畿赋役频繁，河洛凋零亦甚，欲其宁息，当在蠲除，京兆府今秋青苗钱宜每贯量放五百文，所放钱如是府司占当色目，即委户部准旧例据数支填，不得令有虚折。其大中七年已前百姓积欠两税斛斗及青苗榷酒并税草职田麦麸棘等征收不得，空系簿书，亦并放免，如在官典所由腹内，不在此限。
>
> 河南府今年秋青苗钱宜每贯量放三百文，如是府司占额钱数，亦委户部准例支填应入，积欠府司及度支户部盐铁诸司大中七年已前诸色钱物银锡草等，如身已逃亡及身在贫穷、家业荡尽，频经校料，终无可征纳者，宜并放免，如在主掌人吏所由腹内者，不在此限。

---

① （宋）李昉等：《文苑英华》卷434《翰林制诏·德音一》，中华书局1966年版，第2195—2201页。

逋负年多，征摊力竭，咸令已责，庶可惠贫，度支户部盐铁三司应收管在城及在府州并诸色场盐，大中七年已前欠负诸色钱物斛斗等，除官典所由、请领官钱和粜市及在场官招商所由腹内外，其余人户所欠钱物如身家已亡殁或在贫穷家业荡尽无可征纳并逃窜捕捉未获，囚系妻男摊征保人等如此之类，虚挂簿书中，无填纳之日，宜并放免，如闻后赦令蠲免放欠负，所司不及时处分，元系簿书，徒有蠲免之名，却为分外搅扰，今所放钱物宜各令本司差办事官典处，据年额人户姓名，所欠钱物色目检勘，便下文帐，不得更起条样，勘逐所征可放，生事扰人，仍令所在场盐院及州县于要略分明悬榜示人户，俾令知悉，仍仰所司各限月日处分讫，具所放钱物单数，分析闻奏。

灾沴流行，黎甿困窘，免其租税，渐冀辑宁，诸道州府有遭水损甚处，其今年各纳苗税钱等委长吏酌量蠲放，如大中十二年已前欠负两税米在百姓腹内，征收不上者，亦宜特放。①

在赦书中，我们可以看到关于经济措置、赋税规定等的内容占了相当大的比例，不仅仅是放免，朝廷通过赦书颁布了税收方面的具体规定以及政府在国家经济生活某些方面的改革。

首先，对于一直沿袭的进奉陋习予以禁止，以示朝廷新气象，收买人心。其次就是全国范围内的蠲除放免，而具体的名目和规定又可以细分。地域上包括了京兆府、河南府、受灾的道州府以及度支、户部、盐铁三司等部门或者地区。这在所有的类似的放减赦书中都是大同小异。针对具体的区域或者部门作出具体的放减规定，在这一点上体现了国家对于财政的宏观控制和计划，也说明统治阶级并不是大发慈悲，盲目慷慨地不加区分全部放减。

在放减的对象上，按照惯例，赦文中也做了具体的划分。我们结合其他的材料可以认为，历次放减的内容大体可以分为以下几种：②

① （宋）李昉等：《文苑英华》卷420《大中十三年十月九日嗣登宝位赦》，中华书局1966年版，第2124—2126页。

② 对于赦文中逋悬欠负的放减问题，张宇在《从乾符二年南郊赦看唐后期对逋悬欠负的追征和免放》（《武汉大学学报》2001年第2期）做了详尽的个案分析和研究，比较深入，本段在一定程度上参考了其观点。

一、百姓对政府之逋悬欠负。即赦文所言“在百姓腹内者”的种种逋欠。而百姓对于朝廷的逋欠又包括法定的必须交纳的赋税。主要是唐廷规定的赋税及其附加税。两税法颁行后，法定赋税为两税钱物斛斗及其附加税如青苗、榷酒、税草、职田、麦麸棘等；即赦文中所言“大中七年已前百姓积欠两税斛斗及青苗榷酒并税草职田麦麸棘等征收不得”。此外还有国家的借贷钱物（如春荒时贷予百姓之种子、灾荒时赈贷百姓之钱粮），如《后土赦书》：“其不损处州自开元十七年已前所有贷粮种子负欠官物在百姓腹内者亦宜准此（放免）。”①

此外就是朝廷有关部门所放用以生息的公廨及诸色本利钱。《元和十四年七月二十三日上尊号赦》中的“御史台及秘书省等三十二司公廨及诸色本利钱，其主保逃亡者并正举纳利十倍已上，摊征保人利五倍以上及辗转摊保者，本利并宜并放免”②。

《太和八年疾愈德音》：“在京诸司诸使食利钱，其元举人已纳利计数五倍以上者，本利并放；其有人户逃死，摊征保人，其保人纳利计两倍以上者，本利亦并放免；其纳利未满此数者，待纳利数足，征本停利。”③ 还有就是百姓在同政府和粜和市欠负的钱物。就是前面赦文中提到的“粜市”过程中产生的欠负钱物。

二、政府各部门间之拖欠。整个唐王朝的经济运转和财政控制势必要牵扯到一个以上的部门来协调运作。因此，在不同的部门或者不同级别的机构之间，也会有一定的经济关系发生。其中也包括相互的拖欠。如《大中二年正月三日册尊号赦书》中提到的“诸道州府应欠开成三年终已前因水旱不熟贷借百姓及军用欠阙借便度支户部盐铁钱物斛斗”④，是为地方政府借欠三司的各种钱物。

此外还有唐僖宗乾符二年（875 年）颁布的南郊赦文中所载的“京兆府

① （宋）李昉等：《文苑英华》卷 424《后土赦书》，中华书局 1966 年版，第 2150 页。

② （宋）李昉等：《文苑英华》卷 422《元和十四年七月二十三日上尊号赦》，中华书局 1966 年版，第 2140 页。

③ （宋）李昉等：《文苑英华》卷 441《太和八年疾愈德音》，中华书局 1966 年版，第 2230 页。

④ （宋）李昉等：《文苑英华》卷 422《大中二年正月三日册尊号赦书》，中华书局 1966 年版，第 2137 页。

所欠诸陵园及诸军、诸使钱草斛斗”“诸县所欠府司钱草斛斗”“京兆府所欠之诸陵掌闲、彍骑、丁资、三卫等资钱”① 都是此类。

三、有关部门的官吏对已征纳税收由于贪污、挪用、损耗而造成的欠负。即赦文中所言“积欠府司及度支户部盐铁诸司大中七年已前诸色钱物银锡草等，如在主掌人吏所由腹内者”和“度支户部盐铁三司应收管在城及在府州并诸色场盐，大中七年已前欠负诸色钱物斛斗在场官招商所由腹内”的诸种色目的欠负，这种类型的欠负，有的情况是不在放减范围之内的。

唐后期赋税之征纳与支出主要集中于财政三司，因此这三个部门的官吏贪渎情况也势必最为严重，这可能也是把三司积欠之排斥在放免范围之外的一个原因。大中二年六月，户部侍郎兼御史大夫、判度支崔龟从的上奏中透露：“应诸司场院官请却官本钱后，或有欺隐欠负，征理须足，不得苟从恩荡，以求放免。今后凡隐盗欠负，请如官典犯赃例处分。纵逢恩赦，不在免限。”由此也可见贪占隐盗的严重性。② 当然在有的情况下，对于这种类型的欠负，也有予以放免的例子。

在放减的时间界限上，根据不同的情况的也有不同的规定，如赦文中对于京兆府、河南府诸的欠负规定大中七年以前予以放免，而对于遭受水灾的州府，放免的时间更长，是大中十二年以前都予以放免。

此外，在放免的程序上也有一定的规定和要求，都是指定专门的部门，按照故事旧例实施。如《贞元九年冬至大礼大赦天下制》：“其所放斛斗钱物并委巡院官与观察使、经略等使计会审勘定数，分明榜示百姓，仍具申奏。”放免的诸色钱物，先由以上机构审计勘定，还要向百姓申明昭示，然后再一级级地贯彻执行，最后还要把相关的过程或者结果呈报中央。③ 在不同的历史时期，因为封建政治体制的变革，主管承办的机构也不尽相同，不再具体分析。

我们注意到，由于赦文中对于免除租税、悉罢进献等等类似的规定是如

① （宋）宋敏求：《唐大诏令集》卷72《乾符二年南郊赦》，商务印书馆1959年版，第401页。

② （后晋）刘昫等：《旧唐书》卷18下《宣宗本纪》，中华书局1975年版，第621页。

③ （宋）李昉等：《文苑英华》卷426《贞元九年冬至大礼大赦天下制》，中华书局1966年版，第2158页。

此的频繁，使得赦文竟成为官员们执行和监督经济、税收政策所参照和遵循的标准，在朝廷的政治生活中也被频繁地提及，成为唐朝政治生活的一个重要内容。史载：敬宗立，侈用无度，诏浙西上脂盝妆具，德裕奏："比年旱灾，物力未完。乃三月壬子赦令，常贡之外，悉罢进献。此陛下恐聚敛之吏缘以成奸，雕窭之人不胜其敝也。本道素号富饶，更李锜、薛苹，皆榷酒于民，供有羡财。元和诏书停榷酤，又赦令禁诸州羡余无送使。今存者惟留使钱五十万缗，率岁经费常少十三万，军用褊急。今所须脂盝妆具，度用银二万三千两，金百三十两，物非土产，虽力营索，尚恐不逮。愿诏宰相议，何以俾臣不违诏旨，不乏军兴，不疲人，不敛怨，则前敕后诏，咸可遵承。"①李德裕考虑到地方财政的困难和百姓的负担，对于敬宗诏令进献的做法提出异议，同时引用之前赦令中禁止送使的条文上谏。

《新唐书·卢坦传》：初，诸道长吏罢还者，取本道钱为进奉，帝因赦令一切禁止，而山南节度使柳晟、浙西观察使阎济美格诏输献，坦劾奏，晟、济美白衣待罪。帝谕坦曰："二人所献皆家财，朕已许原，不可失信。"坦曰："所以布大信者，赦令也。今二臣违诏，陛下奈何以小信失大信乎。"帝纳之。② 在有的情况下，赦令甚至还可以是官员劾奏乃至断罪的依据。

在赦令中颁布的新的财政税收方面的规定很快就会演化成为固定的制度和条例，成为大臣们办事的参照和依据。大和十三年，盐铁使程异在奏书中说："应诸州府先请置茶盐店收税。伏准今年正月一日赦文，其诸州府因用兵已来，或虑有权置职名，及擅加科配，事非常制，一切禁断者。伏以榷税茶盐，本资财赋，赡济军镇，盖是从权。昨兵罢，自合便停，事久实为重敛。其诸道先所置店及收诸色钱物等，虽非擅加，且异常制，伏请准赦文勒停。"③

盐铁使从实际情况出发，并引用之前皇帝的赦令为参照，指出朝廷经济生活中的弊端，希望皇帝进行革除改正。并且仍是依据赦文予以办理。而在下面的御史台奏折中我们可以看到，朝廷关于财税方面新的举措在一定的程度上确实得到了贯彻，赦文不仅是各基层官员，如判官长吏执行的条例，也

① （宋）欧阳修等：《新唐书》卷193《李德裕传》，中华书局1975年版，第5328页。
② （宋）欧阳修等：《新唐书》卷159《卢坦传》，中华书局1975年版，第4959页。
③ （后晋）刘昫等：《旧唐书》卷48《食货志上》，中华书局1975年版，第2108页。

是监察机构的监察依据。

大和七年，御史台奏："伏准大和三年十一月十八日赦文，天下除两税外，不得妄有科配，其擅加杂榷率，一切宜停，令御史台严加察访者。臣昨因岭南道擅置竹練场，税法至重，害人颇深。伏请起今已后，应诸道自大和三年准赦文所停两税外科配杂榷率等复却置者，仰敕至后十日内，具却置事由闻奏，仍申台司。每有出使郎官御史，便令严加察访，苟有此色，本判官重加惩责，长吏奏听进止。"①

《旧唐书·韦处厚传》记载韦处厚常奉急命于宣州征鹰鸷及扬、益、两浙索奇文绫绵，"皆抗疏不奉命，且引前时赦书为证，帝皆可其奏。"② 文中韦处厚所引的赦令，肯定包含禁止各路进奉朝贡的内容，所以韦处厚把其作为反对皇帝滥敛民财、索贡扰民的凭据，致使皇帝不得不纳而从之。

前面已经论述，唐代中后期频繁的放免，有着种种的原因。而在本质上则是由于统治阶级的残酷剥削，导致民不聊生，无力完税，拖欠日久。因此，朝廷不得不顺水推舟，予以放免，以收人心。因此，在这个意义上，政府的这种放免实际上是一种假仁假义的被动之举。而这在放免的条文中也有所体现：百姓在残酷的剥削之下，"身已逃亡及身在贫穷、家业荡尽，频经校料，终无可征纳者""虚挂簿书中，无填纳之日""征收不得，空系簿书"，所以不得不"宜并放免"。

但是，统治者往往会在赦书中对这种实际上的无奈之举加以虚饰美化，以显示皇帝的仁政爱民之心，标榜统治者的仁慈恩德。《太和八年疾愈德音》："为政之要必在去烦，厚下之恩莫先已责。应度支、户部、盐铁积欠钱物，或因系多年，资产已尽，或本身沦没，辗转难征，簿书之中需有名数，囹圄之下，常积滞冤。言念于斯，所当矜恤。其度支、户部、盐铁应有悬欠各委本司具其可征可放数，条流闻奏，不得容有奸滥。"③ 文中对于百姓的疾苦表示关心，因此要责已以示厚下之恩，放减去烦以求为政之要。

应该承认，政府频频的放减欠负在一定程度上给百姓带来了一定的好处，

---

① （后晋）刘昫等：《旧唐书》卷49《食货志下》，中华书局1975年版，第2128页。
② （后晋）刘昫等：《旧唐书》卷159《韦处厚传》，中华书局1975年版，第4185页。
③ （宋）李昉等：《文苑英华》卷441《太和八年疾愈德音》，中华书局1966年版，第2230页。

起码从心理上减轻了百姓的负担。但是另一方面，由于种种原因，封建社会的这种放免往往只是一纸空文，实际上并不能给百姓带来更多的实际优惠。

首先，赦宥中包含的减免赋税的优惠并不是都能得到贯彻执行。造成这种状况的原因，一个原因是朝廷的法令朝出夕改。此外，封建社会官僚机构内部存在的种种腐败和弊病也是导致朝廷措施空具条文、不能落实的一个原因。

> 开成元年，改元，大赦。放京一年租税。及正、至、端午进奉，并停三年，其钱代充百姓纽配钱。诸道除药物、口味、茶果外，不得进献。诸司宣索制造，并停三年。赦后，紫宸宣对。郑覃曰："陛下改元御殿，全放京畿一年租税，又停天下节镇进奉。恩泽所该，实当要切。近年赦令，皆不及此。"上曰："朕务行其实，不欲崇长空文。"石对曰："赦书须内置一本，陛下时省览之。十道黜陟使发日，付与公事根本，令与长吏详择施行，方尽利害之要。"石以从前德音虽降，人君不能守，奸吏从而违之，故有内置之奏以讽之。①

由此反映出，确实有很多的赦书诏令，从皇帝到小吏都不能遵守施行，导致朝廷的号令政策停留在书面，空具条文。而赦令在实际上能给百姓带来多少实惠，甚至成为衡量赦宥效果的一个重要依据，

而另一方面，统治阶级出于自身利益的考虑，为了保证赋税收入的足额，往往会通过各种手段和制度来督促地方官吏向百姓课税。并把赋税收入作为考核官吏政绩的一个标准。在这种大背景下，各级官僚实际上是不会减轻对于百姓的压榨的。再加上地主阶层大大小小的地主出于自身利益的考虑，他们实际上也不会放松对百姓的剥削。所以百姓的悲惨的现状并不能因赦减而得到绝对的、很大的改善。

这一点统治阶级也不得不承认。《贞元九年冬至大礼大赦天下制》中，皇帝以怜悯和沮丧的语气提到："兵兴以来垂四十载，税额烦重，人已困穷，因之以流离，加之以冻馁，为人父母实切哀伤，诚由德化未敷，耗斁犹广，每欲蠲复，使之小休，迫于军储，有意未就，姑示勤恤，减其田租，惠贷非多，

① （后晋）刘昫等：《旧唐书》卷172《李石传》，中华书局1975年版，第4485页。

良深悯愧。”①

贞元十四年（798 年），德宗下诏放免百姓诸色逋赋，自以为惠民甚深。入朝的徐泗濠节度使张建封在所上奏折中也直言不讳地说：“凡逋赋残欠，皆是累积年月，无可征收，虽蒙陛下优矜，百姓亦无所裨益。”②

在唐后期的诸多赦文中，我们经常可以看到在前面一道赦文中已经被放免额达诸色逋悬欠负在下一次的赦文中又“蒙恩敕”，再次被赦免，这也充分说明放免逋欠的赦令并没有得到很好的贯彻执行。僖宗乾符元年（874 年）正月，翰林学士卢携上言中提到：对于“实无可征”的“余税”朝廷放免后，州县等各级官吏仍然“督趣甚急”，致使百姓求生无计，“有司竟不能行，徒为空文而已。”③

朝廷放免的弊端不仅止此。对于大户人家或者中产阶级来说，朝廷发布德音，减免赋税，这些所谓的形势之家便利用机会拖延纳税时间，一旦德音下达就可以免交。但是，政府的这种放减行为还是有着超越于此的重大意义。

我们先看百姓逋欠赋税及诸色官钱的问题的普遍化和严重性，《元和十四年七月二十三日上尊号赦》中提到：“度支元和五年已前诸道州府监院送省，除前制放免外，诸色欠负逋悬钱物等共四百二十八万八千八百贯石等；监院盐铁使从贞元五年以后至元和五年已前制疏理量放外，应负诸色钱物斛斗共三百三十二万两千一百五十一贯石等；户部从建中三年已后至元和九年已前，除前制疏理外，诸色欠负钱物等共五十三万九千四百六十四贯石等，并委本司疏理具可征可放数闻奏。”④

《旧唐书》卷 13《德宗本纪》下记载德宗贞元十四年（798 年）正月的诏书说：诏诸道州府应贞元八年（792 年）至十一年（795 年）两税及榷酒钱，在百姓腹内者，总五百六十万七千贯，并除放。平均每年欠负就有一

① （宋）李昉等：《文苑英华》卷 426《贞元九年冬至大礼大赦天下制》，中华书局 1966 年版，第 2158 页。

② （后晋）刘昫等：《旧唐书》卷 140《张建封传》，中华书局 1975 年版，第 3831 页。

③ （宋）司马光：《资治通鉴》卷 252《唐纪六十八》，僖宗乾符元年，中华书局 1956 年版，第 8169 页。

④ （宋）李昉等：《文苑英华》卷 422《元和十四年七月二十三日上尊号赦》，中华书局 1966 年版，第 2139 页。

百万。

《册府元龟》卷491《邦计部·蠲复三》则云：其诸道州府应欠负贞元八年、九年、十年两税及榷酒钱总五百六十七万七千余贯，在百姓腹内，一切并免。

那么唐廷的每年的租赋收入是多少呢？《旧唐书》卷17下《文宗本纪下》载文宗开成二年（837年）判度支王彦威《供军图》曰：计天下租赋，一岁所入，总不过三千五百余万，而上供之数三之一焉。是则中央政府的两税收入，不过1200万贯石左右。

而我们从上面的材料看到，每年的逋欠动辄就是上百万贯，而总数更是占到了中央政府的两税收入的二分之一，对于朝廷的财政部门来讲，而这些数目巨大的欠负犹如一个沉重的财政包袱压在背上，征又征不得，空系簿书，毫无实际的作用，反而越集越多，影响了正常的财政运转，从预算到支出，都受其不良影响。

所以，这些债务的清理和放免，一方面可以促进财政体制的正常运作，理清多年的陈旧烂账，减轻大小官吏的冗沉工作；另一方面，也可以澄清吏治，消除三司等财政部门内部的贪滥损耗等腐败弊病。

对于百姓来讲，由于欠朝廷的逋悬，大小官吏无时无刻不在追征催讨，所以造成百姓逃匿隐蔽，背井离乡，不能安心农业生产，也不利于社会安定和生产发展。而朝廷不时的放免，无疑可以减轻百姓的心理压力，使其去掉沉重的包袱，过上稍为安稳的生活。

此外，数目巨大的欠负对于朝廷来说无疑也产生了巨大的压力，使统治机构意识到旧有的财政制度和税收体制已经弊端丛生，因此在放减的过程中，也逐渐地根据实际情况陆续出台了一些新的措施，慢慢带动了财政和税收制度的变革。

第二节　赦宥和唐代文化
——从诗歌等看赦宥和唐代社会文化的关系

赦宥的存在源远流长，在其发展的过程中，不可避免会对社会产生巨大而又深远的影响，并且会涉及各个方面。在社会文化方面，尤其是文学诗歌等方面，我们注意到，赦宥也留下了一定的影响，这种影响和作用虽然是间接和隐性的，但是仍有迹可循。

而社会文化涵盖的范围和内容是极其丰富和广渊，所以以本书的篇幅和笔者的能力，根本无从下手，更遑论研究把握。因此，本书就选取解剖麻雀的方法，以文学为对象做个案研究，以期能够窥一斑而见全豹，揭示赦宥对于唐代整个社会文化带来的影响。文学的主体和客体无非是人和包括诗歌在内的诸种艺术形式。所以，本书的探讨就限于文人和诗歌等文学作品。

先论文人，文人应该包括唐代的诗人、词人、儒学家等或者在朝廷中任文学之职，或有著作遗世的历史人物。

从文人的方面来讲，我们查阅史料，可以看到一个奇怪的现象就是，在两“唐书”的文人传记中，有很大一部分的文人都曾经因罪或刑或贬，尔后又遇赦得免。下面就两“唐书”中的记载简单罗列如下：

1. 王勃，字子安，绛州龙门人。“勃恃才傲物，为同僚所嫉。有官奴曹达犯罪，勃匿之，又惧事泄，乃杀达以塞口。事发，当诛，会赦除名。”①

2. 元万顷，洛阳人，后魏景穆皇帝之胤。“勣尝令万顷作文檄高丽，其语有讥高丽‘不知守鸭绿之险’，莫离支报云‘谨闻命矣’，遂移兵固守鸭绿，官军不得入，万顷坐是流于岭外。后会赦得还，拜著作郎。”②

---

① （后晋）刘昫等：《旧唐书》卷190上《王勃传》，中华书局1975年版，第5005页。
② （后晋）刘昫等：《旧唐书》卷190中《元万顷传》，中华书局1975年版，第5010页。

3. 刘允济，洛州巩人，其先自沛国徙焉。南齐彭城郡丞翘六代孙也。少孤，事母甚谨。博学善属文，与绛州王勃早齐名，特相友善。弱冠，本州举进士，累除著作佐郎。天授中，为来俊臣所构，当坐死，以其母老，特许终其余年，仍留系狱。久之，会赦免，贬授大庾尉。长安中，累迁著作佐郎，兼修国史。

4. 李邕，广陵江都人。“父善，尝受《文选》于同郡人曹宪。后为左侍极贺兰敏之所荐引，为崇贤馆学士，转兰台郎。敏之败，善坐配流岭外。会赦还，因寓居汴、郑之间，以讲《文选》为业。年老疾卒。所注《文选》六十卷，大行于时。”①

5. 李白，字太白，山东人。少有逸才，志气宏放，飘然有超世之心。父为任城尉，因家焉。少与鲁中诸生孔巢父、韩沔、裴政、张叔明、陶沔等隐于徂徕山，酣歌纵酒，时号“竹溪六逸”。“禄山之乱，玄宗幸蜀，在途以永王璘为江淮兵马都督、扬州节度大使，白在宣州谒见，遂辟为从事。永王谋乱，兵败，白坐长流夜郎。后遇赦得还，竟以饮酒过度，醉死于宣城。有《文集》二十卷，行于时。”②

6. 罗道琮，蒲州虞乡人。“慷慨尚节义。贞观末，上书忤旨，徙岭表。岁余，遇赦归。”还乡后，“擢明经，仕至太学博士，为时名儒。”③

7. 阎朝隐，字友倩，赵州栾城人，“少与兄镜几、弟仙舟皆著名。连中进士、孝悌廉让科，补阳武尉。中宗为太子，朝隐以舍人幸。性滑稽，属辞奇诡，为武后所赏。累迁给事中、仗内供奉。后有疾，令往祷少室山，乃沐浴，伏身俎盘为牺，请代后疾。还奏，会后亦愈，大见褒赐。其资佞谄如此。景龙初，自崖州遇赦还，累迁著作郎。”④

以上所列诸人都是两“唐书”中或是《文苑列传》、或是《儒学列传》《文艺列传》之人，当属文人之列，他们中的大部分都是由于在错综复杂的政治斗争成了牺牲品，遭受到了或贬或刑的命运，如果没有封建社会的赦宥制

① （后晋）刘昫等：《旧唐书》卷190中《李邕传》，中华书局1975年版，第5039页。
② （后晋）刘昫等：《旧唐书》卷190下《李白传》，中华书局1975年版，第5053页。
③ （宋）欧阳修等：《新唐书》卷198《罗道琮传》，中华书局1975年版，第5660页。
④ （宋）欧阳修等：《新唐书》卷202《阎朝隐传》，中华书局1975年版，第5752页。

度，那么他们的个人生命包括他们的文学生命或许也就就此终结。但是封建社会的赦宥制度，多是全国范围内的普遍减罪、免刑，这就给了他们绝地逢生的机会，无论是他们的个人生命还是文学生命和前途都获得赦免，使得他们的文学创作和文学生涯能够继续。而这些人的存在，对于唐代文艺的兴盛起到了巨大作用。《新唐书·文艺传》开篇云："唐有天下三百年，文章无虑三变。高祖、太宗，大难始夷，沿江左余风，绨句绘章，揣合低卬，故王、杨为之伯。玄宗好经术，群臣稍厌雕彖，索理致，崇雅黜浮，气益雄浑，则燕、许擅其宗。是时，唐兴已百年，诸儒争自名家。大历、正元间，美才辈出，擩哜道真，涵泳圣涯，于是韩愈倡之，柳宗元、李翱、皇甫湜等和之，排逐百家，法度森严，抵轹晋、魏，上轧汉、周，唐之文完然为一王法，此其极也。若侍从酬奉则李峤、宋之问、沈佺期、王维，制册则常衮、杨炎、陆贽、权德舆、王仲舒、李德裕，言诗则杜甫、李白、元稹、白居易、刘禹锡，谲怪则李贺、杜牧、李商隐，皆卓然以所长为一世冠，其可尚已。"① 其中除了本书所列举之人，还有其余人等也都有逢遇赦宥的经历。这就是赦宥带给文学艺术的最重要最直接的影响，而这种影响也不是偶然的或者短暂的。从某种角度来看，文人群体和赦宥之间是存在着一定程度上的必然联系的。

从唐代来讲，大凡青史留名的文人或者儒者都是显贵或者曾为官宦，或者经常出入交游权贵，否则不可能进入当时史家的视野。而在他们步入权贵官宦宅门的同时，实际上也是卷进了上层激烈政治斗争的旋涡。学而优则仕，唐代极盛的科举考试更使得无数的文人奔向曲折坎坷的仕途。《唐律疏议》："妄为狂悖之语者，流二千里。"② 这或许也是终唐一代，很大一部分文人都曾经获罪被贬的原因之一。这和文人的直率、耿直和不谙政治斗争的性格也是有着相当必然的联系。

而政治斗争时刻都充满着巨大的风险，稍有不慎就会沦为阶下之囚，所以众多的文人戴枷获罪，遭遇或贬或流的命运也就不足为奇了。但是幸运的是，封建社会的赦宥颁布的频率和场合也是非常多的，所以，被流放的文人

① （宋）欧阳修等：《新唐书》卷201《文艺传上·序》，中华书局1975年版，第5725—5726页。

② （唐）长孙无忌：《唐律疏议》卷17《贼盗律》，中华书局1983年版，第325页。

被赦宥的机会也是非常大的。

著名思想家、文学家韩愈在德宗晚年为监察御史，上章指斥时弊被贬为连州阳山令。后又被召回官至刑部侍郎，宪宗时又因上疏反对迎佛骨入宫，触怒皇帝，再次被贬潮州刺史。两次被贬以及被赦宥的经历在韩愈的文学作品中也留下来痕迹，成为韩愈一段时期作品的主要内容。因此，综合种种的因素，赦宥和文人之间应该说是有一定的必然联系。① 因此，从宏观上来讲，封建社会固定化的赦宥机制在一定程度上不仅挽救了诸多文人的个人命运和文学命运，也是唐代文艺兴盛的一个潜在保证因素。

而从微观上考察，文人们被贬被刑，遭受流放的悲惨命运，成为他们人生旅途的一段独特经历，势必在他们的心头留下难以磨灭的印象，影响到他们的作品思想的转变。同时，艰苦环境的磨难造成他们对于赦宥的强烈渴望以及遇赦后极度兴奋的心情，在他们的作品中同样有所反映和流露。正如《沈佺期宋之问集校注》中总结沈佺期宋之问的作品思想时所说：“在残酷的政治斗争中，沈佺期被系狱、流放，宋之问也两贬岭南。由荣耀的顶峰跌入屈辱的深谷，生活、地位的变化形成强烈的反差，不能不激起情感上的大波狂澜，从而表现在诗歌创作中。”② 同样的观点和类似的研究见于吴在庆的《韩偓贬官前后的心态及对其诗歌创作的影响》，文中考察了天复三年韩偓从朝中被贬，后流寓入闽而终这一段时期作者的心态及在其文学作品中的反映。③

韩偓被贬前后的生活与情感心态是有所不同的。这一转折，不仅使他的政治命运、个人生活发生了重大改变，而且使他的思想、情感、心态产生了相应的变化，并由此影响其诗歌创作，使其诗歌在内容、情感、风格以及表现手法上出现了明显的变化，呈现不同的特色。这些前后的对比变化，都反映着赦宥对于他们个人及文学作品深刻而又微妙的影响。下面以沈佺期为例，

① 古永继《唐代岭南地区的贬流之人》（《学术研究》1998 年第 8 期）专门对被流贬岭南的人做了统计分析，指出其中被贬岭南的第三类人就是因思想言论而得罪的。

② （唐）沈佺期、宋之问撰，陶敏、易淑琼校注：《沈佺期宋之问集校注 · 前言》，中华书局 2001 年版，第 8 页。

③ 吴在庆：《韩偓贬官前后的心态及对其诗歌创作的影响》，《宁夏社会科学》2003 年第 2 期。

作一个案的探讨和分析。

《新唐书》记载：沈佺期，字云卿，相州内黄人。“及进士第，由协律郎累除给事中，考功受赇，劾未究，会张易之败，遂长流驩州。稍迁台州录事参军事。入计，得召见，拜起居郎兼修文馆直学士。既侍宴，帝诏学士等舞《回波》，佺期为弄辞悦帝，还赐牙、绯。寻历中书舍人、太子少詹事。开元初卒。弟全交、全宇，皆有才章而不逮佺期。”①

《旧唐书》记：沈佺期中“进士举。长安中，累迁通事舍人，预修《三教珠英》。善属文，尤长七言之作，与宋之问齐名，时人称为沈宋。再转考功员外郎，坐赃配流岭表。神龙中，授起居郎，加修文馆直学士。后历中书舍人、太子詹事。开元初卒。有文集十卷”②。

根据两书的记载，再结合其他史料，我们大概可以知道，沈佺期生活在大约656—716年左右，字云卿，相州内黄（即现在的河南内黄）人，高宗上元年间，登进士第。垂拱年初任协律郎，后来升给事中。垂拱四年因为考功受贿被弹劾入狱。紧接着因为交通张易之事败受到牵连，因而遭到贬官流放的处分，这也是政治斗争的结果。在遭流贬的期限内，沈佺期有相当丰富的诗歌作品，折射出了他当时的心情，也反映了他对当时赦宥的印象。

下面按照他流放期间的行程和时间顺序，对其诗文简单做一剖析，通过诗文中流露的思想结合当时的背景来阐述赦宥和文化的关系。

沈佺期《初达驩州》：“流子一十八，命予偏不偶。配远天遂穷，到迟日最后。水行儋耳国，陆行雕题薮。魂魄游鬼门，骸骨遗鲸口。夜则忍饥卧，朝则抱病走。搔首向南荒，拭泪看北斗。何年赦书来，重饮洛阳酒。”③

根据沈佺期的传记我们知道他长流驩州（州治在现在越南荣市），这首诗应该就是他初到驩州时的作品。流子一十八：流子就是流人的意思。《旧唐书》卷八十二列传第二十八记载：神龙元年正月二十日，朝官房融、崔神庆、崔融、李峤、宋之问、杜审言、沈佺期、阎朝隐等皆坐二张窜逐，凡数十人。

① （宋）欧阳修等：《新唐书》卷202《沈佺期传》，中华书局1975年版，第5749—5750页。

② （后晋）刘昫等：《旧唐书》卷190中《沈佺期传》，中华书局1975年版，第5017页。

③ （唐）沈佺期撰，陶敏、易淑琼校注：《沈佺期集校注》卷2《初达驩州》，中华书局2001年版，第97页。

诗人刚到偏远之地，心中不免无限的凄凉和悲伤，感到自己以后的命运可能就如秋风落叶了，已近黄昏，日没穷途，再无起色，所以诗中用“穷”“最后”等字眼，并说“魂魄游鬼门，骸骨遗鲸口”。自料可能归京无望，要客死他乡了。诗人在病困潦倒之余，还在望着京都的方向，心中残存着一丝的希望，盼望着朝廷的赦宥能够到达边疆，自己好“重饮洛阳酒”。

但是根据唐朝的惯例，长流人一般是“遇赦不原”，是被排斥在赦宥恩泽的范围之外的，尤其是像他这种因为党争而被禁锢的政治阶下囚。所以就有了下面的“赦到不得归”的牢骚、感慨和不平之音。

又，《赦到不得归题江上石》：“家住东京里，身投南海西。风烟万里隔，朝夕几行啼。圣主讴歌洽，贤臣法令齐。忽闻铜柱使，走马报金鸡。弃市沾皇渥，投荒漏紫泥。魂疲山鹤路，心醉跕鸢溪。天鉴诛元恶，宸慈恤远黎。五方思寄刃，万姓喜然脐。自幼输丹恳，何尝玷白圭。承言窜遐魅，雪枉间深狴。坟垄无由谒，京华岂重跻。炎方谁谓广，地尽觉天低。百卉杂殊怪，昆虫理赖暌。闭藏元不蛰，摇落反生荑。疟瘴因兹苦，穷愁益复迷。火云蒸毒雾，阳雨濯阴霓。周乘安交趾，王恭辑画题。少宽穷涸鲋，犹愍触藩羝。配宅邻州廨，斑苗接野畦。山空闻斗象，江静见游犀。翰墨思诸季，裁缝忆老妻。小儿应离褓，幼女未攀笄。梦蝶翻无定，蓍龟讵有倪。谁能竟此曲，曲尽气酸嘶。”① 考察《旧唐书·中宗本纪》，可以知道这次赦宥应该是神龙元年九月大赦和十一月大赦两者中的一个，无论是哪一次，那么赦令到达驩州应该是神龙二年左右。

从诗中“圣主讴歌洽，贤臣法令齐”，我们可以看出作者依然对皇帝和朝廷充满了依恋和怀念之情。原因就在于“弃市沾皇渥，投荒漏紫泥”，作者本来是应处“弃市”之罪，但是皇恩浩荡，改从流刑，所以作者诗中感恩涕零。“紫泥”指代皇帝的诏书，在这里更具体的指代赦书。按照惯例，皇帝的诏书以紫泥封，加盖印玺。“漏紫泥”的意思是皇帝的赦书中漏掉了自己，不能得到赦宥，这和题目“赦到不得归”也是吻合的。

① （唐）沈佺期撰，陶敏、易淑琼校注：《沈佺期集校注》卷2《初达驩州》，中华书局2001年版，第104页。

“金鸡”和“铜柱使”是需要解释的两个名词。关于“金鸡”本书在前面章节已经有所论述。“铜柱”的典故来自《汉书·马援传》：“交阯女子征侧及女弟征贰反，攻没其郡，九真、日南、合浦蛮夷皆应之，寇略岭外六十余城，侧自立为王。于是玺书拜援伏波将军，以扶乐侯刘隆为副，督楼船将军段志等南击交阯。”① 文中注引《广州记》曰：“援到交阯，立铜柱，为汉之极界也。”② 在这里也是指代传达赦令的使者。

作者原本在京都繁华之地，现在却被贬放到西南边陲，感慨之余，不禁回想起自己在穷苦之地受尽疟瘴毒雾等磨难，却不能再回到故土中原，不能再面见圣上，就连自己的祖坟也不能拜谒。算来自己最小的儿子应该会下地走路了，小女儿也有十多岁了。但是正如标题所言“赦到不得归”，虽然遇到了大赦，自己却不能够沾渥皇恩，言念至此，更不禁凄然。

沈佺期《答魑魅代书寄家人》：“魑魅来相问，君何失帝乡。龙钟辞北阙，蹭蹬守南荒。览镜怜双鬓，沾衣惜万行。抱愁那去国，将老更垂裳。告善雕旌建，收冤锦旆张。宰臣更献纳，郡守各明扬。礼乐移三统，舟车会八方。云沙降白遂，秦陇献烧当。三赦重天造，千推极国详。大招思复楚，于役限维桑。涨海缘真腊，崇山压古棠。雕题飞栋宇，儋耳间衣裳。伏枕神余劣，加餐力未强。空庭游翡翠，穷巷倚桄榔。缘体分殊昔，回眸宛异常。吉凶恒委郑，年寿会询唐。家本传清白，官移重挂床。上京无薄产，故里绝穷庄。碧玉先时费，苍头此自将。兴言叹家口，何处待嬴粮。计吏从都出，传闻大小康。降除沾二弟，离拆已三房。剑外悬销骨，荆南预断肠。音尘黄耳间，梦想白眉良。复此单栖鹤，衔雏愿远翔。何堪万里外，云海已溟茫。戚属甘胡越，声名任秕糠。由来休愤命，命也信苍苍。独坐寻周易，清晨咏老庄。此中因悟道，无问入猖狂。”③

大凡物不平则鸣，可以说，正是由于这段特殊的经历，作者的作品中才会有如此深厚起伏的感情。而赦宥对于社会的影响具体到作者的身上，在作

① （南朝·宋）范晔：《后汉书》卷24《马援传》，中华书局1965年版，第838页。

② （南朝·宋）范晔：《后汉书》卷24《马援传》注引，中华书局1965年版，第840页。

③ （唐）沈佺期撰，陶敏、易淑琼校注：《沈佺期集校注》卷2《答魑魅代书寄家人》，中华书局2001年版，第108—109页。

品中也清晰可见。

又，《答宁爱州报赦》：“书报天中赦，人从海上闻。九泉开白日，六翮起青云。质幸恩先贷，情孤枉未分。自怜泾渭别，谁与奏明君。”①

又，《喜赦》：“去岁投荒客，今春肆眚归。律通幽谷暖，盆举太阳辉。喜气迎冤气，青衣报白衣。还将合浦叶，俱向洛城飞。”②

根据《沈佺期宋之问集校注》的考证，这首诗作于神龙三年。这首诗里，我们看到作者最终还是遇得了皇恩，得以赦免，从去岁到今春，也有一年的时间了，“暖”“太阳”“辉”等字眼也揭示了作者遇赦后轻松喜悦的心情。原先遭贬受罪的满腹冤气至此都被赦书带来的喜气一扫而光，“青衣”指代赦宥，因为从朝廷下来宣示赦书的小吏或者驿使的官服应该是青色的，“白衣”就是指作者了，唐代官员获罪之后一般会被免除官职，原有的各种颜色的官服脱下之后，就成为一介白衣，平民一个了。最后两句说，作者急欲归乡的心情，像合浦（汉郡名，治所在今广西合浦东北）的树叶一般都向京城的方向飞去。

遇赦之后，作者的心情可比作是天空高翔的大雁，无比的自由喜悦。从遇赦到返京，一路上沈佺期诗兴大发，几乎沿途每一景致都有诗作。下面参考《沈佺期宋之问集校注》及相关史料，作下列简单路线图。

年份，地点（今地），诗作→神龙二年驩州（今越南荣市）遇赦《喜赦》→神龙三年绍隆寺（离驩州城二十五里）《绍隆寺》→神龙三年平昌岛（据《沈佺期宋之问集校注》应为现今海南岛）《早发平昌岛》→神龙三年越州（今广州越州城）《夜泊越州逢北使》→神龙三年贞阳峡（今广州英德南溱水上）《度贞阳峡》→神龙三年韶州（州治在今广东韶关）《登韶州灵鹫寺》→神龙三年乐昌（韶州属县名）、郴州（今属湖南）《白乐昌溯流至白石岭下入郴州》。

由此可以看到，被赦宥前，作者心中是极端的苦闷、抑郁和凄凉，遇赦

① （唐）沈佺期撰，陶敏、易淑琼校注：《沈佺期集校注》卷2《答宁爱州报赦》，中华书局2001年版，第123页。

② （唐）沈佺期撰，陶敏、易淑琼校注：《沈佺期集校注》卷2《喜赦》，中华书局2001年版，第124页。

而不得时，作者的心情更是无比的失落甚至是绝望，而被赦宥后，赦宥在作者心中激起的不仅仅是无法形容的、溢于言表的喜悦，更是持续而又强劲的创作欲望。《沈佺期宋之问集校注》中对沈佺期在这一时期的作品做了统计："据统计，沈佺期入狱流放期间写的诗有三十二首，占其现存全部诗作五分之一强。……在这些作品中，旅途的艰厄，异俗殊方的风物，内心的痛苦忧惧和不平愤懑，都写得十分真切动人。"①

可以说，正是赦宥前后巨大的反差和深刻的生活经历给了作者丰富的创作源泉和灵感，赦宥以及对于赦宥的企盼成为贯穿这一时期作品的主线，由此也可见赦宥对于作者以及文学的深刻影响。

除了以上所列，在《全唐诗》中和赦宥直接相关的作品也为数不少。这些作品或是描写赦宥颁布实施的场面，或者演绎赦宥的种种象征物和传说，或者记述当时和赦宥相关的轰动性事件，或者是直抒作者对于赦宥的感受、看法和印象等等，但是，不同的作品、不同的内容、不同的形式，都从侧面反映了赦宥对于整个社会各个方面的影响。

文学只是文化的一个表层或者方面，除了唐代的诗歌和文人，由于赦宥的频频施行和沿袭已久，在社会风俗和其他方面也产生和积淀了相应的文化，下面就史料中可及的部分，简要叙述关于赦宥的风俗片段。其中需要提及的就是赦宥的仪式。这在前文已经有相当的论述，在此再次简单引用。

赦宥在朝堂上的仪式结束之后，紧接着就是群众娱乐节目。在象征性的释放完囚徒后，市坊幼童们会抢着爬上木竿（木竿应该非常粗大），争夺鸡首，因为鸡首饰有黄金，还含有绛幡。争得者，政府以相应的钱币购买，或者只把绛幡奖还："击㧐鼓千声，集百官、父老、囚徒，坊小儿得鸡首者官以钱购，或取绛幡而已。"②

这种活动一直延续到宋代，吴自牧的《梦粱录》卷5记载："立起青云百尺盘，文身骁勇上鸡竿。嵩呼争得金幡下，万姓均欢仰面看。"③ 在唐以前，

① （唐）沈佺期、宋之问撰，陶敏、易淑琼校注：《沈佺期宋之问集校注·前言》，中华书局2001年版，第8页。

② （宋）欧阳修等：《新唐书》卷48《百官志三》，中华书局1975年版，第1269页。

③ （宋）吴自牧：《梦粱录》卷5《明禋礼成登门放赦》，三秦出版社2004年版，第75页。

还有这样的风俗：百姓在大赦之日，挖取金鸡杆下的泥土佩带在身上以求吉利①。前面已引的张说《和张监观赦》中对于这种场面也有相当的描述。从题目可以看出，观赦在唐代可能已经成为一种老百姓经常参加的风俗。诗中描述：市人在大赦的仪式上发出欢呼之声，此外还有种种的乐器伴奏，可见场面相当的热闹。

而关于赦宥的传说主要是集中在赦宥的象征物——金鸡上。同样是前文已引的张籍《琴曲歌辞·乌夜啼引》诗。诗中的少妇夜半起床听到乌鸦的啼叫，便知道朝廷要颁布赦宥，并且对着啼乌许下宏愿。可见，随着时间的推移，建金鸡以赦的做法在民间流传演变，渐渐带上了传说的色彩，象征物也泛化，由金鸡到喜鹊、乌鸦甚至只要是鸟类，都被赋予信使的身份，镀上神秘色彩，都成为政府赦宥的征兆。

在官方而言，赦宥则和天象紧密联系在一起，这和赦宥建金鸡的最初起源也是有关系的。以星为占来决定大赦也不是唐代所独有，《史记》："有句圜十五星，属杓，曰贱人之牢。《索隐》案：诗记历枢云'贱人牢，一曰天狱'。又乐汁图云'连营，贱人牢'。宋均以为连营，贯索也。《正义》：贯索九星在七公前，一曰连索，主法律，禁暴彊，故为贱人牢也。牢口一星为门，欲其开也。占：星悉见，则狱事繁；不见，则刑务简；动摇，则斧钺用；中虚，则改元；口开，则有赦；人主忧，若闭口，及星入牢中，有自系死者。常夜候之，一星不见，有小喜；二星不见，则赐禄；三星不见，则人主德令且赦。远十七日，近十六日。若有客星出，视其小大：大，有大赦；小，亦如之也。"②

此外，在《初学记》《艺文类聚》中都有类似的记载，而发展到了唐代，推占而赦的做法更是极为发达和缜密，出现了专门的《开元占经》，用以推算天文变异和人事之间的联系，由此而导致的赦宥的颁布也就和天文星变等更加紧密地联系在一起了。

---

① （唐）封演撰，赵贞信校注：《封氏闻见记校注》卷4《金鸡》，中华书局2005年版，第29页。

② （汉）司马迁：《史记》卷27《天官书》，中华书局1959年版，第1294—1295页。

第四章　赦宥与法律

从一开始，赦宥就是一个纯粹意义上的法律问题，在后来长远的流变过程中，随着社会的发展和需要，赦宥的内涵和外延都不断发展，逐渐发展成一种涵盖内容极广的制度。而其中相关的法律内容也越来越多，伴随衍生同赦宥相关的法律问题也开始越来越复杂。

同时，赦宥在法律领域内占有的比重和重要性也越来越大，王潜的《唐代司法制度》认为："赦宥制度在中国历代司法制度却是重要的组成因素，是王朝一种特别司法行政措施。"① 充分肯定了赦宥制度的法律重要性，刘令舆先生在总结大赦的意义时，进一步指出："大赦制度，在中国行之者垂两千年，其在中国法制史上，所占有之比重及所牵涉之广泛，除司法免除效力外，在行政法上，影响官制之升降；在民事法上，又得为私债之免除，在税务法上，可为租赋之豁免。"② 所论更为具体而详当。

发展到唐代，赦宥制度开始逐渐成熟和完善③，而一个重要的标志就是，同赦宥相关的法律规定越来越繁多，越来越复杂和完备。本章主要以《唐律疏议》为蓝本，讨论唐代赦宥的法律制度和规定，同时对于和赦宥相纠缠的一些法律问题，主要包括十恶、八议、血亲复仇等，作一总结。

---

① 王潜：《唐代司法制度》，法律出版社1985年版，第136页。

② 刘令舆：《中国大赦制度》，载台北"中国法制史学会"编《中国法制史论文集》，（台北）成文出版社1981年版。

③ 刘令舆先生在《中国大赦制度》（台北"中国法制史学会"编：《中国法制史论文集》，成文出版社1981年版）中把中国古代历史上的赦宥发展分作几个阶段，认为到了隋唐，是赦宥的完善期。笔者同意这种观点，认为赦宥发展到隋唐，在各种制度上以及相关的法律规定上都已经趋向成熟和完善。

第一节 《唐律疏议》和赦宥

赦宥自产生至唐代已经延续了千年，在其发展的历程中，随着形势的发展和实际执行实施过程中的种种需要，逐渐积累形成了比较完备的规定，这些规定包括赦宥的具体的法律执行、赦宥的效力、赦宥的处置、赦宥在法律问题上的具体辨别和断罪等，这些都被统治者以法律的形式固定下来并遵守不辍，因此，在历代的王朝法律中我们都可以发掘到或多或少的类似条文。[①]作为中国封建法制最为完备的一个朝代，唐朝在赦宥制度上的相关规定已经相当的丰富和完备，而《唐律疏议》又是完整保存至今的我国封建法典中最早的一部，从中更是可以找到大量的关于赦宥的法律的条文，得以帮助我们基本了解唐代赦宥的具体执行规则。

通过检索现存的《唐律疏议》条文可知，唐律中关于赦宥的或者和赦宥相关的规定大致可以分为下列几类。

一、赦宥中需要例外的情况

在唐代，一般来讲，赦宥在法律效力上可以消除犯罪者的所有罪和刑，只要是赦令中没有特别提及不得赦免的罪行都是可以获得宽宥的。但是我们注意到，也有很多的例外情况，对于一些特别的罪行和特别的情形，唐律特别规定不得享受或者完全享受赦宥的恩惠和宽大政策，其中就包括：

① 在秦律残篇中《法律问答》（《睡虎地秦墓竹简》，北京文物出版社 1978 年版）中就有秦代关于赦宥的法律规定，此后，在历代的刑律中均有或多或少的关于赦宥的条文，查阅正史的刑法志部分可知，不再赘述。

（一）常赦所不原

诸犯罪共亡，轻罪能捕重罪首，重者应死，杀而首者，亦同。注：常赦所不原者，依常法。

【疏】议曰：常赦所不原者，谓虽会大赦，犹处死及流，若除名、免所居官及移乡之类。此等既赦所不原，故虽捕首，亦不合免。①

“常赦所不原”，顾名思义，就是一般情况下，遇到赦宥的时候排除在赦宥效力之外的、不能赦宥的行为。这是封建统治阶级为了维护自己的根本统治利益，特别规定一些严重危害统治基础的罪行，即使遇到赦宥也必须严惩。

“常赦所不原”早在汉代就已经出现，其内容也在不停的变化之中。汉旧仪云：每赦自殊死以下及谋反大逆不道，诸不当得赦者皆赦除之。可见这时候已经把有的罪行排斥在赦宥的效力之外，这可能是“常赦所不原”的雏形。《后汉书·明帝纪》记载，永平十五年，“大赦天下，其谋反大逆不道及诸不应宥者皆赦除之。”② 到了北周，开始称为“常赦所不免”。③ 沈家本先生认为：“隋唐都是因此而来，唐初也在沿用。直到玄宗天宝元年大赦，称常赦所不原。自此以后成为定制。”④

可见从“常赦所不免”到“常赦所不原”经历了一个从名字到内容的发展过程。下面几条就属于常赦所不原涵盖的内容。

（二）会赦犹流

顾名思义“会赦犹流”，就是遇到赦宥仍然要处以流放的刑罚，唐代的流放分为二千里、二千五百里和三千里三等。这些罪行主要包括造畜蛊毒、杀小功尊属、从父兄姊及谋反、大逆等唐朝统治阶级认为比较严重的行为。

《唐律疏议》第 11 条对“会赦犹流”做了定义：

【疏】议曰：案《贼盗律》云：“造畜蛊毒，虽会赦，并同居家口及

① （唐）长孙无忌：《唐律疏议》卷 5《名例》，中华书局 1983 年版，第 106 页。
② （南朝·宋）范晔：《后汉书》卷 2《明帝纪》，中华书局 1965 年版，第 119 页。
③ （唐）令狐德棻：《周书》卷 7《宣帝本纪》，中华书局 1971 年版，第 123 页。
④ （清）沈家本：《历代刑法考》，中华书局 1985 年版，第 1797 页。

教令人亦流三千里。”《断狱律》云：“杀小功尊属、从父兄姊及谋反、大逆者，身虽会赦，犹流二千里。”此等并是会赦犹流。①

这些罪行不光是遇到赦宥不能享受皇帝的恩惠，还要遭受流刑。而且在其他方面的优惠措施也没有享有的资格，如赎罪、权留养亲、收赎等。

先看减赎。

诸应议、请、减及九品以上之官，若官品得减者之祖父母、父母、妻、子孙，犯流罪以下，听赎；其加役流、反逆缘坐流、子孙犯过失流、不孝流，及会赦犹流者，各不得减赎，除名、配流如法。②

“会赦犹流者”即使本来享有议、请、减以及赎罪的资格，那么因为犯了这些罪行，同样也不能再减赎。

此外还有权留养亲的权利，“会赦犹流者”也不能享受。“权留养亲”是我国封建社会的一种特殊制度，是指在犯罪人的父母或者祖父母年迈而又无人赡养的情况下，暂缓或者减轻对该人的处罚，放归奉养老人。这种制度最早出现于北魏，到了唐代对此附加了这些限制。③

诸犯死罪非十恶，而祖父母、父母老疾应侍，家无期亲成丁者，上请。犯流罪者，权留养亲，谓非会赦犹流者。在权留养亲期间，课调依旧。

【疏】议曰：犯流罪者，虽是五流及十恶，亦得权留养亲。会赦犹流者，不在权留之例。其权留者，省司判听，不须上请。④

从这条来看，所犯罪行死罪只要不是十恶，流刑虽是五流及十恶都有权

① （唐）长孙无忌：《唐律疏议》卷2《名例》，中华书局1983年版，第36页。按：关于这条规定，同样在二六二条有详细的规定：诸造畜蛊毒，谓造合成蛊，堪以害人者。及教令者，绞；造畜者同居家口虽不知情，若里正（坊正、村正亦同。）知而不纠者，皆流三千里。造畜者虽会赦，并同居家口及教令人，亦流三千里。

② （唐）长孙无忌：《唐律疏议》卷2《名例》，中华书局1983年版，第34—36页。

③ 钱大群先生在《唐律与中国现行刑法比较论》（江苏人民出版1991年版，第268页）一书中认为，唐代的这种规定实际上是现代意义上的缓刑的一种。

④ （唐）长孙无忌：《唐律疏议》卷3《名例》，中华书局1983年版，第69—70页。

留养亲的权利，但是如果是会赦犹流者中所列罪行，那么这项权利也被剥夺，可见唐朝法律对于会赦犹流者镇压之严格。

还有收赎的权利同样被剥夺。例如：

> 诸年七十以上、十五以下及废疾，犯流罪以下，收赎。（犯加役流、反逆缘坐流、会赦犹流者，不用此律；至配所，免居作。）
>
> 【疏】议曰：依《周礼》："年七十以上及未龀者，并不为奴。"今律：年七十以上、七十九以下，十五以下、十一以上及废疾，为矜老小及疾，故流罪以下收赎。
>
> 问曰：上条"赎章"称"犯流罪以下听赎"，此条及官当条即言"收赎"。未知"听"之与"收"有何差异？
>
> 答曰：上条犯十恶等，有不听赎处，复有得赎之处，故云"听赎"。其当徒，官少不尽其罪，馀罪"收赎"，及矜老小废疾，虽犯十恶，皆许"收赎"。此是随文设语，更无别例。
>
> 注：犯加役流、反逆缘坐流、会赦犹流者，不用此律；至配所，免居作。
>
> 【疏】议曰：加役流者，本是死刑，元无赎例，故不许赎。反逆缘坐流者，逆人至亲，义同休戚，处以缘坐，重累其心，此虽老疾，亦不许赎。会赦犹流者，为害深重，虽会大恩，犹从流配。此等三流，特重常法，故总不许收赎。至配所免居作者，矜其老小，不堪役身，故免居作。其妇人流法，与男子不同：虽是老小，犯加役流，亦合收赎，征铜一百斤；反逆缘坐流，依《贼盗律》："妇人年六十及废疾，并免。"不入此流。"即虽谋反，词理不能动众，威力不足率人者，亦皆斩，父子、母女、妻妾并流三千里"。其女及妻妾年十五以下、六十以上，亦免流配，征铜一百斤；妇人犯会赦犹流，唯造畜蛊毒，并同居家口仍配。①

唐朝的规定对于老幼犯罪者有特殊的照顾措施，那就是收赎。年七十以上、十五以下及废疾，犯流罪以下的可以由家人申请收赎。但是，三种情况下不

① （唐）长孙无忌：《唐律疏议》卷4《名例》，中华书局1983年版，第80—81页。

得收赎，那就是犯加役流、反逆缘坐流、会赦犹流者，其中就包括会赦犹流者；仅仅是到了“至配所，免居作”。

疏议中对此做了说明：加役流者，本是死刑，元无赎例，故不许赎。反逆缘坐流者，逆人至亲，义同休戚，处以缘坐，重累其心，此虽老疾，亦不许赎。会赦犹流者，为害深重，虽会大恩，犹从流配。此等三流，特重常法，故总不许收赎。至配所免居作者，矜其老小，不堪役身，故免居作。

（三）会赦犹除名

诸犯十恶、故杀人、反逆缘坐，狱成者，虽会赦，犹除名。①

除名，是指“官爵尽除。官爵既除，故课役从本色”②。官员除名之后，就成为平民百姓，一切优惠待遇都没有了，依旧要纳税。

唐代也对犯十恶、故杀人、反逆缘坐几种罪行作出了赦宥上的限制，如果已经定案，即使遇到赦宥也要给予除名的处罚。

《唐律疏议》对这几种情形做了进一步的解释。

【疏】议曰：“十恶”，谓“谋反”以下、“内乱”以上者。“故杀人”，谓不因斗竞而故杀者；谋杀人已杀讫，亦同。反逆缘坐者，谓缘谋反及大逆人得流罪以上者。③

这里有一个很贴切的例子。《旧唐书》卷66《房玄龄传》记载，唐朝著名宰相房玄龄两子，长子房遗直、次子房遗爱。唐高宗永徽年间，房遗爱因密谋造反被处死，房遗直也受到牵连，依律“缘坐”，流放三千里，并除名。考虑盗房玄龄对于李唐王朝的功劳，高宗特别宽赦了房遗直，依律，流刑免除，但仍旧遭到除名。

那么什么是狱成呢？狱成，谓赃状露验及尚书省断讫未奏者。对于“赃

① （唐）长孙无忌：《唐律疏议》卷2《名例》，中华书局1983年版，第47—48页。

② （唐）长孙无忌：《唐律疏议》附录《唐律释文》卷3《名例》，中华书局1983年版，第625页。

③ （唐）长孙无忌：《唐律疏议》卷2《名例》，中华书局1983年版，第47页。按：关于这条规定，同样在三〇六条有详细的规定：诸斗殴杀人者，绞。以刃及故杀人者，斩。虽因斗，而用兵刃杀者，与故杀同。解释的条文规定：名例：“犯十恶及故杀人者，虽会赦，犹除名。”兵刃杀人者，其情重，文同故杀之法，会赦犹遣除名。

状露验及尚书省断讫未奏”又作了更为详细的解释。

【疏】议曰：犯十恶等罪，狱成之后，虽会大赦，犹合除名。狱若未成，即从赦免。注云赃状露验者，赃谓所犯之赃，见获本物；状谓杀人之类，得状为验。虽在州县，并名狱成。“及尚书省断讫未奏者”，谓刑部覆断讫，虽未经奏者，亦为狱成。此是赦后除名，常赦不免之例。①

（四）会赦免所居官

即监临主守，于所监守内犯奸、盗、略人，若受财而枉法者，亦除名；奸，谓犯良人。盗及枉法，谓赃一匹者。狱成会赦者，免所居官。②

除了十恶、故杀人、反逆缘坐，如果是特别职务的主管官员，即监临主守，假使犯下于所监守内奸、盗、略人，受财而枉法，也要除名。如果也是定案之后遇赦了，要免现任官职。

【疏】议曰：“监守内奸”谓犯良人。“盗及枉法”，谓赃一匹者。略人者，不和为略；年十岁以下，虽和亦同略法。律文但称“略人”，即不限将为良贱。狱成者，亦同上法除名。会赦者，免所居官。此是赦后仍免所居之一官，亦为常赦所不免。③

（五）流人在道遇赦违限者不赦

诸流配人在道会赦，计行程过限者，不得以赦原。注：谓从上道日总计，行程有违者。④

唐代规定，如果流人没有开始被发送上路就遇到了赦宥，可以被赦免。此外，就是如果上路了但是没有到达流放地点的也可以在半道上被赦免。

① （唐）长孙无忌：《唐律疏议》卷2《名例》，中华书局1983年版，第48页。
② （唐）长孙无忌：《唐律疏议》卷2《名例》，中华书局1983年版，第48页。
③ （唐）长孙无忌：《唐律疏议》卷2《名例》，中华书局1983年版，第49页。
④ （唐）长孙无忌：《唐律疏议》卷3《名例》，中华书局1983年版，第68页。按：《明律》改此条为“徒流人在道会赦”，增加了徒刑之人，扩大了范围。

【疏】议曰：假有配流二千里，准步程合四十日，若未满四十日会赦，不问已行远近，并从赦原。[①]

唐代的流放分为二千里、二千五百里和三千里三等。受当时的交通条件限制，流放犯不可能很快赶到流放地，有的要经过半年的时间才能到达流放地，加上封建社会固定而又频繁的赦宥，所以经常发生流放犯行至半路遇到赦令的情况。那么，是不是所有的流放犯半途遇赦都可以赦免呢？

并非如此，为了防止个别罪犯预知赦宥或者故意耽搁行程，或逃亡以等待赦令的情况发生，所以，《唐律疏议》专门对此问题作出规定，以防止个别人钻法律的漏洞。

首先，超过正常期限还没到达流放地的犯人，不能被赦免；怎么规定期限呢？唐律根据路途的远近、交通工具的快慢等因素，规定了期限的计算方法。

【疏】议曰："行程"，依令："马，日七十里；驴及步人，五十里；车，三十里。"其水程，江、河、馀水沿泝，程各不同。但车马及步人同行，迟速不等者，并从迟者为限。[②]

还有如果是半路逃亡以躲避程限，等待赦宥的，即使在法定期限之内，也不予赦免。即：

逃亡者虽在程内，亦不在免限。即逃者身死，所随家□仍准上法听还。【疏】议曰：行程之内逃亡，虽遇恩赦，不合放免。即逃者身死，所随家□虽已附籍，三年内愿还者，准上法听还。[③]

还有这种情况，即比规定的期限提前到达了目的地的怎么处理？唐律也考虑到了，如果是提前到达的，也可以被赦宥。

---

① （唐）长孙无忌：《唐律疏议》卷3《名例》，中华书局1983年版，第69页。按：《明律》改此条为"徒流人在道会赦"，增加了徒刑之人，扩大了范围。

② （唐）长孙无忌：《唐律疏议》卷3《名例》，中华书局1983年版，第68页。

③ （唐）长孙无忌：《唐律疏议》卷3《名例》，中华书局1983年版，第69页。

若程内至配所者，亦从赦原。

【疏】议曰：假有人流二千里，合四十日程，四十日限前已至配所，而遇恩赦者，亦免。[①]

最后还有一个需要辨别的问题稍微复杂。那就是前面提过的权留养亲的情况。在“权留养亲”期间如果遇到赦宥，权留养亲者能否享受赦宥呢？

还有，唐代规定，“流人季别一遣”。或者由于种种原因权留养亲结束了，权留养亲者照旧要重新服刑，就是要作为流人被重新流放。那么如果这个时候遇赦了，怎么处理？

犯流罪者，权留养亲，在养亲期间，如果遇赦，不在赦例，就是每年的季末仍要作为流人被流放。

【疏】议曰：权留养亲，动经多载，虽遇恩赦，不在赦限。依令：“流人季别一遣。”同季流人，若未上道而会赦者，得从赦原。[②]

“从赦原”就是如果养亲刚刚结束，又要被作为流人遣送上路，若未上道而会赦者，得从赦原。

（六）“义绝之状”不因赦而改变

诸妻无七出及义绝之状，而出之者，徒一年半；虽犯七出，有三不去，而出之者，杖一百。追还合。若犯恶疾及奸者，不用此律。[③]

唐朝在一定程度上也给予妇女以保护政策，不允许无缘无故休妻出妻。

在解释何谓“义绝”时提到：义绝，谓“殴妻之祖父母、父母及杀妻外祖父母、伯叔父母、兄弟、姑、姊妹，若夫妻祖父母、父母、外祖父母、伯叔父母、兄弟、姑、姊妹自相杀及妻殴詈夫之祖父母、父母，杀伤夫外祖父母、伯叔父母、兄弟、姑、姊妹及与夫之缌麻以上亲、若妻母奸及欲害夫者，

① （唐）长孙无忌：《唐律疏议》卷3《名例》，中华书局1983年版，第69页。
② （唐）长孙无忌：《唐律疏议》卷3《名例》，中华书局1983年版，第70页。
③ （唐）长孙无忌：《唐律疏议》卷14《户婚》，中华书局1983年版，第267页。

虽会赦，皆为义绝”[①]。

这些行为即使遭逢赦宥，即使赦免了罪行，但是并不赦免其行为的恶劣性，因此还算是“义绝”之状，并不因赦宥而改变，所以只要有这些行为都可以“出之”而不用触罪。

（七）杀人应死会赦者应各从本色的情况

诸杀人应死会赦免者，移乡千里外。其工、乐、杂户及官户、奴，并太常音声人，虽移乡，各从本色。[②]

唐代有杀人应死会赦免者，移乡千里外的规定，这主要也是为了避免民间血亲复仇的事件发生，防止受害人家属复仇。但是，这些移乡人中的上述群体和阶层，移乡后的身份不能改变。

这条实际上是对唐代身份制度的一种固定和强调，在法律中特别作出规定，以避免赦宥带来的某些混乱，使得工、乐、杂户及官户、奴等奴隶或者半奴隶阶层并不能因为赦宥而获得更多的恩惠和身份地位上的变化。

（八）遇赦不赦的情况

诸闻知有恩赦而故犯，及犯恶逆，若部曲、奴婢殴及谋杀若强奸主者，皆不得以赦原。即杀小功尊属、从父兄姊及谋反大逆者，身虽会赦，犹流二千里。

【疏】议曰：“闻知有恩赦而故犯”，谓赦书未出，私自闻知，而故犯罪者；“及犯恶逆”，谓殴及谋杀祖父母、父母，杀伯叔父母、姑、兄姊、外祖父母、夫、夫之祖父母、父母，此名“恶逆”；若部曲，客女亦同，并奴婢殴及谋杀若强奸主者：皆不得以赦原。即杀小功尊属、从父兄姊及谋反大逆者，此等虽会赦免死，犹流二千里。[③]

为了防止有人利用赦宥和进一步巩固保护封建等级制度，以上情形遇到

① （唐）长孙无忌：《唐律疏议》卷14《户婚》，中华书局1983年版，第267页。
② （唐）长孙无忌：《唐律疏议》卷18《贼盗》，中华书局1983年版，第341页。
③ （唐）长孙无忌：《唐律疏议》卷30《断狱》，中华书局1983年版，第567—568页。

赦宥也要排斥在赦宥之外。这些都比较好理解，不再做进一步解释。

二、关于赦宥中涉案财物的规定

（一）簿敛之物及赃物

即簿敛之物，赦书到后，罪虽决讫，未入官司者，并从赦原；

【疏】议曰："簿敛之物"，谓谋反、大逆人家资合没官者。赦书到后，罪人虽已决讫，其物未入官司者，并从赦原。若簿敛之物已入所在官司守掌者，并不合放免。

若罪未处决，物虽送官，未经分配者，犹为未入。

【疏】议曰：若反、逆之罪仍未处决，罪人虽已断讫，其身尚存者，物虽送官，但未经分配者，并从赦原。①

综合以上内容可以看出，对于犯罪人的财产即所谓的"簿敛之物"并没有简单地全部没收或者是随着赦宥全部赦免。而是具体情况具体对待。

可以赦原就是可以恢复犯罪前原状或者归还原主的情形有：一是已经断罪，但是簿敛之物还没有入官的。二是罪未处断，物虽送官，但是未经分配者。

诸以赃入罪，正赃见在者，还官、主；……会赦及降者，盗、诈、枉法犹征正赃；余赃非见在及收赎之物，限内未送者，并从赦降原。及收赎之物者，谓犯罪征铜，依令节级各依期限。限内未送，并从赦、降原；过限不送，不在免限。

【疏】议曰：谓会赦及降，唯盗、诈、枉法三色，正赃犹征，各还官、主，盗者免倍赃。故云"犹征正赃"。谓赦前事发者。若赦后事发，捉获见赃，准斗讼律征之。

【疏】议曰："余赃非见在"，赦前已费用尽，若非转易得他物及生

① （唐）长孙无忌：《唐律疏议》卷4《名例》，中华书局1983年版，第87页。

产蓄息者，皆非见在之赃。①

这条已经相当于现在诉讼法中的民事诉讼和刑事诉讼的区别。一般来讲，财产性犯罪，正赃原则上应当归还官府或者原主，这视情况而定，比如偷盗，如果偷盗的是公家就要赃物归公，如果偷窃的是私户，就要归还私人。遇到赦宥的话，除了盗、诈、枉法三种情况仍然要继续追征外，其余的没有专门要求，应该都可以赦免，不予追究。

还有其他情况就是余赃和收赎之物，相当于现在的剩余附属财物和赎金、罚金，如果在归还的期限内遇到赦宥，那就一并随赦宥免除，但是如果是由于种种原因包括故意隐藏、拖延的，并且超过了规定的期限，就不在免限，继续追征。

（二）会赦应改正、征收的财物

诸会赦，应改正、征收，经责簿帐而不改正、征收者，各论如本犯律。谓以嫡为庶、以庶为嫡、违法养子，私入道、诈复除、避本业，增减年纪、侵隐园田、脱漏户□之类，须改正；监临主守之官，私自借贷及借贷人财物、畜产之类，须征收。

【疏】议曰：前条以百日为限，此据赦后经责簿帐，即须改正、征收，仍有隐欺，不改从正者，皆如本犯得罪。其应改正、征收，具如子注。②

法律对于在财物经济上的非法状态规定必须恢复原状，即使遇赦也要改正。而且不能在参照百日的期限，而是在赦宥后一旦对照、勘责账簿就必须马上予以改正。

① （唐）长孙无忌：《唐律疏议》卷4《名例》，中华书局1983年版，第90页。按：需要说明的是，本书中所提及的赦、降、虑三种情况，如果不特别说明，在本质上应该都是指代赦宥，属于赦宥的范畴。这在《唐律疏议·释义》卷一《名例》中有明确的定义和说明：赦，按周礼有三赦之文，一赦老耄，一赦幼弱，一赦戆愚。谓此三等之人，识见浅劣，故赦放其罪。今之赦也，罪恶之重已下，笞十之轻，率皆原宥，即名为赦。降，降者，即赦之别文。赦则罪无轻重，降则减重就轻。虑，虑者，又与降同。然降自咸免，虑是奏免。赦、降、虑三者名殊，而义归于赦。

② （唐）长孙无忌：《唐律疏议》卷4《名例》，中华书局1983年版，第96页。

总体来看，这些行为都是属于经济犯罪，或者违反朝廷的赋税和户籍制度的，严重损害了封建地主阶级的团体经济利益，因此没有给予百日的宽限。对于上述条文，《唐律疏议》做了更为详细的解释。

【疏】议曰："监临"，谓于临统部内。"主守"，谓躬亲保典之所者。以官财物、畜产私自借贷及将官物、畜产私借贷人者，其车船之属同财物，鹰犬之属同畜产，故言"并须征收"。①

三、关于赦宥的自首问题

唐朝有这么一个规定，就是在赦宥颁布之后，规定有一定的期限，一般是一百天，在这段时间内，相关的罪行必须到各级官府自首坦白，方可获得赦免。这在大部分赦令结尾都有所体现：《元和十四年七月二十三日上尊号赦》："……可大赦天下，自元和十四年七月十三日已前，大辟罪已下，已发觉未发觉，已结正未结正，系囚见徒罪无轻重，咸赦除之……百日不首，复罪如初。"②

"百日不首，复罪如初。"③ 这在唐代已经形成固定的用语和格式。那么是否所有的罪行都需要到官府自首呢？检阅《唐律疏议》可以看到，相关的规定很清楚，需要自首的情况主要包括：

诸略、和诱人，若和同相卖；

【疏】议曰：不和为"略"，前已解讫。和诱者，谓彼此和同，共相

① （唐）长孙无忌：《唐律疏议》卷4《名例》，中华书局1983年版，第97—98页。

② （宋）李昉等：《文苑英华》卷422《元和十四年七月二十三日上尊号赦》，中华书局1966年版，第2138页。

③ 按：这在唐代已经形成固定的用语和格式。我们看一下这个规定的历史渊源。赦后百日自首的期限源自南齐。《南齐书·高帝本纪》：建元元年六月，立皇太子，断诸州郡礼庆。见刑人重者，降一等，并申前赦恩百日。沈家本先生在此条后加按曰：申前赦恩百日，旧例所无，始见于此，后常行之。再看《南齐书·武帝本纪》：永明元年三月，诏申辛亥赦恩五十日。这里的期限又改成五十日。由此可见，起码直到此时，赦后百日的期限到这个时候还没有成为定制。但是之后逐渐沿用，到了唐初，如：武德四年五月，以窦建德平，诏其亡命山泽仍为结聚，诏书到后三十日不来归首者，复罪如初。沈家本先生认为：其时律尚未定，故与百日不首之法不同。

诱引，或使为良，或使为贱，限外蔽匿，俱入此条，轻重之制，自从本法。若和同相卖者，谓两相和同，共知违法。

及略、和诱部曲奴婢，若嫁卖之，即知情娶买，

【疏】议曰：上文皆据良人，此论部曲、客女、奴婢等。“略、和诱”，义并与上同。或得而自留，或转将嫁卖，或乞人，亦同。其知情娶买者，谓从略、和诱以下，不问良贱，共知本情，或娶或买，限外不首，亦为蔽匿。

及藏逃亡部曲奴婢；

【疏】议曰：藏匿无日限。谓知是部曲、奴婢逃走，故将藏匿者。

以上主要指定了三种行为：一是拐骗买卖人口和隐匿户口。二是嫁卖娶买奴婢。三是窝藏逃亡部曲奴婢。①

下面是官员机构设置方面。

署置官过限及不应置而置，

【疏】议曰：在令，置官各有员数。员外剩置，是名“过限”。案职制律：“官有员数，而署置过限及不应置而置。”注云：“谓非奏授者。”在此，虽有奏授，亦同蔽匿。于格、令无员而置，是名“不应置而置”。

诈假官、假与人官及受假者；

【疏】议曰：诈假官者，身实无官，假为职任。流内、流外，得罪虽别，诈假之义并同。或自造告身，或雇倩人作，或得他人告身而自行用，但于身不合为官，诈将告身行用，皆是。其假与人官者，谓所司假授人官，或伪奏拟，或假作曹司判补。“及受假者”，谓知假而受之。②

以上是在官员机构设置方面滥置多置，或者假充、假授。

若诈死，私有禁物：谓非私所应有者及禁书之类。

【疏】议曰：诈死者，或本心避罪，或规免赋役，或因犯逃亡而遂诈死之类。私有禁物者，注云“谓非私所应有者”，谓甲弩、矛愲之类。

---

① （唐）长孙无忌：《唐律疏议》卷4《名例》，中华书局1983年版，第93页。
② （唐）长孙无忌：《唐律疏议》卷4《名例》，中华书局1983年版，第93—94页。

“及禁书”，谓天文、图书、兵书、七曜历等，是名“禁书”。称“之类”者，谓玄象器物等，既不是书，故云“之类”。

赦书到后百日，见在不首，故蔽匿者，复罪如初。媒、保不坐。

【疏】议曰：赦书原罪，皆据制书出日，昧爽前，并从赦免。惟此蔽匿条中，乃云“赦书到后百日”，此据赦书所至之处，别取百日为限。“见在不首，故蔽匿者”，谓人、物及所假官等见在，故蔽匿隐藏而不首出，并复罪如初。“初”者，谓如犯罪之初，赃物应征及倍，悉从初犯本法。若人有转易在他所，但其人见在不首，皆为故蔽匿。其媒、保不坐者，谓嫁娶有媒，卖买有保，既经赦原，无问百日内外，虽不自首，并皆不坐。①

以上几种行为在赦书到后一百天内，如果不自首就复罪如初。但是不牵扯其中涉及的媒人和保人之类。

对于自首和不自首的规定也有具体的划分：

其限内事发，虽不自首，非蔽匿。（虽限内，但经问不臣者，亦为蔽匿。）②

赦宥后还没有到一百天，就被官府发现了罪行，虽然没有自首，也不算藏匿。但是如果也是在期限内，经过讯问而不承认的也视为藏匿。这些都是要复罪如初的。

关于期限的计算，如果法律或者朝廷另外规定的有程期的话，就从赦宥颁布那一天特别计算。

即有程期者，计赦后日为坐。

【疏】议曰：程者，依令：“公案，小事五日程，中事十日程，大事二十日程。”及公使，各有行程。如此之类，是为“有程期”者。律有“大集校阅，违期不到”之条，亦有计帐等，在令各有期限。此等赦前有违，经恩不待百日，但赦出后日仍违程期者，即计赦后违日为坐。赦后

① （唐）长孙无忌：《唐律疏议》卷4《名例》，中华书局1983年版，第94—95页。
② （唐）长孙无忌：《唐律疏议》卷4《名例》，中华书局1983年版，第95页。

并须准事给程，以为期限。[①]

对于逃犯的自首有特殊的规定，可以说是相当的宽大，即如果逃犯百日内不自首的话，也不复罪如初——不计较原有罪行，只追究逃亡的罪行：

其因犯逃亡，经赦免罪，限外不首者，止坐其亡 ，不论本罪。谓赦书到后，百日限外计之。

【疏】议曰：谓赦前犯罪，因即逃亡，会赦之后，罪皆原免，赦后百日，仍不自首，止有逃亡之坐，更不论其本罪。[②]

四、赦宥的附加效力——赦宥后需要改正的行为

犯罪行为是对社会正常秩序和机制的一种破坏和错位，因此对犯罪的惩罚在一定程度上就是出于矫正被错位或者打破的机制和秩序的目的，重新恢复到旧有的状态，但是赦宥却使得社会放弃了对犯罪的惩罚因而也就导致可能失去矫正的机会。中国古代的封建统治者和一部分法律精英意识到了这一点，所以专门在法律中加以补充，特别规定需要在赦宥后仍必须改正或者还原的一些情况。《唐律疏议》中相应的条文主要有：

（一）身份等级的改正

为了保护伦理纲常，唐律禁止在社会生活中出现混淆嫡子（正妻所生的儿子)、庶子（妾所生的儿子）的情形.

诸会赦，应改正、征收，经责簿帐而不改正、征收者，各论如本犯律。谓以嫡为庶、以庶为嫡、违法养子，私入道、诈复除、避本业，增减年纪、侵隐园田、脱漏户口之类，须改正。[③]

其中提到了以庶为嫡和违法养子。具体的解释是：

① （唐）长孙无忌：《唐律疏议》卷4《名例》，中华书局1983年版，第95页。
② （唐）长孙无忌：《唐律疏议》卷4《名例》，中华书局1983年版，第95页。
③ （唐）长孙无忌：《唐律疏议》卷4《名例》，中华书局1983年版，第96页。

【疏】议曰：依令："王、公、侯、伯、子、男，皆子孙承嫡者传袭。无嫡子，立嫡孙；无嫡孙，以次立嫡子同母弟；无母弟，立庶子；无庶子，立嫡孙同母弟；无母弟，立庶孙。曾、玄以下准此。"若不依令文，即是"以嫡为庶，以庶为嫡"。又，准令："自无子者，听养同宗于昭穆合者。"若违令养子，是名"违法"。即工、乐、杂户，当色相养者，律、令虽无正文，无子者理准良人之例。①

这些行为即使遇到赦宥也必须改正。

诸养杂户男为子孙者，徒一年半；养女，杖一百。官户，各加一等。与者，亦如之。

【疏】议曰：杂户者，前代犯罪没官，散配诸司驱使，亦附州县户贯，赋役不同白丁。若有百姓养杂户男为子孙者，徒一年半；养女者，杖一百。养官户者，各加一等。官户亦是配隶没官，唯属诸司，州县无贯。与者，各与养者同罪，故云"亦如之"。虽会赦，皆合改正。

若养部曲及奴为子孙者，杖一百。各还正之。无主及主自养者，听从良。②

为了避免封建统治者所谓的杂良混乱，维护等级制度的森严，唐代不允许私养下层阶级为子孙，如果违背了即使遇到赦宥，也必须改正，即仍不得认为子孙，仍须恢复他们的类奴隶地位。

（二）违反户籍制度逃避赋役的行为须改正

同时为了将农民禁锢在土地上，以维护租税的固定来源，唐律还把私自出家、不从事农业生产、虚报年龄、侵占或隐瞒土地数目、脱漏户口等行为也视为犯罪。

其中的"私入道、诈复除、避本业，增减年纪、侵隐园田、脱漏户口之类"，也是必须改正的行为，即使遇到赦宥。具体的解释为：

① （唐）长孙无忌：《唐律疏议》卷4《名例》，中华书局1983年版，第96页。
② （唐）长孙无忌：《唐律疏议》卷12《户婚》，中华书局1983年版，第238—239页。

【疏】议曰："私入道"，谓道士、女官，僧、尼同，不因官度者，是名私入道。诈复除者，谓课役俱免，即如太原元从，给复终身；没落外蕃、投化，给复十年；放贱为良，给复三年之类。其有不当复限，诈同此色，是为"诈复除"。"避本业"，谓工、乐、杂户、太常音声人，各有本业，若避改入他色之类，是名避本业。

【疏】议曰："增减年纪"，谓增年入老，减年入中、小者。其有增减，虽不免课役，亦是。"侵隐园田"，谓人侵他园田及有私隐、盗贸卖者。脱漏户口者，全户不附为"脱"，隐口不附为"漏"。称"之类"者，谓增加疾状，脱漏工、乐、杂户之类。会赦以后，经责簿帐，即须改正，若不改正，亦论如本犯之律。①

这些规定是为了维护封建统治上层的经济利益和整个国家的利益。不允许通过种种手段来逃避赋役，对抗国家的户籍制度，否则即使遇到赦宥也必须改正。

（三）婚姻的改正

诸同姓为婚者，各徒二年。缌麻以上，以奸论。若外姻有服属而尊卑共为婚姻，及娶同母异父姊妹，若妻前夫之女者，亦各以奸论。

其父母之姑、舅、两姨姊妹及姨、若堂姨，母之姑、堂姑，己之堂姨及再从姨、堂外甥女，女婿姊妹，并不得为婚姻，违者各杖一百。并离之。

自"同姓为婚"以下，虽会赦，各离之。②

唐律规定的种种禁止的婚姻种类，包括同姓为婚，如果违反都是要受到法律处分的，这些法律禁止的婚姻类型，即使遇到赦宥，也必须改正——"离之"。此外还有一种婚姻也是属于改正的范围。

诸娶逃亡妇女为妻妾，知情者与同罪，至死者减一等。离之。即无

---

① （唐）长孙无忌：《唐律疏议》卷4《名例》，中华书局1983年版，第97页。

② （唐）长孙无忌：《唐律疏议》卷14《户婚》，中华书局1983年版，第262—264页。

夫，会恩免罪者，不离。

【疏】议曰：妇女犯罪逃亡，有人娶为妻妾，若知其逃亡而娶，流罪以下，并与同科；唯妇人本犯死罪而娶者，流三千里。仍离之。即逃亡妇女无夫，又会恩赦得免罪者，不合从离。其不知情而娶，准律无罪，若无夫，即听不离。①

封建社会不合理的婚姻制度下，逃婚逃亡的人尤其是妇女不在少数。所以唐律规定娶逃亡妇女为妻妾的行为是属于违法的，而且处甚至减死一等的刑罚。并且要"离之"，但是如果逃亡妇女无夫，并且遇到赦宥，则可以不用离。

除了养奴婢为子孙外还有为奴婢娶良人的，这些都是属于擅自改变他们的身份等级。都是法律不允许的。而且即使遇到赦宥也必须加以改正。

诸与奴娶良人女为妻者，徒一年半；女家，减一等。离之。其奴自娶者，亦如之。主知情者，杖一百；因而上籍为婢者，流三千里。即妄以奴婢为良人，而与良人为夫妻者，徒二年。奴婢自妄者，亦同。各还正之 。

【疏】议曰：以奴若婢，妄作良人，嫁娶为良人夫妇者，所妄之罪，合徒二年。奴婢自妄嫁娶，亦徒二年。"各还正之"，称"正之"者，虽会赦，仍改正之。若娉财多，准罪重于徒二年者，依"诈欺"，计赃科断。②

在户婚律中还专门再次强调了遇赦仍得改正的命令："诸违律为婚，当条称'离之'' 正之' 者 ，虽会赦，犹离之、正之。"③

（四）违禁物的改正

诸营造舍宅、车服、器物及坟茔、石兽之属，于令有违者，杖一百。虽会赦，皆令改去之；坟则不改。其物可卖者，听卖。若经赦后百日，

① （唐）长孙无忌：《唐律疏议》卷14《户婚》，中华书局1983年版，第265页。
② （唐）长孙无忌：《唐律疏议》卷14《户婚》，中华书局1983年版，第265页。
③ （唐）长孙无忌：《唐律疏议》卷14《户婚》，中华书局1983年版，第272页。

不改去及不卖者，论如律。

【疏】议曰：舍宅以下，违犯制度，堪卖者，须卖；不堪卖者，改去之。若赦后百日，不改及不卖者，还杖一百，故云“论如律”。[1]

这也是封建社会等级制度的体现，这些违禁的状态并不能因为赦宥而得到保持，必须加以改正。

（五）断罪不当的改正

关于“赦前断罪不当”的处理原则，北魏时期就已经出现，到唐更为完善。这个是比较特殊的规定，但是也很重要，因为这条规定体现了现代法律的有利被害人的原则。

在处断刑名的过程中，对于断罪难免有出入，导致罪刑不一致的情况，但是误判行为又在赦宥之前，对于误判者来说，按照赦宥的规定，这种误判行为是没有罪或者可以免于处罚的，但是对于被误判的人来说就不公平了，因此有了这条规定：

诸赦前断罪不当者，若处轻为重，宜改从轻；处重为轻，即依轻法。即赦书定罪名，合从轻者，又不得引律比附入重，违者各以故、失论。[2]

这项规定符合“从轻”的原则，即假使赦书中临时规定某种罪行从轻发落，虽然法律条文中这种罪的处罚很重也不得引用，只能按照赦书的规定来定刑，从轻发落。[3]

① （唐）长孙无忌：《唐律疏议》卷26《杂律》，中华书局1983年版，第488页。

② （唐）长孙无忌：《唐律疏议》卷30《断狱》，中华书局1983年版，第566—567页。

③ 钱大群在《唐律研究》（法律出版社2000年版，第106页）一书中讨论了大赦对于唐律的时间效力所产生的影响。按照钱大群观点：刑法的时间效力，除了指刑法的生效和失效时间外，主要是刑法对生效前的行为有无溯及既往的效力。认为唐律在溯及上采取从旧兼从轻的原则。举例说赦令对旧法重改轻不改。赦前错判案件遇赦是否改正之原则，是重改轻不改，即列入赦免范围之犯罪，如果赦前罪行有错断，那么改正的原则是：若错轻为重，在赦免时就先依轻罪处断，然后依法赦免；若错重为轻，就依错断之轻罪依法赦免。

五、盗贼遇赦

《唐律疏议》中专门提及了盗窃行为遇赦是否算是累犯的问题，只有一条比较简单："诸盗经断后，仍更行盗，前后三犯徒者，流二千里；三犯流者，绞。三盗止数赦后为坐。其于亲属相盗者，不用此律。"①

按：明朝基本山沿用了唐代的做法，对于窃盗也有类似的规定，不过处罚不同。正统八年七月，大理寺言："律载窃盗初犯刺右臂，再犯刺左臂，三犯绞。今窃盗遇赦再犯者，咸坐以初犯，或仍刺右臂，或不刺。请定为例。"章下三法司议，刺右遇赦再犯者刺左，刺左遇赦又犯者不刺，立案。赦后三犯者绞。帝曰："窃盗已刺，遇赦再犯者依常例拟，不论赦，仍通具前后所犯以闻。"后宪宗时，都御史李秉援旧例奏革。既而南京盗王阿童五犯皆遇赦免。帝闻之，诏仍以赦前后三犯为令。②

六、以赦前事相告

关于这条规定也是有史可循的，在汉代已经出现。哀帝绥和二年六月，诏"察吏残贼酷虐者，以时退。有司无得举赦前往事"③。平帝元寿二年九月，（平帝）帝年九岁，太皇太后临朝，大司马莽秉政，百官总已以听于莽。诏曰："夫赦令者，将与天下更始，诚欲令百姓改行洁己，全其性命也。往者有司多举奏赦前事，累增罪过，诛陷亡辜，殆非重信慎刑，洒心自新之意也。及选举者，其历职更事有名之士，则以为难保，废而弗举，甚谬于赦小过举贤材之义。诸有臧及内恶未发而荐举者，勿案验。令士厉精乡进，不以小疵妨大材。自今以来，有司无得陈赦前事置奏上。有不如诏书为亏恩，以不道论。定著令，布告天下，使明知之。"④

---

① （唐）长孙无忌：《唐律疏议》卷20《贼盗》，中华书局1983年版，第378页。
② （清）张廷玉等：《明史》卷93《刑法志一》，中华书局1974年版，第2290页。
③ （汉）班固：《汉书》卷11《哀帝纪》，中华书局1962年版，第336页。
④ （汉）班固：《汉书》卷12《平帝纪》，中华书局1962年版，第3348页。

可见这时候是刊著于令，定为成规。而后代也沿用不辍。《晋书·姚苌传》记载："苌下书除妖谤之言及赦前奸秽，有相劾举者，皆以其罪罪之。"①

为了保证赦宥的顺利实施和权威性，唐朝也特意规定了不允许以赦前事相告，违者处刑。在官吏而言，如果受理此类案件，按照故入人罪论处。

诸以赦前事相告言者，以其罪罪之。官司受而为理者，以故入人罪论。至死者，各加役流。

【疏】议曰："以赦前事相告言者"，谓事应会赦，始是赦前之事，不合告言；若常赦所不免，仍得依旧言告。假有会赦，监主自盗得免，有人辄告，以其所告之罪罪之，谓告徒一年赃罪者，监主自盗即合除名，告者还依比徒之法科罪。官司违法，受而为理者，"以故入人罪论"。谓若告赦前死罪，前人虽复未决，告者免死处加役流，官司受而为理，至死者亦得此罪，故称"各加役流"。若官司以赦前合免之事弹举者，亦同"受而为理"之坐。

若事须追究者，不用此律。（追究，谓婚姻、良贱、赦限外蔽匿，应改正征收及追见赃之类。）

【疏】议曰："事须追究者"，备在注文。"不用此律"者，谓不用入罪之律。注云"追究，谓婚姻、良贱、赦限外蔽匿"，谓违律为婚，养奴为子之类，虽会赦，须离之、正之。"赦限外蔽匿"，谓会赦应首及改正征收，过限不首，若经责簿帐不首、不改正征收。及应征见赃，谓盗诈之赃，虽赦前未发，赦后捉获正赃者，是谓"见赃之类"，合为追征。②

前面已经论述，有的行为即使遇到大赦也是必须追究的，像应改正征收的行为等，所以对于这类犯罪行为，即使发生在赦宥前也可以举告办理，而不必触刑。

① （唐）房玄龄等：《晋书》卷116《姚苌传》，中华书局1974年版，第2972页。

② （唐）长孙无忌：《唐律疏议》卷24《斗讼》，中华书局1983年版，第442—443页。

七、关于藏匿罪人者

藏匿罪人，若过致资给，（谓事发被追及亡叛之类。）令得隐避者，各减罪人罪一等。①

为了防止有人帮助犯罪分子逃避法律，唐律规定了藏匿罪人的处罚措施。关于这一条也有具体的区别情况。假使不知人有罪，容寄之后，知道有罪但是依旧藏匿的，坐如律。其展转相使而匿罪人，知情者皆坐，不知者勿论。

还有，在大赦前藏匿罪人，但是罪人不在赦免的范围之内，如十恶不赦等，大赦令颁布后藏匿如故，也要坐如律。

八、赦宥对于狱官拷囚的规定

诸应讯囚者，必先以情，审察辞理，反覆参验；犹未能决，事须讯问者，立案同判，然后拷讯。违者，杖六十。②

对于违背规定乱动刑拷的，主刑的人要受到责罚。但是如果经过赦宥仍然需要继续追查的罪行呢?

若事已经赦，虽须追究，并不合拷。(谓会赦移乡及除、免之类。)

【疏】议曰:“若赃状露验”，谓计赃者见获真赃，杀人者检得实状，赃状明白，理不可疑，问虽不承，听据状科断。若事已经赦者，虽须更有追究，并不合拷。注云：“谓会赦移乡及除、免之类”，即杀人会赦，仍合移乡；犯“十恶”“故杀人”“反逆缘坐”，会赦犹除名；监临主守于所监守犯奸、盗、略人若受财而枉法，会赦仍合免所居官。称“之

① （唐）长孙无忌:《唐律疏议》卷28《捕亡》，中华书局1983年版，第540页。
② （唐）长孙无忌:《唐律疏议》卷29《断狱》，中华书局1983年版，第552页。

类”，谓会赦免死犹流，及盗、诈、枉法犹征正赃，故云“之类”。[1]

经过赦宥虽然需要继续追究，但是也不应该拷打，违反的也要“杖六十”。从这个方面讲是有利于保护犯人的。

九、借赦宥之际故意犯罪或者徇私枉法的行为处理

（一）闻知有恩赦而故决囚

诸官司入人罪者，若入全罪，以全罪论；

【疏】议曰：“官司入人罪者”，谓或虚立证据，或妄构异端，舍法用情，锻链成罪。故注云，谓故增减情状足以动事者，若闻知国家将有恩赦，而故论决囚罪及示导教令，而使词状乖异。称“之类”者，或虽非恩赦，而有格式改动；或非示导，而恐喝改词。情状既多，故云“之类”。“若入全罪”，谓前人本无负犯，虚构成罪，还以虚构枉入全罪科之。[2]

为了防止官员滥用权力，陷害罪人，所以唐律规定了这条法令，并解释了“官司入人罪”的内容。

其中就专门提及了“闻知国家将有恩赦，而故论决囚”的行为。这就是属于借赦宥之机徇私枉法的一种行为，而这种行为在现实中是时有发生的。《隋书·酷吏传》记载，隋文帝时的襄州总管田式在每次赦书下达的时候，总是不急着读赦令，而是先把狱卒召来，命令他们把犯重罪的囚犯都杀掉，然后再向百姓宣读赦令。田式的这种行为就是唐律中所说的“闻知有恩赦而故论决”。

还有武则天时的酷吏来俊臣，“每有制书宽宥囚徒，俊臣必先遣狱卒，尽杀重罪然后宣示”。[3] 因为官吏比百姓更容易得到赦免的消息，所以法律特意

① （唐）长孙无忌：《唐律疏议》卷29《断狱》，中华书局1983年版，第552页。
② （唐）长孙无忌：《唐律疏议》卷30《断狱》，中华书局1983年版，第562—563页。
③ （后晋）刘昫等：《旧唐书》卷50《刑法志三》，中华书局1975年版，第2144页。

规定条文对他们的这种投机枉法行为加以禁止。

（二）闻知有恩赦而故犯

> 诸闻知有恩赦而故犯，及犯恶逆，若部曲、奴婢殴及谋杀若强奸主者，皆不得以赦原。[①]

除了官吏利用职权来钻赦宥的空子外，普通人也有利用预知赦宥故意犯罪的情况，所以唐律也作出专门规定来堵塞这个漏洞。

第二节　赦宥实际执行中的法律争执

虽然关于赦宥的具体执行有明确的法律条文规定，但是在实际程序中，由于主观或者客观的原因，比如官员的权力之争或义气之见、对法律条文的不同认识差距等，对于罪囚的赦宥还是有争执或者矛盾的现象发生，再加上每次赦宥赦令中的临时规定和处分也具有高于法律的效力，所以更导致赦宥的执行并不顺利而且衍生出很多问题。下面就以史书中的有关记载为据，来加以分析，以进一步明确赦宥的相关制度规定。

《魏书·刑法志》记载：熙平中，有冀州妖贼延陵王买，负罪逃亡，赦书断限之后，不自归首。廷尉卿裴延俊上言："《法例律》：'诸逃亡，赦书断限之后，不自归首者，复罪如初。'依《贼律》，谋反大逆，处置枭首。其延陵法权等所谓月光童子刘景晖者，妖言惑众，事在赦后，合死坐正。"崔纂以为："景晖云能变为蛇雉，此乃傍人之言。虽杀晖为无理，恐赦晖复惑众。是以依违，不敢专执。当今不讳之朝，不应行无罪之戮。景晖九岁小儿，口尚乳臭，举动云为，并不关己，'月光'之称，不出其口。皆奸吏无端，横生粉墨，所谓为之者巧，杀之者能。若以妖言惑众，据律应死，然更不破惑众。

① （唐）长孙无忌：《唐律疏议》卷30《断狱》，中华书局1983年版，第567页。

赦令之后方显其；律令之外，更求其罪。赦律何以取信于天下，天下焉得不疑于赦律乎！《书》曰：与杀无辜，宁失有罪。又案《法例律》：'八十已上，八岁已下，杀伤论坐者上请。'议者谓悼耄之罪，不用此律。愚以老智如尚父，少惠如甘罗，此非常之士，可如其议，景晖愚小，自依凡律。"灵太后令曰："景晖既经恩宥，何得议加横罪，可谪略阳民。余如奏。"①

上文中对于延陵王买的断罪没有异议，而对于九岁幼童刘景晖的判决则争议很大。廷尉卿裴延俊认为依律应该处死，因为事在赦后，而崔纂认为其事是在赦后才彰显的，况且其年纪幼小，不可能反乱作逆，因此不应该按照法律处置，而应改加以赦宥。最后太后同意了后者的观点，予以赦宥。可见，此时已经有赦后百日自首的规定。而且也有赦宥所不免的情况。在实际的执行中有赦和律的冲突，《新唐书·徐有功传》记载：

> 博州刺史琅邪王冲，责息钱于贵乡，遣家奴督敛，与尉颜余庆相闻知，奴自市弓矢还。会冲坐逆诛，魏州人告余庆豫冲谋，后令俊臣鞫治，以反状闻。有司议："余庆更永昌赦，法当流。"侍御史魏元忠谓："余庆为冲督偿、通书，合谋明甚，非曰支党，请殊死，籍其家。"诏可。有功曰："永昌赦令：'与虺贞同恶，魁首已伏诛，支党未发者原之。'《书》曰：'歼厥渠魁'，律以'造意为首'，寻赦已伏语，则魁首无遗。余庆赦后被言，是谓支党。今以支为首，是以生入死。赦而复罪，不如勿赦；生而复杀，不如勿生。窃谓朝廷不当尔。"后怒曰："何谓魁首?"答曰："魁者，大帅；首者，元谋。"后曰："余庆安得不为魁首?"答曰："若魁首者，虺贞是已。既已伏诛，余庆今方论罪，非支党何?"后意解，乃曰："公更思之。"遂免死。②

文中尉颜余庆因为受牵连而被治罪，侍御史魏元忠断为乱党之首，要处死刑。但是徐有功认为他只是支党，按照赦令是可以原宥的，以支为首，是以生入死，断刑太重。赦而复罪，不如勿赦，是空置赦宥；最后力争使得武

① （北齐）魏收：《魏书》卷111《刑法志》，中华书局1974年版，第2884页。

② （宋）欧阳修等：《新唐书》卷113《徐有功传》，中华书局1975年版，第4189页。

则天听从他的意见，免死。

按说，赦令和法律条文都是很明确的，但是在具体的操作和认定上往往存在主观性因素，容易造成不同意见，其本质则是赦与不赦，也就是赦宥和法律之间的冲突。

还有一例，也在此卷。有韩纪孝者，受徐敬业伪官，前已物故，推事使顾仲琰籍其家，诏已报可。有功追议曰："律，谋反者斩。身亡即无斩法，无斩法则不得相缘。所缘之人亡，则所因之罪减。"① 诏从之，皆以更赦免，如此获宥者数十百姓。这里，是徐有功利用法律和事实之间的漏洞，化刑为赦，利用赦宥的规定来抗衡法律，救无辜于囹圄。

再看此卷中的例子。时有诏："公坐流、私坐徒以上会赦免，逾百日不首者，复论。"有功奏曰："陛下宽殊死罪，已发者原之，是通改过之心、自新之路。故律，告赦前事，以其罪坐之。若无告言，所犯终不自发；如告言赦前事，则与律乖。今赦前之罪，不自言者，还以法论，即恩虽布天下，而一罪不能贷，臣窃为陛下不取。"② 后更诏五品以上议可。

这是《唐律疏议》关于百日自首的问题和以赦前事相告言的规定。当时的诏旨想更改需要自首的罪行的范围，使其扩大化，涵盖原来并不需要自首的公坐流、私坐徒以上罪，这就是把刑律由宽改严，所以徐有功提出了异议。

关于赦前和赦后时间的认定上，一般是以赦书中的为准。基本上所有的赦书中都会有下面的类似规定。《大历七年大赦天下制》："……可大赦天下，其大历七年五月十五日昧爽已前，已发觉未发觉，已结正未结正，应天下见禁囚徒，罪无轻重，一切悉宜放免。"③ 关于"昧爽"，本书前面已经讨论过。那么，只要是大历七年五月十五日昧爽已前的那些罪行都可以赦宥，但是之后的就不在赦宥的范围。这就是赦宥实际执行过程中时间效力的认定。

在实际中，也确实这么操作的。"开成初，度支左藏库妄破渍污缣帛等赃

① （宋）欧阳修等：《新唐书》卷113《徐有功传》，中华书局1975年版，第4189页。

② （宋）欧阳修等：《新唐书》卷113《徐有功传》，中华书局1975年版，第4190页。

③ （宋）李昉等：《文苑英华》卷432《大历七年大赦天下制》，中华书局1966年版，第2193页。

罪，文宗以事在赦前不理。"[1] 又，"宝历元年春正月乙巳朔。辛亥，敬宗亲祀昊天上帝于南郊。礼毕，御丹凤楼，大赦，改元宝历元年。先是，鄠县令崔发坐误辱中官下狱，是日，与诸囚陈于金鸡竿下俟释放。忽有内官五十余人，环发而殴之，发破面折齿，台吏以席蔽之，方免。有诏复系于台中，宰相救之，方释。"[2]

李渤认为，县令侮辱中人事发在赦宥前，所以可以继续赦宥。李渤上疏曰："县令曳辱中人，中人殴御囚，其罪一也。然令罪在赦前，而中人在赦后，不置于法，臣恐四夷闻之，慢偣之心生矣。"[3]

但是中人殴打县令却是在赦宥后（赦宥正在进行中），所以不应该赦宥。两者赦与不赦的区别就是时限上的前后。

延和中，沂州人有反者，诖误坐者四百余人，将隶于司农，未即路，系州狱。大理评事敬昭道援赦文刊而免之。时宰相切责大理："奈何免反者家口！"大理（卿）及正等失色，引昭道以见执政。执政怒而责之，昭道曰："赦云'见禁囚徒'，沂州反者家口并系在州狱，此即见禁也。"反复诘对，至于五六，执政无以夺之。诖误者悉免。[4]

根据唐律的规定，流人如果已经到达目的地就不能再享受赦宥的恩泽，而大赦条文中一般也会有诸如"已发觉未发觉，已结正未结正，系囚见徒罪无轻重，咸赦除之"之类的规定，两种意见争执的症结就在此处。文中敬昭道就是以赦书中的规定为据，力争赦宥。譬如，《新编魏徵集》记载：

> 刑部奏：张君快、欧阳林谋杀苏志约取银，君快不下手。贞观九年，三月赦，劫贼不伤财主，免死配流。经门下奏定。刑部郎中高敬言举断合死。门下执依前奏，尚书任城王道宗录奏。太宗谓侍臣曰："国有常典，事迹可明，何得各为意见，弄其文墨。"因令御史勘当，御史奏之。太宗曰："君快等谋为劫杀，何得免死？"因令杀之。公进谏曰："据律，劫贼伤财主者皆死。谋杀之条，元谋者斩，下手者绞，于皆配流。劫贼

---

① （后晋）刘昫等：《旧唐书》卷89《狄仁杰传附族曾孙兼谟传》，中华书局1975年版，第2896页。
② （后晋）刘昫等：《旧唐书》卷17上《敬宗本纪》，中华书局1975年版，第513页。
③ （宋）欧阳修等：《新唐书》卷118《李渤传》，中华书局1975年版，第4285页。
④ （唐）刘肃：《大唐新语》卷4《执法》，中华书局1984年版，第62页。

重，谋杀轻赦是一时之恩。劫贼不伤财主，免死配流，则君快从重法被宽，而刑部于后从轻法断死，臣实有疑。”太宗曰：“几人行劫?”公对曰：“三人下手者处死罪。”太宗令议，议定奏闻。太宗曰：“三人谋，从二人之言。”因令配流。①

关于赦宥具体执行过程中的种种以外问题的发生，在史书中还有很多的例子可以分析，总体来说，虽然唐律中关于赦宥的规定已经相当的完备，但是条文化的法律和实际操作中的执法肯定会存在一定的误差，再加上其他种种的主客观因素，致使赦宥的实际执行过程总是蔓延出其他的冲突和问题，而这一切的根源，实际上就是赦宥和法律之间的矛盾和缝隙所导致的。

第三节　赦宥的法律纠缠和冲突

赦宥本身具有的特殊效力使得法律在一定的程度和一定的范围内屈从于赦宥的规定，封建统治者赋予赦宥凌驾于法律之上的效力，这往往导致以赦改律现象的出现和法律在赦宥影响下的枉曲。

一、十恶不赦和赦宥

中国古代社会的十恶的规定，历来作为一个特殊的法律问题在法律史上占有重要地位。一般来说，大凡朝廷颁布赦宥，几乎所有原本要被法律追究的罪行都可以获得赦免和宽原，但是十恶等罪名往往被排除在外。如：开元二十五年春正月壬午，制：“朕猥集休运，多谢哲王，然而哀矜之情，小大必慎。自临寰宇，子育黎烝，未尝行极刑，起大狱。上玄降鉴，应以祥和，思

① （唐）魏徵著，吕效祖主编：《新编魏徵集·谏处张君快等死》，三秦出版社 1994 年版，第158 页。

协平邦之典，致之仁寿之域。自今有犯死刑，除十恶罪，宜令中书门下与法官详所犯轻重，具状奏闻。”①

开成三年十一月大赦：“应京城诸道见系囚，自十二月八日已前，死罪降流，已下递减一等，十恶大逆、杀人劫盗、官典犯赃不在此限。”②

以上的赦书都把十恶等罪名排除在赦宥的范围之外。按照常理和赦宥的本意理解，赦宥，应该是对于所有的罪名都予以原洗的，但是在实际的执行中，往往会有例外，而十恶又是所有的例外中的一种常量。我们通过考察发现，很大一部分的赦令都把十恶排除在赦宥的范围之外。

如果把法律的正常秩序看作是一种常态的话，那么赦宥就是这种常态下的一种变态，因为赦宥改变了法律的正常执行和运作，改变了原有正常的社会秩序和法律状态，而十恶不赦又是赦宥这种变态中的变态，因为它又是赦宥这种例外中的例外。

那么，为何会出现这种情况？十恶和赦宥的关系怎样？十恶和赦宥在法律上的矛盾和影响怎样？都是我们应该考察的问题。《唐律疏议》对此有详细的说明和规定：“十恶，一曰谋反，二曰谋大逆 ，三曰谋叛，四曰恶逆，五曰不道 ，六曰大不敬 ，七曰不孝，八曰不睦，九曰不义，十曰内乱。”③

《疏议》进一步作了解释：“五刑之中，十恶尤切，亏损名教，毁裂冠冕，特标篇首，以为明诫。其数甚恶者，事类有十，故称‘十恶’。然汉制《九章》，虽并湮没，其‘不道’‘ 不敬’之目见存，原夫厥初，盖起诸汉。案梁陈已往，略有其条。周齐虽具十条之名，而无‘十恶’之目。开皇创制，始备此科，酌于旧章，数存于十。大业有造，复更刊除，十条之内，唯存其八。自武德以来，仍遵开皇，无所损益。”④《疏议》中说得很明白，十恶的最初起源应该是在汉代。西汉时期的“不道、不敬”就是后来十恶的基础。

汉王刘邦为义帝发丧，袒而大哭，哀临三日。发使告诸侯曰：“天下共立义帝，北面事之。今项羽放杀义帝江南，大逆无道。寡人亲为发丧，兵皆缟

① （后晋）刘昫等：《旧唐书》卷9《玄宗本纪下》，中华书局1975年版，第207页。

② （后晋）刘昫等：《旧唐书》卷17下《文宗本纪下》，中华书局1975年版，第575页。

③ （唐）长孙无忌：《唐律疏议》卷1《名例》，中华书局1983年版，第6—16页。

④ （唐）长孙无忌：《唐律疏议》卷1《名例》，中华书局1983年版，第6页。

素。悉发关中兵，收三河士，南浮江、汉以下，愿从诸侯王击楚之杀义帝者。”① 文中就提到了大逆无道。汉建立后，萧何制定律令，明确地把大逆不道的罪名和具体犯罪特征、罪状都定于法律。这在《汉书·景帝纪》和《汉书·晁错传》中都有条文体现。

曹魏时期沿用了这种做法。《晋书·刑法志》云：“又改《贼律》，但以言语及犯宗庙园陵，谓之大逆无道，要斩，家属从坐，不及祖父母、孙。至于谋反大逆，临时捕之，或汙潴，或枭菹，夷其三族，不在律令，所以严绝恶迹也。”②

到了北齐，开始出现了“重罪十条”的说法。北齐河清三年，尚书令、赵郡王睿“又列重罪十条：一曰反逆，二曰大逆，三曰叛，四曰降，五曰恶逆，六曰不道，七曰不敬，八曰不孝，九曰不义，十曰内乱。其犯此十者，不在八议论赎之限”。此时，十恶的十条罪名已经基本固定。后来一直到北周，到隋，沿用不辍。“又置十恶之条，多采后齐之制，而颇有损益。一曰谋反，二曰谋大逆，三曰谋叛，四曰恶逆，五曰不道，六曰大不敬，七曰不孝，八曰不睦，九曰不义，十曰内乱。犯十恶及故杀人狱成者，虽会赦，犹除名。”③

而到了唐代，十恶的制定基本上是沿袭隋代的《开皇律》，在法律规定上更加严密，处罚也更加严厉。《唐律》之所以把十恶的罪名列于《名例律》中特别加以强调，目的就是要向被统治者宣示，这些罪行对于统治阶级来说，是最危险、最严重的。在中国古代的封建社会，以皇帝为首的专制统治是所有统治的基础和最高核心，也是整个社会秩序的核心，封建社会所有的国家机器、所有的法律条文和机构制度，都是围绕帝制统治而建立的，都是以其为基础的。因此，对于所有可能危害或者危及皇帝制度的罪行，唐律势必会给予最为严厉的打击和惩处。

徐永康在《〈唐律〉十恶罪刑研究》中认为：“在我国古代法律的代表作《永徽律》中，十恶八议和其他一些规定，一向被视为我国古代刑法的特点和

---

① （汉）司马迁：《史记》卷8《高祖本纪》，中华书局1959年版，第370页。
② （唐）房玄龄等：《晋书》卷30《刑法志》，中华书局1974年版，第925页。
③ （唐）魏徵等：《隋书》卷25《刑法志》，中华书局1973年版，第711页。

阶级本质的集中体现。其中源于西汉，形成于北齐，完备于隋唐的十恶之目，更是说明了古代刑法的打击重点，为了巩固封建统治的需要，它甚至可以是使八议、故意过失的区分、同居相为隐、自首减免等根本原则失灵或者无效。”①

我们通过对十恶的具体内容的考察可以知道，十恶所包含的罪行都是在根本上要么危及专制君主或者封建统治，要么就是侵犯了伦理纲常和尊卑等级制度。即明代邱濬所总结：十恶的性质或是有犯于君臣之大义，或是有犯于人道之大伦，或是有犯于生人之大义，皆“天理所不容，人道所不齿，王法之所必诛者也”（《大学衍议补・定律令之制》），都是触动或者危害了封建统治的最根本的利益，所以为统治阶级最为忌讳和害怕，因此在法律中用最严厉的字眼加以规定禁止，用最严厉的刑罚加以防止、惩处。

《唐律疏议》中对于十恶的罪名和罪状做了详尽的说明和阐释，在这些条文的字里行间，都透露着十恶的立法精神和其阶级本质。

一曰谋反。谓谋危社稷。

【疏】议曰：案《公羊传》云：“君亲无将，将而必诛。”谓将有逆心，而害于君父者，则必诛之。《左传》云：“天反时为灾，人反德为乱。”然王者居宸极之至尊，奉上天之宝命，同二仪之覆载，作兆庶之父母。为子为臣，惟忠惟孝。乃敢包藏凶慝，将起逆心，规反天常，悖逆人理，故曰“谋反”。②

我们看到其中的社稷实际上指代的仍然是皇帝，只要是反对皇帝、危及君主的就算是谋反。君国一体。而且，这些谋反在法律的认定上并不要有实际的犯罪行为或者特征，只要是有不满的言论甚至是思想，“将起逆心”，不管有没有实际的行动，都可以被视为谋反。

二曰谋大逆。谓谋毁宗庙、山陵及宫阙。

【疏】议曰：此条之人，干纪犯顺，违道悖德，逆莫大焉，故曰

① 徐永康：《〈唐律〉十恶罪刑研究》，《河南省政法管理干部学院学报》1999年第6期。

② （唐）长孙无忌：《唐律疏议》卷1《名例》，中华书局1983年版，第6—7页。

“大逆”。[①]

宗庙是供奉皇帝祖先的庙宇；山陵是埋葬先帝的陵墓；而宫阙就是皇帝居住的地方。毁坏这些地方一方面是对于以皇帝为首的封建统治顶层权威的蔑视和侵犯，另一方面也会危及皇帝安全，因此要治以重罪。这是对死去的皇帝和现存的皇帝全部权威的维护。

三曰谋叛。（谓谋背国从伪。）

【疏】议曰：有人谋背本朝，将投蕃国，或欲翻城从伪，或欲以地外奔，即如莒牟夷以牟娄来奔，公山弗扰以费叛之类。[②]

这一条相当于现代意义上的叛国罪，但是有着更为宽泛的内涵。因为它打击的范围不仅包括了投敌叛国的卖国贼，也打击反对中央的地方割据势力和起义革命的官军。

四曰恶逆。谓殴及谋杀祖父母、父母，杀伯叔父母、姑、兄姊、外祖父母、夫、夫之祖父母、父母。

【疏】议曰：父母之恩，昊天罔极。嗣续妣祖，承奉不轻。枭獍其心，爱敬同尽五服至亲，自相屠戮，穷恶尽逆，绝弃人理，故曰“恶逆”。[③]

本条的规定旨在维护以父权为中心的封建宗法制度和宗族体制，以巩固家国同构的封建统治秩序。

五曰不道。谓杀一家非死罪三人，支解人，造畜蛊毒、厌魅。

【疏】议曰：安忍残贼，背违正道，故曰“不道”。[④]

本条的规定主要是针对封建社会存在种种比较严重和残忍的刑事案件以及种种的迷信、恐怖手段，这些严重危害到包括百姓精神秩序在内的正常社

① （唐）长孙无忌：《唐律疏议》卷1《名例》，中华书局1983年版，第7页。
② （唐）长孙无忌：《唐律疏议》卷1《名例》，中华书局1983年版，第8页。
③ （唐）长孙无忌：《唐律疏议》卷1《名例》，中华书局1983年版，第8页。
④ （唐）长孙无忌：《唐律疏议》卷1《名例》，中华书局1983年版，第9页。

会秩序，容易给社会带来很大的震动和影响，从而危及朝廷的统治秩序。

六曰大不敬。谓盗大祀神御之物、乘舆服御物；盗及伪造御宝；合和御药，误不如本方及封题误；若造御膳，误犯食禁；御幸舟船，误不牢固；指斥乘舆，情理切害及对捍制使，而无人臣之礼。

【疏】议曰：礼者，敬之本；敬者，礼之舆。故《礼运》云："礼者君之柄，所以别嫌明微，考制度，别仁义。"责其所犯既大，皆无肃敬之心，故曰"大不敬"。①

封建社会皇帝为了维护自己至高无上的尊严，因此制定了一套完整的礼仪制度。这种森严的等级制度，从皇帝的衣食住行等诸方面都作了严格详尽的规定，这就包括上面所列举的御服、御物、御膳、御药、乘舆等等内容，都是必须严格遵守的。如果稍有违背，不管是故意还是过失，触犯了君主的尊严或者危及了皇帝利益，都要严惩。

七曰不孝。（谓告言、诅詈祖父母、父母，及祖父母父母在，别籍、异财，若供养有阙；居父母丧，身自嫁娶，若作乐，释服从吉；闻祖父母父母丧，匿不举哀，诈称祖父母父母死。）

【疏】议曰：善事父母曰孝。既有违犯，是名"不孝"。②

封建宗法制度是维系封建统治的一种极为有力的内在的道德性的制度。从家到国，从父权到皇权，纲举目张。因此，忠孝并举历来是封建统治者所极力推崇、大肆宣扬的两种道德观念。由子女孝顺父母到臣子忠于皇帝，归根结底都是为了巩固封建政权。所以，在强调维系了皇帝利益后，唐律又在全国范围内强调孝道，并对种种不孝的行为予以严惩，因此也列为十恶之一。

八曰不睦。（谓谋杀及卖缌麻以上亲，殴告夫及大功以上尊长、小功尊属。）

【疏】议曰：《礼》云："讲信修睦。"《孝经》云："民用和睦。"睦

---

① （唐）长孙无忌：《唐律疏议》卷1《名例》，中华书局1983年版，第10页。
② （唐）长孙无忌：《唐律疏议》卷1《名例》，中华书局1983年版，第12页。

者，亲也。此条之内，皆是亲族相犯，为九族不相协睦，故曰“不睦”。①

孝是家庭这个社会基本结构内的道德要求。而在比家庭大比国家小的家族的范围内，封建统治者强调的是睦，因此，不睦就成为统治者所排斥的行为。所以在十恶中加以规定。

九曰不义。（谓杀本属府主、刺史 、县令、见受业师，吏、卒杀本部五品以上官长；及闻夫丧匿不举哀，若作乐，释服从吉及改嫁。）

【疏】议曰：礼之所尊，尊其义也。此条元非血属，本止以义相从，背义乖仁，故曰“不义”。②

前面几条都是调节针对基于血缘关系而产生的种种社会关系，对于非血缘的等级从属等社会关系，唐律同样要加以调整，以维护整个社会的正常运作。这就是“十恶”中的不义，本条规定主要是针对违反上下等级、尊卑、师生、夫妇等正常伦理关系行为作出惩处规定。

十曰内乱。谓奸小功以上亲、父祖妾及与和者。

【疏】议曰：《左传》云：“女有家，男有室，无相渎也。”易此则乱。若有禽兽其行，朋淫于家，紊乱礼经，故曰“内乱”。③

历代封建社会对于男女之间的不正当的性关系都严格加以限制，尤其对于家族之间严重违反人伦、天道的性关系，规定了最严厉的惩罚措施。内乱，就是亲属之间的不正当的性关系，这也被列为十恶的最后一条。

综上所述，我们可以看到，唐律中的“十恶”，虽然调整规定的范围对象不同，但是犯罪行为的性质在统治者看来都是罪大恶极，极其严重的。正如陈顾远所说：“中国向之视为罪大恶极者，不出两类。其一，关于叛逆之犯罪行为，此为维持天下之地位，不得不严也；其一，关于反伦之犯罪行为，此

① （唐）长孙无忌：《唐律疏议》卷1《名例》，中华书局1983年版，第14页。
② （唐）长孙无忌：《唐律疏议》卷1《名例》，中华书局1983年版，第15页。
③ （唐）长孙无忌：《唐律疏议》卷1《名例》，中华书局1983年版，第16页。

为有助君纲之树立，不得不重也。”①

所以，上述罪行不仅要遭受最为严厉的制裁，而且遇到赦宥也要排斥在宽免的效力之外。逢赦不宥，依旧要追究、惩处。除此之外，也不得享受其他优待措施。

首先就是八议的权利：

诸八议者，犯死罪，皆条所坐及应议之状，先奏请议，议定奏裁；流罪以下，减一等。其犯十恶者，不用此律。

【疏】议曰：流罪已下，犯状既轻，所司减讫，自依常断。其犯十恶者，死罪不得上请，流罪以下不得减罪，故云“不用此律”。②

又，诸皇太子妃大功已上亲、应议者期以上亲及孙、若官爵五品已上，犯死罪者，上请，流罪已下，减一等。其犯十恶，反逆缘坐，杀人，监守内奸、盗、略人、受财枉法者，不用此律。

【疏】议曰：流罪已下，减一等者，减讫各依本法。若犯十恶；反逆缘坐；及杀人者，谓故杀、斗杀、谋杀等杀讫，不问首从；其于监守内奸、盗、略人、受财枉法者：此等请人，死罪不合上请，流罪已下不合减罪，故云“不用此律”。其盗不得财及奸、略人未得，并从减法。③

可见，如果是符合八议的规定，那么按照规定本来是可以通过上请，获得从轻处罚的减刑的优待，但是如果所犯的罪行在十恶的范围内，就不能享受这项权利了，依然要按照法律严惩。

其次就是赎罪的权利，如果所犯十恶，也不得赎罪。

诸五品以上妾，犯非十恶者，流罪以下，听以赎论。

【疏】议曰：五品以上之官，是为“通贵”。妾之犯罪，不可配决。若犯非十恶，流罪以下，听用赎论；其赎条内不合赎者，亦不在赎限。若妾自有子孙及取余亲荫者，假非十恶，听依赎例。④

① 陈顾远：《中国法制史》，中国书店1988年版，第296页。

② （唐）长孙无忌：《唐律疏议》卷2《名例》，中华书局1983年版，第32页。

③ （唐）长孙无忌：《唐律疏议》卷2《名例》，中华书局1983年版，第32—34页。

④ （唐）长孙无忌：《唐律疏议》卷2《名例》，中华书局1983年版，第38—39页。

又，诸无官犯罪，有官事发，流罪以下以赎论。（谓从流外及庶人而任流内者，不以官当、除、免。犯十恶及五流者，不用此律。）

【疏】议曰：无官犯罪，有官事发，流罪以下，皆依赎法。谓从流外及庶人而任流内者，其除名及当、免，在身见无流内告身者，亦同无官例。其于"赎章"内合除、免、官当者，亦听收赎。故云"不以官当、除、免"。若犯十恶、五流，各依本犯除名及配流，不用此条赎法，故云"不用此律"。①

此外，如果犯了十恶之罪，即使在个别的赦书中，对于"十恶"之罪也一并赦免，——这种类型的赦宥就是真正意义上的大赦，在唐代也曾多次出现，本书前面已经有所论述——那么，仍然要给予除名的处罚。

诸犯十恶、故杀人、反逆缘坐，狱成者，虽会赦，犹除名。

【疏】议曰：犯十恶等罪，狱成之后，虽会大赦，犹合除名。狱若未成，即从赦免。②

最后就是权留侍亲的权利。唐代规定，犯罪者如果家有长辈无人照料，符合有关规定，那么犯罪者可以申请留家奉养，这就相当于现代意义上的缓刑。看下面的规定：

诸犯死罪非十恶，而祖父母、父母老疾应侍，家无期亲成丁者，上请。

【疏】议曰：谓非"谋反"以下、"内乱"以上死罪，而祖父母、父母，通曾、高祖以来，年八十以上及笃疾，据令应侍，户内无期亲年二十一以上、五十九以下者，皆申刑部，具状上请，听敕处分。若敕许充侍，家有期亲进丁及亲终，更奏；如元奉进止者，不奏。家无期亲成丁者，律意属在老疾人期亲，其曾、高于曾、玄非期亲，纵有，亦合上请。若有曾、玄数人，其中有一人犯死罪，则不上请。③

① （唐）长孙无忌：《唐律疏议》卷2《名例》，中华书局1983年版，第42页。
② （唐）长孙无忌：《唐律疏议》卷2《名例》，中华书局1983年版，第47—48页。
③ （唐）长孙无忌：《唐律疏议》卷3《名例》，中华书局1983年版，第69—70页。

其中也把十恶排除在外。

通过对于十恶立法的分析，可以看出由于十恶所列罪行都是在根本上触动了封建社会的统治基础和上层建筑，因此，封建王朝采取最为严厉、残酷的法律措施来禁止和惩罚。并且把它排除在原本具有普遍效力的赦宥之外，使得十恶成为赦宥这个法律之特殊问题中的特殊问题和例外中的例外。

二、八议和赦宥

在赦宥和法律的纠缠中衍生的另外一个特殊的话题就是八议。如果说十恶不赦是赦宥中的例外情况的话，那么八议则在起源和本质上和赦宥有着相同之处。

首先，八议和赦宥都是对于犯罪行为的宽免和减恕。两者都是封建社会的产物，同封建社会有着本质的联系，都是在政治生活中产生、形成的一种政治制度，同时历朝历代沿用不辍，并且都行之于法律条文。两者在本质上都是对于正常的法律秩序和法律权威的歪曲和干涉，都是封建社会人治的表现，都侵犯了法律的独立和尊严，人为的被赋予凌驾于正常的公正法律之上的权力，是封建社会常态下的一种变态。

但是两者又有着显著的区别。主要有：1. 性质不同；2. 适用机关和程序不同；3. 减刑条件和根据不同；4. 适用对象不同；5. 减刑的实际效果不同。

在效力上，赦宥具有比八议更为普遍的效力和宽广的范围。在内容上，赦宥有着繁多的种类和复杂的规定，每次赦宥的颁布都具有不同的种类，不同的地域效力，不同的法律上的限制。但是，八议经过长期的演变，在唐代已经成为固定的法律条文，有着固定的认定、执行条例和程序。在实施对象上，赦宥一般来说是针对王朝统治下全国区域内的所有犯罪者和囚徒，无论高低贵贱和布衣官宦。但是八议却有着严格的适用人群限制，主要是给予统治阶级内部的一种特权和优待措施，只有皇亲国戚和一定级别的官员才能享受。

正如钱大群《唐律研究》中所言：“中国封建刑法中的八议，就是从法律上公开保护贵族、官僚和地主的等级特权，使他们在违法犯罪时得以减轻或免除其刑罚的一种制度。”①

八议制度源自原始社会，但是到了魏晋南北朝时期，才真正入律，上升为固定法律制度。之后，经隋至唐，逐步完善和规范。在《唐律疏议》中已经有明确的条文规定：

【疏】议曰：《周礼》云：“八辟丽邦法。”今之“八议”，周之“八辟”也。《礼云》：“刑不上大夫。”犯法则在八议，轻重不在刑书也。其应议之人，或分液天潢，或宿侍旒扆，或多才多艺，或立事立功，简在帝心，勋书王府。若犯死罪，议定奏裁，皆须取决宸衷，曹司不敢与夺。此谓重亲贤，敦故旧，尊宾贵，尚功能也。以此八议之人犯死罪，皆先奏请，议其所犯，故曰“八议”。②

按照唐律的规定：凡是八议之人犯死罪，一般的司法机关不能审理判决，必须先奏请皇帝，然后由皇帝召集有关人员讨论处理。八议的对象为：

一曰议亲。（谓皇帝袒免以上亲及太皇太后、皇太后缌麻以上亲，皇后小功以上亲。）

实际上就是皇亲国戚。

二曰议故。（谓故旧。）

【疏】议曰：谓宿得侍见，特蒙接遇历久者。

主要指侍奉过皇帝的故旧。

三曰议贤。（谓有大德行。）

【疏】议曰：谓贤人君子，言行可为法则者。

贤人君子也在八议之列，但是这些贤人应该是限于地主阶层内部的所谓贤者。

---

① 钱大群：《唐律研究》，法律出版社 2000 年版，第 106 页。

② （唐）长孙无忌：《唐律疏议》卷 1《名例》，中华书局 1983 年版，第 16—17 页。

四曰议能。（谓有大才艺。）

【疏】议曰：谓能整军旅，莅政事，盐梅帝道，师范人伦者。

五曰议功。（谓有大功勋。）

【疏】议曰：谓能斩将搴旗，摧锋万里，或率众归化，宁济一时，匡救艰难，铭功太常者。

六曰议贵。（谓职事官三品以上，散官二品以上及爵一品者。）

【疏】议曰：依令："有执掌者为职事官，无执掌者为散官"。爵，谓国公以上。

七曰议勤。（谓有大勤劳。）

【疏】议曰：谓大将吏恪居官次，夙夜在公，若远使绝域，经涉险难者。

八曰议宾。（谓承先代之后为国宾者。）

【疏】议曰：《书》云："虞宾在位，群后德让。"《诗》曰："有客有客，亦白其马。"《礼》云："天子存二代之后，犹尊贤也。"昔武王克商，封夏后氏之后于杞，封殷氏之后于宋，若今周后介公、隋后酅公，并为国宾者。①

总结以上八议的内容可以看出，八议的对象不是皇帝的亲戚故旧，就是封建王朝的官僚贵族，这就充分暴露了八议的阶级本质。如果说赦宥是皇帝独有的特权的话，那么八议就是皇帝赋予整个统治阶层内部上层的特权。那么这些特权有哪些具体内容呢？

八议之人在法律上可以享受的特权主要有"议、请、减、赎、当、免"之法。这些在《唐律疏议》中都有详细的规定，从使用范围到具体的程序和操作办法，都有律可循。

"议"就是凡属于"八议"的官僚贵族犯死罪，司法机关无权擅自处理，必须条录具体的犯罪事实和八议中情况认定，奏请皇帝准许议罪。议罪由刑部主持，召集在京诸司七品以上官员集体讨论，依法作出非正式判决，然后再上奏皇帝裁决。

请："诸皇太子妃大功以上亲、应议者期以上亲及孙、若官爵五品以上，

① （唐）长孙无忌：《唐律疏议》卷1《名例》，中华书局1983年版，第17—70页。

犯死罪者，上请。"

减："诸七品以上之官及官爵得请者之祖父母、父母 、兄弟、姊妹、妻、子孙，犯流罪已下，各从减一等之例。"

赎："诸应议、请、减及九品以上之官，若官品得减 者之祖父母、父母、妻、子孙，犯流罪已下，听赎。"①

《唐律疏议》卷1《名例》以问答的形式解释了赎法。"问曰：笞以上、死以下，皆有赎法。未知赎刑起自何代？答曰：《书》云：'金作赎刑。'注云：'误而入罪，出金以赎之。'甫侯训夏赎刑云：'墨辟疑赦，其罚百锾；劓辟疑赦，其罚唯倍；荍辟疑赦，其罚倍差；宫辟疑赦，其罚六百锾；大辟疑赦，其罚千锾。'注云：'六两曰锾。锾，黄铁也。'晋律：'应八议以上，皆留官收赎，勿髡、钳、笞也。'今古赎刑，轻重异制，品目区别，备有章程，不假胜条，无烦缕说。"② 从以上文字同样可以看出赎罪和赦宥在本质上也存在着一定的联系。两者有着共同的产生根源和原因，都是弥补法律执行过程中的漏洞而采取的一种权宜之策，但后来随着历史的发展，都逐渐演变成两种不同的固定的制度。

那么具体的赎法，在《唐律疏议》中同样有详尽的规定：

笞刑五：笞一十。赎铜一斤。笞二十。赎铜二斤。笞三十。赎铜三斤。笞四十。赎铜四斤。笞五十。赎铜五斤。

杖刑五：杖六十。赎铜六斤。杖七十。赎铜七斤。杖八十。赎铜八斤。杖九十。赎铜九斤。杖一百。赎铜十斤。

徒刑五：一年。赎铜二十斤。一年半。赎铜三十斤。二年 。赎铜四十斤。二年半。赎铜五十斤。三年。赎铜六十斤。

流刑三：二千里。赎铜八十斤。二千五百里。赎铜九十斤。三千里。赎铜一百斤。

---

① （唐）长孙无忌：《唐律疏议》卷2《名例》，中华书局1983年版，第32—34页。

② （唐）长孙无忌：《唐律疏议》卷1《名例》，中华书局1983年版，第5—6页。

死刑二：绞。斩。赎铜一百二十斤。[①]

此外，官员犯流、徒罪，可以官品抵罪，称为“官当”。如：“诸犯私罪，以官当徒者，五品以上，一官当徒二年；九品以上，一官当徒一年。若犯公罪者，各加一年当。以官当流者，三流同比徒四年。”[②]

翻阅史书，我们发现，八议在唐代社会现实中发生和执行的情况较为频繁，而在很多的场合下，八议是和赦宥紧密地结合在一起。例如，房玄龄之子房遗直因为其弟谋反缘坐，要被判处死刑，但是“遗直以父功特宥之，除名为庶人”[③]。这就是遵循了八议的原则。

《旧唐书·郭元振传》：“玄宗于骊山讲武，坐军容不整，坐于纛下，将斩以徇，刘幽求、张说于马前谏曰：‘元振有翊赞大功，虽有罪，当从原宥。’”[④] 文中对于郭元振的赦宥就是根据八议中议功的原则。

景云年间，武强令裴景仙犯乞取赃积五千匹，事发逃走。上大怒，令集众杀之。李朝隐执奏曰：“裴景仙缘是乞赃，犯不至死。又景仙曾祖故司空寂，往属缔构，首预元勋。载初年中，家陷非罪，凡有兄弟皆被诛夷，唯景仙独存，今见承嫡。据赃未当死坐，准犯犹入请条。十代宥贤，功实宜录；一门绝祀，情或可哀。愿宽暴市之刑，俾就投荒之役，则旧勋斯允。”[⑤] 李朝隐就是想根据八议的条例为裴景仙开脱，求得原宥。

而肃宗年间发生的王去荣杀人事件。更是显示了关于八议的一些争执。肃宗至德二年：“将军王去荣以私怨杀本县令，当死。上以其善用炮，壬辰，敕免死，以白衣于陕郡效力。中书舍人贾至不即行下，上表，以为：‘去荣无状，杀本县之君。《易》曰：“臣弑其君，子弑其父，非一朝一夕之故，其所由来者渐矣。”若纵去荣，可谓生渐矣。议者谓陕郡初复，非其人不可守。然

① （唐）长孙无忌：《唐律疏议》卷1《名例》，中华书局1983年版，第3—5页。按：从以上文字同样可以看出赎罪和赦宥在本质上也存在着一定的联系。两者有着共同的产生根源和原因，都是弥补法律执行过程中的漏洞而采取的一种权宜之策，但后来随着历史的发展，都逐渐演变成两种不同的固定的制度。

② （唐）长孙无忌：《唐律疏议》卷2《名例》，中华书局1983年版，第44—45页。

③ （后晋）刘昫等：《旧唐书》卷66《房遗直传》，中华书局1975年版，第2467页。

④ （后晋）刘昫等：《旧唐书》卷97《郭元振传》，中华书局1975年版，第3048页。

⑤ （后晋）刘昫等：《旧唐书》卷100《李朝隐传》，中华书局1975年版，第3126页。

则它无去荣者，何以亦能坚守乎？陛下若以炮石一能即免殊死，今诸军技艺绝伦者，其徒实繁。必恃其能，所在犯上，复何以止之！若止舍去荣而诛其余者，则是法令不一而诱人触罪也。今惜一去荣之材而不杀，必杀十如去荣之材者，不亦其伤益多乎！夫去荣，逆乱之人也，焉有逆于此而顺于彼，乱于富平而治于陕郡，悖于县君而不悖于大君欤！伏惟明主全其远者、大者，则祸乱不日而定矣。’上下其事，令百官议之。太子太师韦见素等议，以为：‘法者天地大典，帝王犹不敢擅杀，而小人得擅杀，是臣下之权过于人主也。去荣既杀人不死，则军中凡有技能者，亦自谓无忧，所在暴横。为郡县者，不亦难乎！陛下为天下主，爱无亲疏，得一去荣而失万姓，何利之有！于律，杀本县令，列于十恶。而陛下宽之，王法不行，人伦道屈，臣等奉诏，不知所从。夫国以法理，军以法胜；有恩无威，慈母不能使其子，陛下厚养战士而每战少利，岂非无法邪！今陕郡虽要，不急于法也。有法则海内无忧不克，况陕郡乎！无法则陕郡亦不可守，得之何益！而去荣末技，陕郡不以之存亡；王法有无，国家乃为之轻重。此臣等所以区区愿陛下守贞观之法。’上竟舍之。”①

文中皇帝想以八议之第四议能赦免王去荣，但是遭到了臣下的反对，认为八议的名例没有这一条。最后只好作罢。这件事在《文苑英华》中也有记载，见崔器所作《将军王去荣杀人议》：

> 右件官打杀本部富平县令杜微，恩旨以能放抛石免死夺官自身配陕郡效力，中书舍人贾至等未即行下奏请奉进敕旨议者。
>
> 臣等伏以为法者天地大典，帝王守之犹不敢专也，若王去荣者乃敢擅杀，是臣下之权过于人主也。开元以前无者，尊朝廷也，当今为天下主，爱无亲疏，得一去荣而失万姓，何利之有？又八议名例都无此名，十恶科条乃居其一，杀本部县令而陛下宽之，王法不行，人伦道屈，臣等奉诏，不知所从。夫国以法胜，有恩无威，慈母不能使其子，养由基射穿七札，楚王以为辱国，林虑公主男犯法，汉君不为减罪，贱技则去，

① （宋）司马光：《资治通鉴》卷219《唐纪三十五》，肃宗至德二载六月，中华书局1956年版，第7025—7027页。

荣何有受去则林虑可征，晋文弃原取信，以信大于原也，今陕郡虽要，不急于法则海内无处不克（疑），况陕郡乎无法也，贯至等皆朝之忠良，见克在近（此句疑），谨议。①

通过上面的争议我们可以看到，八议在实际的执行过程中并非完全按照唐律的规定进行的，有的时候也受到皇帝意志的干涉。而且八议的几种执行情况如议、请、减、赎、当、免，通常也是简单地以赦宥代替。正是由于皇帝的干涉，使得八议和赦宥的区别逐渐模糊，有的时候完全以八议之名实行赦宥，用赦宥取代了烦琐的八议。只要是符合八议的范围或者是皇帝的意愿，就可以得到赦宥，而并非严格地按照八议来执行，这也是赦宥的随意性的一种表现和皇权至上的写照。正是在这个意义上，八议和赦宥发生了紧密的联系，在有的时候甚至发生了同合的现象。这既是赦宥的扩大化也是八议的泛化。

对于八议的原则和精神，历代都有不同的意见表示反对。吕温在《唐人三家集·吕衡州集》提出了："罪不可以不刑，反对功臣恕死。"吕温在德宗贞元十九年时任左拾遗，上书反对功臣恕死，认为弊大于利："功臣恕死之兴，考诸古训，其异端欤，稽诸时事，其乱本欤"，为什么呢？"有国之柄莫大乎刑赏，人生有欲不可以不制，天讨有罪不可以不刑"，说这些功臣们不过是"间乘帝王应天顺人之势，用力无几遂贪天功"，得到宠幸之后就"见利忘义"，赐给这些人"丹书铁券许以不死"恰恰使这些人作乱犯上，"扰权乱法，以罪宠人，坠信赏必罚之典，亏昭德塞违之道，恐非哲王经邦轨物之制也，谨议"②。

三、血亲复仇和赦宥

另一个同赦宥相关，又和法律相冲突的论题就是血亲复仇。这是历朝历代争论比较激烈的话题之一。原因就在于它是人情和法律、道德和秩序、伦

① （宋）李昉等：《文苑英华》卷768《将军王去荣杀人议》，中华书局1966年版，第4040—4041页。

② （宋）李昉等：《文苑英华》卷768《功臣恕死议》，中华书局1966年版，第4043页。

理和法理的激烈冲突的矛盾体现和聚焦点。而赦宥和法治则是血亲复仇所引发的两个必然结果。在对待血亲复仇事件的处理上，要么是严格执法，依法断刑；要么就是以情屈法，法外开恩予以赦宥。所以，在这个意义上，血亲复仇在某种程度上和赦宥发生了关系，成为赦宥发生的一种情况和原因。下面就通过对血亲复仇问题的分析来折射赦宥和法治、人情和法律的关系。

正如张帆对这个问题考察时的论点："血属复仇一直是中国封建社会法制执行过程中的一个棘手问题。中国封建社会的法制，以礼法并用、德主刑辅为最大特点。道德规范实际上成了不成文法，于成文法一同发挥作用。另一方面，它们两者并不能完安协调无间，有时产生一些抵触。血属复仇就是一个例子。从道德德角度看，血属复仇是儒家'亲亲'、'孝悌'之义的体现，甚至可以说是一种应尽的职责；从法律的角度看，血属复仇则是对社会秩序的破坏，在一定程度上也是无视君权的行为。这种礼律相悖的矛盾怎样解决呢?"①

我们先看血亲复仇的历史。

血属复仇源自原始社会，后来历经奴隶社会和封建社会而不灭。日本学者穗积陈重在《复仇与法律》中将复仇划分为三个阶段：从夏商周到春秋战国是公开时代，从秦汉到魏晋是限制时代，从隋唐之后就是禁止年代。但是实际的情况要复杂得多，一般来讲维护礼制的儒家是支持复仇的，儒家所主张的复仇是分等级的。依照父母、兄弟、叔伯兄弟等亲疏的不同而区别对待。而法家是坚决反对复仇的。法家强调国家利益和体现这种利益的法律高于一切，强调以法治国，同时强调君主的权力高于一切，只有君主才有赏罚的权力，因此，在这个意义上反对私力复仇。

真正从法律上明文对私力复仇禁止加以禁止是三国时的魏文帝，在黄初四年的诏书中提到："丧乱以来，兵戈未戢，天下之人，互相残杀。今海内初定，敢有私复仇者，皆族之。"② 但是总体来说，历朝历代对待血亲复仇的态度并不严格和清晰，这就导致在现实中对于这个问题的处理上千差万别。我

① 张帆：《唐代法律中的血属复仇问题》，《北京大学研究生学刊》1991 年第 1 期。

② （晋）陈寿：《三国志》卷 2《魏志·文帝纪》，中华书局 1959 年版，第 82 页。

们再看唐代关于血亲复仇的规定：

《唐律疏议·斗讼律》：

诸祖父母、父母为人所殴击，子孙即殴击之，非折伤者，勿论；折伤者，减凡斗折伤三等；至死者，依常律。

【疏】议曰：祖父母、父母为人所殴击，子孙理合救之。当即殴击，虽有损伤，非折伤者，无罪。“折伤者，减凡斗折伤三等”，谓折一齿合杖八十之类。“至死者”，谓殴前人致死，合绞；以刃杀者，合斩。故云“依常律”。律文但称祖父母、父母为人所殴击，不论亲疏尊卑。其有祖父母、父母之尊长，殴击祖父母、父母，依律殴之无罪者，止可解救，不得殴之，辄即殴者，自依斗殴常法。若夫之祖父母、父母，共妻之祖父母、父母相殴，子孙之妇亦不合即殴夫之祖父母、父母，如当殴者，即依常律。①

父母被人殴击，如果复仇中出现折伤以上的情况，那就要追究法律责任，如果复仇致人死亡就要按照常律处置。而且如果是自己的父母祖父母是被长辈殴击，那么只能解救而不能复仇。

又，《贼盗律》规定：

诸杀人应死会赦免者，移乡千里外。其工、乐、杂户及官户、奴，并太常音声人，虽移乡，各从本色。

【疏】议曰：杀人应死，会赦免罪，而死家有期以上亲者，移乡千里外为户。其有特敕免死者，亦依会赦例移乡。工、乐及官户、奴，并谓不属县贯。其杂户、太常音声人，有县贯，仍各于本司上下，不从州县赋役者。此等杀人，会赦虽合移乡，“各从本色”，谓移避雠，并从本色驱使。②

可见，在唐代杀人是要判处死刑的，而一般不问其原因和动机，而且后面规定杀人者遇赦要移乡千里外，其目的就是为了避免相互仇杀的现象出现。

从以上的条例看，唐代对待血亲复仇的总体态度应该是禁止和反对的。

① （唐）长孙无忌：《唐律疏议》卷23《斗讼》，中华书局1983年版，第422页。

② （唐）长孙无忌：《唐律疏议》卷18《贼盗》，中华书局1983年版，第341—342页。

但是我们看不到较为明确的条文规定。而且《唐律疏议》又规定：

诸祖父母、父母及夫为人所杀，私和者，流二千里；期亲，徒二年半；大功以下，递减一等。受财重者，各准盗论。虽不私和，知杀期以上亲，经三十日不告者，各减二等。

【疏】议曰：祖父母、父母及夫为人所杀，在法不可同天。其有忘大痛之心，舍枕戈之义，或有窥求财利，便即私和者，流二千里。若杀期亲，私和者徒二年半。①

这条规定的内容在一定程度上又是提倡牢记大痛，枕戈待机，并非完全彻底禁止复仇。正是因此，有唐一代由于血亲复仇事件所引起的争论不绝于书。

《新唐书·孝友传》记载："武后时，下邽人徐元庆父爽为县尉赵师韫所杀，元庆变姓名为驿家保。久之，师韫以御史舍亭下，元庆手杀之，自囚诣官。"针对这件典型的血亲复仇事件，当时的司法部门不欲追究，拟定赦其死罪。时任左拾遗的陈子昂上书表达了不同意见：

元庆报父仇，束身归罪，虽古烈士何以加？然杀人者死，画一之制也，法不可二，元庆宜伏辜。《传》曰："父仇不同天。"劝人之教也。教之不苟，元庆宜赦。

臣闻刑所以生，遏乱也；仁所以利，崇德也。今报父之仇，非乱也；行子之道，仁也。仁而无利，与同乱诛，是曰能刑，未可以训。然则邪由正生，治必乱作，故礼防不胜，先王以制刑也。今义元庆之节，则废刑也。迹元庆所以能义动天下，以其忘生而趋其德也。若释罪以利其生，是夺其德，亏其义，非所谓杀身成仁、全死忘生之节。臣谓宜正国之典，寘之以刑，然后旌闾墓可也。

后来，柳宗元重新讨论了此事，持截然相反的态度：

礼之大本，以防乱也。若曰：无为贼虐，凡为子者杀无赦。刑之大

① （唐）长孙无忌：《唐律疏议》卷17《贼盗》，中华书局1983年版，第333页。

本，亦以防乱也。若曰：无为贼虐，凡为治者杀无赦。其本则合，其用则异。旌与诛，不得并也。诛其可旌，兹谓滥，黩刑甚矣；旌其可诛，兹谓僭，坏礼甚矣。

若师韫独以私怨，奋吏气，虐非辜，州牧不知罪，刑官不知问，上下蒙冒，吁号不闻。而元庆能处心积虑以冲仇人之胸，介然自克，即死无憾，是守礼而行义也。执事者宜有惭色，将谢之不暇，而又何诛焉?①

此外还有一个比较著名的案例。

张琇，河中解人。父审素，为嶲州都督，有陈纂仁者，诬其冒战级、私庸兵。玄宗疑之，诏监察御史杨汪即按。纂仁复告审素与总管董堂礼谋反。于是汪收审素系雅州狱，驰至嶲州按反状。堂礼不胜忿，杀纂仁，以兵七百围汪，胁使露章雪审素罪。既而吏共斩堂礼，汪得出，遂当审素实反，斩之，没其家。琇与兄瑝尚幼，徙岭南。久之，逃还。汪更名万顷。瑝时年十三，琇少二岁。夜狙万顷于魏王池，瑝斫其马，万顷惊不及斗，为琇所杀。条所以杀万顷状系于斧，奔江南，将杀构父罪者，然后诣有司。道汜水，吏捕以闻。中书令张九龄等皆称其孝烈，宜贷死，侍中裴耀卿等陈不可，帝亦谓然，谓九龄曰："孝子者，义不顾命。杀之可成其志，赦之则亏律。凡为子，孰不愿孝？转相仇杀，遂无已时。"卒用耀卿议，议者以为冤。帝下诏申谕，乃杀之。临刑赐食，瑝不能进，琇色自如，曰："下见先人，复何恨。"人莫不闵之，为诔揭于道，敛钱为葬北邙，尚恐仇人发之，作疑冢，使不知其处。②

在对待这件事上，连皇帝都感到比较棘手，难以处理，杀之亏孝道，赦之亏法理。最终担心民间复仇之风炽蔓，转相仇杀无休无止，因此下诏杀之。由此也可以断定，唐代法律对于血亲复仇处理规定的模糊和欠缺。

综合考察历史可以得知，血亲复仇者有相当大一部分通过赦宥得到了宽大处理，而对于血亲复仇进行赦宥所依据的理论根源在很大程度上也揭示了

① （宋）欧阳修等：《新唐书》卷195《张琇传》，中华书局1075年版，第5585—5586页。
② （宋）欧阳修等：《新唐书》卷195《张琇传》，中华书局1075年版，第5584—5585页。

赦宥产生的理论根源。而且血亲复仇同赦宥一样，都是法律条文同现实、人情、伦理矛盾的产物，因此才导致了无休止的争论。从《柳河东集》中的《驳复仇议》到《韩昌黎文集》中的《复仇状》，清人王夫之《读通鉴论》（卷二）中对汉人沿袭的血亲复仇可以赦宥的现象表示不理解："汉有杀人自告而得减免之律，其将导人以无欺也欤？所恶于欺者，终不觉而仇其慝也。夫既已杀人矣，则所杀者之父兄子弟能讼之，所司能捕获之，其恶必露，势不可得而终匿也，而恶用自告为？小人为忌而掩蔽于君子之前，与昌言于大廷而无怍赧也，孰为犹有耻乎？自度律许减免而觊觎漏网者，从而减之，则明张其杀人之胆，而恶乃滔天。匿而不告者鼠也，告而无讳者虎也。教鼠为虎，欲使天下无欺，而成其无忌惮之心，将何以惩？"

但是，对于这个问题的讨论正如对于赦宥本身的争论一样，在这些问题产生的母体——封建社会内部，是永远不可能停止的。

第四节　以赦改律

赦宥和唐代法律之间的关系是一种复杂的互动关系。

首先来讲，赦宥是司法制度中的一个特殊的问题。作为一个特殊的法律问题和法律范畴的一部分，历代的法律中都有相应的关于赦宥规定的条文。唐代更不例外，《唐律疏议》关于赦宥的法律更加完备和繁多。前文已经简单讨论。赦宥在颁布、实施、执行的过程中，有固定的条例可以依循。这是法律对于赦宥问题的规范和制约，也是赦宥本身发展成为一种制度的表现。

另外，赦宥对于已经固定的成文法也有着能动的反作用。这种反作用在宏观上表现为对司法公正和正常的法制秩序的干涉和枉曲，通过皇帝的诏令颁布的赦宥往往具有超于法律之上的效力，这就严重影响了法律的独立性和公正性，而具体来讲，在实际的赦宥的执行过程中，伴随着历史的发展和形势的演变，又往往会出现以赦改律的现象。即，在赦令中包含的一些临时性的处分决定和措施以及一些权宜之计，往往会因为是出自皇帝之口而上升为整个国家的意志，影响到原有的法律制度，甚至进一步固定并演变为法律条文，从而修改或者替代、补充原有的法律。临时的行政命令上升为固定的法律条文，就是以赦改律。如天宝元年二月二十南郊大赦制中规定："枉法赃十五匹当绞，令加至二十匹。"① 这就是以赦改律的一个典型现象。

从赦宥范围的确定到法律条文的改动，完全是统治阶级根据自己的利益和实际的需要而变动制定的，这也正是司法公正和司法独立的缺乏以及皇权至上、人治原则的体现，而这也正是以赦改律的根源所在。因为从本质上讲，皇帝的命令是封建王朝最基本的法律来源，王言拥有最高立法权。历代皇帝都不断发布制敕，作出新的规定，实际上就是以敕定律。以赦改律本质上也是唐代立法的四种方式之一，因为赦令在本质上是属于王言之制的一种。而王言在封建社会历来就有高于法律之上的效力。

禹成旼女士在分析唐代赦文的变化时指出："从广义上说，皇帝所发布的制敕中大部分成为立法的来源。其中，有的内容成为具有法律效力的临时性处分，有的内容正式进入'律'或'令'等法典中。"

她认为："从武则天载初赦文开始，赦文也成为一种重要的立法方式。唐代赦文变化的意义是赦文不仅在司法上起作用，而且在立法上也起作用，这是唐代赦文的特点。"

而赦文具体内容的变化可以说在一定程度上影响到唐代法令的制定，赦文规定的内容日益成为唐代法令的重要来源："赦文中的改律、改令、新规定、临时处分等具有立法性质的内容这是唐代法制上的一个重要变化。随着赦文频繁的发布，赦的立法作用在逐渐增强。"② 作者认为从天宝元年开始赦文发生的一个很大变化就是赦文中改律的现象。所论较为符合事实，实际上以赦改律的现象和做法在唐以前已有之，不过至唐时更为频繁、更为明晰，也更为规范化。

① （后晋）刘昫等：《旧唐书》卷9《玄宗本纪下》，中华书局1975年版，第215页。

② ［韩］禹成旼：《试论唐代赦文的变化及其意义》，《北京理工大学学报》2004年第3期。

第五章　赦宥制度产生及存续的原因

我们在探讨赦宥制度原因的时候，应该在理论上把这个原因分作三个方面，从三个层次上剖开分析：赦宥产生的原因、赦宥存在的原因、赦宥发生的原因。

赦宥产生的原因，即赦宥最初产生的根源，对这个原因的探讨我们要从赦宥的最初本意出发，分析最初促使和导致赦宥产生的原因，此时的赦宥还没有形成完备的制度。赦宥存在的原因，也是赦宥存在的合理性，是什么因素使得赦宥自产生到现代绵延存续几千年而不绝，一直存在于各种社会形态和历史阶段，一直为社会所用，为统治阶级所用。这是赦宥存在深层次上的原因，这个层次上我们分析的对象是制度化的赦宥，即把赦宥看作一个整体和一个制度来进行分析。最后是赦宥发生的原因，实际上是封建王朝每次颁布赦宥都有具体的动机和原因，或者背景，在这个层次上的赦宥主要是一次次的具体的行为，我们研究的对象应该是个体化的、单个的赦宥例子。

如果不从这几个层次出发进行分析的话，会导致我们结论的片面化甚至会误入歧途而得不到真正的原因，无法从本质上把握这个问题。

探讨赦宥产生和存在的原因实际上就是探讨赦宥制度本身所具有的种种功能和作用，以及当时的社会背景等因素。

第一节　赦宥产生的最初根源

赦宥产生伊始，主要是出于补救法律的目的。在成文法形成之前和初期，法制从法理到条文都不完备，具有诸多粗糙之处和漏洞。同时在法律和人情之间，也存在着让统治者或者执法者难以断定的矛盾，所以，赦宥应时而生，成为解决这些矛盾的一种权宜之计。“法律条文无论如何，总难达到精审详备的境地，举凡一切应行从轻议刑的场合，亦难期其一一规定而无欠；倘没有赦免机关的设立，以行所谓大赦、特赦之权，则法律之穷则无从补救。”① 《尚书·吕刑》：“五刑之疑有赦，五罚之疑有赦，其审克之。”就是对于不能确定的疑案或者量刑上比较困难的罪犯采取赦宥，“是一种灵活与变通”②，这其实是一种折中方法。

此外，还有一种赦宥的情况就是基于一定的特殊原因，如《唐律疏议》中解释的“三赦”：“按周礼三赦之法，一曰赦幼弱，谓七岁者；二曰赦老耄，谓八九十者；三曰赦戆愚，皆谓其识见浅劣者。圣人于此三等，哀其无知，故令赦宥也。”③ 赦宥的对象都是特殊人群，而且都是过失犯罪，并非主观有意的犯罪。

对于这些特殊的人群，或者特殊的犯罪，如果严格按照法律条文处置的话，就会失之过严，所以赦而宥之。马端临在对此作总结时说：“唐虞三代之所谓赦者，或以其情之可矜，或以其事之可疑，或以其在三赦、三宥、八议之列，然后赦之，盖临时随事而为之斟酌，所谓议事以制者也。”④ 赦宥是临时随事而为，并没有形成固定的惯例，也没有严格的制度或

① 王世杰、钱瑞升：《比较宪法》，中国政法大学出版社 1997 年版，第 287 页。

② 赵克生：《权变与策略：中国古代赦免制度的功能透视》，《阜阳师范学院学报》2000 年第 4 期

③ （唐）长孙无忌：《唐律疏议》附录《唐律释文》卷 4《名例》，中华书局 1983 年版，第 626 页。

④ （元）马端临：《文献通考》卷 171 下《刑考十下》，中华书局 1986 年版，第 1485 页。

者规定。这就是赦宥产生的最初原因和动机，却也是赦宥存在和延续的最重要的原因。因为，在任何社会、任何时候，法律和现实之间总会有一定的差距。

毛晓燕认为："封建社会法制的一个重大特点是立法、执法的严重脱节，法律规范与司法实践存在很大的差距。"① 在长期的封建社会发展过程中，法律制度虽然在不断的发展和完善，法律条文也越来越繁多。但是，随着社会本身的不断发展，新的问题不断产生，更多需要解决的法律难题也随之涌现，再加上封建统治阶级和封建法治本身的局限性，导致法律和现实之间总存在一定的差距，而这种差距的解决总是显得相对滞后的。"作为刑法臻于完善的障碍物和对立面，刑法真空自刑法问世以来就与之形影相随。……静态刑法（以文字形式表现出来的刑法）的尽善尽美与其动态刑法（司法运作中的刑法）的协调同步，是立法者和法学家们孜孜不倦的理想和梦寐以求的目标，然而这种美好的理想总是被刑事司法的现实撕得支离破碎。刑法发展得历史轨迹和现实状况不断地昭示着人们：文字形式上的刑法和司法运作中的刑法常常存在着落差。"②

此外，条文化的法律在被实践和执行的过程也会遇到很多难题，如本书探讨的八议、血亲复仇等等，都是一直萦绕封建社会的法律难题，这些难题也只能通过法律之外的手段来解决。这里，赦宥实际上就发挥了一种均衡和调节的功能，化解法律和现实的矛盾，填补法律的真空，消融条文化的法律在实际执行中产生的尴尬与困境。

法律必须有相对的稳定性和连续性。而现实政治是瞬息万变，一定之规的常法必然和现实政治产生矛盾。政治的要求与法律的要求矛盾，既要不损坏法的威严，又要收获政治实利，只有寻求变通。引用英国洛克的话："因为民间常能发生许多偶然的事情，遇到这些场合，严格的呆板地执行法律反而有害………因此统治者在某些场合应当有权减轻法律的严峻性和赦免某些罪行。"③ 在这种情况下，赦宥就充当着社会强有力的润滑剂，发挥着其初始就具有的权变功能和策略性。

---

① 毛晓燕：《中国古代录囚制度评析》，《河南社会科学》2002 年第 2 期。

② 于志刚：《追诉时效制度研究》，中国方正出版社 1999 年版，第 27 页。

③ ［英］洛克：《政府论》，刘晓根译，商务印书馆 1993 年版，第 98—99 页。

由于以上原因，使得赦宥的存在必不可少，由原先的偶尔为之到后来的形成定制，逐渐成为封建社会礼仪、法律、政治的一部分。于志刚在《刑罚消灭制度研究》中指出：赦宥是对刑罚真空现象的一个补救。① 这也是赦宥所具有的最大的、本质上的功能。正是由于这个根本性的原因，使得赦宥自产生至今天，存续不绝。

赦宥制度存在和延续的原因相对于其最初产生的原因更加复杂，既是其本身所具有的种种功能和作用使然——使其始终为统治阶级和社会所用而不弃，又有着思想理论方面的因素。此外，赦宥的存在也是皇权和皇帝意志的体现。

第二节　赦宥制度存续的功能性因素

赦宥自产生之后，经历漫长的发展过程，适应社会的发展和需要，开始具有并发挥越来越多的功能和作用，最后成为一种完善的制度，融入封建社会，为历代统治阶级所用，并作为一种灵活与变通的策略，为统治阶级服务，发挥着维护封建社会统治的巨大作用。而赦宥所不断发挥的种种功能和作用，也正是其为封建社会所用并得以存在延续的原因。

刘令舆在《中国大赦制度》中对于大赦所具有的种种功能和意义进行了总结："大赦制度……除司法免除效力外，在行政法上，影响官制之升降；在民事法上，又得为私债之免除，在税务法上，可为租赋之豁免。而有关于政治作用，或用为政争之工具，可用以争取民心，瓦解敌人士气，而对于经济之影响，可影响于国计民生，世代盛衰，对于军事之关涉，或以之与兴边屯，或以之实边圉，而弊之所至，汉唐因之而弱，宋明继之而亡。"② 可见一斑，

① 于志刚：《刑罚消灭制度研究》，法律出版社2002年版，第477页。

② 刘令舆：《中国大赦制度》，载台北"中国法制史学会"编《中国法制史论文集》，（台北）成文出版社1981年版。

下面具体论述。

一、政治统治的需要

赦宥产生伊始就成为统治者调解行政难题、补救法律漏洞的工具，在其发展过程中，随着赦宥外延和内涵的不断扩大，赦宥开始被统治者赋予越来越多的功能，发挥越来越广泛地政治统治作用，因而在历朝历代，统治者都会根据具体的社会形势和背景，在不同的场合颁布不同类型的赦宥，以达到不同的效果，维护自己的统治秩序。①

专制统治与赦宥是一对相互矛盾又相互依存的对立物，专制统治内部缺少不了如同赦宥之类的调节机制。时昭瀛的《中国古代赦宥权》认为："赦宥作为一种刑罚措施，在一定程度上对封建法制乃至整个封建统治又起着相当的辅助作用。"② 而其中最重要的辅助作用就是赦宥可以调和阶级矛盾。这也是赦宥为统治阶级所用的最大的功用。③ 几乎每一次赦宥都可以达到这样的目的。就整个封建社会而言，其刑法是相对严酷的，而严酷的刑法往往会造成

① 赵克生《权变与策略：中国古代赦免制度的功能透视》（《阜阳师范学院学报》2000 年第 4 期）中详细地分析了赦宥的功能，认为权变与策略的功能是赦免制度长期存在的最主要的原因。并进一步列举赦免制度权变与策略的功能在中国古代的具体体现：一、感化：刑罚与赦免构成了恩威的两手，君王上下其手，假施恩惠，当刑之时，予以赦免，往往能收拾人心，感化政敌为己所用。这是赦免最普遍的功能之一，却屡试不爽。二、安抚：中国历代内乱不断，打击之时如果不作变通，一律依法惩处，不仅要面对法不责众的困境，还会有穷寇紧追引起的麻烦。三、儆戒：赦免的儆戒功能是通过调节不赦的范围来实现的。如欲杜绝某种违法行为，就把它归入不赦，使其受到常典之外的重惩，从而使世人警心，起到儆戒的效果。

② 时昭瀛：《中国古代赦宥权》，《武大社会科学季刊》1930 年第 2 期。

③ 郭建、姚荣涛、王志强《中国法制史》（上海人民出版社 2000 年版，第 513 页）："在实践上，专制政权为了缓解社会矛盾，往往对大多数已发现、未发现的犯罪行为都予以赦免，这就形成了所谓的大赦传统。"

阶级矛盾激化，所以赦宥的颁布在这个意义上可以缓和苛政酷刑带来的压力。①

另外，新的王朝建立之初，正是天下板荡之后，归于一统，或一朝之内大宝易主，都是一种新旧交替，而社会本身具有的连续性，使这种新旧的界限并非泾渭分明。相反，新旧交替之际往往是社会混乱、动荡、矛盾积累最多的时候，既有旧政局遗留下来的，又有新政局初创时刚刚滋生的，为了顺利地规模新局，历朝历代的新主总要革尽旧弊，给旧局作一个总结，把旧局的残政从新局中剥离出来，为新政权的发展扫除障碍。这种除旧布新任务在很大程度上是由赦免来完成的。这是中国古代即位、改元大赦天下的根本原因。这就是《权变与策略：中国古代赦免制度的功能透视》一文中提出的赦宥的“除旧布新”功能，也即是赦宥所具有的另一重要功用——与民更始。

刘令舆在《中国大赦制度》中认为与民更始的赦宥思想自汉武帝开始就沿用不绝。涤荡旧恶，与人更始，以让百姓自新。② 在汉平帝即位诏中，这种思想体现得很明白：“夫赦令者，将与天下更始，诚欲令百姓改行洁己，全其性命也。往者有司多举奏赦前事，累增罪过，诛陷无辜，殆非重信慎刑，洒心自新之意也。”③

每个新的王朝建立伊始，都要行宽大之策，以便与民休养生息。与汉初的无为而治是同一道理。汉高祖在位十二年，赦宥九次。唐高祖李渊在建唐

① 毛晓燕《中国古代录囚制度评析》（《河南社会科学》2002 年第 2 期）：由于封建地主阶级的本性和不可克服的官僚主义弊病，一方面造成了难以计数的冤假错案。另一方面，监狱黑暗腐败，狱刑残酷。这两方面的原因使广大狱囚不堪其苦，怒气冲天。夏商周以后，狱囚起义抗暴之事屡见不鲜，因刑狱而导致的阶级矛盾的激化，势必危及封建统治的根基。一些明智的封建统治者对此是有清醒认识的。所以，为了缓和阶级矛盾，维护封建法律秩序和社会安定，进而保障封建统治阶级的根本的利益，统治者们不辞辛劳，代代录囚，借以标榜“仁政”，标榜“恤刑悯囚”，以兹播扬善名，收买民心，缓和阶级矛盾，最后达到“治国、平天下”的目的。而规模更大的赦宥的实施更可以达到类似的目的。

② 刘令舆：《中国大赦制度》，载台北“中国法制史学会”编《中国法制史论文集》，（台北）成文出版社 1981 年版。

③ （汉）班固：《汉书》卷 12《平帝纪》，中华书局 1962 年版，第 348 页。

过程中也数行大赦①，一方面拉拢百姓收买人心，同时树立“仁主”的形象；另一方面也是为了与民更始，迅速稳定战乱地区的秩序，制造宽松的社会环境，恢复社会生产和生活，这一点从赦书的名字上就可以看出来，如《原刘武周宋金刚等诖误诏》《宥刘武周余党诏》《赦河南诸州为王世充诖误诏》等，目的都在与人维新，制定宽大政策，避免流窜的兵匪、百姓继续作乱。

马伯良在分析大赦的原因时认为：“每一遇到统治危机，特别是武装镇压失灵后，统治阶级更是频频使出赦宥这个‘法宝’。”② 短时间的政治上的考虑也是一种解释，刚刚登基的皇帝总是希望减少潜在的敌人。这确实也是赦宥所能起到的作用。李世民在玄武门之变后，于武德九年六月颁布大赦令，消除了太子余党的紧张感，稳定了自己的统治基础。

此外，在其他需要的时候，统治阶级随时可以使用赦宥这个法宝，来解决比较严峻的社会问题，对其统治基础进行修补加固。③

《大赦京畿三辅制》中：“岁会三秦之师，日有千金之费，悉索敝赋，疲于馈军。侯甸之间，征求耗竭，百谷翔贵，关中小歉，穷则斯滥，安能惧刑，因而成盗，多有犯法，至于军戎之士，致使廪赐不充，因之逃亡”。④ 所以要大赦京城及附近郊县。这里，统治阶级为缓和阶级矛盾，防止京都根本动荡，故行大赦，以抚人心。

武则天圣历元年，狄仁杰任河北道安抚大使，时河北道百姓为突厥和朝廷酷刑所逼，多匿山泽，相聚为盗，为安抚河北，狄仁杰请求曲赦河北，制从之，“河北遂安”。⑤ 赦宥的强大功能由此可见。

赦免的安抚作用也可针对少数民族政权。由于地理和文化因素，中国古代对周边少数民族的政策始终以羁縻为主，辅以军事手段，只要他们停止侵

① （宋）欧阳修等：《新唐书》卷1《高祖本纪》：十一月，克京城后，约法十二条，立代王为帝，大赦，以此来收买人心 。武德元年，即位，大赦天下，赐官庶人爵一级，给复一年；二年五月，曲赦凉、甘等九州；四年二月，赦代州总管府、石岭以北；四年七月，大赦，给复天下，此时天下已基本统一。

② ［美］马伯良：《大赦与中国古代司法》，《中国史研究动态》1985年第11期。

③ 赵克生：《权变与策略：中国古代赦免制度的功能透视》，《阜阳师范学院学报》2000年第4期。

④ （宋）宋敏求：《唐大诏令集》卷84《大赦京畿三辅制》，商务印书馆1959年版，第483页。

⑤ （宋）司马光：《资治通鉴》卷206《唐纪二十二》，则天后圣历元年十月，中华书局1956年版，第6536页。

扰，一般都能宽原前罪，给以优待。这一点在“赦宥和少数民族”一节已经有所论述。

此外，作为政治工具的赦宥还被统治阶级广泛运用在各个领域。比如：赦宥经常被皇帝用来调整群臣的关系，驾驭臣下，平衡党争。而官员之间，不同的政治集团之间，也会利用赦宥作为互相斗争的工具。这在“唐代官员阶层和赦宥”一节中已经有所论述。

正是由于赦宥本身具有特殊的强大的功用，迎合了封建统治阶层的需要，所以被统治阶级所采用和发展，历千年而不废，这也是赦宥制度存续的重要原因。

二、军事斗争的需要

在封建社会，赦宥所发挥的另一重要功能就是在军事方面。“昭襄王二十一年，错攻魏河内。魏献安邑，秦出其人，募徙河东赐爵，赦罪人迁之。二十六年，赦罪人迁之穰。二十七年，错攻楚，赦罪人迁之南阳。二十八年，大良造白起攻楚，取鄢、郑，赦罪人迁之”。[①] 是为了现实目的而赦徒为民，以拓疆域。

《史记》记载：“（二世皇帝）二年冬，陈涉所遣周章等将西至戏，兵数十万，二世大惊，与群臣谋曰，‘奈何?’，少府章邯曰：‘盗已至，众强，今发近县不及矣，郦山徒多，请赦之，授兵以击之’，二世乃大赦天下”。[②]

是为了军事目的而赦徒为兵，抵御外敌，这在唐朝亦不鲜见。通天元年，武则天下制“恩免天下罪人及募诸色奴充兵讨击契丹”。[③] 为此，还遭到了陈子昂的上疏反对。

赦徒为兵自隋炀帝至唐太宗、宪宗、宣宗、睿宗时皆有。[④] 在史书中都有

---

① （汉）司马迁：《史记》卷5《秦本纪》，中华书局1959年版，第212—213页。

② （汉）司马迁：《史记》卷6《秦始皇本纪》，中华书局1959年版，第270页。

③ （宋）司马光：《资治通鉴》卷205《唐纪二十一》，则天后万岁通天元年，中华书局1956年版，第6507页。

④ 吕思勉：《隋唐五代史》，上海古籍出版社1984年版，第1233—1234页。

案可循。此外，唐朝中后期，出于军事需要，赦宥的颁布运用更是频繁，作用也愈加明显。代、德时期，藩镇割据，战乱不息，赦宥经常被作为一种特殊的手段，用以辅助军事行动来达到瓦解敌军、平息叛乱、维护和平的目的。此时的赦宥发挥了各个方面的作用：在战前，主要是用来招抚敌人，给其以战争之外的另一种选择，制造利己舆论导向；而战争进程中，赦宥则被用来瓦解敌人、分化对方军心；战争结束后，赦宥更是收拾残局、安定形势不可或缺的重要手段。这一点，在“藩镇和赦宥”一节中有所论述。

在唐之后，赦宥继续发挥着在军事斗争特殊形势下的特殊作用。这也是其为封建社会所用而不弃的一个原因。

三、司法制度的需要

前文已经讨论过赦宥的根源在于法律之救济，此后，在法律方面的调剂和补救功能一直是赦宥存在的意义之一。这种功能的另一个体现就是在司法制度层面上的价值。

马伯良在分析大赦与中国古代司法制度的关系时认为，大赦制度产生的真正的钥匙是在国家机构的内部。认为历史学家们曾充分研究了中国古代官僚机构的负责和精细，但一个重大缺陷是没有从官吏的数量与他们控制的区域和人口的比例来说明政府机构是多么小。人力的缺乏、司法设施也十分有限，他们只能依靠周期性的大赦来缓和矛盾。司法系统的核心问题是有关设施严重缺乏，周期性的大赦令，才能腾空监狱。中国官员和思想家都是政治家，他们意识到司法设施不足是问题的实质，但又不公开承认大赦制是被迫实行的，他们害怕自身的权力基础受到冲击。①

同样，于志刚在专著中认为，刑罚消灭制度（包括赦宥）的司法价值之一是：有效地减少司法成本，体现刑罚的效益性；从司法过程来讲，刑罚消灭制度可以使司法机关放弃陈年旧案的无意义的纠缠，减少对此类案件的人力、物力、财力的无谓投入，减少司法成本和无谓的司法费用浪费。

① ［美］马伯良：《大赦与中国古代司法》，《中国史研究动态》1985 年第 11 期。

正是由于赦宥具有这样的一种功能，所以封建统治阶级经常周期性地颁布赦宥，来缓解司法压力，疏减监狱囚犯过多之患。这在唐以前已有之。西晋刘颂上书中提到："亡者积多，系囚猥畜，议者曰囚不可不赦，复从而赦之。"①

在国外，意大利曾在1953年从5万名犯人中大赦其中的23000人，这次大赦的目的就是"减少积案或者减轻监狱等羁押场所人满为患等问题"②，所以遭到了学者的批判。可见，赦宥所具有的减少司法成本、疏减监狱压力的因素和功能是共性的。这也可以列为赦宥存续的一个因素。

四、农业生产的要求

有时候，赦令的颁布是出于发展农业生产的考虑。封建社会是农耕社会，对于农业生产来说，最重要的莫过于劳动力，而过多的劳动力拘禁于监狱之中，自然会妨碍春种秋收等农业生产的正常进行。所以政府有时不得不赦免囚徒，以便保证有充足的人手去从事农业生产，大赦的这种作用在农忙时节显得尤为重要。

汉元帝建昭五年大赦："方春，农桑兴，百姓戮力自尽之时也，故是日劳农劝农，无使后时，今不良之吏，覆案小罪，征召证案，兴不急之务，以妨百姓，使失一时之作，亡终岁之功，公卿其明察申敕之。"③恩赦制度与刑徒劳动力之间自始即具有密切的关系。两汉的赦、赎、减等宽贷措施，充满了对劳动力的考虑。除了消极性的解决治安问题外，恩赦当有其积极性的一面，就是补充劳动力。

确实如此，我们看唐代的赦文内容，开元十六年正月《兴庆宫成御朝德音》："属春令为始，时惟发生……宜施惠以布德，况农祥在候，稼穑正兴。或幽彼囹圄，独隔阳合之泽；或迫于征徭，不遂农桑之务，言念及此，轸叹

① （唐）房玄龄等：《晋书》卷30《刑法志》，中华书局1974年版，第932页。

② ［意］杜里奥·帕多瓦尼：《意大利刑法学原理》，陈忠林译，法律出版社1998年版，第395页。

③ （汉）班固：《汉书》卷9《元帝纪》，中华书局1962年版，第296页。

良久。其徒以下罪，日令责保并应当番兵、丁、匠等灼然单贫者，所由勘会，并放营农……非军国所要，余不急之务，一切并停，仍加劝课，循植农穑”。[①]

这里面有两层考虑，一是频繁的狱讼致使百姓或疲于到官府应对，或者身陷囹圄，严重干扰了迫在眉睫的农业生产，造成了劳动力的浪费，另外，阴阳五行等封建迷信思想使统治者相信，大举狱讼使得冤气积郁，阴阳不调，同样会影响农业丰收，因此出于这两种考虑，在阳春时节，统治者都会通过录囚和赦宥来调和阴阳、祈求福佑，补充缺乏的劳动力，以保证其统治的经济基础。王夫之说：“省囚系以疏冤滞，赦宥过误以恤蠢愚，止讼狱以专农务，则君上应行之政”。[②] 也是对其合理性的肯定。

第三节　赦宥制度存续的思想理论层面因素

赦宥的存续除了具有种种的现实功能，迎合了封建统治阶层的需要外，在思想理论层面，也有着深刻的根源。刘令舆在分析中国大赦制度的思想体系时认为：“中国大赦制度乃中国法制之一部，其思想体系之流变，与中国全部法律法律思想不能相违背，其表现之内容与形式，与中国全部之伦理政治思想体系，相辅偕行，实融合儒、法、阴阳、名、道之精纯而成，不必定限于一格，其思想之基本理念，由秦至清，可括：1. 天子代天理物神格观念。天子代表天意，天春生秋杀，天子可以刑人，亦可杀人。人君上应天象，周易有雷雨作解，君子以赦过宥罪，故人君得于人有过而杀，有罪而宥。2. 天人合一。天子行赦，感动天地，可以招致福祥，天人交感观念。3. 皇室之家族中心思想。即位、立太子、立皇后等等，完全以皇室之婚丧寿考为标准。充分发挥血缘关系之皇室中心思想。4. 祈福禳祸思想。自然现象之灾异，均

① （宋）宋敏求：《唐大诏令集》卷108《兴庆宫成御朝德音》，商务印书馆1959年版，第561页。
② （清）王夫之：《读通鉴论》卷20《太宗》，中华书局1975年版，第600页。

乃天地谴怒，故示休咎，皇帝必行大赦，以于海内洗心更始，以求灾衍愍除，重获福佑。”①

刘说从思想理论层面对赦宥进行分析，得出了以上观点，殊为深刻，但是仍不够全面，我们通过对赦文内容进行考察之后，发现赦宥的产生和发展，在思想理论方面的因素远为深刻和丰富。下面分几个方面展开。

一、传统理论典籍的影响

首先就是传统理论的影响。赦宥制度最初产生之后，在先秦的文献中相关的讨论和记载开始丰富起来，春秋战国之后，儒家也开始关注赦宥这个话题。如《论语·子路》曰：“先有司，赦小过，举贤才。”朱注：“过，失误也。大者于事或有所害，不得不惩；小者赦之，则刑不滥，而人心悦矣。”②这些原本是对赦宥进行褒贬的理论典籍记载却对后世的赦宥思想产生了重大的影响。几乎每个皇帝在赦书中都会引用这些典籍记载来给自己的赦宥续上远古理论根源，披上合法的外衣。

先秦典籍中主张或者反对人君赦宥的理论，均产生不小的影响，最明显的就是皇帝的赦书中，必定援引先秦经典来合理化。汉元康二年春正月，宣帝赦诏云：“《书》云‘文王作罚，刑兹无赦’，今吏修身奉法，未有能称朕意，朕甚愍焉。其赦天下，与士大夫厉精更始。”③ 就是引用先秦经典，明显地把前代的经籍典故作为赦宥的理论根据。所以，“北齐邢子才为受禅登极赦诏曰：‘无德而称，化刑以礼，不言而信，先春后秋，故知恻隐之心，天地一揆，弘宥之道，今古同风’。”④

唐隆元年，郑愔谋册谯王重福为帝，乃草伪制，除善思为礼部尚书，知吏部选事。及谯王下狱，景云元年，大理寺奏：“善思与逆人重福通谋，合从

① 刘令舆：《中国大赦制度》，载台北“中国法制史学会”编《中国法制史论文集》，（台北）成文出版社1981年版。

② （宋）朱熹：《论语集注》卷7《子路》，中华书局1983年版，第141页。

③ （汉）班固：《汉书》卷8《宣帝纪》，中华书局1962年版，第255页。

④ （唐）欧阳询等：《艺文类聚》卷52《治政部上·赦宥》，上海古籍出版社1985年版，第951—952页。

极法。”给事中韩思复奏曰：“议狱缓死，列圣明规；刑疑惟轻，有国恒典。严善思往在先朝，属韦氏擅内，恃宠宫掖，谋危社稷。善思此时，乃能先觉，因诣相府，有所发明，进论圣躬，必登宸极。虽交游重福，谋陷韦氏，敕追善思，书至便发，向怀逆节，宁即奔命？一面疏纲，诚合顺生；三驱取禽，来而有宥。唯刑是恤，理合昭详。请付刑部集群官议定奏裁，以符慎狱。”[①]

唐代宗在赦宥田承嗣的诏书中也提到：“昔在虞舜，舞干羽于两阶，而苗人服，洎汉高帝遣陆贾宣赦南越，光武亦下玺书招附窦融……则明恕之道，赦过为大，其来久矣”。[②] 由此亦可知赦宥经过长期的存在已经形成惯例乃至定制，后代的皇帝实行赦宥很多实是受传统的影响，其来久矣，前代已有先例，后人实行似为当然。

二、德主刑辅等儒家理论

自从汉代开始，董仲舒阐发儒家思想，之后儒家一统天下，成为几千年中国封建社会占统治地位的指导思想，封建社会的各个层面无不受儒家思想的影响。存在并依附于封建社会的赦宥制度也不例外。赵克生分析赦宥制度时提到，赦免存在的长期原因较多，有儒家伦理对法的干预。《周礼》三宥三赦之法，作为一种恤刑，它体现了仁义的思想。儒家伦理渗透于法而形成的“亲亲相隐”“存留养亲”等原则，在古代社会往往是赦免的根据。[③] 直接的道出了儒家理论对于赦宥的影响和作用。

而在儒家经典《论语》中就已有对于赦宥的阐述。此后更有无数的儒家学者对于赦宥问题进行阐释，对于德、刑进行辩证。其中尤以董仲舒的“德主刑辅”思想影响更为深远。

中国西周时期就非常重视神人关系，这实际就是天人合一思想的萌芽。发展至汉代，董仲舒援阴阳五行入儒形成天人感应论，并以此为理论根据，提出“德主刑辅”的思想，说：“天道之大者在阴阳。阳为德，阴为刑，刑主

① （后晋）刘昫等：《旧唐书》卷191《严善思传》，中华书局1975年版，第5104页。
② （宋）宋敏求：《唐大诏令集》卷121《复田承嗣官爵制》，商务印书馆1959年版，第645页。
③ 赵克生：《权变与策略：中国古代赦免制度的功能透视》，《阜阳师范学院学报》2002年第4期。

杀而德主生，是故阳常居大夏，而以生育养长为事；阴常居大冬，而积于空虚不用之处，以此见天之任德不任刑也。……王者承天意以行事，故任德教而不任刑”。[①] 又说：“天之亲阳而疏阴，任德而不任刑也”，故圣人多其爱而少其严，厚其德而简其刑，以此配天。[②]

自董仲舒确立“德主刑辅”的理论，“德主刑辅”就成为以后历代王朝立法的指导思想，唐代也不例外，《唐律疏议》开卷云：“德礼为政教之本，刑罚为政教之用，犹昏晓阳秋相须而成者也。”[③] 可知唐代立法亦以“德主刑辅”为基本指导思想，以德为本，而不重严刑。有唐一代多行赦宥亦是受此思想影响。

而“德主刑辅”在司法实践中的体现就是以道德教化为主，以理服人，以教化人，使人心悦，采取赦宥的宽大政策，辅之以法律的惩处和震慑。

樊崇义在《我国不起诉制度的产生和发展》中提到：“惩办和宽大相结合的宽严相济思想是中华民族自古以来的优良传统，它与严刑峻法构成同刑事犯罪作斗争的有力机制。这一传统的文化思想，在中国有着深厚的渊源。《左传·昭公二十年》记：‘宽以济猛，猛以济宽，政是以和。’采取宽大政策有利于缓解社会矛盾．在中国历史上，宽大政策的实践形式是多样的，其中就包括赦、录囚等。”[④] 其中作为“主”的“德”的体现形式之一就是赦宥，儒家提出以道德教化预防犯罪从而达到消灭犯罪的理想境界。儒家认为道德教化的作用远大于刑罚，单纯用制度、刑法束缚百姓是不够的，用礼教道德感化百姓，就会培养起人们的廉耻之心，使其知道廉耻而避免犯罪，这就是儒家的理想。同时也是促成赦宥制度存在于封建社会而不衰的一个原因。

三、天人感应和封建迷信

战国、秦汉以来的阴阳五行、天人感应等学说经过董仲舒的系统化后日

① （汉）班固：《汉书》卷56《董仲舒传》，中华书局1962年版，第2502页。

② （汉）董仲舒：《春秋繁露》卷12《基义》，上海古籍出版社1989年版，第73页。

③ （唐）长孙无忌：《唐律疏议》卷1《名例》，中华书局1983年版，第3页。

④ 樊崇义：《我国不起诉制度的产生和发展》，《中国政法大学学报》2000年第3期。

益盛行，对以后的中国社会产生了持久而深刻的影响。就赦免制度而言，这种思想不仅成为推占朝廷行赦与否的理论根据，而且也是朝廷行赦的预设原因，成为影响赦免制度的持久而普遍的因素。赵克生更是在其专著中指出，封建社会的灾异、符瑞、郊祀等活动行赦皆与此有关。[①]

在天人合一和阴阳五行观念支配下，法代表着天地之间“阴”的力量，与秋冬时节万物的凋谢、肃杀规律相联系，因而《左传·襄公二十六年》即说：“古之治民者，劝赏而畏刑，恤民不倦；赏以春夏，刑以秋冬”；《礼记·月令》也说应在孟秋之月杀戮罪人。此外再加上一些特殊时日的禁忌，所以除了像谋反、大逆等重大犯罪者的处死“决不待时”，不受停审、停刑日的限制，一般的罪犯和死刑都要在特定的季节或者时日处置。唐太宗规定：“其大祭祀及致斋、朔望、上下弦、二十四气、雨未晴、夜未明、断屠日月及假日，并不得奏决死刑。”[②] 似乎谁破坏了天地之间的和谐，谁就成了不可饶恕的罪人，当受到应得的惩罚。这一切都是天人合一和阴阳五行等封建迷信观念的极端体现，而赦宥作为封建社会一种重要的司法调剂手段和行政措施，也不可避免地受到这种思想和观念的影响。

所以，风雨雷电旱涝等自然灾害，或者日食月食星变等天象变异，都会导致赦宥的颁布。从汉代开始，就以符瑞、灾异显示天命；而灾异的出现，被解释为警告皇帝的不德。由于皇帝不德才导致阴阳错乱，宇宙万物的和谐遭到破坏。譬如汉文帝二年（公元前 178 年）十一月日食的赦诏：“人主不德，布政不均，则天示之灾以戒不治。”[③] 认为人君不德导致刑狱冤滥，进而导致阴阳失调，上天透过种种灾异对人君发出警告。皇帝颁布恩赦，放免罪囚，一方面是因为皇帝自觉刑政失度以肆赦作补救，一方面是求苍天赐福。

因灾异而赦确实汉已有之。西汉元帝初元二年三月，诏曰：“盖闻贤圣在位，阴阳和，风雨时，日月光，星辰静，黎庶康宁，考终厥命。今朕恭承天地，托于公侯之上，明不能烛，德不能绥，灾异并臻，连年不息。乃二月戊午，地震于陇西郡，毁落太上皇庙殿壁木饰，坏败豲道县城郭官寺及民室屋，

① 赵克生：《权变与策略：中国古代赦免制度的功能透视》，《阜阳师范学院学报》2002 年第 4 期。

② （后晋）刘昫等：《旧唐书》卷 50《刑法志》，中华书局 1975 年版，第 2138 页。

③ （汉）班固：《汉书》卷 4《文帝纪》，中华书局 1962 年版，第 116 页。

压杀人众。山崩地裂，水泉涌出。天惟降灾，震惊朕师。治有大亏，咎至于斯。夙夜兢兢，不通大变，深惟郁悼，未知其序。间者岁数不登，元元困乏，不胜饥寒，以陷刑辟，朕甚闵之。郡国被地动灾甚者，无出租赋。赦天下。有可蠲除、减省以便万姓者，条奏，毋有所讳。丞相、御史、中二千石举茂材异等、直言极谏之士，朕将亲览焉。”① 道出了灾异而赦的部分原因。一是统治者的迷信，天人合一思想的影响，认为灾异的出现是由于自己德行不够，或者政治不清，导致天地不调，阴阳不和，所以上天降下征兆示警惩罚，因此，为了消除灾愆，修德禳祸，所以赦宥。二是实际的需要。由于自然灾害造成犯罪率的突然上升，为了稳定社会秩序，维护封建统治，避免导致更大的社会动荡和非常之时，非常之事，需要以非常之法对之，不能再按照现有的法律对犯罪行为意义追究，所以实行赦宥。

永昌元年，皇孙生，璞上疏曰：“臣去春启事，以囹圄充斥，阴阳不和，推之卦理，宜因郊祀作赦，以荡涤瑕秽。不然，将来必有愆阳苦雨之灾，崩震薄蚀之变，狂狡蠢戾之妖……按《洪范传》，君道亏则日蚀，人愤怨则水涌溢。阴气积则下代上。今皇孙载育……又岁涉午位，金家所忌。宜于此时崇恩布泽，则火气潜消，灾谴不生矣。陛下上承天意，下顺物情，可因皇孙之庆大赦天下。然后明罚敕法，以肃理官，克厌天心，慰塞人事，兆庶幸甚，祯祥臻矣。”② 疏奏，纳焉，即大赦改元。

这次大赦的动机和原因在疏奏中表现无遗。此外，由于刑法过密，狱讼频繁，监狱之中囚满为患，也会导致怨气郁积，从而感伤和气，导致阴阳不调，从而出现或旱或涝等自然灾害，这也是上天所降咎征，因此，出现这种情况时，统治者往往也会颁布赦宥来罪己以答灾眚。这在唐代的赦文中有很明显的体现。

《大历七年大赦》：“遂令圜土嘉石之上，积有累囚，危章元简之中，困于法吏。属盛阳之侯，大暑方蒸，永念狴牢，何堪郁灼？所以沮伤和气，感致咎征，天道人事，岂相远也！如闻天下诸州，自春以来，或衍时雨，首种不

① （汉）班固：《汉书》卷9《元帝纪》，中华书局1962年版，第281页。
② （唐）房玄龄等：《晋书》卷72《郭璞传》，中华书局1974年版，第1907页。

入，宿麦未登。……仲夏之月，静事无刑，以助宴阳，以宏长养……宜顺乎天意，可大赦天下”。①

《大历四年大赦》：“实吏议不决，动淹夫时序，伤沮和气，屡彰咎征。此皆朕之不明，教之未至，上失其道而绳下以刑。敢不罪己，以答灾眚”。②

《改元贞元并招讨河中李怀光淮西李希烈赦》云：“而又关辅之间，冬无积雪，土膏未发，宿麦不滋；详思咎征，其失安在？岂兵戎之后，余寇尚在？将狱犴之内，深冤未息？”③

由于皇帝为政有失，或是刑狱之间处理不当，遂导致上天降下种种自然征兆，警告为政者修国事、行仁政，因此统治者施行大赦，希望能够通过赦宥来顺天应时，平息上天的愤怒，让咎征消失，这实际上仍是董仲舒的天人感应思想。五代张允在《驳赦论》就已经说：“窃观自古帝王皆以水旱则下降德音而宥过，开狴牢而放囚，冀感天心而救其灾”。④

当权者还认为，如果赦宥顺天意应民心，那么上天也会降下征兆，予以褒奖。如永昌元年，陈子昂请武则天赦免被诬陷的大臣魏元忠等，上疏曰：“九月二十一日敕免楚金等死，初有风雨，庶为景云。臣闻阴惨者刑也，阳舒者德也；圣人法天，天亦助圣，天意如此，陛下岂可不承顺之哉！”⑤

赦宥还和天象等联系在一起，具有浓厚的迷信色彩，这更是阴阳五行、天人感应等思想的极致表现，也是导致古代皇帝屡行赦宥的一个重要原因。唐以前就有占星而赦的迷信，长孙无忌在《进律疏表》也有类似的观点：“臣闻三才既分，法星著于玄象……九星皆明，天下狱烦。七星见，小赦。六星、五星见，大赦。此言天、地、人既分之后，则刑法之星，上著于天文也”。⑥

《旧唐书》记哀帝的一道诏敕：“朕以冲幼，克嗣丕基，业业兢兢，勤恭

---

① （宋）宋敏求：《唐大诏令集》卷85《大历七年大赦》，商务印书馆1959年版，第484页。

② （宋）宋敏求：《唐大诏令集》卷84《大历四年大赦》，商务印书馆1959年版，第482页。

③ （宋）宋敏求：《唐大诏令集》卷5《改元贞元并招讨河中李怀光淮西李希烈赦》，商务印书馆1959年版，第28页。

④ （宋）王溥：《五代会要》卷9《论赦宥》，上海古籍出版社1978年版，第155页。

⑤ （宋）司马光：《资治通鉴》卷204《唐纪二十》，则天后永昌元年十月，中华书局1956年版，第6462页。

⑥ （唐）长孙无忌：《唐律疏议》附录《进律疏表》，中华书局1983年版，第580页。

夕惕。彗星谪见，罪在朕躬。虽已降赦文，特行恩宥，起今月二十四日后，避正殿，减常膳，以明思过。”① 都可见天人感应和封建迷信对于时人的影响。

针对这种迷信阴阳五行和天人感应思想而赦的做法，也有人提出质疑。开元七年五月己丑朔，日有蚀之，玄宗素服候变，撤乐减膳，省囚徒，多所原放；水旱州皆定赈恤，不急之务，一切停罢。

> 苏瑰与宋璟谏曰：“陛下频降德音，勤恤人隐，令徒已下刑尽责保放，惟流、死等色，则情不可宽，此古人所以慎赦也。恐言事者，直以月蚀修刑，日蚀修德，或云分野应灾祥，冀合上旨。臣以为君子道长，小人道消，女谒不行，谗夫渐远，此所谓修德。囹圄不扰，甲兵不黩，理官不以深文，军将不以轻进，此所谓修刑也。若陛下常以此留念，纵日月盈亏，将因此而致福，又何患乎！且君子耻言浮于行，故曰：‘予欲无言。’又曰：‘天何言哉，四时行焉，百物生焉。’要以至诚动天，不在制书频下。”玄宗深纳之。②

但是，终唐一代，因灾异而赦的现象仍然层出不穷，而阴阳五行和天人感应等封建迷信思想依然是赦宥频下的一个重要原因。

四、宗教——佛教的影响

宗教自产生以来，逐渐渗透进生活的各个角落，对社会产生着重大的影响。在封建社会意识形态领域占统治地位的三教：儒、佛、道，无一不深刻影响到从社会意识形态到制度的各个层面。附属于封建社会制度的赦宥制度也深受影响。

赵克生在探讨赦宥制度时也注意到了这一点，他说：“汉以后，道、释相继兴起，以两教为主的宗教思想开始影响赦免制度。南朝、唐、元时期尤甚。佛教以‘因缘’、‘轮回’为教，讲究因果报应，积善布德以图来世。道教以

① （后晋）刘昫等：《旧唐书》卷20下《哀帝本纪》，中华书局1975年版，第793页。

② （唐）刘肃：《大唐新语》卷3《公直》，中华书局1984年版，第46—47页。

清静为旨归，除情欲、戒杀生。赦乃活人地救生，被视为善德，与两教相通。所以梁武帝因佛事曾数赦，唐懿宗迎凤翔真身，降德音。”① 道出了部分原因。确实，以佛教理论为例，它不仅是赦宥理论的组成部分，而且是促使赦宥发生的一个重要因素。

佛教讲究轮回和因果报应，不杀生是佛教的节戒律规之一。隋唐时期佛教大盛，上至皇公贵族下至黎民百姓，无不翕然信之。轮回报应的观念自然随佛教的普及而深入人心，刘后滨在《传奇小说反映的唐中后期民间因果报应观及其佛教净土信仰之关系》中认为：“从民间社会价值观念的变化看，尽管佛教因果报应在两晋南北朝时即有一定的社会影响……而随着自隋唐之际就日渐扩大影响的阿弥陀净土信仰在中唐以后的广泛流行，因果报应的观念便深入民间，成为民间社会价值观念的集中体现”。② 这一点在唐代的笔记小说中反映尤为明显。

唐文宗时李复言的《续玄怪录》整篇都是反映因果报应，史书中诸如此类好生、放生之事于唐朝极多。受此影响，统治者有时为了祈福修德也施行大赦。如贞观九年，长孙皇后遇疾，病危，皇太子李承乾上书曰：“医药备尽，今尊体不瘳，请奏赦囚徒，并度人入道，冀蒙福佑。”③ 这其实就是佛教因果报应理论的体现。施赦者想通过这种方式来获得上天的福佑，通过赦宥放生种下善果，得到善报，从而转危为安，恢复健康。

德宗兴元元年赦书中云：“庶怀隐匿之诚，以洽好生之德”④，多次提到好生。懿宗的《咸通八年五月德音》在赦免了囚徒之后，好生之德更是延及鸟禽：“好生之德，宜及禽鱼”⑤，规定在限制时间内不许采捕。

则天朝，有妇人庞氏被诬而处绞刑，则天诏侍御史徐有功问及此事，有功对曰：“失出，臣下之小过，好生，圣人之大德，愿陛下弘大德，天下幸甚！”则天默然久之，敕减死，放于岭南。⑥ 都是受佛教思想的影响，以赦宥

---

① 赵克生：《权变与策略：中国古代赦免制度的功能透视》，《阜阳师范学院学报》2000 年第 4 期。

② 郑学檬、冷敏述主编：《唐文化研究论文集》，上海人民出版社 1994 年版，第 214 页。

③ （唐）吴兢：《贞观政要》卷 8《赦令》，上海古籍出版社 1978 年版，第 252 页。

④ （宋）宋敏求：《唐大诏令集》卷 5《奉天改兴元元年赦》，商务印书馆 1959 年版，第 27 页。

⑤ （宋）宋敏求：《唐大诏令集》卷 86《咸通八年五月德音》，商务印书馆 1959 年版，第 491 页。

⑥ （唐）刘肃：《大唐新语》卷 4《执法》，中华书局 1984 年版，第 57 页。

体现好生之德，以配合佛的慈悲精神。

陈子昂上书恳请武则天不用酷吏，宽松刑法，说：赦免罪人之后，“枯骨更肉，万死再生，天地人祇实用同庆。”“臣伏见去年八月以来，天苦霖雨，自陛下赦李珍等罪，天朗气晴。”“又其月二十一日恩敕免楚金等死，初有风雨变为景云，司刑官属皆所共见，臣闻阴惨者刑也，阳舒者德也，庆云者佳气也，臣伏考之洪范验之六经，圣人法天，天亦助圣，休咎之应，必不虚来。”急法则惨而阴雨，赦罪就会舒天而阳和。[①] 也是附会佛教轮回感应思想，说明赦宥的必要性和意义。

此外，佛教思想对于立法的影响也很深刻，这同样和赦宥理论相通。

中国历代统治者在法律中对于行刑日期有着严格的限制，在某些特别的日子不能执行死刑，原因就在于佛教轮回感应思想。

而《唐律》更是扩大了禁止行刑的日期限制范围。新规定的许多禁止行刑日是因为受到当时极为流行的反对杀生的佛教的影响。阴历一、五、九月这几个月是佛教上的斋戒月。还有阴历每月的一、八、十四、十五、十八、二十三、二十四、二十八、二十九、三十等日，这十天是佛教上的斋戒日。所以这些日子也是要禁止行刑的。佛教的影响可见一斑。

五、礼教和人情

中国传统“礼法结合”对司法制度产生了深远的影响。中国古代社会的“礼”是由体现原始社会习俗的带有宗教性质的仪式，发展成为以国家权力为后盾，由法律强制实施的行为规范，是氏族原始民主制解体、阶级社会形成的产物，它反映了人类社会文明的进步。礼与法的互相渗透结合，是中华法系最本质的特征，也是中国法制文明特有的现象。而作为司法制度特殊组成部分的赦宥制度也深深地打上了礼与法结合的烙印。

正是由于礼法结合的特殊作用，才使礼法结合成为贯穿中国司法指导思想和实践的一条主线。从西周的“敬天保民，明德慎罚”思想，两汉时期的

① （宋）李昉等：《文苑英华》卷674《谏刑书》，中华书局1966年版，第3469页。

“德主刑辅”“大德小刑”，到隋唐时期的“仁本刑末”“德刑并用”，再到明清时期的“明刑弼教”“礼刑结合”思想，无一不打上这一文化的烙印。在实践中的体现就是，维护社会伦理关系，需要通过禁止性规范彰明德教，倡导礼义，表现为按照礼义原则对犯罪行为从宽处理。正如毛晓燕在其论文中指出的：中国自西周以来，统治者法律思想的核心为儒家所倡导的“明德慎罚”“德主刑辅”，也就是礼法的结合，主张治理国家要以礼义教化为主，刑罚惩罚为辅。这种思想在监狱管理中表现为恤刑、悯囚、宽赦、录囚等，不仅将其法律化历代承袭，而且为其合法化赋予种种理论依据，在实践中不断进行修订和完善。①

封建社会法律的作用是辅弼教化，德主刑辅，为礼教服务。所以，统治者有时为维护封建礼教而对特殊的犯罪予以赦免。如元和六年九月，宣平县人梁悦为父报仇而杀人入狱，朝廷下敕，以其“志在徇节，本无求生之心，宁失不经，特从减死之法”②，赦而免死。

时任左拾遗的陈子昂对这件事情的评论也体现出礼教和人情同法律的冲突，而这种冲突往往也只能通过赦宥来解决：“先王立礼以进人，明罚以齐政。枕干仇敌，人子义也；诛罪禁乱，王政纲也。然无义不可训人，乱纲不可明法。圣人修礼治内，饬法防外，使守法者不以礼废刑，居礼者不以法伤义，然后暴乱销，廉耻兴，天下所以直道而行也。元庆报父仇，束身归罪，虽古烈士何以加？然杀人者死，画一之制也，法不可二，元庆宜伏辜。《传》曰：‘父仇不同天。’劝人之教也。教之不苟，元庆宜赦。”③

礼教同法律之间产生了矛盾后难以决断，所以让尚书省讨论决定。而时任职方员外郎的韩愈表达了这样的观点：“子复父仇，见于《春秋》，于《礼记》《周官》，若子史，不胜数，未有非而罪者。”④ 复仇遇赦在唐代较为普遍，京兆人康买得，年十四，父宪责钱于云阳张莅，莅醉，拉宪危死。买得以莅趫悍，度救不足解，则举锸击其首，三日莅死。刑部侍郎孙革建言：“买

① 毛晓燕：《中国古代监狱发展及其主要特征简论》，《商丘师范学院学报》2002 年第 6 期。
② （后晋）刘昫等：《旧唐书》卷 50《刑法志》，中华书局 1975 年版，第 2153 页。
③ （宋）欧阳修等：《新唐书》卷 195《张琇传》，中华书局 1975 年版，第 5585—5586 页。
④ （宋）欧阳修等：《新唐书》卷 195《张琇传》，中华书局 1975 年版，第 5584 页。

得救父难不为暴，度不解而击不为凶。先王制刑，必先父子之亲。《春秋》原心定罪，《周书》诸罚有权。买得孝性天至，宜赐矜宥。”①

又长庆二年，张买得，年十四岁，为救其父而杀官兵，按律当死，刑部奏言，买得杀人是性善，“若非圣化所加，童子安能及此”，又引《王制》《春秋》《周书》，说：“今买得生被皇风，幼符至孝，哀矜之宥，伏在圣慈。臣职当谳刑，合分善恶。”② 由于刑部官员恳请赦过从轻，皇帝于是下诏赦免。诸如此类，在《新唐书》《旧唐书》中还有更多例子。由此也可见礼教和恤情的心理对于赦宥发生的影响。

D. 布迪、C. 莫里斯著《中华帝国的法律》主要以清朝的案例为基础研究清朝的法律，书中说：“在决定某一具体死刑案件是否纳入宽宥范围，以及对其给予哪一种宽宥处理时，人们的怜悯之情无疑会起到作用。”③

陆贽在为人求情的《请赦赵贵先罪状》奏折中也提到：“贵先从逆之罪，法不当容；贵先陷身之由，情则可恕。陛下所议矜宥，原其情也。”④ 崇尚、重视人情是中国古代法律的特色之一，原心定罪，恤刑宥过，都是以情变法，体现了人们情重于法的观念。实际上前面所列举的案例都包含有以情变法、曲法以从情的成分。“恤刑是统治者为了体现仁慈之心而对罪犯法外施恩……这种曲法以尽人情之举在中国古代社会一直被人们视为仁政或德政。相反，严格遵循法律，依法断案却会招致舆论的非议。”⑤ 正如陈顾远在专著中所说：“情理成为司法官员们的价值取向，还有中国传统法律思想的历史背景”。⑥

《折狱龟鉴》中自曹魏至宋的“宥过”案例有十件，宥过的原因也都是重视人情，维护礼教。⑦ 可知中国古代援礼入法，重视人情的传统，有时或为人情或为体现仁慈而法外施恩，这也是古代赦宥施行的一个原因。

---

① （宋）欧阳修等：《新唐书》卷195《张琇传》，中华书局1975年版，第5585页。

② （后晋）刘昫等：《旧唐书》卷50《刑法志》，中华书局1975年版，第2155页。

③ ［美］D. 布迪、C. 莫里斯著，朱勇译：《中华帝国的法律》，江苏人民出版社1995年版，第435页。

④ （唐）陆贽：《陆贽集》卷16《请释赵贵先罪状》，中华书局2004年版，第510页。

⑤ 马小红：《礼与法》，经济管理出版社1997年版，第102—105页。

⑥ 陈顾远：《中国法制史》，中国书店1988年版，第66页。

⑦ （宋）郑克：《折狱龟鉴》卷4《议罪·宥过》，复旦大学出版社1988年版，第226—237页。

第四节　赦宥制度存续的另一个根源——皇权

秦统一以后，建立了皇帝制度，使皇权日益神秘化、制度化、法律化，皇帝握有国家的最高权力，凌驾于法律之上，同时皇帝“口含天宪”，任意改法废法。随着中央集权政治制度的高度发展和日益强化，决定了皇帝是最高的立法者和司法者的地位。在封建体制下，皇帝拥有种种至高无上的权力：立法、行政、司法、军事等，自然也包括赦宥的权力。于志刚在《刑罚消灭制度研究》中也提出：在专制体制下，赦宥是皇权的一种，明显体现着皇帝“恩赐”的色彩。① 沈厚铎在《试析中国古代的赦》中也肯定了赦宥是皇权的重要体现：“赦，在中国封建时代，是体现皇权的重要标志。所有赦令概出于帝王，其它任何人都不可能颁布赦令。”②

一方面，皇权是赦宥存在和发生的根源和根本性原因，而另一方面，赦宥对于皇帝制度和皇权思想也起到了种种的影响和作用。“在我国封建社会皇帝是至高无上的。天下者，皇帝之天下；社稷者，皇帝之社稷。皇帝既是最高的立法者，又是最高的执法者，也是最高的审判官和典狱官，掌握着全国最高的审判权和行刑权。一句话，即：控制着全国老百姓的生杀予夺之大权。这自然也就包括赦宥的权力。”③ 皇权和赦宥的相互关系，主要有以下几个方面。

首先，赦宥是皇权的一个重要体现。所以皇帝们经常利用赦宥的各种场合来宣示自己的至高无上，强化皇帝的权威。赦宥仪式本身的复杂化和严肃性就是一个重要表现。其次，除了按照惯例或定制，在固定的场合如祭祀、即位、册封等颁布赦宥外，皇帝往往根据自己的喜好滥施大赦，捏造出种种

① 于志刚：《刑罚消灭制度研究》，法律出版社 2002 年版，第 453 页。
② 沈厚铎：《试析中国古代的赦》，《中外法学》1998 年第 2 期。
③ 毛晓燕：《中国古代录囚制度评析》，《河南社会科学》2002 年第 2 期。

的名目和借口，来实行定制之外的赦宥。如：唐长寿元年，武则天以自己"齿落更生"为由下令改元，并大赦天下。[①] 这更鲜明地体现出赦宥背后的本质根源——皇权。赦宥如此随意，理由如此荒唐，这恐怕也是赦宥名目增多的一个原因。

赦宥还可以起到强化皇权的作用，赦宥政治上的作用一是维系天下秩序，对万民施恩布德，正是维系皇帝天下秩序的一种方法，这也正是大赦天下的由来。而另一个就是强化皇权，只有皇帝的王法才能惩罚百姓，也只有皇帝才能颁赦，宽免罪犯。因此，皇帝践祚的大赦，除了有除旧布新的意义以外，更重要的是要昭告天下，君临天下的新皇帝是新的统治者，似乎可以视作新君首度展示其统治力的表现。

在分析中国大赦制度的思想体系时，刘令舆认为：中国大赦制度的思想体系之基本理念，由秦至清，可括：1. 天子代天理物神格观念。天子代表天意，天春生秋杀，天子可以刑人，亦可杀人。人君上应天象，周易有雷雨作解，君子以赦过宥罪，故人君得于人有过而杀，有罪而宥。2. 皇室之家族中心思想。即位、立太子、立皇后等等，完全以皇室之婚丧寿考为标准。充分发挥血缘关系之皇室中心思想。[②] 其实这两种情况在根本上都是皇权的体现。

此外，赦宥可以用来体现皇帝与民同乐、普天同庆的思想。所以，赦宥多与赐爵、晋级、颁赏、大脯等同行，以示与民同乐。凡喜庆吉祥之赦：即位、立后、生子、大婚等都是此类。[③] 对于这种结合国家庆吊大典而实行恩赦的理由，日本学者中川善之助说："以往的专制君主乘举行某些庆典之机，利用恩赦来夸耀自己的仁慈，作为平息人们对他不满的一种手段而已。"[④] 意大利学者也注意到"庆典性的免罪性赦免"，并提出了批评："毫无意义的赦免

---

① （宋）司马光：《资治通鉴》卷205《唐纪二十一》，则天后长寿元年八月，中华书局1956年版，第6487页。

② 刘令舆：《中国大赦制度》，载台北"中国法制史学会"编《中国法制史论文集》，（台北）成文出版社1981年版。

③ 刘令舆：《中国大赦制度》，载台北"中国法制史学会"编《中国法制史论文集》，（台北）成文出版社1981年版。

④ ［日］中川善之助：《恩赦的废止》，日本《法学研究》昭和34年第2期。

那些最无资格享受庆典的人，无疑是头脑发昏的表现。”[1] 在这些场合和背景下，为了展示皇帝的权力和恩泽，或者是为了普天同庆，咸与维新，或者为了其他的目的，往往颁布赦令，行赦宥之事，这也成为封建社会的定制。

君主们向往“仁政”，心慕圣君的心理作用，也是促使赦宥实施的潜在动机。《盐铁论》云：“天道好生恶杀，好赏恶罚……故法令者治恶之具也，而非至治之风也。是以古者明王茂其德教而缓其刑罚也，网漏吞舟之鱼而刑审于绳墨之外，反臻其末而民莫犯禁也”。[2] 在儒家的眼里，圣明的君主都推崇以德服人，宽罚缓刑。

范忠信等人在《情理法与中国人——中国传统法律文化探微》一文中说：“‘仁政’，自夏商周以来，几乎没有一个统治者不以此相标榜。其具体措施，除了‘轻徭薄赋’之外，大约主要体现在司法活动上。凡以‘王道’或‘道统’自命者，大多要作些‘约法省刑’、‘矜老恤幼’、‘泣辜慎罚’、‘理大罪、赦小过’、‘尽牢大赦’之类的样子，以换取‘仁民爱物’的好名声。”[3] 因此，奉儒为圣、深受儒家思想影响的封建君王为仿效古者“明君”“仁主”，纷纷大赦，行仁政，“以创太平之迹，旌颂声之期”。[4]

时昭瀛在探讨赦宥制度时说：赦宥颁布时举行的仪式更是皇帝宣扬仁政的好机会。[5] 这一点通过有唐一代的赦书可以明显看出，如《咸通七年大赦》：“况善为国者，以好生为首；行王道者，惟悯物是先。苟可胜残去杀，亦冀止戈为武”。[6]

先秦儒家们一般皆赞成赦罪，把它看作是德治的一种表现。先贤列圣们的好生、悯物的举行就成为后代欲做圣贤者的模仿榜样。

唐僖宗在光启三年七月大赦的诏书中说：“朕闻天以阳居大夏，地以阴居

① ［意］杜里奥·帕多瓦尼著，陈忠林译：《意大利刑法学原理》，法律出版社 1998 年版，第 395 页。

② （汉）桓宽撰，王利器校注：《盐铁论校注》卷 6《论菑》，中华书局 1992 年版，第 557 页。

③ 范忠信、郑定、詹学农：《情理法与中国人——中国传统法律文化探微》，中国人民大学出版社 1992 年版，第 148 页。

④ （唐）欧阳询等：《艺文类聚》卷 52《治政部上·赦宥》，上海古籍出版社 1985 年版，第 952 页。

⑤ 时昭瀛：《中国古代赦宥权》，《武大社会科学季刊》1930 年第 2 期。

⑥ （宋）宋敏求：《唐大诏令集》卷 86《咸通七年大赦》，商务印书馆 1959 年版，第 488 页。

元冬，是以明帝任德而不任刑也。在虞舜则举两阶之干羽，在成汤则开三面之网罗。是以明君好生而不好杀也”。[①]

《乾符二年南郊赦》：“昔殷汤解网，实谓至仁；汉文措刑，永称至理。在宥乃人君之德，好生实有国之规”。[②] 想要行王道，惟悯物是先；要做明君，只有任德，而悯物、任德的表现就是多行赦宥，“儒家传统的理想为‘仁政’，赦罪也是‘仁政’的一端”。[③]

在此种背景下，赦宥的频繁施行，实际上是君主们要做明君、圣主的潜意识表现。因此，皇权和皇帝的心理，一个是赦宥存在的根源，另一个则是赦宥颁布的动力。只要封建社会存在，只要有皇帝存在，赦宥制度就会存在，原因就在于皇权是赦宥存在的根源。

---

① （宋）宋敏求：《唐大诏令集》卷86《光启三年七月德音》，商务印书馆1959年版，第492页。

② （宋）宋敏求：《唐大诏令集》卷72《乾符二年南郊赦》，商务印书馆1959年版，第400页。

③ 杨鸿烈：《中国法律思想史》下册，上海书店出版社1984年版，第228页。

第六章 赦宥的利弊总结

作为一个特殊的法律问题和封建社会一种重要制度，赦宥自从产生到现在，引发了无数激烈而持久的讨论，对于赦宥的评论和争议几乎与赦宥制度相始终。关于赦宥的争议也成为中国法律史上争论最为激烈、持续时间最为长久的问题之一。而这些争论主要集中在赦罪是否适当，利弊如何权衡上。正如德国学者所说："在一个对每一个公民均公平的适用法律的民主法制国家，赦免的地位问题均受到怀疑。"①

由于一方面赦宥本身自产生伊始，慢慢演变成为一种制度，成为封建统治阶级缓和阶级矛盾、维护封建统治、补救法律漏洞的一种重要工具和措施，另一方面又对封建法制和正常的社会秩序起着破坏作用，毫无节制的滥赦更是导致法制颠覆、国家危亡的一个重要原因，所以，古往今来诸多的文人学者、有识之士多有反对不加区别地滥行大赦。自管仲到匡衡、王符、王安石、朱熹、马端临等皆是。而这些人及其代表观点被后来的学者们称为"非赦思想"。近代学者时昭瀛在《中国古代赦宥权》中把中国古代的非赦思想划分为三派：反对数赦宥派、反对大赦派和有限制的赞成派。②

其实以上观点都存在可商榷之处。首先，中国古代诸多对于赦宥的讨论并不能简单武断地都认定为是反对赦宥。其次，对于非赦思想三派的划分失之绝对化。实际上，真正完全反对赦宥的观点在中国封建社会是不存在的。非赦者一般都只是反对滥赦和全国范围内的不加区别地大赦，而且很多人既反对大赦又反对滥赦。所以硬性地作划分显然是不恰当的。并且纵观史书，

---

① ［德］汉斯·海因里希·耶赛克、托马斯·魏根特：《德国刑法教科书》，徐久生译，法律出版社2001年版，第1102页。

② 时昭瀛：《中国古代赦宥权》，《武大社会科学季刊》1930年第2期。

我们看到，更多的反对赦宥者只是就事论事，而且其论述的出发点、角度、侧重点也各不相同。

因此，为了更为全面客观地考察中国古代关于赦宥的讨论和思想，本书就以唐以前和唐代两个阶段为划分，先引述关于赦宥的各种观点，然后再集中分析。唐以前的观点和思想都相互沿袭并影响到唐代，所以本书追述唐以前关于赦宥的讨论，而在唐以后对于赦宥的讨论，仍在继续而且更为广泛和深刻，但是囿于篇幅不列入本书的范围。

第一节　唐以前对于赦宥的讨论

赦宥产生伊始，是完全作为一种法律补救措施，所以对其争议不大。春秋战国时期，诸子百家兴起之后，赦宥也从一种偶尔为之的行为演变为一种定制，所以对于赦宥的讨论开始兴起。儒家站在德主刑辅、仁政治民的立场，主张赦小过，以德治国。而法家主张依法治国，所以对具有破坏法制作用的赦宥持坚决反对的态度，认为赦宥具有很多弊端："民毋重罪，过不大也。民无大过，上毋赦也。上赦小过则民多重罪，积之所生也。故曰：赦出则民不敬，惠行则过日益。惠赦加于民，而囹圄虽实，杀戮虽繁，奸不胜矣。故曰：邪莫如蚤禁之。赦过遗善，则民不励。有过不赦，有善不积，励民之道，于此乎用之矣。……凡赦者，小利而大害也，故久而不胜其祸。毋赦者，小害而大利者也，故久而不胜其福。故赦者，奔马之委辔；毋赦者，痤疽之矿石也。……文有三侑，武毋一赦。……故惠者，民之仇雠也；法者，民之父母也。"[①]管仲认为实施赦宥会让百姓失去敬畏之心，是小利大害，时间长了就后患无穷。所以，针对犯罪应该以法为主，以法治天下，法才是百姓的父母

① （春秋）管仲撰，黎翔凤校注：《管子校注》卷6《法法》，中华书局2004年版，第294—298页。

根本，而赦则是百姓和国家的仇人。[①]

到了汉代，由于赦宥实施更加频繁，对于赦宥的认识也在加深，因此，对于赦宥利弊的讨论也开始多起来。建武二十年，吴汉疾笃，车驾亲临，问所欲言，对曰："臣愚无所识知，唯愿慎无赦而已。"[②] 汉元帝在位仅十五年就大赦过十次，所以匡衡上书谏诤：

> 臣闻五帝不同礼，三王各异教，民俗殊务，所遇之时异也。陛下躬圣德，开太平之路，闵愚吏民触法抵禁，比年大赦，使百姓得改行自新，天下幸甚。臣窃见大赦之后，奸邪不为衰止，今日大赦，明日犯法，相随入狱，此殆导之未得其务也。盖保民者，"陈之以德义"，"示之以好恶"，观其失而制其宜，故动之而和，绥之而安。今天下俗贪财贱义，好声色，上侈靡，廉耻之节薄，淫辟之意纵，纲纪失序，疏者逾内，亲戚之恩薄，婚姻之党隆，苟合徼幸，以身设利。不改其原，虽岁赦之，刑犹难使错而不用也。
>
> 臣愚以为宜壹旷然大变其俗。孔子曰："能以礼让为国乎，何有？"朝廷者，天下之桢干也。公卿大夫相与循礼恭让，则民不争。好仁乐施，则下不暴。上义高节，则民兴行。宽柔和惠，则众相爱。四者，明王之所以不严而成化也。何者？朝有变色之言，则下有争斗之患。上有自专之士，则下有不让之人。上有克胜之佐，则下有伤害之心。上有好利之臣，则下有盗窃之民：此其本也。今俗吏之治，皆不本礼让，而上克暴，或忮害好陷人于罪，贪财而慕势，故犯法者众，奸邪不止，虽严刑峻法，犹不为变。此非其天性，有由然也。

---

① 庞凌、缪岚《法家重刑思想浅析》（《江南社会学院学报》2001 年第 2 期）分析了法家对待赦宥的思想："不赦不宥，刑人必得。法家强调信赏必罚，该赏的一定要赏，该罚的一定要罚，如此才能取信于民，才能'民信其赏，则事功成；信其罚，则奸无端。'在适用刑罚上强调'有过不赦'，从'必罚'出发，法家反对任何形式的赦罪和减免刑，一再强调'不宥过，不赦刑，不赦死，不宥刑'，认为'赦死宥刑，社稷将危'。商鞅主张'刑重而必'，任何犯法者都逃脱不了严刑。'不赦不宥，刑人必得'的主张本有其合理性，且并非重刑之体现，但法家尤其是商鞅将其绝对化，结合法家其他重刑主张，'不赦不宥'、'刑人必得'亦有重刑色彩。"

② （汉）刘珍撰，吴树平校注：《东观汉记校注》卷 10《吴汉》，中州古籍出版社 1987 年版，第 335 页。

臣窃考《国风》之诗，《周南》《召南》被贤圣之化深，故笃于行而廉于色。郑伯好勇，而国人暴虎。秦穆贵信，而士多从死。陈夫人好巫，而民淫祀。晋侯好俭，而民畜聚。太王躬仁，邠国贵恕。由此观之，治天下者审所上而已。今之伪薄忮害，不让极矣。臣闻教化之流，非家至而人说之也。贤者在位，能者布职，朝廷崇礼，百僚敬让。道德之行，由内及外，自近者始，然后民知所法，迁善日进而不自知。是以百姓安，阴阳和，神灵应，而嘉祥见。《诗》曰："商邑翼翼，四方之极。寿考且宁，以保我后生。"此成汤所以建至治，保子孙，化异俗而怀鬼方也。今长安天子之都，亲承圣化，然其习俗无以异于远方，郡国来者无所法则，或见侈靡而放效之。此教化之原本，风俗之枢机，宜先正者也。

臣闻天人之际，精祲有以相荡，善恶有以相推，事作乎下者象动乎上，阴阳之理各应其感，阴变则静者动，阳蔽则明者晻，水旱之灾随类而至。今关东连年饥馑，百姓乏困，或至相食，此皆生于赋敛多，民所共者大，而吏安集之不称之效也。陛下祇畏天戒，哀闵元元，大自减损，省甘泉、建章宫卫，罢珠崖，偃武行文，将欲度唐虞之隆，绝殷周之衰也。诸见罢珠崖诏书者，莫不欣欣，人自以将见太平也。宜遂减宫室之度，省靡丽之饰，考制度，修外内，近忠正，远巧佞，放郑卫，进《雅》《颂》，举异材，开直言，任温良之人，退刻薄之吏，显絜白之士，昭无欲之路，览六艺之意，察上世之务，明自然之道，博和睦之化，以崇至仁，匡失俗，易民视，令海内昭然咸见本朝之所贵，道德弘于京师，淑问扬乎疆外，然后大化可成，礼让可兴也。①

匡衡的观点和管子法家的观点不尽相同。他也反对赦宥，但是并非像管子那样绝对，而只是反对滥赦。认为赦宥并不能禁止奸邪为恶或者改邪归正。治国应该礼刑并重，以道德为主施行教化，而非施以赦宥的小惠。

荀悦对于赦宥的评论是："夫赦者，权时之宜，非常典也。汉兴，承秦兵革之后，大愚之世，比屋可刑，故设三章之法，大赦之令，荡涤秽流，与民

① （汉）班固：《汉书》卷81《匡衡传》，中华书局1962年版，第3333—3337页。

更始，时势然也。后世承业，袭而不革，失时宜矣。若惠、文之世，无所赦之。若孝景之时，七国皆乱，异心并起，奸诈非一；及武帝末年，赋役繁兴，群盗并起，加以太子之事，巫蛊之祸，天下纷然，百姓无聊，人不自安；及光武之际，拨乱之后；如此之比，宜为赦矣。”①

荀悦对待赦宥则采取了两分的观点。认为赦宥作为动乱之后与民更始的权宜之计是可以的。但是如果是治平之世就不宜再用，否则就是刻舟求剑，不合时宜了，强调赦宥的灵活运用。对于大赦的频仍，东汉王符《述赦》中的批评更为直率：

凡疗病者，必知脉之虚实，气之所结，然后为之方，故疾可愈而寿可长也。为国者，必先知民之所苦，祸之所起，然后为之禁，故奸可塞而国可安也。今日贼良民之甚者，莫大于数赦赎。赦赎数，则恶人昌而善人伤矣。何以明之哉？夫谨敕之人，身不蹈非，又有为吏正直，不避强御，而奸猾之党横加诬言者，皆知赦之不久故也。善人君子，被侵怨而能至阙庭自明者，万无数人。数人之中得省问者，百不过一。既对尚书而空遣去者，复什六七矣。其轻薄奸宄，既陷罪法，怨毒之家冀其辜戮，以解畜愤，而反一概悉蒙赦释，令恶人高会而夸咤，老盗服臧而过门，孝子见雠而不得讨，遭盗者睹物而不敢取，痛莫甚焉。

夫养稂莠者伤禾稼，惠奸宄者贼良民。《书》曰：“文王作罚，刑兹无赦。”先王之制刑法也，非好伤人肌肤，断人寿命也。贵威奸惩恶，除人害也。故《经》称“天命有德，五服五章哉，天讨有罪，五刑五用哉”。《诗》刺“彼宜有罪，汝反脱之”。古者唯始受命之君，承大乱之极，寇贼奸宄，难为法禁，故不得不有一赦，与之更新，颐育万民，以成大化。非以养奸活罪，放纵天贼也。夫性恶之民，民之豺狼，虽得放宥之泽，终无改悔之心。旦脱重梏，夕还囹圄，严明令尹，不能使其断绝。何也？凡敢为大奸者，才必有过于众，而能自媚于上者也。多散诞得之财，奉以谄谀之辞，以转相驱，非有第五公之廉直，孰不为顾哉？

① （宋）司马光：《资治通鉴》卷28《汉纪二十》，元帝永光二年六月，中华书局1956年版，第919—920页。

论者多曰："久不赦则奸宄炽而吏不制，宜数肆眚以解散之。"此未昭政乱之本源，不察祸福之所生也。[1]

相对而言，王符的言论较为激烈。他说，现在祸害百姓最厉害的莫过于滥赦。滥赦的结果是坏人越来越多而好人遭殃。他也继承了荀子的说法，认为大乱之后，实行赦宥，与民更始是必要的，但是滥赦的严重后果则是政乱祸生。

三国时，蜀国大司农河南孟光于众中责费祎曰："夫赦者，偏枯之物，非明世所宜有也。衰敝穷极，必不得已，然后乃可权而行之耳。今主上仁贤，百僚称职，何有旦夕之急，而数施非常之恩，以惠奸宄之恶乎！"说赦"上犯天时，下违人理"[2]。诸葛亮为相治蜀时，也充分认识到赦宥的危害，所以不轻赦。他说："治世以大德，不以小惠，故匡衡、吴汉不愿为赦。先帝亦言吾周旋陈元方、郑康成间，每见启告，治乱之道悉矣，曾不语赦也。若刘景升、季玉父子，岁岁赦宥，何益于治。"[3] 由是蜀人称亮之贤，知祎不及焉。

诸葛亮明确地把赦宥提升到政治的高度，把赦宥和治国结合在一起，认为赦宥的实施关系国家的兴旺与否，这是前人所不及的，之后引用他观点的大有人在。而对把赦宥和祭祀等活动结合在一起明确提出批判的是南朝的裴子野。南朝宋武帝永初二年（421 年）春，上祀南郊，大赦。裴子野论曰："夫郊祀天地，修岁事也。赦彼有罪，夫何为哉！"[4]

北朝后周宣帝政事不修，屡行赦宥，所以京兆丞乐运上书谏诤。周主之初立也，以高祖《刑书要制》为太重而除之，又数行赦宥。京兆郡丞乐运上疏，以为："臣谨案《周官》曰：'国君之过市，刑人赦。'此谓市者交利之所，君子无故不游观焉。若游观，则施惠以悦之也。《尚书》曰：'眚灾肆赦。'此谓过误为害，罪虽大，当缓赦之。《吕刑》云：'五刑之疑，有赦。'

① （南朝·宋）范晔：《后汉书》卷 49《王符传》，中华书局 1965 年版，第 1642—1643 页。
② （晋）陈寿：《三国志》卷 42《蜀志·孟光传》，中华书局 1959 年版，第 1023 页。
③ （晋）陈寿：《三国志》卷 33《蜀志·后主传》裴注引《华阳国志》，中华书局 1959 年版，第 903 页。
④ （宋）司马光：《资治通鉴》卷 119《宋纪一》，武帝永初二年正月，中华书局 1956 年版，第 3739 页。

此谓刑疑从罚，罚疑从免。《论语》曰：‘赦小过，举贤才。’谨寻经典，未有罪无轻重，溥天大赦之文。逮兹末叶，不师古始，无益于治，未可则之。故管仲曰：‘有赦者，奔马之委辔。不赦者，痤疽之砺石。’又曰：‘惠者，民之仇仇。法者，民之父母。’吴汉遗言，犹云‘唯愿无赦’。王符著论，亦云‘赦者非明世之所宜’。岂可数施非常之惠，以肆奸宄之恶乎。”①

前文已经讨论过，阴阳五行、天人感应等也是导致统治阶级滥赦的一个重要原因，对于这种观点提出批判的是后晋左散骑常侍张允所上《驳赦论》：“帝王遇天灾多肆赦，谓之修德。借有二人坐狱遇赦，则曲者幸免，直者衔冤，冤气升闻，乃所以致灾，非所以弭灾也。”②

第二节　唐代关于赦宥的讨论

赦宥发展至唐朝，各项制度逐渐成熟和完善，经历过长久的历史发展，赦宥实施的理由和场合变得更加繁多，次数也更加频繁。

就整个唐代而言，各个统治集团对待赦宥的态度是不尽相同的。唐朝初期对于赦宥还是比较慎重的，高祖在位九年内大赦四次，且其大赦跟当时大乱初定的社会形势有很大关系，都是为了稳定社会秩序，迅速恢复社会生产，因而对部分战乱所及地区施行赦宥，是比较实用而且有所节制。

到了唐太宗时期，以太宗为首的统治者更加重视赦宥，尤其是唐太宗，曾先后数次和君臣谈及赦宥的利弊。贞观二年七月，上谓侍臣曰：“凡赦，唯及不轨之辈。古语云：‘小人之幸，君子不幸。’‘一岁再赦，善人喑哑。’凡养稂莠者伤禾稼，惠奸宄者贼良人。昔文王作罚，刑兹无赦。夫小仁者大仁之贼，故我有天下已来，不甚放赦。今四海安宁，礼义兴行，数赦则愚人常

---

① （唐）令狐德棻等：《周书》卷40《颜之仪传附乐运传》，中华书局1974年版，第722页。

② （宋）司马光：《资治通鉴》卷281《后晋纪二》，高祖天福三年二月，中华书局1956年版，第9185页。

冀侥幸，唯欲犯法，不能改过，当须慎赦。”① 后来唐太宗和大臣张玄素探讨为政之道，张玄素说：“自古未有如隋乱者，得非君自专，法自乱乎？”② 唐太宗君臣正是由于认识到了赦宥对于法制的危害和本身存在的种种弊端，所以对赦宥采取了慎重的态度，不轻易滥赦。

贞观九年，有人上言秦府功臣犯罪，应宥其过。太宗言：“虽是藩邸旧劳，诚不可忘，然理国守法，事须画一，今若赦之，使开侥幸之路。且国家建义太原，元从及征战有功者甚众，若甑生获免，谁不觊觎，有功之人，皆须犯法。我所以必不赦者，正为此也”。③ 纵观太宗一朝，对大赦十分慎重，不欲轻易施行，故在位二十三年仅大赦六次。

唐太宗对于赦宥的态度和思想实际上也反映了他对待法制的思想。贞观十一年，太宗谓侍臣曰：“诏令格式，若不常定，则人心多惑，奸诈益生。《周易》称‘涣汗其大号’，言发号施令，若汗出于体，一出而不复也。《书》曰：‘慎乃出令，令出惟行，弗为反。’且汉祖日不暇给，萧何起于小吏，制法之后，犹称画一。今宜详思此义，不可轻出诏令，必须审定，以为永式。”④

既然制定了法制，就必须严格遵守做到整齐划一，不能朝令夕改，变化不定。实际上体现了唐太宗尊重法制，依法治国的思想，正是具备了这样的意识，唐太宗才对破坏法制稳定性和权威性的赦宥持慎重的态度。

当然，太宗也并非完人，作为封建社会的君主，他必然有其阶级本位意识和阶级局限性。贞观六年，太宗为钓沽圣君之名，“亲录囚徒，归死罪者二百九十人于家，令明年秋末就刑。其后应期毕至，诏悉原之。”⑤ 对于太宗的这种做法，王夫之揭露了其虚伪性，说：“太宗持其必来之数以为权，因亦操其必赦之心以为券，纵而来归，遂以侈其恩信之相孚，夫谁欺，欺天乎？”⑥宋朝欧阳修也曾作《纵囚论》予以揭露批判，道出了太宗的真实意图——“不

① （宋）王溥：《唐会要》卷 40《论赦宥》，上海古籍出版社 2006 年版，第 853 页。
② （宋）欧阳修等：《新唐书》卷 130《张玄素传》，中华书局 1975 年版，第 3898 页。
③ （唐）吴兢：《贞观政要》卷 8《刑法》，上海古籍出版社 1978 年版，第 244—245 页。
④ （唐）吴兢：《贞观政要》卷 8《赦令》，上海古籍出版社 1978 年版，第 251—252 页。
⑤ （后晋）刘昫等：《旧唐书》卷 3《太宗本纪下》，中华书局 1975 年版，第 42 页。
⑥ （清）王夫之：《读通鉴论》卷 20《太宗》，中华书局 1975 年版，第 697 页。

立异以为高，不逆情以干誉。”[①] 为了图虚名而肆行赦宥，严重破坏了司法公正。

王夫之甚至对于为救民济时而实行的大赦也加以反对。贞观二年，太宗以旱而赦天下。王夫之说：“旱饥而赦，以是仁民，非所以仁之也”。为什么呢？“旱饥之民，流离道殣，类不能为奸恶，而奸恶之徒虽旱饥而固不至于馁瘠也。”因此，一概而赦就会惠奸而伤善，也不能维护正常的法律和社会秩序。而唐太宗明知赦宥的危害，“知不可为而复为，非君师之道矣”。[②]

到了则天朝，由于种种复杂原因，赦宥更加频繁和泛滥，在位二十一年（称帝十五年，垂帘听政六年）就大赦了二十九次。武则天以一妇人而登皇位，舆论压力和反对势力很大，故行大赦以拉拢人心；再加上佛教迷信对她的影响，所以则天一朝赦宥甚为频繁。武则天虽多用酷吏，用刑残酷，但社会尚不致大乱，赦宥频繁，宽猛并济也是一个原因。而且赦宥甚为随意，理由也极为荒唐。所以，到证圣元年，获嘉县主簿刘知幾上表力谏无原则的赦宥，说：“皇业权舆，天地开辟，嗣君即位，黎元更始，时则藉非常之庆以申再造之恩。今金合清晏而赦令不息，近则一年再降，远则每岁无遗，至于违法悖礼之徒，无赖不仁之辈，编户则寇攘为业，当官则赃贿是求。而元日之朝，指期天泽，重阳之节，伫降皇恩，如其忖度，咸果释免。或有名垂结正，罪将断决，窃行货贿，方便规求，故致稽延，毕沾宽宥。用使俗多顽悖，时罕廉隅，为善者不预恩光作恶者独承徼幸。古语曰：‘小人之幸，君子之不幸。’斯之谓也。望陛下而今而后，颇节于赦，使黎氓知禁，奸宄肃清。”[③] 除了刘知幾长篇大论上书反对滥赦外，在玄宗朝也有几位大臣针对赦宥表达了不同的意见。

在唐代反对赦宥的诸多观点中，需要特别关注的就是诗人白居易。白居易曾多次上疏针砭当朝刑法之弊，并对朝廷频繁颁布赦宥的利弊进行了分

---

① （宋）欧阳修：《欧阳修全集》卷17《纵囚论》，中华书局2001年版，第288页。

② （清）王夫之：《读通鉴论》卷20《太宗》，中华书局1975年版，第687页。

③ （宋）司马光：《资治通鉴》卷205《唐纪二十一》，则天后天册万岁元年正月，中华书局1959年版，第6501页。

析。[1] 在《议赦》一文中，白居易提出了自己对大赦的看法。他引用《书》和《易》说："臣谨案，《书》曰：'眚灾肆赦。'又《易》曰：'雷雨作解，君子以赦过宥罪。'斯则赦之不可废也必矣。……然则赦之为用，用必有时。"但他认为赦宥有它的两面性："赦之为德大矣，为贼亦甚矣。大凡诸践祚改元之初，一用之，则为德也；居常致理之际，数用之，则为贼也。居常而数赦，则惠奸之路启，而召乱之门开也。"白居易认为赦"可疏而不可数，可重而不可废也"[2]。有唐一代，针对朝廷的滥赦或在朝堂或在自己的文集中发表意见的明智之士不在少数。相比而言，白居易的看法是最为公允和全面的。

综合来看，历史上遭到非议或者否定最多的赦宥主要有以下几种。首先就是治平之世的赦宥。论者大部分都支持赦宥在乱世的荡涤作用，认为是治乱的权宜之计。但是在太平之世，如果继续使用就会破坏正常的法制和社会秩序。

其次是毫无限制的滥赦。赦宥的最初诞生就是针对一人一事而言，论者比较能能够接受有原因的，有限制的赦宥。因此，全国范围内的大赦，并且是一概而赦的行为，是他们所反对的。因为这样的赦宥往往把常赦之外的十恶等严重危害封建统治基础的罪行也包含在内，自然不能容忍。

再次就是固定实施的赦宥。赦宥本身就是一种法律补救手段，偶一为之可也，但是固定的大赦如宋代开始的郊赦因为频繁和可预见而具有更多的弊端，因此也是诸多论者所反对的。

最后是对于赦宥的批判也包含不同的角度和内容。有从理论上分析，通过赦宥古今之义的变化对比来进行研究批判的。如元代马端临、明代丘濬等，都是通过赦宥在古今的变化对比来对其进行批判的。

对于赦宥的一些理论基础也有学者提出反驳。在封建社会，自然灾异往往也是导致皇帝大赦的一个原因和借口。因此，针对赦宥以禳灾祈福的做法，北朝的乐运、五代的张允以及唐代苏瑰与宋璟都曾提出批判，认为赦宥和天灾变异无关，赦宥也不能达到影响自然的目的。

---

① （唐）白居易：《白居易集》卷65《论刑法之弊》，中华书局1979年版，第1356—1357页。
② （唐）白居易：《白居易集》卷65《议赦》，中华书局1979年版，第1359—1360页。

此外还有以赦宥在现实生活中具体社会效果——即利弊为矛头来进行批判讨论的。如诸葛亮、李世民、白居易等等，认为赦宥破坏了法律的划一性，惠奸人，贼良民，无益于治国。

第三节 赦宥利弊讨论产生的原因

封建社会同法律相关的问题很多，赦宥作为其一，何以招致如此激烈而且持久的讨论？这个问题，既蕴含着中国古代非赦思想产生的根源，也同赦宥本身存在延续的原因相关。

首先，赦宥本身在发展过程中所产生的偏差即赦宥的古今之义的差别是导致诸多论者对其所处时代赦宥进行批判的一个原因。探求赦宥的原义，远古赦宥的范围很小，也不经常实行，并非后世所为凡天下罪人一概赦免，也并非像后世一样形成定制，动辄施行。此外，还有一种赦宥的情况就是具有一定的特殊原因，赦宥的对象都是特殊人群，而且都是过失犯罪，并非主观有意的犯罪。

由于在历史发展过程中，赦宥涵盖的范围发生了巨大的变化，其本质的也有了根本的转变，因此才招致后人对赦宥制度掩盖下滥赦弊端的批判。其他学者如明代法学家丘濬、杨鸿烈等都有类似的观点。杨鸿烈在其专著中指出："儒家经籍都是主张对于某种犯罪人有'不幸'或'过失'等情形而消灭其执行刑罚权，这种思想可说是最平稳不过的。但自春秋、秦汉以来，君主滥作威福，常常不加分别的大赦天下囚人，如登位有赦，死葬有赦，灾异有赦，寿庆有赦，诞生有赦，甚至一年里头就有好几次的大赦，这样差不多将整个司法机关的权能破坏得干干净净，使善恶不分，社会的秩序扰乱，使善恶不分，社会的秩序扰乱，所以两千多年来的学者文人都一致反对君主不分青红皂白的滥行大赦。”①

在其他众多对于赦宥的评论中也经常会引用到先秦以前的赦宥本意，进而对于现在的赦宥进行批判。可以说，赦宥在产生初期，是有一定的合理性的，而在后来逐渐演变成为一种包含种种弊端的制度，正是这前后不同的差异，招致了对于赦宥意见的分裂。

其次，赦宥本身所具有的双重作用也是导致历代对其争论不息的根源所在。正如前文所述，赦宥本身产生后，就成为统治阶级缓和阶级矛盾、维护封建统治、补救法律漏洞的一种重要工具和措施，另外它又对封建法制和正常的社会秩序起着破坏作用，有着种种的弊端。而它维护封建统治、辅助法律的一面，成为赞成赦宥者的主要理由。而它对于法律的破坏及其他的弊端则成为反对赦宥者的主要攻击点。所以，赦宥本身具有的双重作用和复杂功能，是对其评论不已的一个重要根源。关于赦宥的利弊将在后文加以详细论述，从中也可以看出对其争论的不同观点。

由于个人所处的时代背景和地位的不同，所以对于赦宥的评价也千差万别。吴刚在《中国古代非赦思想述评》中说：“历史上有关赦宥的评论虽多，却不免杂乱，缺乏系统，由于各人所处的地位不同，观察的领域和角度不同，社会政治的实践不同，故各自的观点，从内容到形式，各具特色。”我们注意到，对于赦宥讨论的有皇帝、大臣、文学之士、史学家、政治家、法学家等等，不一而足。这些人站在不同的立场上，从不同的角度出发，对于赦宥所持的观点也不尽相同。“由于每个非赦者所受的教育、素质、气质、身份、地位的不同，他们对于赦宥又有是否全面彻底的否定，以及反对态度是否坚决的程度区别，有褒少贬多与褒多贬少之别。”② 像晋代的杜预、郭璞，唐代的孔颖达，元代的耶律楚材对赦宥肯定的多，批评的少；而大多数人像汉代匡衡、荀悦，五代的张允，明代的丘濬，清代的王夫之对赦宥的批判主要是针对现实情况而言，用意在于复辟古制，并非真正的反对赦宥本身。而王符、诸葛亮、李世民等，则是站在统治阶级的角度，以维护封建统治为目的。对

① 杨鸿烈：《中国法律思想史》下册，上海书店出版社1984年版，第231页。
② 吴刚：《中国古代非赦思想述评》，《中南政法学院学报》1991年第2期。

于大逆不道的罪行不应该赦宥，这就典型地反映出其阶级性。

此外，个人自身的认识和素质也是导致对于赦宥问题认识不同的一个主观性因素。有着深刻的政治和历史眼光的人对于赦宥的认识就比较深刻，提出的批判也就比较尖锐和准确，而受阶级和自身局限的人对于赦宥的认识往往停留在表面上，就事论事，观点有很大的局限性。这一点我们通过前面列举的众人的论述就可以看出来。

此外，宏观的社会环境和历史背景也是一个不可忽视的影响。例如，唐太宗对于赦宥持非常慎重的态度，主张以法治国，执法划一，反对滥赦，受他的影响，他的臣下们对于法律和赦宥基本上都持同样的态度，就连长孙皇后都深受其影响，在其病重的情况下，拒绝了太子大赦以祈福的建议。而宏观的历史背景，也会导致人们对于赦宥评价的变化。如各个朝代建国初期，或者战乱粗定之后的赦宥，因为具有荡涤的作用，可以与民更始，迅速安定社会，因而此时反对的人不多。而在其他场合如郊祭、病愈等举行赦宥，通常就会招致非议。

综合以上论述，赦宥本身的古今之别和赦宥本身的双重性是导致赦宥大讨论产生的根本原因，而宏观的社会环境和历史背景也是一个不可忽视的重要因素，此外论者所处的时代、其阶级地位以及自身的学识和眼光则是导致其对赦宥评价不同的重要的主观因素。

第四节　赦宥的利弊

赦宥在长期的发展过程中，逐渐衍生并暴露出越来越多的弊端，对此前人已经论述很多，此外，赦宥自产生伊始就具有的种种作用和功能也被保留下来，并为统治阶级所用，开始逐渐涵盖和影响到越来越多的方面和层次，发挥越来越大的作用。

因此，一方面赦宥作为维护封建统治、补救法律漏洞的一种重要工具和措施，为封建统治者所沿用不辍，而另一方面，赦宥制度的种种弊端更招致无数的非议和批判，历朝历代自皇帝至大臣，从官宦到学士，对于赦宥的态度褒贬不一。赦宥的利弊到底该如何评价？

首先，赦宥的产生有其根源性，其存在有其合理性。

赦宥产生伊始，就是出于补救法律的目的，“法律条文无论如何，总难达到精审详备的境地，举凡一切应行从轻议刑的场合，亦难期其一一规定而无欠；倘没有赦免机关的设立，以行所谓大赦、特赦之权，则法律之穷则无从补救。”①

在成文法形成之前和初期，法制从法理到条文都不完备，具有诸多粗糙之处和漏洞。同时在法律和人情之间，也存在着让统治者或者执法者难以断定的矛盾，所以，赦宥应时而生，成为解决这些矛盾的一种权宜之计。对于不能确定的疑案或者量刑上比较困难的罪犯采取赦宥，这就是一种折中方法。对于特殊人群的犯罪，或者是过失犯罪，或非主观有意的犯罪，如果严格按照法律条文处置的话，就会失之过严，所以赦而宥之。

其实，在任何社会包括封建社会，法律本身肯定会具有不完备的地方甚至是漏洞，法律和现实之间也总是存在一定的差距，“文字形式上的刑法和司法运作中的刑法常常存在着落差”②，条文化的法律在被实践和执行的过程可能会遇到很多难题，某些难题只能通过法律之外的手段来解决。这里，赦宥实际上就发挥了一种均衡和调节的功能，化解法律和现实的矛盾，填补法律的真空，消融条文化的法律在实际执行中产生的尴尬与摩擦。

赦宥具有的另一正面作用就是缓和阶级矛盾，稳定社会秩序。开国之初和战乱之后的赦宥，具有涤荡的功能和与民更始的作用，有利于安定人心和恢复正常的社会秩序。几乎每个王朝在建立初期，都会颁布赦令，赦除前朝及战争中的罪犯，以收买人心，稳定新政权的统治，如唐高祖在开国伊始颁布的几次大赦令，都大大有助于平息战乱，安抚刘武周、窦建德等残余敌对势力。

---

① 王世杰、钱瑞升：《比较宪法》，中国政法大学出版社 1997 年版，第 287 页。

② 肖介清：《刑法真空与泛化研究》，载鲍遂献主编《刑法学研究新视野》，中国人民公安大学出版社 1995 年版，第 81 页。

而在正常的统治秩序下，赦宥也可以起到缓和阶级矛盾，减轻封建统治压迫的作用。封建社会刑法的严酷历来是导致阶级矛盾激化的一个重要因素。而全国性的大赦可以使很大一部分身陷囹圄的百姓得到释放，从这一方面来说是有利于百姓的。毛晓燕在《中国古代录囚制度评析》论述道："夏商周以后，狱囚起义抗暴之事屡见不鲜，因刑狱而导致的阶级矛盾的激化，势必危及封建统治的根基。"而赦宥以及相关的措施如录囚等，则可以减轻统治阶级对于百姓的压迫，缓和阶级矛盾。①

赦宥带给普通老百姓的好处远不止此。每次颁布的赦宥在赦书中往往包含其他内容，除了赦罪宥过，赦宥实际上还减免了差科租税，其他如不得辄送贡物，放免减省丁匠门役之徒，都是有利于百姓的，甚至还涉及禁止奢侈之风。这些都在一定程度上减轻了百姓的负担，缓解了社会矛盾，改善了社会风气，有利于促进封建社会的正常运转。

此外，赦宥还可以鼓励犯罪人自新。赦免可以促使犯罪人认真改造，加速劳改的过程，"赦免是促进罪犯改造的催化剂，对于确已改恶从善的罪犯实施赦免，会鼓励受赦免者本人继续努力改造，而且会鼓励没有得到赦免的罪犯认真改造，争取得到同样的特赦。另一方面，在刑罚的执行过程中，更好的贯彻惩办与宽大相结合的政策。对某些已经改恶从善或者有其他特殊情况的罪犯实行赦免，可以使之得到不同于其他罪犯的宽大待遇，能够更好地体现区别对待、争取多数的精神。"②

赦宥往往还是统治者疏减监狱囚犯过多之患的一种有效措施，而这种措施对于统治阶层和被统治阶层都是有利的。关于赦宥所具有的这一作用，于志刚进一步作了阐发，认为赦宥等制度可以有效地减少司法成本，体现刑罚的效益性；从司法过程来讲，"可以使司法机关放弃陈年旧案的无意义的纠缠，减少对此类案件的人力、物力、财力的无谓投入，减少司法成本，减少无谓的司法费用浪费。"③

另外，我们更需要考察的是赦宥本身以及其在执行过程中存在和产生的

① 毛晓燕:《中国古代录囚制度评析》,《河南社会科学》2002 年第 2 期。

② 马克昌:《中国刑事政策学》,武汉大学出版社 1992 年版，第 520 页。

③ 于志刚:《追诉时效制度研究》,中国方正出版社 1999 年版，第 30 页。

种种弊端。任何事物都具有两面性，赦宥制度也不例外。它在补救法律漏洞的同时，势必对法律会具有反面的反作用。赦宥本身最大的弊端就在于它严重的干扰了司法公正，破坏了正常的法律机制和社会秩序。对于法律的践踏和破坏是它遭致批判最多的弊端。

法律是法治的基础和准则，而赦宥则是皇权的体现，是人治的一种极端表现。这是两者的矛盾之一。“在中国古代社会中，赦是帝王所专有的权力……显示了皇帝凌驾于法律之上的权力”。[①] 在人治的封建社会，既然帝王拥有一切权力，自然要随心所欲，滥行大赦，这势必要损害法律的公正性和客观性，扰乱正常的法律秩序。

吴刚在《中国古代赦宥制度的历史考察》一文中对于赦宥的破坏性作了总结，认为赦宥对于法律的破坏作用主要在三个方面，一、破坏了封建法制的严肃性。赦令是皇帝随意否定法律、践踏法制的一种表现；同时赦宥还使得坏人有机可乘，使法律失去约束力。二、破坏了封建法制的连续性，无论是从整个封建社会还是从一个王朝的历史过程来看，封建法制都是具有一定的连续性的。而赦宥滥用则会形成越赦越乱法越坏这样一个恶性循环。严重的破坏法制的连续性和完整性。三、破坏了封建法制的稳定性。[②]

赦宥对于良民和守法的百姓来说是有害而无利，对于作奸犯科者则是有利而无害，赦宥包庇纵容了奸人，侵害了良人。使杀人者不死，伤人者不刑。杀伤之者无以惩其恶，被杀伤者无以伸其冤。

而赦宥在有的情况下也并不能起到使人改过自新的作用，这也是其弊端之一。从法理层面去分析，赦宥的存在确实在一定的程度上鼓励了犯罪，促进犯罪率的上升。这也是赦宥为人所始料不及的一个弊端。《新唐书·马璘传》记载：“元日，有卒犯盗，或曰宜赦，璘曰：‘赦之，则人将伺其日为盗。’”[③] 可见，在唐代社会中确实有此类情形出现。

而在封建社会，滥赦可能还会引发政治的腐败和国家的灭亡，因而导致严重的政治后果。因为赦宥滥行势必会扰乱正常的法制秩序，而法制的正常

---

① 马小红：《礼与法》，经济管理出版社1997年版，第105页。
② 吴刚：《中国古代赦宥制度的历史考察》，《中南政法学院学报》1988年第3期。
③ （宋）欧阳修等：《新唐书》卷138《马璘传》，中华书局1975年版，第4618页。

运作是社会和国家安定的基础。国家的政令也会因为赦令的干扰而丧失威信，长久的滥赦导致民不服令不行，国家的号令丧失威力，政权失去民心。此外，赦宥导致恶人横行和泛滥，使社会治安状况恶化，而赦宥引起的执法不公则会导致民间积怨日多，这一切都会动摇正常的社会基础。

结合政治来考察赦宥弊端的人不在少数，沈家本先生也在其列。在对汉代的赦宥作了统计之后，沈家本说："此有汉一代之赦事也，大抵盛时赦少，乱时赦多。文帝在位二十三年，只四赦。灵帝在位二十二年，凡二十赦，盖几于无岁不赦，而党人独不赦，恶人幸而善人伤，何颠倒如斯也？迨乱作而后赦党人，而天下已溃败决裂，不可挽回矣。武侯治蜀十年不赦，武侯薨而赦遂多，此孟光之所以责费祎也。"①

有的古人在论及赦宥时认为，滥施赦宥甚至是亡国乱政的根源。并举例说隋在位三十七年，赦免罪犯共有三十二次。总计隋文帝大赦十二次，曲赦四次，降囚徒五次。隋炀帝大赦八次，曲赦三次。并由此得出结论：国家的治正与否和赦宥的频率存在一定的比例关系，赦宥的频率在一定的程度上成为政治的晴雨表。大凡国家平安无事，政治清明的时候，赦宥就少，相反，越是乱世，越是政治腐败，赦宥就越频繁，而频繁的赦宥加速了政治局势的恶化，加速了王朝的灭亡，形成了一个恶性循环。下面我们通过唐代的赦宥情况表，来检验这条规律。

表 6－1　唐朝赦免次数与皇帝在位时间（次/年）②

高祖	太宗	高宗	武　后	中宗
4/9	6/23	17/34	29/21	6/6
顺宗	宪宗	穆宗	敬宗	文宗
1/1	5/5	3/4	3/2	2/4
睿宗	玄宗	肃宗	代宗	德宗
8/3	20/44	10/7	7/17	8/25
武宗	宣宗	懿宗	僖宗	明宗
4/6	3/13	7/14	7/15	12/16

① （清）沈家本：《历代刑法考》，中华书局 1985 年版，第 587 页

② 董念清：《论中国古代的赦免制度》，《兰州大学学报》1996 年第 3 期。

唐朝历代皇帝赦宥情况统计：[1]

高祖 9 年　大赦 4，曲赦 9；

太宗 23 年　大赦 6，曲赦 14；

高宗 34 年　大赦 17，曲赦 18；

武则天 21 年　大赦 29，曲赦 9；

中宗 6 年　大赦 6，曲赦 3；

高宗 34 年　大赦 17，曲赦 18；

睿宗 3 年　大赦 8，曲赦 1；

玄宗 44 年　大赦 20，曲赦 14；

肃宗 7 年　大赦 10；

代宗 17 年　大赦 7，曲赦 2；

德宗 25 年　大赦 8；

顺宗 1 年　大赦 1；

宪宗 15 年　大赦 5（其中八年到十二年五年不赦）；

穆宗 4 年　大赦 3，曲赦 3；

敬宗 2 年　大赦 3；

文宗 14 年　大赦 2，曲赦 4；

武宗 6 年　大赦 4；

宣宗 13 年　大赦 6，曲赦 4（也是其中八年到十二年五年不赦）；

懿宗 14 年　大赦 7；

僖宗 15 年　大赦 7，曲赦 2；

昭宗 16 年　大赦 12，曲赦 3；

昭宣帝 4 年　曲赦 3。

唐代颁布大赦的时候，官员们也经常被赐予阶勋，这就导致官僚机构臃

① 据沈家本《历代刑法考》（中华书局 1985 年版），其中只统计大赦和曲赦，其他的如降、虑囚等虽然也有赦宥的成分，但是不计算在内，通过上述数字，大概可以总结出唐代前后时期赦宥的频率和疏密程度。

肿、腐败，出现尸位素餐的现象，可以说也是赦宥带来的后遗症。

赦宥的另一个极大的弊端就是为恶人所用而进行犯罪，这也是赦宥制度本身存在的漏洞之一。赦宥否定了法律惩罚的必然性，因而使犯罪分子存在一定的侥幸心理，这种侥幸心理既存在于犯罪之前，也存在于犯罪之后。犯罪之前，则成为其预谋犯罪的巨大动力——不被发觉。而犯罪之后，则可以使其逃脱法网，所以就有了前文预知赦宥而故意杀人犯罪的。

其实，不仅是刑事犯罪，在经济领域，也有利用赦宥来谋私利，钻法律的空子，危害国家利益的行为。赦宥成为一种制度之后，它的颁布实施就已经有规律可循，成为法律的一个漏洞和后门，这就变相地鼓励了犯罪，给犯罪分子提供了便利，成为其不可避免的一个弊端。而在具体的执行过程中，由于种种原因致使赦令不能得到实际的贯彻执行，也成为赦宥制度本身一个无法克服的顽疾。

综上所述，赦宥的产生和存在有其根源和合理性，赦宥制度在封建社会中发挥着诸多的作用，具有多种现实的功能，因此，赦宥制度存续千年而不废。另外，赦宥制度本身更多的弊端和危害导致历代对其批判、非议不断，对于赦宥利弊的讨论也是历千年而不息。

对待赦宥制度，应该采用历史的眼光、科学的观点，在批判的基础上继承，在继承的同时扬弃，这是后人的责任。

结　语

赦宥本身的发展有一个完整清晰的历史，其产生伊始是作为补救法律漏洞的一种权宜之计，自先秦开始实施，至汉代逐渐频繁和固定化，到唐代时已经发展成为涵盖政治、社会、礼法、律令、文化、思想的完善的体系和制度。

赦宥的名目和场合在其发展过程中逐渐变得固定和繁多。汉以后至封建社会结束，统治者颁布赦宥时一般都会借助或依附于一定的名目，如登基、立皇后、改年号、建储等等；或者是在特定的场合下，如郊祀天地、行大典礼；或者在特定背景下，如遇到天灾人祸，或者灾异瑞祥，等等。而赦宥的分类主要是指从法律意义上对其作的种类的区分。按照赦宥法律效力范围、地域范围、赦宥对象等几个标准，可以将封建社会的赦宥大概区分为常赦、大赦、曲赦、特赦等几种。

赦宥从颁布到贯彻实施，是一个复杂的过程。首先，赦令的宣布往往伴随着隆重的仪式，从中央到地方都不例外。这就是赦仪，经过长期的演变，赦仪已经同封建社会的礼仪制度相融合，变得繁缛缜密，至宋代正式入“礼”。赦宥的具体实施映射着封建国家机构的运作情况，体现着中央和地方的互动关系，从行政到司法、狱政，包括赦宥的决策过程，赦书的起草、抄写、颁布、送递、公布，具体的减免罪刑、罪量，现囚的释放，流人的量移等，其中牵动着诸多的部门和机制。

伴随着赦宥本身的制度化和发展，赦宥和封建社会制度的关系也更加密切，涉及面越来越宽广，发挥的功能和作用也越来越巨大。宏观上，它涉及封建政治和行政决策、法律、经济等几大领域。

在不同的历史时期和历史阶段，赦宥和政治的关系，赦宥的功能和作用，以及赦宥对于当时社会政治、军事等形势所产生的影响是明显不同的。总体而言，战乱初定的建国初期，赦宥主要发挥除旧布新、与民更始的功能，而在和平时期，主要是感化、安抚、儆戒，作为配合法律进行统治的一种工具，也是皇帝驾驭臣下的一种手段。到了藩镇割据的战争时期，赦宥又作为中央同地方斗争的策略之一，发挥着巨大的军事作用。

赦宥对于唐代经济的影响主要是指赦书对逋悬欠负、租税的放免和赦令对于经济立法的影响。而在社会文化上，赦宥同样打下了深深的烙印。从诗人到诗歌，到种种同赦宥相关的传说和典故，无一不透露出赦宥制度对于整个唐代社会的影响。

赦宥在本质上是一个特殊的复杂问题，在唐代也不例外。它不仅是中国历代司法制度的重要组成因素，也是一种特别的司法行政措施。《唐律疏议》中积累了相当完备的法律条文规定，这些规定包括赦宥的具体的法律执行、赦宥的效力、赦宥的处置、赦宥在法律问题上的具体辨别和断罪等。赦宥所引起法律的变化和冲突在这些条文中得到了一定的处理。需要注意的赦宥的另外一个重要影响就是以赦改律。在赦令中包含的一些临时性的处分决定和措施以及一些权宜之计，往往会因为是出自皇帝之口而上升为整个国家的意志，影响到原有的法律制度，甚至进一步固定并演变为法律条文，从而修改、替代或者补充原有的法律。临时的行政命令上升为固定的法律条文。此外，赦宥问题的特殊性还表现在它与几个特殊问题的关系上：十恶不赦和赦宥、八议和赦宥以及血亲复仇和赦宥。

存在即有其合理性。赦宥制度能够存续直至今日，自有其深刻的社会历史原因。从法理上进行分析，我们得出的就是赦宥产生的最初根源，此外还有功能性因素如政治统治的需要、军事斗争的需要、司法制度的需要以及其他的一些现实的因素。在思想理论层面，我们更可以发掘出丰富的内容。儒家、法家、佛教、阴阳家等，都是其潜在的思想根源，而皇权以及封建制度则是赦宥制度存续的最基本的土壤。

赦宥以其自身的特殊性和可辨性自产生伊始就引发激烈的争论，持久不息，从政客到学士无不置喙其中。诸多辩论的焦点就在于赦宥本身的利弊二重性。对待赦宥的观点可以简单地划为：彻底反对赦宥、有限制地反对、有限制地赞成。综合来看，历史上遭到非议或者否定最多的赦宥主要是治平之世的赦宥和毫无限制的滥赦以及赦宥实施的固定化。前人对于赦宥的分析，有从理论上展开的，通过赦宥的古今之义的变化对比来进行研究批判的。有对其理论基础提出批判的，还有从赦宥在现实生活中具体社会效果——即利弊为矛头来进行批判讨论的。

形而上者谓之道。透过这些争论来分析这些讨论产生的背景和原因相对而言更有现实意义。客观来讲，赦宥本身在发展过程中所产生的偏差即赦宥的古今之义的差别是导致诸多论者对其所处时代的赦宥进行批判的一个原因。“唐虞三代之所谓赦者，或以其情之可矜，或以其事之可疑，或以其在三赦、三宥、八议之列，然后赦之，盖临时随事而为之斟酌，所谓议事以制者也。至后世乃有大赦之法，不问情之浅深，罪之轻重，凡所犯在赦前则杀人者不死，伤人者不刑，盗贼及作奸犯科者不诘。”

从主观上来讲，论者个人所处的时代、社会地位、个人认识的不同也是导致对待赦宥评价千差万别的一个重要因素。有着深刻的政治和历史眼光的人对于赦宥的认识就比较深刻，提出的批判也就比较尖锐和准确，而受阶级和自身局限的人对于赦宥的认识往往停留在表面上，带有很大的阶级色彩。

结合现实，发挥史学的史鉴功能，是史学家的责任，也是史学研究的宗旨之一。就赦宥问题而言，总结历史经验以搞好当前的法制建设，无疑具有重要的学术价值和实践意义。直至今日，赦宥制度在世界上大多数国家依然存在并焕发着生命力。如何通过古今中外的对比研究，理论探讨和现实分析的结合，来发挥史学的镜鉴功能，发扬史学的优良传统，应该是相关学者今后致力的方向。

参考文献

一、史料部分

1. 正史类

（汉）司马迁：《史记》，中华书局1959年版。

（汉）班固：《汉书》，中华书局1962年版。

（晋）陈寿：《三国志》，中华书局1959年版。

（南朝宋）范晔：《后汉书》，中华书局1965年版。

（南朝梁）沈约：《宋书》，中华书局1974年版。

（北齐）魏收：《魏书》，中华书局1974年版。

（唐）姚思廉：《梁书》，中华书局1973年版。

（唐）魏徵等：《隋书》，中华书局1973年版。

（唐）房玄龄等：《晋书》中华书局1974年版。

（唐）李百药：《北齐书》，中华书局1972年版。

（唐）令狐德棻：《周书》，中华书局1972年版。

（唐）李延寿：《南史》，中华书局1975年版。

（唐）李延寿：《北史》，中华书局1974年版。

（后晋）刘昫等：《旧唐书》，中华书局1975年版。

（宋）欧阳修等：《新唐书》，中华书局1975年版。

（元）脱脱等：《宋史》，中华书局1977年版。

（元）脱脱等：《金史》，中华书局1975年版。

（清）张廷玉：《明史》，中华书局1974年版。

2. 其他史料

（唐）长孙无忌：《唐律疏议》，中华书局1983年版。

（唐）吴兢：《贞观政要》，上海古籍出版社1978年版。

（唐）李林甫：《元和郡县图志》，中华书局 1983 年版。

（唐）杜佑：《通典》，中华书局 1988 年版。

（唐）李林甫：《大唐六典》，陈仲夫点校，中华书局 1992 年版。

（唐）高彦休：《唐阙史》，《隋唐五代笔记小说大观》本，上海古籍出版社 2000 年版。

（宋）司马光：《资治通鉴》，中华书局 1956 年版。

（宋）王溥：《五代会要》，上海古籍出版社 1978 年版。

（宋）宋敏求：《唐大诏令集》，商务印书馆 1959 年版。

（宋）王溥：《唐会要》，上海古籍出版社 2006 年版。

（宋）王钦若：《册府元龟》，凤凰出版社 2006 年版。

（宋）郑樵：《通志》，中华书局 1987 年版。

（元）马端临：《文献通考》，中华书局 1986 年版。

（清）徐天麟：《西汉会要》，中华书局 1955 年版。

（清）杨晨：《三国会要》，中华书局 1956 年版。

孙楷著，徐复订补：《秦会要订补》，中华书局 1959 年版。

周绍良主编：《全唐文新编》，吉林文史出版社 2000 年版。

李希泌：《唐大诏令集补编》，上海古籍出版社 2003 年版。

3. 文集、笔记类

（唐）李世民著，吴云、冀宇辑校：《唐太宗集》，陕西人民出版社 1986 年版。

（唐）许敬宗编，罗国威整理：《日本弘仁本文馆词林校证》，中华书局 2001 年版。

（唐）沈佺期、宋之问撰，陶敏、易淑琼校注：《沈佺期宋之问集校注》，中华书局 2001 年版。

（唐）张说：《张燕公集》，上海古籍出版社 1992 年版。

（唐）徐坚：《初学记》，中华书局 1980 年版。

（唐）韩愈撰，屈守元、常思春主编：《韩愈全集校注》，四川大学出版社 1996 年版。

（唐）封演：《封氏闻见记》，中华书局 2005 年版。

（唐）张鷟：《朝野佥载》，中华书局 1979 年版。

（唐）张籍：《张籍诗集》，中华书局 1959 年版。

（唐）欧阳询：《艺文类聚》，上海古籍出版社 1985 年版。

（唐）白居易撰：《白居易集》，中华书局 1979 年版。

（唐）刘肃：《大唐新语》，中华书局 1984 年版。

（唐）陆贽：《陆贽集》，中华书局2006年版。

（唐）元结：《元次山集》，世界书局1984年版。

（唐）段成式：《酉阳杂俎》，中华书局1982年版。

（唐）郑处诲：《明皇杂录》，中华书局1994年版。

（唐）裴庭裕：《东观奏记》，中华书局1994年版。

（唐）刘餗：《隋唐嘉话》，中华书局1979年版。

（宋）李昉等：《太平广记》，中华书局1961年版。

（宋）李昉等：《文苑英华》，中华书局1966年版。

（宋）叶廷珪：《海录碎事》，中华书局2002年版。

（宋）范祖禹：《唐鉴》，商务印书馆1937年版。

（宋）王谠：《唐语林》，上海古籍出版社1978年版。

（宋）罗大经：《鹤林玉露》，中华书局1983年版。

（元）辛文房：《唐才子传》，中华书局1987年版。

（清）彭定求等：《全唐诗》，中华书局1960年版。

（清）董诰等编：《全唐文》，中华书局1983年版。

（清）钱泳：《履园丛话》，中国书店1991年版。

二、古人著述

（春秋）管仲撰，黎翔凤校注：《管子校注》，中华书局2004年版。

（汉）桓宽撰，王利器校注：《盐铁论校注》，中华书局1992年版。

（唐）孔颖达：《尚书正义》，北京大学出版社2000年版。

（唐）孔颖达：《春秋左传正义》，北京大学出版社2000年版。

（宋）孔平仲：《谈苑》，《宝颜堂秘笈续集》，第一文明书局1922年印行。

（宋）朱熹：《四书章句集注》，中华书局1983年版。

（宋）郑克：《折狱龟鉴》，复旦大学出版社1988年版。

（明）邱浚：《大学衍义》，京华出版社1999年版。

（明）徐师曾：《文体明辨序说》，人民文学出版社1962年版。

（清）王夫之：《读通鉴论》，中华书局1975年版。

（清）沈家本：《历代刑法考》，中华书局1985年版。

（清）赵翼：《陔余丛考》，河北人民出版社1990年版。

三、金石资料

《睡虎地秦墓竹简》，北京文物出版社1978年版。

周绍良：《唐代墓志汇编》（上、下），上海古籍出版社 1992 年版。

周绍良、赵超：《唐代墓志汇编续集》，上海古籍出版社 2001 年版。

四、今人论著

徐式圭：《中国大赦考》，商务印书馆 1934 年版。

陈垣：《二十史朔闰表》，中华书局 1962 年版。

蔡墩铭：《唐律与近世刑事立法之比较研究》，五洲出版社 1968 年版。

陈顾远：《中国法制史概要》，（台北）正中书局 1973 年版。

瞿同祖：《中国法律与中国社会》，中华书局 1981 年版。

岑仲勉：《隋唐史》，中华书局 1982 年版。

蔡枢衡：《中国刑法史》，广西人民出版社 1983 年版。

胡如雷：《李世民传》，中华书局 1984 年版。

吕思勉：《隋唐五代史》，上海古籍出版社 1984 年版。

杨鸿烈：《中国法律思想史》，上海书店出版社 1984 年版。

王潜：《唐代司法制度》，法律出版社 1985 年版。

陈顾远：《中国法制史》，中国书店出版社 1988 年版。

高潮、马建石：《中国古代法学辞典》，南开大学出版社 1989 年版。

洪丕谟：《法苑谈往》，上海书店出版社 1991 年版。

钱大群、夏锦文：《唐律与中国现行刑法比较论》，江苏人民出版社 1991 年版。

马克昌：《中国刑事政策学》，武汉大学出版社 1992 年版。

范忠信、郑定、詹学农：《情理法与中国——中国传统法律文化探微》，中国人民大学出版社 1992 年版。

郑学檬、冷敏述：《唐文化研究论文集》，上海人民出版社 1994 年版。

李锦绣：《唐代财政史稿》，北京大学出版社 1995 年版。

施建中：《隋文帝评传》，广西教育出版社 1996 年版。

白钢主编：《中国政治制度通史》，人民出版社 1996 年版。

刘俊文、[日] 池田温主编：《中日文化交流大系——法制卷》，浙江人民出版社 1996 年版。

王世杰、钱瑞升：《比较宪法》，中国政法大学出版社 1997 年版。

马小红：《礼与法》，经济管理出版社 1997 年版。

黄正建：《唐代衣食住行研究》，首都师范大学出版社 1998 年版。

陈俊强：《魏晋南朝恩赦制度的探讨》，台北文史哲出版社 1998 年版。

于志刚:《追诉时效制度研究》，中国方正出版社 1999 年版。

钱大群:《唐律研究》，法律出版社 2000 年版。

郭建、姚荣涛、王志强:《中国法制史》，上海人民出版社 2000 年版。

陈寅恪:《隋唐制度渊源略论稿》，生活·读书·新知三联书店 2001 年版。

陈寅恪:《唐代政治史述论稿》，生活·读书·新知三联书店 2001 年版。

李伟民:《法学辞源》，黑龙江人民出版社 2002 年版。

于志刚:《刑罚消灭制度研究》，法律出版社 2002 年版。

薛梅卿、赵晓耕:《两宋法制通论》，法律出版社 2002 年版。

夏征农、陈至立主编:《辞海》，上海辞书出版社 2011 年版。

[意] 贝卡利亚:《论犯罪与刑罚》，西南政法学院出版社 1980 年版。

[日] 西山太一郎:《中国刑法研究》，段秋关译，北京大学出版社 1985 年版。

[美] 崔瑞德编:《剑桥中国隋唐史》，中国社会科学出版社、西方汉学研究课题组译，中国社会科学出版社 1990 年版。

[意] 恩里科·菲利:《犯罪社会学》，中国人民公安大学出版社 1990 年版。

[英] 洛克:《政府论》，商务印书馆 1993 年版。

[美] D. 布迪、C. 莫里斯:《中华帝国的法律》，朱勇译，江苏人民出版社 1995 年版。

[意] 杜里奥·帕多瓦尼:《意大利刑法学原理》，陈忠林译，法律出版社 1998 年版。

[德] 汉斯·海因里希·耶赛克、托马斯·魏根特:《德国刑法教科书》，徐久生 译，法律出版社 2001 年版。

五、学位论文

田红玉:《唐代大赦研究》，首都师范大学 2002 年硕士学位论文。

[韩] 禹成旼:《唐代赦文研究》，北京大学 2002 年博士学位论文。

李怡:《唐代官员礼服研究》，北京师范大学 2004 年博士学位论文。

魏斌:《晚唐大赦申禁职能研究》，武汉大学 2004 年博士学位论文。

六、论文类

时昭瀛:《中国古代赦宥权》，《武大社会科学季刊》1930 年第 2 期。

刘令舆:《中国大赦制度》，载台北“中国法制史学会”编《中国法制史论文集》，(台北) 成文出版社 1981 年版。

茅彭年:《“以官当刑”杂考》，《宁夏大学学报》1981 年第 1 期。

吴文翰:《正当防卫、紧急避险和“眚灾肆赦”》，《西北师院学报》1984 年第 1 期。

吕友仁:《古代刑制、曲赦、德音小辨》,《河南大学学报》1984 年第 4 期。

刘广安:《古代“赎刑”考略》,《政法论坛》1985 年第 3 期。

吴刚:《中国古代赦宥制度的历史考察》,《中南政法学院学报》1988 年第 3 期。

张帆:《唐代法律中的血属复仇问题》,《北京大学研究生学刊》1991 年第 1 期。

吴刚:《中国古代非赦思想述评》,《中南政法学院学报》1991 年第 2 期。

邓广铭:《试破宋太宗即位大赦诏书之谜》,《历史研究》1992 年第 1 期。

王国平:《唐初的“用刑宽简”和“恤刑慎杀”》,《文史知识》1992 年第 3 期。

马良怀:《传统文化和武则天的负罪意识》,载《唐文化研究论文集》,上海人民出版社 1994 年版。

肖介清:《刑法真空与泛化研究》,载《刑法学研究新视野》,中国人民公安大学出版社 1995 年版。

赵建坤:《武则天的诛杀政策刍议》,《河北学刊》1995 年第 2 期。

马作武:《“录囚”与“虑囚”考异》,《法学评论》1995 年第 4 期。

陈平:《中国封建录囚制度评述》,《俞州大学学报》1996 年第 2 期。

董念清:《论中国古代的赦免制度》,《兰州大学学报》1996 年第 3 期。

沈厚铎:《试析中国古代的赦》,《中外法学》1998 年第 2 期。

杨习梅:《北宋真宗时期的崇道与滥赦》,《中国监狱学刊》1998 年第 3 期。

彭龙珠:《中国历史上的铁券文书》,《档案天地》1998 年第 6 期。

古永继:《唐代岭南地区的贬流之人》,《学术研究》1998 年第 8 期。

刘焕曾:《武则天对唐朝法制的破坏》,《锦州师范学院学报》1999 年第 2 期。

于云洪:《论唐太宗的法治思想》,《德州师专学报》1999 年第 3 期。

徐永康:《〈唐律〉十恶罪刑研究》,《河南省政法管理干部学院学报》1999 年第 6 期。

樊崇义:《我国不起诉制度的产生和发展》,《中国政法大学学报》2000 年第 3 期。

万安中:《论中国古代监狱管理制度的严格及其特征》,《广东社会科学》2000 年第 6 期。

赵克生:《中国古代赦免制度的演变及其影响》,《淮南师范学院学报》2001 年第 1 期。

刘后滨:《敕后起请的应用和唐代政务裁决机制》,《中国史研究》2001 年第 1 期。

张宇:《从〈乾符二年南郊赦〉看唐后期对逋悬欠负的追征和免放》,《武汉大学学报》2001 年第 2 期。

庞凌、缪岚:《法家重刑思想浅析》,《江南社会学院学报》2001 年第 2 期。

张艳云：《唐代量移制度考察》，《中国史研究》2001 年第 4 期。

毛晓燕：《中国古代录囚制度评析》，《河南社会科学》2002 年第 2 期。

邵志国：《浅析唐代赦宥的仪式、程序及赦书》，《常德师范学院学报》2002 年第 2 期。

唐晓涛：《唐代贬官与流人分布地区差异探究》，《玉林师范学院学报》2002 年第 2 期。

邵志国：《浅析唐代赦宥的原因及对其利弊的讨论》，《阴山学刊》2002 年第 2 期。

毛晓燕：《中国古代监狱发展及其主要特征简论》，《商丘师范学院学报》2002 年第 6 期。

周丹：《武则天的律法工具观》，《湖北社会科学》2002 年第 7 期。

吴在庆：《韩偓贬官前后的心态及对其诗歌创作的影响》，《宁夏社会科学》2003 年第 2 期。

王雪玲：《从滥赐铁券看唐朝政权的衰微》，《陕西师范大学学报》2003 年第 3 期。

邵志国：《唐代监狱制度述要》，《河北师范大学学报》2004 年第 5 期；《人大报刊复印资料》，《魏晋南北朝隋唐史》2005 年第 1 期。

［日］中川善之助：《恩赦的废止》，《法学研究》昭和 34 年（1959 年）第 2 期。

［日］根本诚：《唐代の大赦に就いて》，《早稻田大学大学院文学研究科纪要》六号，东京理想社 1960 年版。

［日］中村裕一：《关于唐代的制书式》，《史学杂志》第 91 编第 9 号，1982 年。

［美］马伯良：《大赦与中国古代司法》，《中国史研究动态》1985 年第 11 期。

［日］池田温：《日本和中国年号制度的比较》，载刘俊文、池田温主编：《中日文化交流大系——法制卷》，浙江人民出版社 1996 年版。

［韩］禹成旼：《试论唐代赦文的变化及其意义》，《北京理工大学学报》2004 年第 3 期。

后　记

本书是在我的博士论文基础上修改深化而成。我的博士论文堆放了很久，本没有出版的意思，同门凤岐兄提起并积极促成，才有机会出版。感谢乔凤岐教授帮我修改、校对，以及联系、操劳出版等各项事宜，也感谢为本书出版做出努力和细致工作的人民出版社责任编辑邵永忠先生。

博士毕业已经十余年了，十分怀念在京求学的时光和导师及同门的情谊。简单了解一下，关于本专题的研究十年来不是很多，希望本书能带来些微薄的参考价值，谬误还请大家包涵指正。顺便把当年论文的后记附上，作为纪念，也是对自己的鞭策，祈祷我能恒有学习的心。

六载窗寒小星旧，独坐铜台笑诸侯，而今掷书推案起，更是兼程好时候。

六年的寒窗其实不寒，收获匪浅。从人生的感悟到这堆文字，都是厚重的时光尘埃的堆积。十年来有意无意的磨着一把钝剑，而今将赴天涯，却没有了当年初磨时的豪迈。前途真的茫茫，而自己的脚下却不能走出恐慌。因为，自己的父母已近年迈，他们的慈祥已堆积在我的肩膀。因为，尊敬的师长们仍在这片热土上耕耘，他们的无言就是一种期望。

学以致用，以所学报恩。剑出天下必不惊，但是我会努力燃烧自己的能量，用自己的渺渺光芒向师长汇报。中华文明的历史浩瀚无边，书山攀登的道路其乐无穷。

我的旅程开始，系好鞋带，整好行囊。出发。

感谢父母亲人，养育了我。

感谢尊敬的导师施建中先生，教我们学问，教我们做人。

感谢北京大学王永兴先生，北京师范大学史学所瞿林东先生，中国社会科学院张弓先生、李锦绣先生，《中国历史博物馆馆刊》王冠英先生，《中国文物报》陈琳国先生，北京师范大学历史系游彪先生、王东平先生，中国政法大学郭成伟教授，法制出版社王淑敏老师。

感谢许昌学院魏晋文化研究中心给予的出版资助。

邵志国

2018 年 11 月 25 日

责任编辑：邵永忠
封面设计：黄桂月
责任校对：吕　飞

图书在版编目（CIP）数据

唐代赦宥制度研究/邵志国 著. —北京：人民出版社，2018.12
ISBN 978-7-01-017040-4

Ⅰ. ①唐…　Ⅱ. ①邵…　Ⅲ. ①赦宥—司法制度—研究—中国—唐代
Ⅳ. ①D929.42

中国版本图书馆 CIP 数据核字（2016）第 307639 号

唐代赦宥制度研究
TANGDAI SHEYOU ZHIDU YANJIU

邵志国 著
人民出版社出版发行
（100706 北京市东城区隆福寺街 99 号）

北京中科印刷有限公司印刷　新华书店经销

2018 年 12 月第 1 版　2018 年 12 月北京第 1 次印刷
开本：710 毫米×1000 毫米 1/16　印张：20
字数：340 千字

ISBN 978-7-01-017040-4　定价：48.00 元

邮购地址　100706　北京市东城区隆福寺街 99 号
人民东方图书销售中心　电话（010）65250042　65289539